职业教育汽车类示范专业系列教材

汽车检测技术

第2版

主　编　李　婕
副主编　朱春红
参　编　任小龙　张　峰

机械工业出版社

本书系统地介绍了汽车使用性能、汽车使用性能的不解体检测及汽车的合理使用，内容包括汽车的动力性、经济性、制动性、操纵稳定性等使用性能的检测原理、检测方法和检测标准，具有较强的实践性。

本书共分为三个模块，包括汽车发动机的检测与分析、汽车底盘的检测与分析、汽车安全项目的检测与分析。本书在编写上尽量贴近实际，详细介绍了日常维修和检测中应用较多的设备及其使用方法，同时具有一定的系统性，概括了现有检测技术的内容。

本书可供高等职业院校汽车维修与检测专业使用，也可供中等职业学校汽车运用与维修专业使用，同时也可作为岗位培训用书。

本书配有电子课件，凡选用本书作为授课教材的教师，均可登录 www.cmpedu.com 下载，或来电索取：010-88379865。

图书在版编目（CIP）数据

汽车检测技术/李婕主编. —2 版. —北京：机械工业出版社，2013.7（2024.8 重印）

职业教育汽车类示范专业系列教材

ISBN 978-7-111-43703-1

Ⅰ.①汽… Ⅱ.①李… Ⅲ.①汽车-故障检测-职业教育-教材 Ⅳ.①U472.9

中国版本图书馆 CIP 数据核字（2013）第 190952 号

机械工业出版社（北京市百万庄大街 22 号　邮政编码 100037）
策划编辑：曹新宇　责任编辑：于志伟
版式设计：霍永明　责任校对：肖　琳
封面设计：赵颖喆　责任印制：张　博
北京建宏印刷有限公司印刷
2024 年 8 月第 2 版第 8 次印刷
184mm×260mm · 17 印张 · 326 千字
标准书号：ISBN 978-7-111-43703-1
定价：45.00 元

电话服务
客服电话：010-88361066
010-88379833
010-68326294

网络服务
机　工　官　网：www.cmpbook.com
机　工　官　博：weibo.com/cmp1952
金　　书　　网：www.golden-book.com
机工教育服务网：www.cmpedu.com

第 2 版前言

本书第 1 版自出版发行以来，受到很多院校师生及专业人士的欢迎与认可，作为编者，我们感到十分欣慰，在此深表感谢。随着汽车工业的不断发展，人们对汽车的动力性、经济性、安全性、舒适性和环保性等方面的要求越来越高，汽车检测技术及要求也日益发生着变化，学习与了解新的汽车检测设备、新的检测项目和新的检测标准已迫在眉睫。在此情况下，按照出版社的统一部署，我们对本书进行了修订。

本书在修订过程中保持了原书的编写特色，在原书基础上对一些检测标准、设备示例和图例等进行了修改，使内容更加符合汽车检测技术的发展，更具有教学及参考的实用价值。本书主要在以下几方面进行了修订。

1. 气缸漏气检测仪图例。

2. 汽车发动机电控检测设备示例，删除原 VAG1552 的示例，改为目前普遍使用并具有通用检测功能的 KT600 设备示例。

3. 发动机综合分析仪设备示例，删除原 EA1000 的示例，改为 FSA704 故障分析仪示例。

4. 自动变速器检测数据补充威驰车型。

5. 车轮动平衡机使用德国百斯巴特 MT835 示例，删除了原 AMIE-JR 示例。

6. 汽车加速行驶车外噪声检测标准、检测方法及检测设备，其中声级计使用 AWA5661 精密脉冲型示例，删除原 HY103A 型声级计示例。

7. 烟度计示例改为佛分不透光 FTY-100 烟度计，删除原滤纸式烟度计示例。

本书由李婕任主编，朱春红任副主编，任小龙、张峰参加编写。其中，绪论及 3.1、3.3 ~ 3.9 由李婕编写，3.2 由张峰编写，1.1 ~ 1.3 以及模块 2 由朱春红编写，1.4 ~ 1.6 由任小龙编写。

由于编者水平有限，书中难免存在一些错误与不妥之处，恳请广大读者及同行予以批评指正。

编　者

第1版前言

随着汽车工业的不断发展，人们对汽车的动力性、经济性、安全性、舒适性和环保性等方面的要求越来越高，汽车技术也随之向电子化、自动化、智能化方向发展。汽车技术的这一变化，必然引起汽车运用领域的相关产业和相关技术的根本性变革。了解汽车使用性能，正确合理使用汽车，正确选择汽车检测方法等变得越来越重要。同时，随着我国汽车保有量的增加，社会对汽车检测与维修人员的需求也不断增加。

本书在编写中力图体现以下特色。

1. 面向职教。本书作者均来自教学一线，有多年专业教学经验，因此能根据职业教育的培养目标，结合目前职业院校的实际情况进行本书的编写。

2. 作为职业院校的专业课教材，在总体安排上以综合职业能力的培养为中心，理论部分以“必须、够用”为原则，实践部分则突出职业技能的训练和职业素质的培养，选材注重内容的实用性。

3. 本书在编写形式上采用教案式编写格式，先讲授基础理论，再进行技能训练，并根据教学需要，适时安排课堂互动，每个教学单元后面都附有习题。采用这种形式能够更加贴近教学实际，从而使教材的实用性更强。

4. 删繁就简，按由易到难、先传统知识后新兴学科、先通用技术后特殊技术的顺序编写教材，注重产业发展对人才需求规格与学校培养目标的衔接与交流，重视企业现有操作规程与维修经验的引入，教材体系与内容符合教学规律，反映企业现有设备的操作经验与维修技能。

5. 及时吸收新知识和新技术，尽量将国内外最新相关技术、仪器设备和技术规范、标准引入教材，以体现技术上的先进性和前瞻性。

6. 加强针对性和实用性。力求把传授专业知识和培养专业技术应用能力有机结合，使学生的基本素质能够得到提高，同时使学生能够运用所学的基本知识举一反三，触类旁通，为学生今后的学习奠定基础，最终达到学生毕业后即胜任工作岗位的要求。

本书比较系统地介绍了汽车使用性能、汽车使用性能的不解体检测及汽车的合理使用，内容包括汽车的动力性、经济性、制动性、操纵稳定性等使用性能的检测原理、检测方法和检测标准，具有较强的实践性。

本书共分为三个模块，模块1讲授汽车发动机的检测与分析；模块2讲授汽车底盘的检测与分析；模块3讲授汽车安全项目的检测与分析。在编写上尽量贴近实际，详细介绍了日常维修和检测中应用较多的设备及其使用方法，同时具有一定的系统性，概括了现有检测技术的内容。

本书由北京电子科技职业学院汽车工程学院李婕任主编，朱春红任副主编。编写分工：

绪论及 3.1 由李婕编写，1.1 ~1.3 以及模块 2 由朱春红编写，1.4 ~1.6 由北京电子科技职业学院汽车工程学院任小龙编写，3.2 ~3.9 由山西省农业机械化学校张峰编写。

由于编者水平有限，书中难免存在一些错误与不妥之处，恳请广大读者及同行予以批评指正。

编 者

目　录

绪　论

汽车检测技术主要是对汽车使用性能进行检测，而汽车诊断技术主要是对汽车故障进行判断。通过对汽车的检测与诊断，可以在不解体汽车的情况下判明汽车的技术状况，为汽车继续运行或进厂（场）维修或报废提供可靠的技术依据。

1. 汽车技术状况变差的主要外在表现

1）汽车动力性变差。例如，与原设计相比，汽车的加速时间增加25%以上；发动机的有效功率和有效转矩低于75%等。

2）汽车燃料消耗量和润滑油消耗量显著增加。

3）汽车的制动性能变差。

4）汽车的操纵稳定性能变差。

5）汽车排放污染物和噪声超过限值。

6）汽车在行驶中出现异响和异常振动，存在着引起交通事故或机械事故的隐患。

7）汽车的可靠性变差，使汽车因故障停驶的时间增加。

2. 汽车技术状况的诊断方法

汽车技术状况的诊断是由检查、测量、分析、判断等一系列活动完成的，其基本方法主要分为两种：一种是传统的人工经验诊断法；另一种是现代仪器设备诊断法。

（1）人工经验诊断法　这种方法是诊断人员凭借丰富的实践经验和一定的理论知识，在汽车不解体或局部解体的情况下，借助简单工具，用眼看、耳听、手摸和鼻闻等手段，边检查、边试验、边分析，进而对汽车技术状况做出判断的一种方法。这种诊断方法具有不需要专用仪器设备，可随时随地进行以及投资少、见效快等优点。但是，这种诊断方法存在诊断速度慢、准确性差、不能进行定量分析和要求诊断人员具有较丰富的经验和掌握大量资料等问题。

（2）现代仪器设备诊断法　这种方法是在人工经验诊断法的基础上发展起来的一种诊断方法，该方法可在汽车不解体情况下，用专用仪器设备检测整车、总成和机构的参数，为分析和判断汽车技术状况提供定量依据。采用计算机控制的仪器能自动分析和判断汽车的技术状况。现代仪器设备诊断法的优点是检测速度快、准确性高、能定量分析、可实现快速诊断等；其缺点是投资大和对操作人员要求高。使用现代仪器设备诊断法是汽车检测与诊断技术发展的必然趋势。

3. 我国汽车综合性能检测技术的发展方向

我国汽车综合性能检测经历了从无到有、从小到大、从单一性能检测到综合性能检测的发展过程，现已取得了很大的进步。尤其是检测设备的研制与生产，有效地缩小了与先进国家的差距。如今，汽车检测中通用的制动试验台、侧滑试验台、底盘测功机等，结构形式多样，国内已自给有余。我国汽车检测技术要赶超世界先进水平，应该从汽车检测技术基础规范化、汽车检测设备智能化和汽车检测管理网络化等方面进行研究和发展。

（1）汽车检测技术基础规范化　我国汽车检测技术发展过程中，普遍重视硬件技术，忽略或是轻视了检测方法、限值标准等基础性技术的研究。随着检测手段的完善，与硬件相配套的检测技术软件将进一步完善。主要将体现在以下几个方面：

制定和完善汽车各检测项目的检测方法和限值标准；制定营运汽车技术状况检测评定细则；统一规范全国各地的检测要求及操作技术；制定用于综合性能检测站的大型检测设备的形式认证制度，以保证综合性能检测站履行其职责等。

（2）汽车检测设备智能化　目前国外的汽车检测设备已大量应用光、机、电一体化技术，并采用计算机测控；有些检测设备还具有专家系统和智能化功能，能对汽车技术状况进行检测，并能诊断出汽车故障发生的部位，引导维修人员迅速排除故障。我国目前的汽车检测设备在采用专家系统和智能化诊断方面与国外相比还存在较大差距，如四轮定位检测系统、电喷发动机综合检测仪等，还主要依靠进口。今后我们要在汽车检测设备智能化方面加快发展速度。

（3）汽车检测管理网络化　目前我国的汽车综合性能检测站已部分实现了计算机管理系统检测。虽然计算机管理系统检测采用计算机测控，但各个站的计算机测控方式千差万别。即使采用计算机网络系统技术的，也仅仅是一个站内部实现了网络化。随着技术和管理的进步，今后汽车检测将实现真正的网络化（局域网），从而做到信息资源共享、硬件资源共享、软件资源共享。在此基础上，利用信息高速公路将全国的汽车综合性能检测站联成一个广域网，使上级交通管理部门可以及时了解各地区车辆状况。

4. 检测诊断参数

检测诊断参数是汽车检测诊断技术的重要组成部分。在汽车整体或总成不解体的条件下，直接测量汽车结构参数（如磨损量、间隙量等）变化的检测是极少的，甚至是不可能的，如气缸磨损量、曲轴和凸轮轴各轴承间隙、各齿轮间隙及磨损量等。因此，在进行汽车检测时，需要采用一些与结构参数有关，又能反映汽车技术状况的间接指标（量），这些间接指标（量）就称做“检测诊断参数”，其供汽车检测诊断使用、表征汽车和总成技术状况的参数。

汽车检测诊断参数分为工作过程参数、伴随过程参数和几何尺寸参数。

（1）工作过程参数　工作过程参数是指汽车工作时输出的一些可供测量的物理量、化学量，或指体现汽车或总成功能的参数，如发动机功率、油耗、汽车制动距离等。从工作参数本身就可确定发动机或汽车某一方面的功能。汽车不工作时，工作过程参数无法测得。

（2）伴随过程参数　伴随过程参数是伴随工作过程输出的一些可测量。伴随过程参数一般并不直接体现汽车或总成的功能，但却能通过其在汽车工作过程中的变化，间接反映检测对象的技术状况，如振动、噪声、发热等。伴随过程参数常用于复杂系统的深入诊断。汽车不工作或工作后停驶较长时间的情况下，工作过程参数无法测得。

（3）几何尺寸参数　几何尺寸参数能够反映检测对象的具体结构要素是否满足要求，如间隙、自由行程、角度等。虽然提供的信息量有限，但却能表征检测对象的具体状态。

汽车常用检测诊断参数见表0-1。

表0-1　汽车常用检测诊断参数

检测对象	检测参数
汽车总成	最高车速（km/h） 最大爬坡度（%） 0～100km/h加速时间（s） 驱动车轮输出功率（kW） 驱动车轮驱动力（N） 汽车燃油消耗量（L/100km，L/100t·km） 侧倾稳定角
发动机总成	功率（kW） 曲轴角加速度（rad/s^2） 单缸断火时功率下降率（%） 油耗（L/h） 曲轴最高转速（r/min） 排气成分（体积分数）（%）： （CO排放量） （HC排放量） （NO_x排放量）
气缸活塞组	曲轴箱窜气量（L/min） 曲轴箱气体压力（kPa） 气缸间隙（按振动信号测量）（mm） 气缸压力（MPa） 气缸漏气率（%） 发动机异响 机油消耗量（L/100km）
曲轴连杆组	主油道机油压力（MPa） 主轴承间隙（按油压脉冲测量）（mm） 连杆轴承间隙（按振动信号测量）（mm）

（续）

检测对象	检测参数
配气机构	气门热间隙（mm） 气门行程（mm） 配气相位（°）
冷却系统	冷却液工作温度（℃） 散热器入口与出口温差（℃） 风扇传动带张力（N/mm） 冷却液液面高度（mm）
点火系统	一次电路电压（V） 电容器容量（μF） 断电器触点闭合角及重叠角（°） 点火电压（kV） 二次电路开路电压（kV） 点火提前角（°） 发电机电压、电流（V，A） 调节器输出电压（V）
起动系统	在制动状态下，起动机电流（A）、电压（V） 蓄电池在有负荷状态下的电压（V） 振动特性（m/s^2）
传动系统	车轮驱动力（N） 底盘输出功率（kW） 滑行距离（m） 传动系统噪声（dB）
转向系统	主销内倾角（°） 主销后倾角（°） 车轮外倾角（°） 车轮前束（mm） 车轮侧滑量（mm/m，m/km）
柴油机供给系统	喷油提前角（按油管脉动压力测量）（°） 单缸柱塞供油延续时间（按油管脉动压力测量），曲轴转角（°） 各缸供油均匀度（%） 每一工作循环供油量（mL/工作循环） 高压油管中压力波增长时间，曲轴转角（°） 按喷油脉动相位测定喷油提前角的不均匀度，曲轴转角（°） 喷油嘴初始喷射压力（MPa） 曲轴最小和最大转速（r/min） 燃油细滤器出口压力（MPa）
供油系统及滤清器	燃油泵清洗前的油压（MPa） 燃油泵清洗后的油压（MPa） 空气滤清器进口压力（MPa） 涡轮压气机的压力（MPa） 涡轮增压器润滑系统油压（MPa）

（续）

检测对象	检测参数
润滑系统	润滑系统机油压力（MPa） 曲轴箱机油温度（℃） 机油含铁（或铜、铬、铝、硅等）（质量分数）（%） 机油透光度（%） 机油介电常数
制动系统	制动距离（m） 制动力（N） 制动减速度（m/s^2） 跑偏，左、右轮制动力差值（N） 制动滞后时间（s） 制动释放时间（s）
行驶系统	车轮静平衡 车轮动平衡 车轮振动（m/s^2）
照明系统	前照灯照度（1x） 前照灯光强度（cd） 光轴偏斜量（mm）
其他	车速表允许误差范围（%） 喇叭声级（A 计权）（dB） 客车车内噪声级（A 计权）（dB） 驾驶员耳旁噪声级（A 计权）（dB）

5. 检测诊断标准

检测诊断标准（也称检测诊断参数标准）是利用检测诊断参数测量值对检测对象的技术状况进行评价的依据，它能提供一个比较尺度，如果将测得的参数值与相应的检测诊断参数标准相比较，就可以确定汽车是否能够继续使用或预测在给定行驶里程内汽车的工作能力。

检测诊断参数标准可分为 4 类：

（1）国家标准　国家标准是由国家机关制定和颁布的检验标准，冠以中华人民共和国国家标准“GB”字样。国家标准一般由某行业部委提出，由国家技术监督局发布，全国各级各有关单位和个人都要贯彻执行，具有强制性和权威性。如 GB 7258—2012《机动车安全运行技术条件》、GB 1495—2002《汽车加速行驶车外噪声及测量方法》、GB 18352. 3—2005《汽车排放污染物限值及测试方法》、GB/T 15746. 1—1995《汽车修理质量检查评定标准》以及汽车大修竣工出厂技术条件等标准。

这些标准主要用于与汽车行驶安全和产生公害有关的一些项目的检验。这类标准在使用中需要严格控制，以保证国家标准的严肃性。

（2）行业标准　行业标准也称为部委标准，是部级或国家委员会级制定并发布的标准，在部、委系统内或行业系统内贯彻执行，一般冠以中华人民共和国某某行业标准，也在一定范围内具有强制性和权威性，有关单位和个人也必须贯彻执行。如JT/T 325—2006《营运客车类型技术划分和等级评定》、JT/T 5091—2004《轿车车身维护技术要求》，均为中华人民共和国交通行业标准。

（3）地方标准　地方标准是省级、市地级、县级制定并发布的标准，在地方范围内贯彻执行，也在一定范围内具有强制性和权威性，所属范围内的单位和个人必须贯彻执行，如DB11/T136—2001《汽车维护竣工出厂技术条件》。省、市地、县三级除贯彻执行上级标准外，可根据本地具体情况制定地方标准或率先制定上级没有制定的标准。地方标准中的限值可能比上级标准中的限值要求还严。

（4）企业标准　企业标准包括汽车制造厂推荐的标准、汽车运输企业和汽车维修企业内部制定的标准、检测仪器设备制造厂推荐的参考性标准三种类型。

汽车制造厂推荐的标准是汽车制造厂在汽车使用说明书中公布的汽车使用性能参数、结构参数、调整数据和使用极限等，可以把它们作为诊断参数标准来使用。该种标准是汽车制造厂根据设计要求、制造水平，为保证汽车的使用性能和技术状况而制定的。

汽车运输企业和维修企业的标准是汽车运输企业、汽车维修企业内部制定的标准，只在企业内部贯彻执行。该种标准除贯彻执行上级标准外，往往能根据本企业的具体情况，制定一些上级标准中尚未规定的内容。企业标准中有些诊断参数的限值甚至比上级标准还要严格，以保证汽车维修质量和树立良好的企业形象。一般情况下，企业标准应达到国家标准和上级标准的要求，同时允许超过国家标准和上级标准的要求。

检测仪器设备制造厂推荐的参考性标准是检测仪器厂或检测设备制造厂针对本仪器或设备所检测的诊断参数，在尚没有国家标准和行业标准的情况下制定的诊断参数的限值，通过仪器或设备的使用说明书提供给使用单位作为参考性标准，以判断汽车整车、总成及机构的技术状况。

任何一级标准的制定，都既要考虑技术性和经济性，又要考虑先进性，并尽量靠拢同类型国际标准。

检测诊断参数标准一般由初始值、许用值和极限值三部分组成。

（1）初始值　此值相当于无故障新车和大修车检测诊断参数值的大小，往往是最佳值，可作为新车和大修车的检测诊断标准。当检测诊断参数测量值处于初始值范围内时，表明检测车辆技术状况良好，无须维修便可继续使用。

（2）许用值　检测诊断参数测量值若在此值范围内，则检测诊断车辆技术状况虽发生变化但尚属正常，无须修理（但应按时维护），可继续使用。超过此值，勉强允许使用，但应及时安排维修；否则，汽车带病行车，故障率上升，可能行驶不到一个检测周期。

（3）极限值　检测诊断参数测量值超过此值后，检测对象技术状况严重恶化，汽车需立即根据汽车维修工艺的需要停驶修理，否则将造成更大损失或安全事故。

6. 常用检测诊断设备

（1）发动机性能检测与诊断仪器设备（见表0-2）

表0-2　常用发动机性能检测与诊断仪器设备

设备名称	主要用途
发动机台架试验设备	此类设备主要与测功试验台、油耗仪、冷却液温度传感器、油温传感器、机油压力传感器、转速传感器等配套，可以完成发动机的空转特性、速度特性、负荷特性等常规试验项目的测试，还可进行发动机转矩、转速、功率、油耗率、比油耗、排气温度、机油压力、冷却液温度等参数的检测
汽车点火示波器	可用来显示点火波形，通过对波形的分析对点火系统故障进行快速诊断
正时灯	用于点火系统的点火提前角的指示，可测量点火提前角、转速等
发动机转速表	用于测量发动机及其他旋转件的转速
气缸压力表	用于检测气缸压缩压力，根据检测结果可判断气缸衬垫、气缸体与缸盖之间的密封状况、活塞环与缸壁配合状况及燃烧室内积炭是否过多等有关气缸的工作状况
真空表	用于检测汽油发动机进气歧管的真空度，通过进气歧管的真空度数值及其变化状况，判断气缸组和进气歧管密封状况，也可用于检测液压泵输出压力、油路泄漏及真空控制系统的功能
气缸漏气量检测仪	使活塞处于压缩上止点位置（此时气门关闭），将压缩空气注入气缸内，观测气缸内压力的变化，以压力数值判定气缸和气门的密封情况
发动机曲轴箱窜气量检测仪	测量曲轴箱窜气量，以判断发动机漏气、磨损、拉缸、断环等缸内状况及动态密封性
油耗仪	用于测定各类发动机燃油消耗量、瞬时流量，可进行定容量、定质量、定时间等参数的测量
发动机异响测听器	用于发动机异响测听分析，可诊断轴承、滤清器、气门、齿轮等损伤故障，可检测液压泵、阀门、空压机和发电机运转等方面的问题，也可检测车门、车窗及天窗的密封性
喷油泵试验台	用于检测喷油泵泵体的密封性、出油阀的开启压力、喷油泵各缸供油量及其均匀性、喷油泵供油开始点及供油间隔角、机械式调速器的工作状况，加上附具后，可对输油泵、滤清器进行试验
工业纤维内窥镜	用于在不解体情况下窥视发动机燃烧室，观察气缸内有关机件的技术状况
曲轴、飞轮、离合器总成动平衡机	用于对曲轴、飞轮、离合器及其总成动平衡的检测
废气分析仪	用于检测汽车排放废气中的CO、HC、CO_2、O_2及NO_x的含量
烟度计	用于检测柴油车的排气烟度
声级计	用于测量汽车行驶所产生的车内、外噪声以及喇叭的噪声

（2）底盘检测与诊断设备（见表0-3）

表0-3 常用底盘检测与诊断设备

设备名称	主要用途
底盘测功试验台	可测量出汽车驱动轮的输出功率和驱动力，汽车在给定速度区间内的加速时间，汽车在给定速度下的滑行时间和距离及进行车速/里程表校验，并能显示输出功率—速度、驱动力—速度关系曲线
汽车制动试验台	可检测汽车左右轮的最大制动力、阻滞力、左右轮制动力的和与差、制动协调时间等有关制动性能参数
汽车侧滑试验台	用于检测汽车侧滑量以确定前轮定位是否准确
汽车轴重仪	轴重也叫轴荷，即汽车某一轴的质量。汽车轴重仪用于测量汽车车轴或车轮荷重，是检测制动力的配套设备
汽车车速表试验台	用来检验汽车车速表指示值误差，并判断其是否合格
汽车前束尺	可用来测量汽车前束值
四轮定位仪	可检测的项目包括前轮前束、前轮外倾角、主销内倾角、主销后倾角、后轮前束、后轮外倾角、轮距、轴距、后轴推力角和左右轴距差等
转向力、角测量仪	用于各类机动车辆机械转向系统的转向力（矩）和转向角的测量
车轮动平衡机	能够检测、显示出车轮的不平衡量及相对位置，并能对其进行平衡
轮胎气压表	用来检查轮胎气压值

（3）电器试验设备（见表0-4）

表0-4 常用电器试验设备

设备名称	主要用途
电器万能试验台	用于检测汽车的交流发电机、起动机、分电器、调节器、蓄电池、点火线圈、电容器、电动刮水器、电喇叭等电气设备，并能对外充电
电池检测仪	用于对蓄电池性能的检测
前照灯检测仪	用于检测前照灯的光强度及照射方向

（4）电控系统检测与诊断设备（见表0-5）

表0-5 常用电控系统检测与诊断设备

设备名称	主要用途
发动机综合性能分析仪	用于汽油机与柴油机的综合测试。对发动机的点火系统、管理系统、电控变速系统、电子控制燃油喷射系统、安全及舒适性电控系统等都可进行测试。一般具有发动机测试仪、万用表和示波器三种测试仪器的功能
解码器	可对发动机、变速器、防抱死制动系统（ABS）和车身等计算机控制系统的故障进行检测与诊断

模块1　汽车发动机的检测与分析

【学习目标】

通过本模块的学习，使学生了解发动机检测的项目和内容；会使用相关的检测诊断仪器和设备；会分析发动机故障产生的原因，掌握故障诊断和排除的方法；能够分析发动机各检测项目的检测结果。

【课堂互动】

1.1　发动机密封性检测

【本节目标】

了解气缸密封性检测的意义；了解常用气缸密封性的检测原理及方法；掌握检测发动机密封性能的仪器、设备的使用方法；学会根据检测结果判断发动机的密封性能。

【基本理论知识】

1. 气缸密封性对发动机工作性能的影响

气缸密封性是表征发动机技术状况的重要参数。气缸密封性不良，将使发动机功率下降，燃油消耗率增加；在气缸活塞组磨损时，机油窜入燃烧室的量也相应增加，使发动机工作时机油的消耗加速；在发动机严重漏气时，其起动性能也随之恶化，会导致发动机无法起动，所以气缸密封性对发动机的性能有着直接的影响。导致气缸的漏气量增加，密封性能下降的主要原因是在发动机的长期使用过程中，气缸体、气缸盖、气缸垫、活塞、活塞环和进、排气门等零件的磨损、烧蚀、结焦或积炭及密封面翘曲变形等。

在不解体的条件下，检测气缸密封性的常用方法有测量气缸压缩压力、测量曲轴箱窜气量、测量气缸漏气量或气缸漏气率和测量进气管真空度等。在就车检测时，只要测量其中的一项或两项指标，就能确定气缸密封性的好坏。

请思考一下：

1. 正常情况下发动机的气缸有气体泄漏吗？

2. 通过检查哪些参数可以判定发动机的气缸是否漏气？

2. 气缸密封性常用检测方法的检测原理

(1) 气缸压缩压力的检测　检测活塞达到压缩终了上止点时气缸压缩压力的大小可以判定气缸密封性的好坏。气缸压缩压力是评价气缸密封性最直接的指标。因其检测方便，检测仪器也比较简单，所以应用广泛。气缸密封性的检测方法有用气缸压力表检测和用气缸压力测试仪检测。

【课堂互动】

1. 请观察气缸压力表，认识各个组成部分。

2. 请思考在使用气缸压力表时，应注意哪些问题，才能使测量结果准确，且气缸压力表不致被损坏。

1）用气缸压力表检测气缸压缩压力。气缸压力表如图1-1所示。由于用气缸压力表检测气缸压缩压力（简称气缸压力）具有价格低廉、仪表轻巧、实用性强和检测方便等优点，因而在汽车维修企业中应用十分广泛。

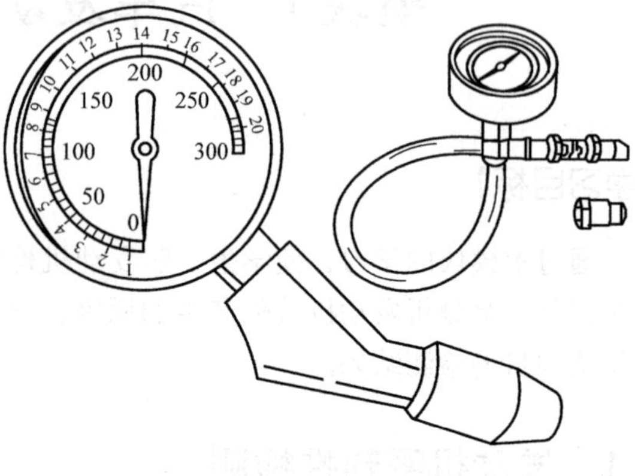

图1-1 气缸压力表

气缸压力表是一种专用压力表，一般由压力表头、导管、单向阀和接头等组成。气缸压力表接头有管螺纹接头和锥形或阶梯形橡胶接头两种。管螺纹接头可以拧在火花塞或喷油器的螺纹孔中，橡胶接头可以压紧在火花塞或喷油器的螺纹孔中。导管也有两种，分别为软导管和金属硬导管。软导管适用于管螺纹接头与压力表头的连接，硬导管适用于橡胶接头与压力表头的连接。单向阀可以控制气缸压力表是否通大气。当单向阀处于关闭位置时，可以保持压力表指针位置以便读数；当单向阀处于打开位置时，可使压力表指针回零，以便继续进行其他气缸的测量。

2）用气缸压力测试仪检测气缸压缩压力。气缸压力测试仪的种类主要有压力传感器式、电感放电式和起动电流式（或起动电压降式）三种。因为其应用不是十分广泛，所以这里只做简要介绍。

① 用压力传感器式气缸压力测试仪检测。用这种测试仪检测气缸压力时，需先拆下被测气缸的火花塞，旋上仪器配置的压力传感器，用起动机转动曲轴3～5s，由传感器获得气缸的压力信号，经放大后送入A-D转换器进行模数转换，再送入显示装置，即可获得气缸压力。

② 用起动电流或起动电压降式气缸压力检测仪检测。起动机带动曲轴所需的转矩是起动机电流的函数，并与气缸压力成正比。发动机起动时的阻力矩，主要是由曲柄连杆机构产生的摩擦力矩和各缸压缩行程受压空气的反力矩两部分组成。前者可以认为是常数，而后者是随各缸气缸压力变化的，因此起动电流的变化与气缸压力的变化间存在着对应关系，通过测量起动时某缸的起动电流，即可确定该缸的气缸压力。这是因为起动机工作时，蓄电池端电压的变化取决于起动电流的变化。当起动电流增大时，蓄电池端电压降低，即起动电流与电压降成正比。由于起动电流与气缸压力成正比，因此起动时蓄电池的电压降与气缸压力也成正比，所以通过测量蓄电池电压降可以获得气缸压力。用该测试仪检测气缸压力时，无须拆下火花塞。

使用以上几种测试仪检测气缸压力时，发动机不应点火工作。对汽油机，可拔下分电器中央高压线并搭铁或按测试仪要求处理；对柴油机，旋松喷油器高压油管接头使其断油即可。

【课堂互动】

（2）曲轴箱窜气量的检测　如果测出气缸漏气量超标时，应进行曲轴箱窜气量的检测，以便确定漏气量超标的具体部位。曲轴箱窜气量是指气缸内的工作介质和燃气，从气缸和活塞间密封处窜入曲轴箱的量。漏气量增加的原因是气缸壁、活塞、活塞环的磨损造成各部位间隙变大，或活塞环对口、结胶、积炭、失去弹性、断裂及缸壁拉伤等。据资料介绍，新发动机曲轴箱的窜气量为15～20L/min，磨损后的发动机则高达80～130L/min。所以，发动机工作时单位时间内窜入曲轴箱的气体量，也是检测气缸密封性的方法之一。特别是在发动机不解体的情况下，使用该方法可诊断气缸活塞摩擦副的工作状况。

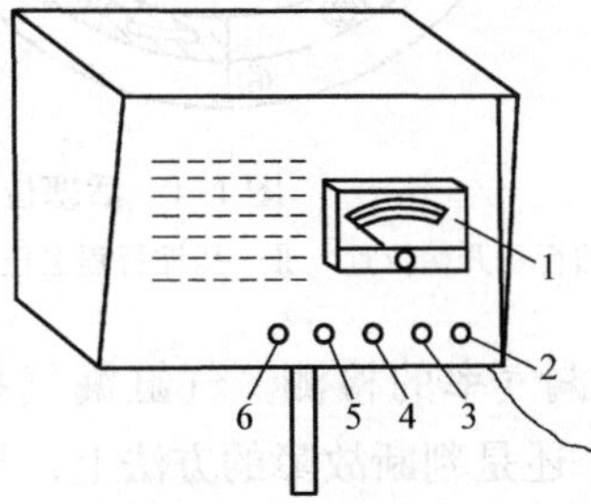

图1-2　曲轴箱窜气量检测仪

1—指示仪表　2—预测按钮　3—预调旋钮
4—挡拉开关　5—调零旋钮　6—电源开关

曲轴箱窜气量的检测一般采用专用气体流量计进行，如图1-2所示。

认识表明气缸压力的单位：1帕斯卡＝1N/m²，帕斯卡简称为帕，用Pa表示，此外还经常使用千帕（kPa）和兆帕（MPa）。

1kPa＝10^3Pa

1MPa＝10^6Pa

（3）气缸漏气量和漏气率的检测　气缸漏气量采用气缸漏气量检测仪进行。检测时，发动机不运转，活塞处于压缩行程上止点位置，从火花塞或喷油器孔处通入压缩空气，通过测量气缸内压力的变化情况来表征气缸内的密封情况。

1）气缸漏气量的检测。气缸漏气量可以用气缸漏气量检测仪检测，国产QLY-1型气缸漏气量检测仪如图1-3所示。该仪器由调压阀1、进气压力表2、测量表3、校正孔板7、橡胶软管4、快速接头5和充气嘴6等组成，此外还需配备外部气源、指示活塞位置的指针和活塞定位盘，如图1-4所示。外部气源的压力相当于气缸压缩压力，一般为600～900kPa。压缩空气按箭头方向进入气缸漏气量检测仪，其压力由进气压力表2显示。随后，它经由调压阀1、校正孔板7、橡胶软管4、快速接头5和充气嘴6

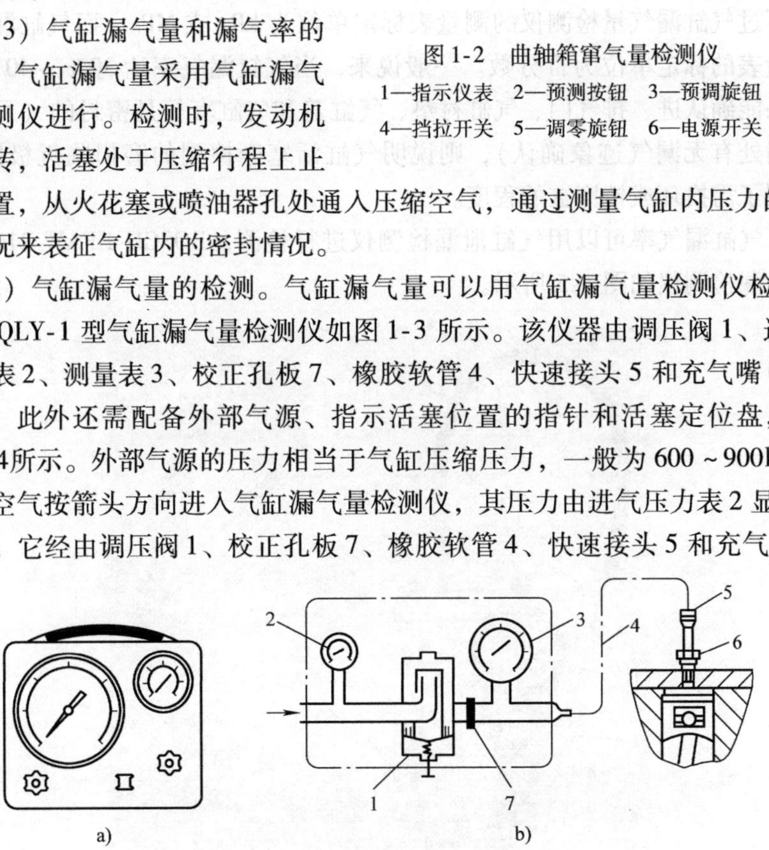

图1-3　气缸漏气量检测仪

a）仪器外形图　b）工作原理图

1—调压阀　2—进气压力表　3—测量表　4—橡胶软管
5—快速接头　6—充气嘴　7—校正孔板

【课堂互动】

进入气缸，气缸内的压力变化情况由测量表3显示。

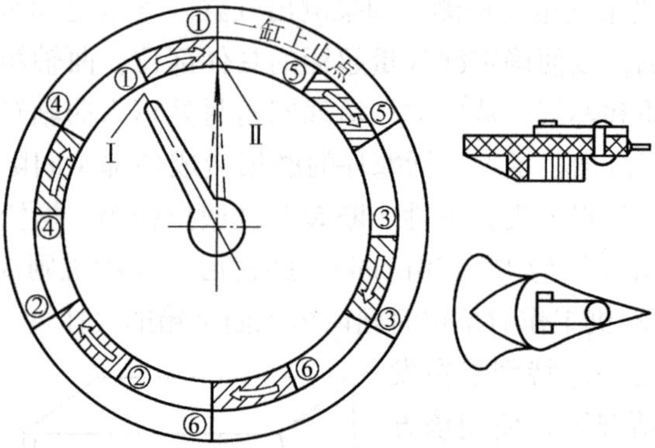

图1-4 活塞位置指示器

Ⅰ—压缩行程开始位置 Ⅱ—压缩行程上止点 ①②③④⑤⑥—各缸Ⅰ、Ⅱ位置

思考一下，如何判断气缸泄漏部位？

2）气缸漏气率的检测。气缸漏气率的检测，无论是在使用的仪器、检测的方法，还是判断故障的方法上，与气缸漏气量的检测是基本一致的，只不过气缸漏气量检测仪的测量表标定单位为kPa或MPa，而气缸漏气率测量表的标定单位为百分数。一般说来，当气缸漏气率达30%～40%时，如果能确认进、排气门、气缸衬垫、气缸盖和气缸套等是密封的（可从各泄漏处有无漏气迹象确认），则说明气缸活塞摩擦副的磨损临近极限值，已到了需换环或镗磨缸的程度。

气缸漏气率可以用气缸泄漏检测仪进行检测，BOSCH EFAW 210A气缸泄漏检测仪如图1-5所示。

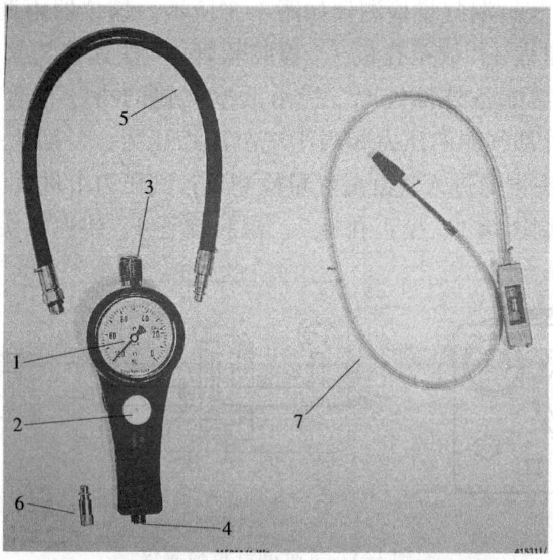

图1-5 BOSCH EFAW 210A气缸泄漏检测仪

1—指示器 2—压力调节阀 3—测试管接口 4—压缩空气管接头 $R=1/4$

5—测试管 6—测试喷油器 7—上止点位置指示器

【课堂互动】

(4) 进气管负压的检测　进气管负压（也称真空度）是进气管内的压力与大气压力的差值，单位为 kPa。发动机进气管负压的大小随气缸活塞组零件的磨损而变化，并与气门组零件的技术状况、进气管的密封性以及点火系统和供油系统的调整有关。活塞及活塞环与气缸壁的密封情况、气缸盖（垫）与气缸体的密封情况、气门与气门座的密封情况、进气歧管（垫）与气缸体的密封情况都将影响进气歧管的负压。因此，检测进气管负压，可以从侧面反映发动机各个部位密封性的好坏，有助于快速排除故障。

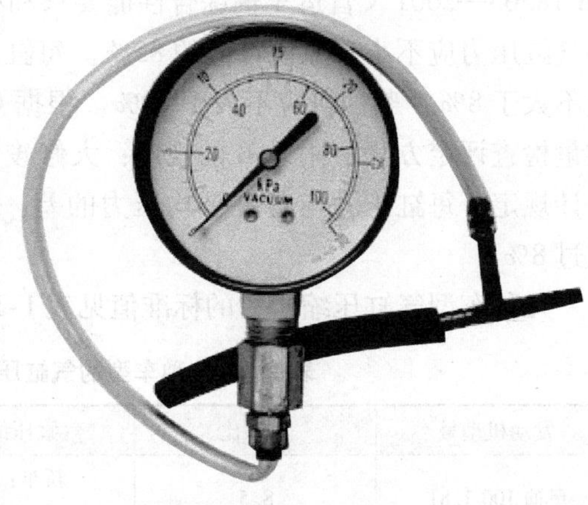

图1-6　真空表

进气管负压用真空表检测，无须拆任何机件，而且快速简便，应用极广。一般发动机综合分析仪也具有进气管负压检测功能。汽车发动机检测专用真空表如图1-6所示。

【技能训练】

1. 用气缸压力表检测气缸压缩压力

(1) 检测方法与步骤

1) 起动发动机，让发动机正常运转，使冷却液温度达到75℃以上。

2) 关闭点火开关，将钥匙拔出。

3) 拆下空气滤清器。

4) 拆下妨碍火花塞或喷油器拆卸的线束及其他零部件。

注意：对汽油机，为防止电击和着火，应采取以下措施：

● 如果是传统点火系统，应把分电器中央高压线拔下并可靠搭铁。

● 若为电控点火系统，可以根据结构断开点火线圈的输入或输出电路。

5) 用压缩空气吹净火花塞或喷油器周围的灰尘和脏物。

6) 卸下全部的火花塞或喷油器，并按气缸次序放置。

7) 把气缸压力表的橡胶接头插在被测缸的火花塞孔内，扶正并压紧。

8) 把钥匙插入点火开关，踩下节气门踏板（使节气门和阻风门置于全开，减小进气阻力），用起动机转动曲轴3~5s（不少于四个压缩行程），待压力表头指针指示并保持最大压力后停止运转。

9) 取下气缸压力表，记下读数，按下单向阀使压力表指针回零。

10) 按上述方法依次测量各缸，每缸测量次数不少于两次。

【课堂互动】

注意：就车检测柴油机气缸压力时，应使用螺纹头的气缸压力表。如果要求在发动机较高转速下测量，此种情况除被检查气缸外，其余各缸均应工作。其他检测条件和检测方法同汽油机。

（2）诊断参数标准 气缸压缩压力标准值一般由汽车厂商提供。按照GB 18565—2001《营运车辆综合性能要求和检验方法》的规定，在用汽车各气缸压力应不小于原设计值的85%。每缸压力与平均压力的差：汽油机应不大于8%，柴油机应不大于10%。根据GB/T 15746—2011《汽车修理质量检查评定方法》附录B的规定：大修竣工发动机的气缸压力应符合原设计规定，每缸压力与各缸平均压力的差：汽油机不超过5%，柴油机不超过8%。

几种车型气缸压缩压力的标准值见表1-1。

表1-1 几种车型的气缸压缩压力值

发动机型号	压缩比	气缸压缩压力值/bar	各缸压力差/bar
奥迪100 1.8L	8.5	新车：800 ~ 1000 极限：650	不大于3
桑塔纳 AJR 1.8L	9.3	10 ~ 13.5	3
富康 TU3	8.8	12	3
速腾 BJZ2.0L	10.3	新车：10 ~ 13 极限：7.5	3 3
保时捷卡宴 BFD 3.2L	11.5	磨损极限：7.5	不大于3

（3）结果分析

请思考为什么在某些情况下，注入机油后会使测出的压力与未注入前不同？

1）测得压力超过原厂设计规定值。测得结果如高于原设计规定，并不一定是气缸密封性好，要结合实际情况进行分析。造成这种情况的原因有可能是：①燃烧室内积炭过多；②气缸垫过薄；③缸体与缸盖结合平面修理加工过多，使燃烧室减小。

2）测得压力低于原厂设计规定值。测得结果如低于原厂设计规定，可向该缸火花塞或喷油器孔内注入适量机油，然后用气缸压力表重测气缸压力并记录。根据重测结果，按以下方法进行分析：①第二次测出的压力比第一次高，接近标准压力，表明是气缸、活塞环、活塞磨损过大或活塞环对口、卡死、断裂及气缸表面拉伤等原因造成气缸密封不严；②第二次测出的压力与第一次基本相同，即仍比标准压力低，表明是进、排气门或气缸衬垫不密封；③两次检测结果均表明某相邻两缸压力都相当低，说明是两缸相邻处的气缸垫烧损或窜气；④如果某个气缸的读数是零，则可能是活塞出现孔洞，或是排气门被严重烧损。

2. 用曲轴箱窜气量检测仪检测曲轴箱的窜气量

（1）检测方法与步骤

1）打开电源开关，按仪器使用说明书的要求对检测仪进行预调。

2）密封曲轴箱。即堵塞机油尺口、曲轴箱通风进、出口等，将取样头插入机油加注口内。

【课堂互动】

3）起动发动机，待其运转平稳后，仪表箱仪表的指示值即为发动机曲轴箱在该转速下的窜气量。

（2）诊断参数标准　曲轴箱窜气量除与发动机气缸活塞组技术状况有关外，还与发动机转速和负荷有关。因此在检测时，发动机应加载，节气门全开（或柴油机最大供油量），在最大转矩转速（此时窜气量达最大值）下测试。发动机加载可在底盘测功机上实现，测功机的加载装置可方便地通过滚筒对发动机进行加载，以实现发动机在全负荷工况下，从最大转矩转速至额定转速的任一转速下运转。因此，可用曲轴箱窜气量检测仪检测出各种工况下曲轴的窜气量。

对曲轴箱窜气量还没有制定出统一的国家诊断标准，有些企业根据具体车型逐渐积累资料制定企业标准。由于曲轴箱窜气量还与缸径大小和缸数多少有关，很难把众多车型统一在一个诊断标准内，有些国家以单缸平均窜气量作为诊断参数。综合国内外情况，单缸平均窜气量值可参考以下标准：

汽油机：新机2~4L/min，达到16~22L/min时需大修。

柴油机：新机3~8L/min，达到18~28L/min时需大修。

（3）结果分析　曲轴箱窜气量大，一般是气缸、活塞、活塞环磨损量大，使各部位间隙大，或活塞环对口、结胶、积炭、失去弹性、断裂及缸壁拉伤等原因造成，应结合使用、维修和配件质量等情况来进行深入诊断。

3. 用国产QLY-1型气缸漏气量检测仪进行气缸漏气量检测

（1）检测方法与步骤

1）先将发动机预热到正常的工作温度，用压缩空气吹净气缸盖和火花塞孔上的灰尘，拧下所有的火花塞，装上充气嘴。

2）将仪器接上气源，在仪器出气口完全密封的情况下，通过调节调压阀，使测量表的指针指示在392kPa的位置上。

3）卸下分电器盖和分火头，装上指针和活塞定位盘。指针可用旧分火头改制，仍装在原来的位置上。活塞定位盘用较薄的板材制成，其上按缸数进行刻度，并按分火头的旋转方向和点火次序刻有缸号。假定是六缸发动机，分火头顺时针方向转动，点火次序为1-5-3-6-2-4，则活塞定位盘上每60°有一刻度，共有6个刻度，并按顺时针方向在每个刻度上分别刻有1-5-3-6-2-4的字样。

4）摇转曲轴，先使第1缸活塞处于压缩上止点位置，然后转动活塞定位盘，使刻度“1”对正指针。变速器挂低速挡，拉紧驻车制动器，以保证压缩空气进入气缸后不会推动活塞下移。

5）把1缸充气嘴接上快速接头，向1缸充气，测量表上的读数便反映了该缸的密封性。在充气的同时，可以从进气口、排气口、散热器加水口

【课堂互动】

和机油注入口等处，察听是否有漏气声，以便找出故障部位。

6）摇转曲轴，使指针对正活塞定位盘下一缸的刻度线，按以上方法检测下一缸的漏气量。

7）按以上方法和点火次序，检测其他各缸的漏气量。为使数据可靠，各缸应重复检测一次。本检测方法仅适用于汽油机。仪器使用完毕后，调压阀应退回原来的位置。

（2）诊断参数标准　对于解放和东风等国产发动机，在确认进、排气门和气缸衬垫密封良好的情况下，如测量读数值大于246kPa，气缸活塞摩擦副的密封性可诊断为合格；如测量读数值小于246kPa，则需进行维修。

4. 用博世 EFAW 210A 气缸泄漏检测仪进行气缸漏气率的检测

（1）检测方法与步骤

1）先将发动机预热到正常的工作温度，用压缩空气吹净气缸盖和火花塞孔周围的灰尘，拆下所有的火花塞（检测所用设备见图1-5）。

2）用上止点位置指示器找到被测气缸的压缩上止点位置。

① 将指示器的橡胶塞压紧在待测气缸的火花塞孔内。

② 将指示器的指示部分用其上附带的磁铁吸附在发动机室内，以便于测试者观察其中小活塞的运动部位。

③ 用手动工具沿着正常工作时曲轴的旋转方向缓慢地转动曲轴。在大多数的发动机上，都可以用扳手扳动曲轴上用于固定带轮的大螺母来转动曲轴，有些发动机上转动风扇也可以转动曲轴。如果以上两种方式都不可行，也可以把变速器放在最高挡上，靠推动车辆来使曲轴转动（自动变速器车辆除外）。

④ 当处于压缩行程时，指示器中的小金属活塞将被向上推动，如果上止点被转过了一些，小活塞将立即落下，这时在上止点附近反复调整曲轴位置，可以找到上止点的确切位置，如图1-7所示。

3）将检测仪压缩空气管接口连接到压缩空气气源上。

4）将测试喷油器连接到测试管接口上，如图1-8所示。

5）通过调整压力调节阀使检测仪的指针指示在（23 ±1）Cal，如图1-9所示。

6）卸下测试喷油器，这时测试表的压力损失必须在泄漏量为0 ±1%的范围内，表示测量仪表已校准好。

7）将测试管拧入待测气缸的火花塞孔内（如果螺纹不合适，可以选择一个适当的转换接头，需另购），如图1-10所示。

8）将测试管连接到检测仪的测试管接口上。

9）读出检测仪上显示的压力泄漏量的百分数，并记录。

10）从测试管接口上卸下测试管，并把测试管从火花塞孔中旋下。

11）根据发动机做功顺序，重复步骤2）、7）、8）、9）、10），测量其

【课堂互动】

余的气缸漏气率。

12）所有气缸测试结束后，将压力调节阀调回到初始位置。

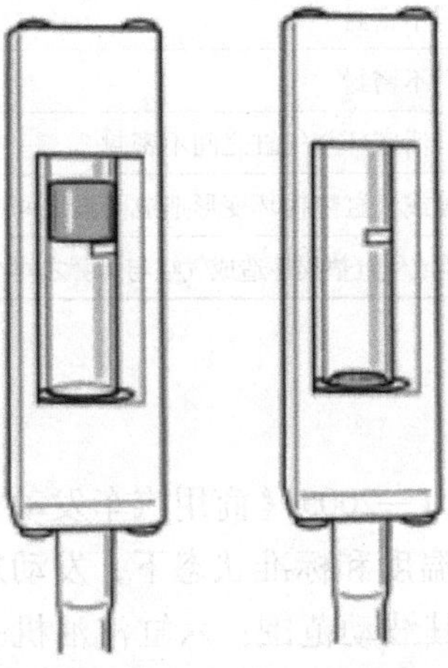

a)　　b)

图1-7　指示器中活塞的位置

a）上止点位置　b）其他位置

图1-8　连接测试喷嘴

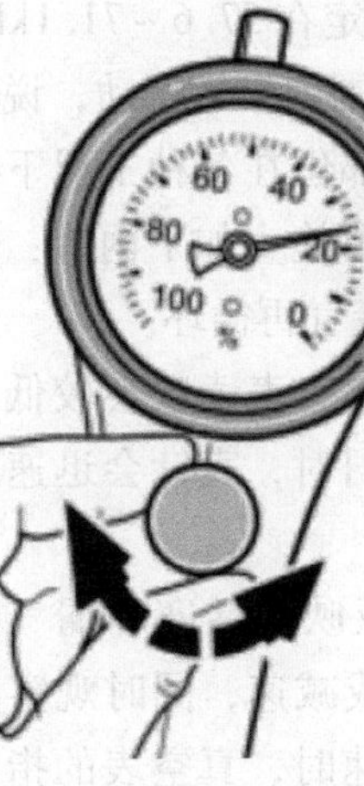

图1-9　校准指针位置

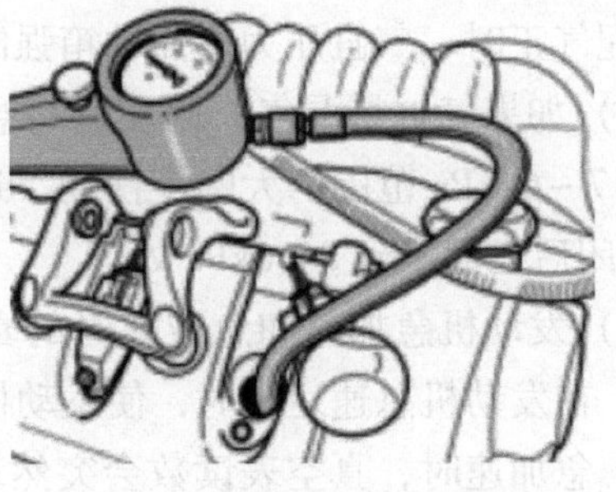

图1-10　气缸泄漏率测试

（2）诊断参数标准　气缸漏气率没有统一的国家诊断标准，各个发动机生产企业根据不同型号的发动机设定不同的漏气率极限，按照经验，一般泄漏量的最大极限为25%，各缸泄漏率的差不能超过两个刻度，即4%。

（3）结果分析　在漏气率较大的情况下，泄漏的位置可以从漏气声的位置不同来判断，具体可以参考表1-2。

5. 用真空表检测进气管负压

（1）检测方法与步骤

1）起动发动机，使发动机达到正常的工作温度。

2）将真空表软管接到进气歧管的测压孔上。

【课堂互动】

表1-2 漏气声音位置及泄漏位置参照表

发出声音的位置	可能发生泄漏的部位及原因
空气滤清器、进气歧管等	进气门不密封
排气歧管、排气消声器	排气门不密封
机油加注口	活塞、活塞环与气缸之间不密封
相邻气缸的火花塞孔	气缸盖或气缸垫损坏变形造成两缸之间窜气
冷却液加注口（或在冷却液中产生气泡）	气缸盖或气缸垫损坏造成气缸与水套之间不密封

3）变速器挂空挡，发动机怠速运转。

4）读取真空表上的指示值。

（2）诊断参数标准　根据GB/T 3799.1—2005《商用汽车发动机大修竣工出厂技术条件》的规定，在正常工作温度和标准状态下，发动怠速运转时，进气歧管真空度符合原设计规定，其波动范围：六缸汽油机一般不超过3kPa，四缸汽油机一般不超过5kPa。

（3）结果分析　不同的原因所对应的真空度不同，因此掌握常见工况下真空表的正确读数及一些故障造成的异常情况，对故障诊断十分有益。

1）在发动机怠速工况下，进气管真空度应稳定在57.6～71.1kPa范围内，迅速开闭节气门，若表针在6.7～84.6kPa范围内灵敏摆动，说明进气管真空度对节气门开度的随动性较好，意味着各部位在各种工况下的密封性较好。若怠速测量时，真空表读数异常，则需要检查如下内容：点火正时、配气正时、气缸压力、曲轴箱强制通风阀和废气再循环。

2）如果气缸垫漏气，则在进行怠速测量时真空表读数会较低，且指针在17～64kPa范围内大幅度摆动。迅速开节气门时，表针会迅速跌落到0，关闭后也回不到84.6kPa处。

3）发动机急加速和急减速时的真空度值可反映出活塞环漏气的严重程度。在发动机怠速运转时，使发动机突然加速或减速，同时观察真空表读数，急加速时，真空表读数会突然增大；急减速时，真空表的指针会在怠速时的位置向上跃动几刻度。例如，怠速时真空度为60.9kPa，那么急加速时，它将降至0～10.2kPa，而在急减速时，则跳至77.9～84.7kPa。活塞漏气严重时，真空表指针的摆动幅度不太明显。指针摆动幅度越大，表明发动机状况越好。

4）点火时间过早、过迟或电火花能量不足以及配气正时错乱时，燃烧条件就会变坏，发动机功率损失就会加大，转速无法提高，形不成较高的真空度，导致怠速不稳，加速无力。怠速时，若点火过迟或气门开启过迟，真空表指针将在46.7～67kPa范围内轻微摆动；若点火过早或气门开启过早，则指针将在46.7～67kPa范围内大幅度摆动。

5）为了减少排放污染，目前绝大部分汽车都装有三元催化转化器，当其内部因结胶、积炭、破碎等原因造成局部堵塞和随机堵塞时，就会加

【课堂互动】

大排气的反压力，使进气真空度降低，从而导致排放不彻底、进气不充分。堵塞严重时，发动机只能勉强维持低速运转。在此情况下，发动机怠速运转时，真空表读数有时可达53kPa左右，很快又跌落为0或者很低。发动机加速时，压力逐渐下降为0。

6）气门烧蚀或气门间隙调整不当时，真空表指针稳定，但在每个工作循环中，当有故障的气缸工作时，指针就会跌落且跌幅在6.7kPa以上。

7）气门卡滞时，真空表指针将以不规则的间隔回弹。在这种情况下，可使发动机以2500r/min左右的转速运行2min，使气门挺杆的温度上升到一定程度。在怠速运转时，若真空表指针在短时间内剧烈抖动，则说明气门存在卡滞现象。待气门降温后，真空表指针的抖动将变得缓和些。

8）空燃比不当或个别气缸缺火、失火时真空度在怠速下较正常值低。混合气较浓时，指针在44~67kPa范围内慢摆；混合气较稀时，指针不规则地跌落后又上升，摆动幅度较大，且常伴有怠速游车现象。

9）气门导管磨损的发动机在怠速运转时，真空表指针剧烈抖动，加速时却较为稳定。

【习题1.1】

1. 评价发动机密封性的参数有哪些？

2. 造成发动机气缸泄漏的因素有哪些？

3. 影响发动机密封性检测结果的因素有哪些？

4. 如何用气缸压力表检测气缸压缩压力？

5. 如何用真空表测量进气管负压？

1.2 点火性能检测

【本节目标】

了解点火正时的概念及检测意义；掌握点火正时的检测原理及方法；了解点火波形的形成原理；掌握点火波形的检测原理及方法；掌握点火波形并通过对比波形检测点火系统的故障。

【基本理论知识】

1. 点火性能对发动机工作性能的影响

发动机在运行过程中的故障大多数都是由供油系统和点火系统引起的。一般情况下，发动机在运转中突然熄火且不能再起动，多为点火系统故障。发动机在运转过程中逐渐熄火，多为供油系统故障。

在诊断点火系统的故障时，要对点火系统的电路及工作原理非常熟悉，能够利用点火系统的基本工作原理分析故障可能的部位，并可通过更换零件验证自己的推测。诊断故障时，要本着先易后难的原则，逐步查找故障

【课堂互动】

的部位。

在点火系统的故障中，主要的故障有无火、缺火、乱火、火弱及点火正时失准等。这些故障会造成发动机不能起动或工作不正常。点火系统故障部位可分为低压线路和高压线路两部分。

汽油机的点火系统分为以机械方式控制的传统点火系统和以电子技术控制的电子点火系统。点火系统的故障可采用人工经验诊断法和仪器诊断法进行，这里主要讲述仪器诊断法。

2. 点火正时检测

点火正时是指正确的点火时间，点火时间一般用点火提前角（曲轴转角或凸轮轴转角）表示。当点火正时正确时，点火提前角处于最佳状态。然而，最佳点火提前角是随转速、负荷和汽油辛烷值等因素的改变而变化的。对于传统的点火系统，随转速和负荷的变化，是在动态的情况下，由分电器上离心式调节器和真空式调节器自动调节的；随辛烷值的变化，则是在静态情况下通过获得最佳初始点火提前角，即获得最佳分电器壳固定位置得到的。当使用的汽油辛烷值改变时，发动机的初始点火提前角即分电器壳的固定位置也要随之改变。

初始点火提前角也称为初始点火正时，它是点火提前角自动调节装置进入工作状态前的基础。在离心式调节器和真空式调节器工作正常的情况下，发动机最佳点火提前角往往决定于初始点火提前角。

发动机的点火正时是非常重要的，它直接影响到汽车的动力性、燃料的经济性和排气净化。检测点火正时的方法有人工（经验）法、闪光（正时灯）法和缸压法等。

（1）用人工法检查点火正时　用人工法检查点火正时的目的是为了查证点火时间的准确性，而校正点火正时的目的是为了获得最佳初始点火提前角。

发动机的点火正时在使用时并不是一成不变的，应及时根据汽车的技术状况、燃料和运行条件的变化进行检查及校正，掌握的原则如下：

1）使用辛烷值较高的汽油时，应将点火时间略微提前；反之，使用辛烷值较低的汽油时，应将点火时间略为推迟，以防爆燃。

2）混合气成分不同，直接影响燃烧速度。根据试验测定，当过量空气系数 $\alpha=0.8\sim0.9$ 时混合气燃烧速度最快，此时点火提前角应小些；当 α 大于此值或小于此值，即混合气过稀或过浓时，都会使燃烧速度变慢，此时点火提前角应大些。

3）容易产生爆燃的发动机，点火提前角应小些。

4）高原地区大气压力低，因而发动机的进气压力和压缩终了压力均降低，影响了汽油的雾化和混合气的涡流运动，使燃烧速度变慢。与平原地区相比，在相同的混合气成分下，高原地区点火时间应提早些。

5）外界气温的变化对汽油的雾化有一定的影响。气候寒冷时，点火时间应略为提前；气候炎热时，点火时间应略为推迟。

6）发动机已接近大修、气缸压缩压力降低时，点火时间可略为提前。

7）对于排气净化要求较高的发动机，不能仅以功率的大小作为检查及校正点火正时的依据，要同时考虑排放要求。适当推迟点火时间，可减少 NO_X 的排放量。

发动机点火时间的正确与否，可参照上述原则进行具体分析，并且要通过路试作出准确的评价。

（2）用闪光法检测点火正时　闪光法是采用点火正时灯检测点火正时，是利用闪光与第1缸点火同步的原理测出发动机的点火提前角，目前应用比较广泛。

正时灯是一种频率闪光灯，每闪光一次表示第1缸的火花塞发火一次，因此闪光与第1缸点火同步。当正时灯对准发动机第1缸压缩终了上止点标记，并按实际跳火时间进行闪光时，若飞轮或曲轴传动带盘上的标记还未对正，即第1缸活塞还未到达压缩终了上止点，可调整正时灯电位器，使闪光时机推迟至转动部分上的标记正好对准固定标记，此时推迟闪光的时间就是点火提前的时间，将其显示到表头上，便可读出要测的点火提前角。需要说明的是，有些表头指示的角度是分电器凸轮轴转角，对于四冲程发动机来说，换算成曲轴转角则要乘以2。

点火正时灯，既可以制成单一功能便携式，又可以和其他仪表组合成多功能综合式。其指示装置既可以是表头式、数码管式，也可以是显示屏式，带有打印功能的还可以打印输出。指示装置还应有显示瞬时转速的功能，以便在规定转速下测得点火提前角。

【课堂互动】

使用点火正时灯有哪些注意事项？

图1-11所示的仪器为一发动机测试仪上的正时灯，它不仅能用闪光法测出发动机的点火提前角，而且能测出发动机转速、触点闭合角以及电压、电阻等参数。

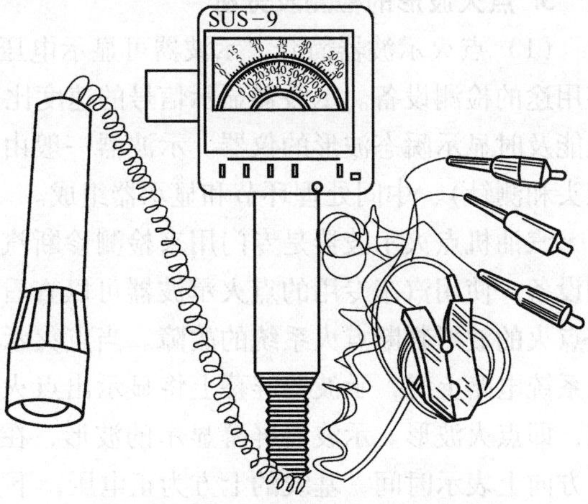

图1-11　发动机测试仪上的点火正时灯

（3）用缸压法检测点火正时　缸压法采用的点火正时仪，由缸压传感器、点火传感器、中间处理环节和指示装置等组成。如果仪器带有油压传感器，还可以检测柴油机供油提前角。国产QFC-5型和WFJ-1型等发动机综合测试仪，都带有缸压法检测点火（供油）正时的装置，其测量的基本原理是采用缸压传感器找出某一缸压缩压力的最大点作为活塞上止点，同时用点

根据使用说明书，学习点火正时灯的使用方法，并与其他同学进行交流，讨论自己理解是否正确。

【课堂互动】

火传感器（油压传感器）找出同一缸的点火（供油）时刻，两者之间的凸轮轴转角即为点火（供油）提前角，如图1-12所示。

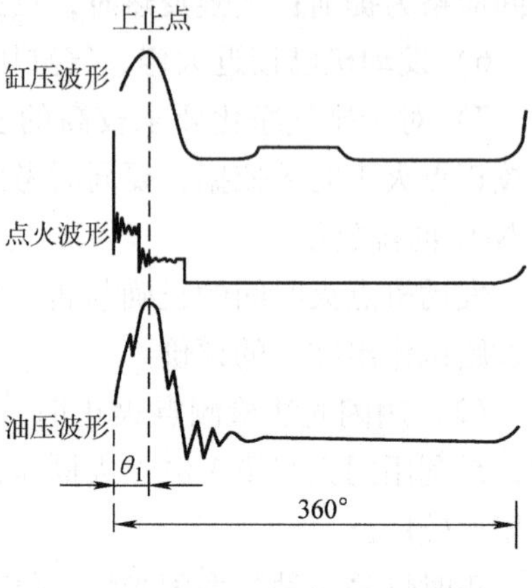

图1-12 缸压法检测提前角的原理图

（4）电喷发动机点火提前角的检测 电喷汽油发动机，是由电子控制单元ECU控制点火系统，其点火提前角包括初始点火提前角、基本点火提前角和修正点火提前角三部分。其中，基本点火提前角是点火提前角中最主要的部分，其大小取决于发动机工况。不同的发动机工况，基本点火提前角的大小也不一样。汽车运行中，ECU根据发动机转速、进气量或进气管压力等信号，从存储器中查取该点火提前角。该点火提前角是在设计发动机电控系统时，根据发动机性能要求并通过大量实验优化处理而获得，并预先存储在ECU的一个存储单元中的，以此构成点火提前角脉谱图。汽车运行时通过传感器检测出发动机的实际工况，然后由中央处理器CPU查询点火提前角脉谱图并调出与此工况相对应的基本点火提前角，再根据其他有关传感器信号加以修正，就获得了最佳点火提前角。

电喷发动机的点火提前角一般是不可调的，但需要检测，目的是当发现点火提前角不符合要求时，可进一步确定ECU或传感器是否存在故障。电喷发动机点火提前角的检测方法与传统发动机相同。

请通过阅读示波器使用说明书，学习其使用方法。

3. 点火波形的检测及分析

（1）点火示波器简介 示波器可显示电压随时间变化的波形，是一种多用途的检测设备。示波器显示信号的速度比一般电子检测设备要快得多，是能及时显示瞬态波形的仪器。示波器一般由传感器（包括夹持器、测试探头和测针）、中间处理环节和显示器组成。

汽油机点火示波器是专门用来检测诊断汽油机点火系统技术状况的检测设备。使用汽车专用的点火示波器可以查看点火系统的工作波形，并根据点火的波形判断点火系统的故障。当点火示波器连接在运转的汽油机点火系统电路上时，示波器屏幕上将显示出点火系统中电压随时间的变化曲线，即点火波形。示波器屏幕显示的波形，在垂直方向上表示电压，在水平方向上表示时间，基线的上方为正电压，下方为负电压。

（2）传统点火系统点火波形分析 示波器可以显示发动机点火过程中的三类波形：直列波、重叠波和高压波。通过将所显示的波形与标准波形的比较，即可诊断出故障所在部位。具体检测和分析方法见技能训练部分。

（3）电子点火系统点火波形的特点 随着电子技术的发展，现在汽车厂家广泛采用了电子点火系统。电子点火系统的点火波形与传统点火系统点火波形相比，波形类别、波形观测方法等均相同，不同之处在于：

【课堂互动】

1）点火波形上低频振荡波异常时，仅表示点火线圈的技术状况不良，而不是电容器的原因，因为电子点火系统中无电容器。

2）点火波形上闭合点处和张开点处的波形，虽然与传统点火系统极为相似，但不是触点张开与闭合造成的，而是晶体管或晶闸管的导通和截止电流造成的。

3）点火波形上闭合段的长度和形状与传统点火系统波形完全不同，甚至车型之间也略有差异，有的车型闭合段在发动机高速时加长，这属于正常现象。

4）有的电子点火系统当点火波形闭合段结束时，先产生一条锯齿状的上升斜线，然后导出点火线，不像传统的点火系统点火波形那样，随着触点打开产生一条急剧上升的点火线。

【技能训练】

1. 点火正时的检测

（1）用闪光法检测点火正时

1）擦拭飞轮或曲轴传动带盘上第1缸压缩终了上止点标记，用粉笔或油漆将标记涂白。

2）接上正时灯，然后将传感器插接在第1缸火花塞与高压线之间，发动机怠速下稳定运转，打开正时灯并对准飞轮壳或机体前端面上的固定标记。

3）调整正时灯电位器，使飞轮或曲轴传动带盘上的标记逐渐与固定标记对齐，此时表头的读数即为发动机怠速运转时的点火提前角。用同样的方法可分别测出不同工况时的点火提前角。

4）若测出的点火提前角符合规定，说明初始点火提前角调整正确，同时说明离心式调节器和真空式调节器工作正常。必要时可拆下分电器真空管重测。

发动机怠速运转时，由于离心式和真空式调节器未起作用或作用很小，此时测得的点火提前角实为初始点火提前角。在拆下真空管的情况下，发动机在某转速下测得的点火提前角减去初始点火提前角，即可得到该转速下的离心点火提前角；反之，在连接真空管的情况下，在同样转速下测得的点火提前角减去离心点火提前角和初始点火提前角，则又可得到真空点火提前角。测出的点火提前角应与规定值进行对照。

（2）用缸压法检测点火正时

1）预热发动机，拆下任意一缸的火花塞，装上缸压传感器。

2）在拆下的火花塞上插接点火传感器并接上原高压线，然后放置在机体上使之良好搭铁。

3）起动发动机运转。由于被测缸不工作，因而缸压传感器采集的是

【课堂互动】

气缸压缩压力信号，其压力最大点就是活塞压缩终了上止点。

4）拆下的火花塞虽在缸外但仍在跳火，其上的点火传感器可采集到点火开始信号。此时，通过按键或输入操作码，即可从指示装置得到怠速、规定转速或任意转速下的点火提前角及对应的转速。

测得的点火提前角如不符合规定，应在正时仪监测情况下重新调整，直到符合要求。缸压法和闪光法检测点火正时时，一般仅测得一个缸（如第1缸或最末缸）的结果就可以了，其他缸的点火提前角决定于点火间隔。当测得的各缸波形间的重叠角很小时，可以认为各缸间的点火间隔是相等的，因而其他缸的点火提前角与被测缸相等，此时被测缸的点火提前角可认为是整台发动机的点火提前角。

2. 点火波形检测及分析

（1）直列波检测及分析　在进行测试时，先按图1-13所示将示波器的信号线和电源线接好，打开示波器电源，调整示波器上的上下、左右旋钮，使屏幕上的光点位于屏幕的中央，然后起动发动机，使发动机的转速保持在1500r/min。调整各旋钮，使各气缸直列波形显示在坐标刻度内，其波形如图1-14所示。

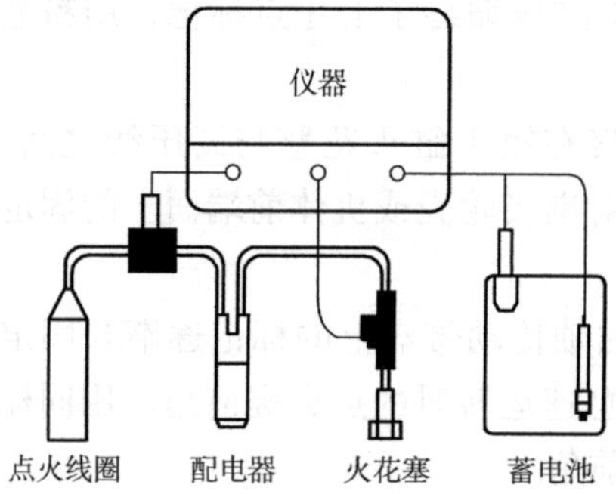

图1-13　示波器与点火系统的接线

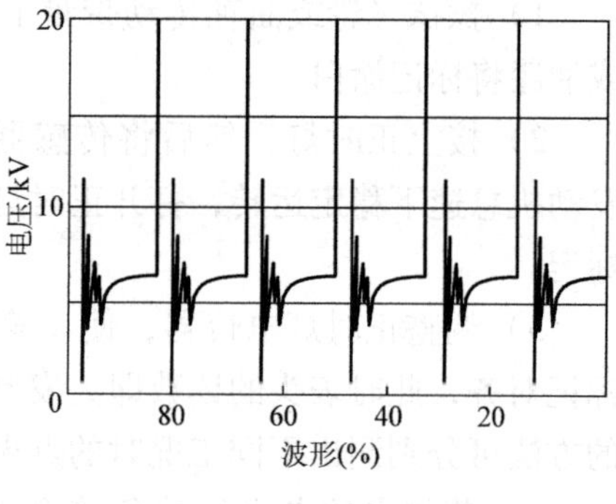

图1-14　点火系统直列波

发动机工作时，其次级电压的波形即为直列波，调整示波器的左右旋钮，使要观察的某一缸的波形位于屏幕标线的适当位置，此时屏幕上所显示波形如图1-15所示，此波形即为单缸直列波。此波形反映了点火系统次级电压在点火工作过程中各个阶段的变化情况，波形各阶段的含义如下：

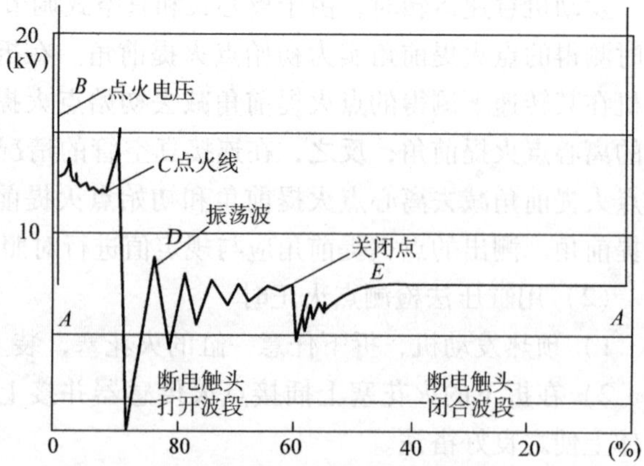

图1-15　单缸直列波

【课堂互动】

EA 段：为断电器触点闭合，初级电流增长的阶段。*E* 点为触点闭合的瞬间，因触点闭合时初级电流的突然增加，在次级绕组中会出现一个小而向下的振荡波形（第二次振荡），随着初级电流变化率的减小，次级电压即成为一条水平线。

AB 段：为触点断开、次级电压上升的阶段。*A* 点为触点断开的瞬间，*AB* 垂线表示点火线圈所产生的击穿电压。

BC 段：为电容放电阶段的电压。

CD 段：为电感放电阶段的电压。在电感放电的同时，伴随有高频振荡波的发射。

DE 段：为火花消失后剩余能量所维持的低频振荡波（第一次振荡）。

如果示波器显示的波形与标准不同，说明点火系统中出现了故障。常见的故障波形如图1-16所示。

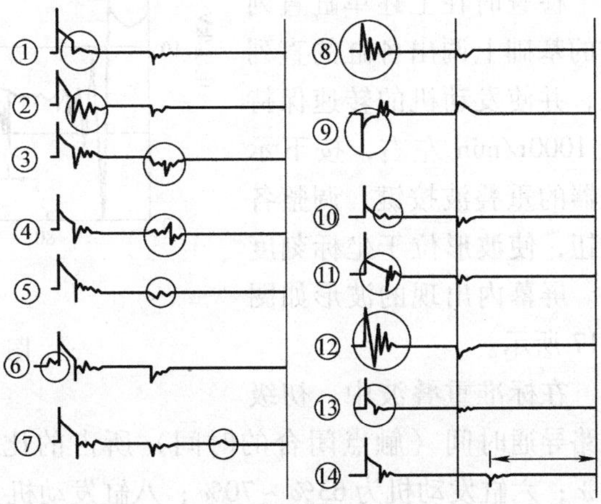

图1-16　单缸直列波常见故障波形

① 第一次振荡波少，说明初级电路中的电阻过大。

② 第一次振荡波多，说明初级电路的电容量过大或点火系统次级电路阻抗大。

③ 第二次振荡波前出现小的多余波形，说明初级电路在接通瞬间，导通状况不够好，故出现小的多余波形。

④ 第二次振荡波呈上下振荡形式，说明初级电路在接通瞬间有时断时通的情况，而引起电压波动。

⑤ 第二次振荡波小而少，说明点火线圈的阻抗过大，将这部分振荡波吸收。

⑥ 初级电路在切断之前有小的多余波形，说明初级电路中有接触不良的部位，在初级电路切断之前，出现瞬间的接触不良，引起电压波动，出现多余波形。

⑦ 初级电路导通阶段出现多余波形，说明初级电路中有接触不良的部位，在初级电路导通的时间内，由于接触不良而引起电压波动而出现多余波形。

⑧ 无点火线，说明高压线接触不良。

⑨ 波形上下颠倒，说明点火线圈的初级绕组的两个接线柱的导线接反。

⑩ 火花电压过低而且第一次振荡波基本消失，说明火花塞短路或漏电。

【课堂互动】

⑪ 点火线变长，说明火花塞间隙过大。

⑫ 点火线与第一次振荡界限分不清，说明火花塞的间隙无法被击穿。

⑬ 点火线变短，说明初级电流小，点火能量小。

⑭ 闭合时间短，说明初级电路的闭合角小。

（2）重叠波 重叠波是将多缸发动机次级电压的波形重叠在一起。利用重叠波可以检查初级电路的闭合角，断电器凸轮的状况，各缸工作的均匀情况等。

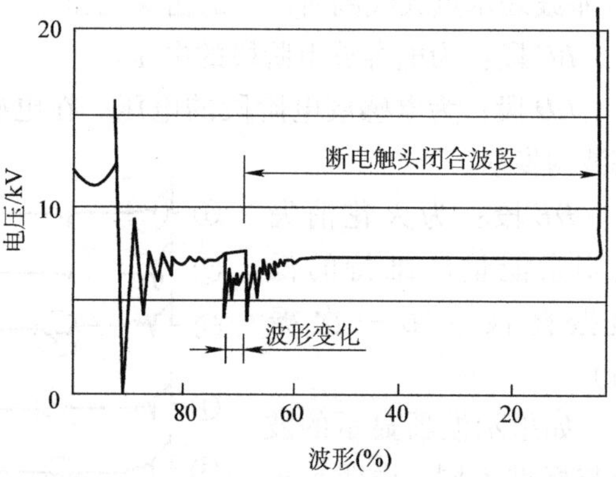

图1-17 重叠波

检查时在上述单缸直列波的基础上调出各缸的直列波，并使发动机的转速保持在1000r/min左右，按下示波器的重叠波按键，调整各旋钮，使波形位于坐标刻度内。屏幕内出现的波形如图1-17所示。

在标准重叠波中，初级电路导通时间（触点闭合的时间）所占的比例，四缸发动机为45%～50%；六缸发动机为63%～70%；八缸发动机为64%～71%。此外，要求闭合段波形的变化范围不应超过整个闭合段的5%。

图1-18所示为重叠波显示的故障波形。

① 闭合波太短，说明断电器触点间隙过大或闭合角过小。

② 闭合波太长，说明断电器触点间隙过小或闭合角过大。

③ 闭合段的变化大于5%，说明断电器凸轮不均匀或分电器轴与铜套

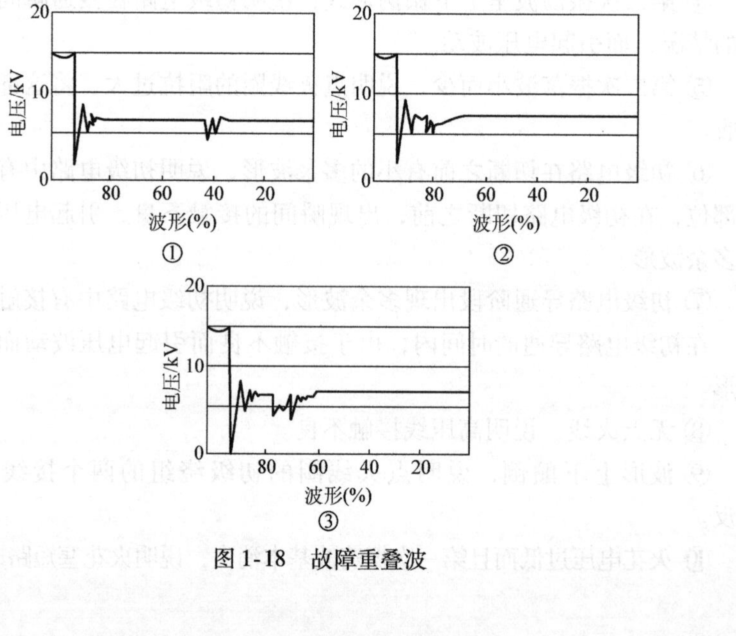

图1-18 故障重叠波

【课堂互动】

磨损过大等。

（3）高压波　多缸发动机各缸的次级点火电压同时显示于屏幕，即为高压波，一般用于诊断次级电路故障。检查时，先将各缸直列波调出，发动机转速保持在1500r/min，按下KV键，调整上下、左右旋钮，把各缸波形调整到屏幕的坐标刻度上，高压波形底端与横坐标重合。高压波的标准波形如图1-19所示。

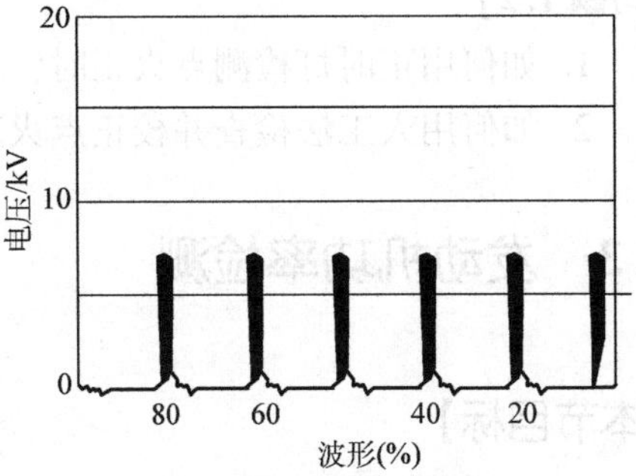

图1-19　标准高压波

高压波的常见故障波形如图1-20所示。

① 各缸点火电压均过高，可能由于火花塞间隙过大或烧蚀、混合气过稀引起。

② 个别气缸点火电压过高，如图中的3、4缸，说明这两个气缸的火花塞可能烧蚀。

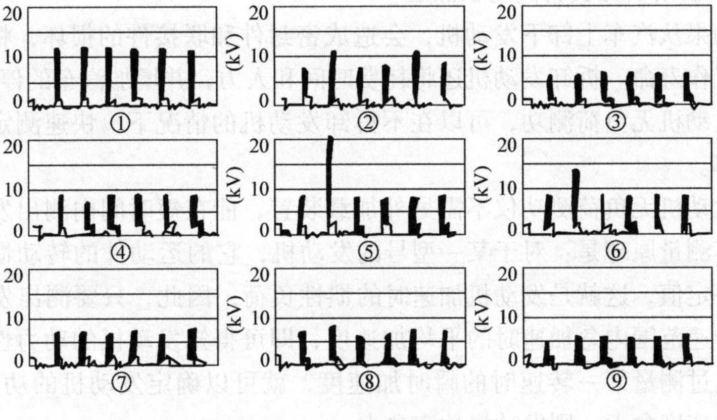

图1-20　常见高压故障波形

③ 全部气缸点火电压过低，原因可能是电源电压过低，火花塞间隙过小，混合气过浓等。

④ 个别气缸点火电压过低，如图中的3缸，可能为该缸的火花塞间隙小或绝缘体损坏。

⑤ 拔下某缸的高压线，电压应在20～30kV，否则说明高压线、分电器盖绝缘不良或点火线圈、电容器性能不良。

⑥ 拔下某缸的高压线，电压低于20kV，说明点火线圈性能不好或分电器和高压线有漏电故障。

⑦ 将发动机的转速提高到2500r/min，各缸点火电压减小，保持在5kV以上，说明点火系统能在高速正常工作。

⑧ 发动机转速升高后，个别气缸的电压高于其他气缸，说明该缸火花

【课堂互动】

塞的间隙过大。

⑨ 发动机转速升高后，个别气缸的电压低于其他气缸，说明该缸火花塞的间隙过小、脏污或绝缘体绝缘不良。

【习题1.2】

1. 如何用正时灯检测点火正时？
2. 如何用人工法检查并校正点火正时？

1.3 发动机功率检测

【本节目标】

了解发动机无负荷测功仪的工作原理；掌握无负荷测功仪的使用方法；学会根据检测结果判断发动机的动力性能。

【基本理论知识】

1. 发动机无负荷测功仪原理

如果从汽车上卸下发动机，会造成密封件和联接件的损坏，将缩短机构的工作寿命。拆卸发动机还将耗费时间和人力，并增加汽车的停歇时间。使用发动机无负荷测功，可以在不拆卸发动机的情况下，快速测定发动机的功率。

发动机无负荷测功仪不需另外加载装置，能在短时间内测出发动机功率，其测量原理是：对于某一型号的发动机，它的运动件的转动惯量可认为是一定值，这就是发动机加速时的惯性负荷，因此，只要测出发动机在指定转速范围内急加速时的平均加速度，即可得知发动机的动力性能。或者说通过测量某一转速时的瞬时加速度，就可以确定发动机的功率大小。瞬时加速度愈大，则发动机功率愈大。

2. 发动机无负荷测功方法

进行无负荷测功时，首先使发动机与传动系统分离，并使发动机的温度与转速达到规定值，然后把传感器装入离合器壳的专用孔中，迅速踩下加速踏板，使发动机加速，此时功率表便可显示被测发动机的功率。为了取得较准确的测量值，可重复试验几次，取平均值。

测试时，汽油机有两种加速方法：一种是通过迅速踩下加速踏板；另一种是在发动机运转时切断点火电路，待发动机转速下降后再接通点火电路加速。

无负荷测功仪可以测定发动机的全功率，也可测定某一气缸的功率，断开某一缸的点火线或高压油路测得的功率与全功率比较，二者之差即为该缸的单缸功率。各单缸功率进行对比，可判断各缸技术状况。

无负荷测功仪既可以制成单一功能的便携式测功仪，也可以和其他测试仪表组合成为台式发动机综合测试仪。常用的便携式无负荷测功仪如图1-21所示。

【课堂互动】

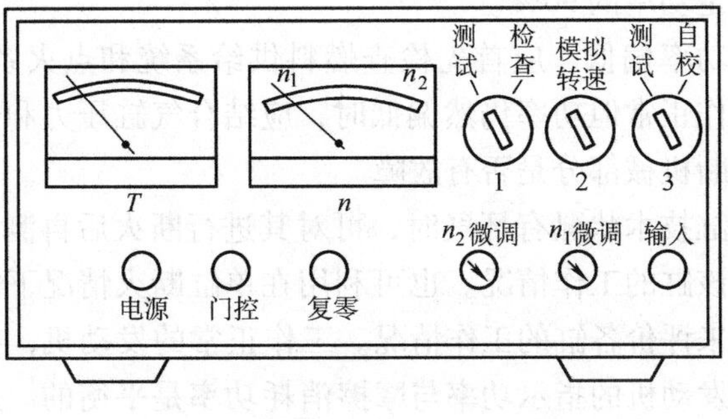

图1-21　便携式无负荷测功仪面板

【技能训练】

1. 用无负荷测功仪检测发动机功率

（1）检测方法与步骤　无负荷测功仪的使用方法如下：

1）仪器自校和预热。按使用说明书，对仪器进行预热，然后进行自校。如图1-21将“测试检查”旋钮1拨向“检查”位置，左边时间“T”表头指针摆动一次。把旋钮1拨向“测试”位置，把旋钮3拨向“自校”位置，再缓慢旋转“模拟转速”旋钮2，注意转速“n”表头指针慢慢向右偏转（模拟增加转速）。当指针偏转至起始转速 $n_1 = 1000$r/min位置时，“门控”指示灯即亮。继续增加模拟转速至 $n_2 = 2800$r/min时，“T”表即指示出加速时间，以表示模拟速度的快慢。按下“复零”按钮，表针回零，“门控”指示灯熄灭，表示仪器调整正常。否则，微调 n_1、n_2 电位器。

2）预热发动机和安装转速传感器。预热发动机至正常工作温度（85～95℃），并使发动机怠速正常，变速器置空挡，然后把仪器转速传感器两接线卡分别接在分电器低压接线柱和搭铁线路上（汽油机）。

3）测加速时间。操作者在驾驶室内迅速地把加速踏板踩到底，发动机转速猛然上升，当“T”表指针显示出加速时间（或功率）时，应立即松开加速踏板，切忌发动机长时间高速空转。记下读数，仪器复零。重复操作三次，取平均值。

袖珍式无负荷测功仪带有伸缩天线，可接收发动机运转时的点火脉冲信号，而不必与发动机采取任何有线联接。使用时，用手拿着该测功仪，只要面对发动机侧面拉出伸缩天线，发动机突然加速运转，即可遥测到加速时间和转速。然后查看仪器背面印制的主要机型的功率、时间对照表，便可得知发动机功率的大小。

不少无负荷测功仪还配备有检测柴油机的传感器，以便对柴油机的功率进行检测。

【课堂互动】

(2) 检测结果分析 根据测定结果进行分析，对发动机技术状况做出判断。在用车发动机功率不得低于原额定功率的75%，大修后发动机功率不得低于原额定功率的90%。

若发动机功率偏低，应首先检查燃料供给系统和点火系统技术状况，若这两系统工作正常但功率仍然偏低时，应结合气缸压力和进气歧管真空度的检查，判断机械部分是否有故障。

对个别气缸技术状况有怀疑时，可对其进行断火后再测功，从功率下降的大小诊断该缸的工作情况。也可利用在单缸断火情况下测得的发动机转速下降值，来评价各缸的工作情况。工作正常的发动机，在某一转速下稳定空转时，发动机的指示功率与摩擦消耗功率是平衡的。此时，若取消任一气缸的工作，发动机转速都会有相同的下降值。要求最高与最低下降值之差不大于平均下降值的30%。如果转速下降值低于一定规定值，说明断火之缸工作不良。转速下降值愈小，则该缸功率愈小，当下降值等于零时，该缸功率也等于零，即该缸不工作。

发动机单缸功率偏低，一般是该缸高压分火线或火花塞技术状况不佳、气缸密封性不良、气缸窜油（机油）等原因造成，应调整或检修。

发动机功率与海拔高度有密切关系，无负荷测功仪所测结果是实际大气压力下的发动机功率，如果要校正到标准大气压下的功率，应乘以校正系数。

2. 各缸功率均衡性检测

检查各缸动力性能是否一致是发动机动力性检测的又一重要内容。无负荷测功仪，既可以检测发动机的整机功率，又可以检测某气缸的单缸功率。检测单缸功率的方法是：先测出发动机整机功率，再测出某单缸断火情况下的发动机功率，两功率差即为断火之缸的单缸功率。技术状况良好的发动机，各单缸功率应是一致的，即各缸功率差应是相等的，否则会造成发动机运转不平稳。比较各单缸功率，即各缸功率均衡性检测，可判断各缸工作状况。

也可以利用在单缸断火情况下测得的发动机转速下降值，来评价各缸的工作状况。当发动机以某一稳定怠速运行时，其指示功率与该转速下的自身消耗功率平衡，当停止其中一个缸的工作时，总指示功率减小，发动机转速随即下降以寻求新的平衡点，如果发动机各缸工作能力均衡，则各缸轮换停止工作时转速下降的幅值应基本相等，反之将产生差异，这就是断缸试验法。发动机综合分析仪或其他能够测量发动机转速的仪器，都可以用来进行这个项目的检测，其方法是使用螺钉旋具将火花塞接柱与缸盖直接短路，逐缸断火检测。当发动机在800r/min下稳定工作时，停止一个气缸工作，发动机转速下降正常范围值如表1-3所列，要求最高与最低下降值之差不大于平均下降值的30%。如果转速下降值低于表中所列，说明断火气缸工作不良。转速下降值越小，则单缸功率越小，当下降值等于零

【课堂互动】

时，单缸功率也等于零，即该缸完全不工作。

表1-3　转速正常平均下降值

发动机气缸数	转速下降值/(r/min)	转速下降率（%）
4	144～168或更高	12～14

一般情况下发动机的气缸数越多，则单缸指示功率占总指示功率的比率越少，加之缸多且工作均匀性良好，所以单缸熄火后转速下降较小。也就是说气缸数越多，用断缸法判断各缸工作性能的难度就越大，仪器测试的误差也就越大，这一点使用者应倍加关注。

断缸法对点火系统的故障较为敏感，如果怀疑有活塞组和配气机构的故障，则需配合检测缸压等手段才能得到正确的诊断结果。

【习题1.3】

1. 无负荷测功的原理是什么？

2. 用无负荷测功仪测功的步骤是什么？

1.4　汽车发动机电控检测设备的使用

【本节目标】

了解发动机故障自诊断系统的功用及基本工作原理；熟练掌握使用KT600解码器对发动机进行故障诊断的方法；掌握故障诊断的基本原理以及故障码的作用；了解电控系统各个传感器及执行器之间的联系，以及各个传感器的性能参数。

【基本理论知识】

电子技术的普及和微型化，为电控汽油喷射的功能扩大、控制精密及结构紧凑提供了十分有利的条件。但同时也使电子控制系统越来越复杂，当系统发生故障时，故障部位的判断和修理变得越来越困难。因此在发动机控制系统中，电子控制单元都设有故障自诊断系统。

故障自诊断系统内部存储有检测喷油、进气、点火正时等控制子系统回路的程序，当故障自诊断系统检测到来自传感器和执行器的故障信号时，立即将"CHECK ENGINE"（检查发动机）警告灯点亮，同时将故障信息以故障码的形式存入存储器中。

对车辆进行检修时，通过特定的程序，可将存储器中的故障信息（故障码）调出，以灯光闪烁的方式或直接通过检测仪器显示出来，有的还可以直接由显示屏以数字的形式显示，协助修理人员判断故障的类别和范围。故障排除后，可通过特定的操作程序，将存储器中的故障码清除，以免与新产生的故障信息混杂，给维修带来困难。

【课堂互动】

1.4.1 汽车发动机故障自诊断系统

1. 故障自诊断系统工作原理

发动机工作时，电子控制单元将各输入装置输入的信号和已编入该装置的程序信号的高、低极限值进行比较，如果输入信号不在限定的范围内，或符合另外的故障标准，则电子控制单元认定该装置所在的系统有故障发生，并将此故障以代码（故障码）形式存入存储器中，同时发动机故障警示灯亮起。自诊断系统的诊断范围为传感器、执行器以及电控单元三者间的配线连接成的系统的电路故障。

（1）传感器的故障诊断　发动机电控系统各传感器正常工作时，其输入ECU的信号电压是在一定范围内变化的。当某一传感器电路出现超出规定范围的信号时，ECU判断为该电路信号发生了故障。如果ECU在一段时间内收不到某一传感器的输入信号，ECU也判断发生了故障。发动机在工作中，如果偶然出现一些不正常的信号，ECU不判断为故障。只有不正常的信号持续一定时间或多次出现时，才判断为故障。

由于传感器本身就产生电信号，所以对传感器的诊断不需要专门的线路，只需在软件中编制传感器输入信号的识别程序，即能实现对传感器的故障诊断。

（2）执行器的故障诊断　当执行器发生故障时，ECU会采取安全措施。为了安全措施的实施，在ECU控制系统中专门设计了故障保障系统。由于ECU控制执行器的操作，其控制信号是输出信号，所以，对执行器的工作情况进行诊断，需要有故障诊断电路，也就是ECU向执行器发出控制信号，执行器通过专用电路向ECU反馈信号。对执行器进行故障诊断的典型部件是点火控制器。

在正常情况下，当ECU对点火控制器进行控制时，点火控制器每一次点火，便由其内部的点火确认电路将点火执行情况以信号电压的形式向ECU反馈。当点火电路或点火控制器发生故障时，ECU发出点火控制信号后就收不到反馈信号。这时，为防止未燃烧的混合气在排气管内聚集，ECU会起动故障保障系统，立即切断燃油喷射系统电源，停止燃油喷射。

（3）配线的故障诊断　故障信号的出现还与相应的配线故障有关。例如，当冷却液温度传感器与ECU的连接配线断路时，其输出的电压信号会高于4.8V；而当该传感器与ECU之间的配线短路搭铁时，其输出的信号电压会低于0.1V，ECU也判断为冷却液温度传感器发生了故障。

由上述可知，ECU判断某一电路发生故障时，只是提供了故障的性质和范围，最终确定是传感器还是执行器，还是相应的配线的故障，还需要进一步检查配线、插头、ECU和相关部件，才能准确找到故障原因。

（4）ECU系统的故障诊断　当ECU系统发生故障时，控制程序就无法正常运行。但为保证汽车在ECU出现故障时仍能继续运行，在控制系统中，

【课堂互动】

设有备用系统。当ECU系统发生故障时，ECU自动起动备用系统，车辆继续运行，并点亮发动机故障警示灯，使汽车能开到维修站进行维修。

但应注意，有时当某一故障码出现时，相应系统中的部件或配线可能并没有发生故障。例如，燃油压力、配气正时、气缸压缩压力、喷油器的漏油、堵塞等是不受监视的，但它们会影响混合气浓度，作为结果，它们的故障可能以氧传感器的故障进行存储和输出；再比如，装有真空助力装置的制动系统渗漏或堵塞故障可能产生一个进气歧管绝对压力故障码存入存储器。所以，当某一故障码出现，而经检查相应系统的部件、配线等并无故障时，则应转入可能产生此故障码的故障征兆进行检查。

2. 故障码的存储与读取

（1）故障码的存储　故障码的存储因车型不同，其存储方式也不同，一般有两种：

1）写存储器RAM直接连接蓄电池，可以长期保存故障码，但清除故障码时，需断开专门的RAM连接电路，或断开蓄电池。

2）RAM与点火开关连接，只要关断点火开关，故障码即丢失。

（2）故障码的读取　要读取RAM中存储的故障码，首先要通过以下几种方式进入故障自诊断测试状态。

1）用跨接导线短接故障诊断插座中“诊断输入插孔”和“搭铁插孔”，读取RAM中的故障码。如日产、本田、五十铃、欧宝、大发等车型即用此法；马自达、奔驰、福特等车型在相应的插孔间跨接带有330Ω电阻的发光二级管。

2）开启具有诊断开关功能的兼用开关，如林肯、大陆、凯迪拉克等车的空调控制面板上有“WARMER（加温）”和“OFF（关闭）”两按键，将点火开关置于ON，同时按下这两个键一段时间，即可进入自诊断状态。

3）通过点火开关的约定操作程序进行。如克莱斯勒、北京切诺基，在规定的时间内对点火开关进行一次“ON—OFF—ON—OFF—ON”循环，即进入故障自诊断状态。

4）利用加速踏板的约定操作程序，如装用DME3.1发动机电控系统的宝马轿车在规定时间内，连续踏下加速踏板5次，即进入自诊断状态。

5）利用各种型号的汽车专用检测仪，如德国大众公司轿车使用的VAG1552，美国车系使用的OTC检测仪等，将检测仪与汽车电子控制系统故障检测插头（或插座）连接，即进入故障自诊断状态。

（3）故障码的显示方法

1）用仪表板上故障灯的闪烁次数和亮灭的时间长短显示故障。一般有三种方法：一种是用故障指示灯亮、灭时间较长的闪烁次数代表故障码的十位数，亮、灭时间较短的闪烁次数代表故障码的个位数。十位数与个位数间隔一小段时间，如果是显示两个以上的故障码，则两个故障码之间的间隔时间较长。本田雅阁、红旗轿车的VG20E发动机即采用此法。

【课堂互动】

另一种方法如丰田皇冠、北京切诺基等车，其故障指示灯点亮的时间不变，而用其熄灭的间隔时间长短来区分故障码的个位数和十位数。同样，个位数和十位数之间指示灯熄灭的时间较短，而两个故障码指示灯的熄灭时间较长。

还有一种方法如绅宝轿车使用的，其故障指示灯显示故障码时，点亮的时间不变，个位与十位数码之间熄灭一小段时间，而两个故障码之间，指示灯较长时间的点亮一次。

下面以北京切诺基汽车电喷发动机为例说明仪表板上的故障指示灯显示故障码的方法：反复开、闭点火开关，持续5s，仪表板上发动机故障指示灯点亮3s（检查灯泡无故障），熄灭，然后开始报告故障码：指示灯闪烁1次，稍停后闪烁5次，间隔4s后闪烁5次，稍停后又闪烁2次。这说明该发电机有两个故障，其故障码分别是15（无车速信号）和52（氧信号处于中线以上，说明混合气浓）。

2）用指针式电压表显示故障。它与指示灯显示的方法相似，不同之处是它以万用表的指针摆动代替指示灯的闪烁。方法是：在进入故障自诊断状态后，用指针式万用表的直流电压挡（其内电阻>50Ω）检测故障诊断插座输出端子（或插孔）的电压，用电压表指针摆动的次数辨认故障码。

一位数的故障码是以电压表指针在0~5V之间连续摆动的次数即为故障码。若存储多个故障码，则两代码之间间隔3s。

两位数的故障码：有三种显示方法，第一种是电压表指针在0~5V间连续摆动的次数为故障码的十位数（每次的间隔时间是0.5s），间隔2s后第二轮连续摆动的次数为故障码的个位数。若有多个故障码，两个代码之间间隔4s。第二种方法是电压表指针在0~2.5V，2.5~5.0V两个区间摆动，后面范围内的摆动次数为故障码的十位数，前面范围内的摆动次数为故障码的个位数。第三种方法是万用表指示5V电压的次数表示十位数代码，指示2.5 V电压的次数表示个位数代码。

三位数的故障码是以电压表指针在0~5V之间摆动的次数作为代码的各个位数上的数字，各位数之间的间隔为2s，当显示多个故障码时，两个代码之间停顿4s。

3. 故障码的清除

诊断后的故障在排除后，必须将存储的故障码清除，其基本手段是切断ECU的电源，实施的方法是，将蓄电池负极搭铁线或微机控制系统的熔断丝拔掉30s，但应注意，有的车在拔下蓄电池负极搭铁线后，可能会把钟表和音响装置内存的数据或信息一起除掉。因此，丰田车的清除方法是，关闭点火开关，从熔断丝盒里拆下20A的熔断丝10s以上。福特轿车的清除方法是，先进入KOEO测试状态，当故障码刚要被显示时，立刻拆下连接自诊断输入接头和自诊断插座上的信号返回接头的连接线。若拆线时机掌握不好，可反复进行。奥迪轿车在诊断测试结束后，LED指示灯将闪烁故障码“0000”，这时接通跨接线5s以上，即可清除故障码。

【课堂互动】

通常，在清除故障码后，故障指示灯即熄灭，而且不再有故障症状，这说明其排除彻底。若清除故障码后，故障灯不灭，说明故障排除不彻底，应重新进行一轮故障码的读取与清除。

【技能训练】

KT600综合智能诊断仪属于通用的检测设备，具有故障码的调取、查看及分析数据流、波形以及对各个控制单元进行编码匹配等功能，其外观如图1-22和图1-23所示。

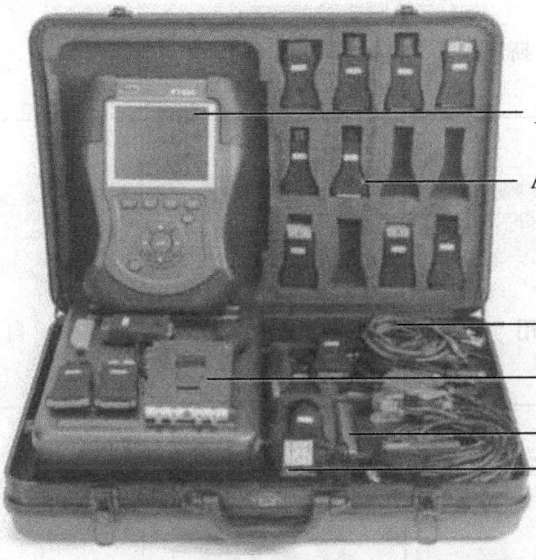

图1-22　KT600综合智能诊断仪主机盒

1. KT600综合智能诊断仪介绍

KT600综合智能诊断仪是集多种功能于一体的新型诊断设备。该产品为国内首创，包含了大多数原厂通信协议及控制器局域网（CAN）的通信协议，可扩充性强；配备超大容量的CF卡，可随意扩充升级程序，实时保存诊断结果；带有精密的微型打印机，可实时打印诊断报告；彩色大屏幕，触摸屏操作，非常直观明了；实时检测点火系统、传感器和执行器等的波形，为准确判断汽车故障提供强有力的支持。

KT600综合智能诊断仪可以把诊断、示波、存储、升级方式等功能进行任意组合。例如既可选择配置三通道示波器，也可选择五通道示波器；可对汽车智能ID钥匙进行检测和诊断，具有编程器的数据芯片读写分析功能，可直接访问汽车微机数据，并对汽车微机数据进行分析，实现对汽车微机的高级访问与控制功能；还可配备压力插头和温度探头，使其具有压力和温度测量功能，相当于四通道压力表和四通道温度表。

2. 技术参数

（1）主机

【课堂互动】

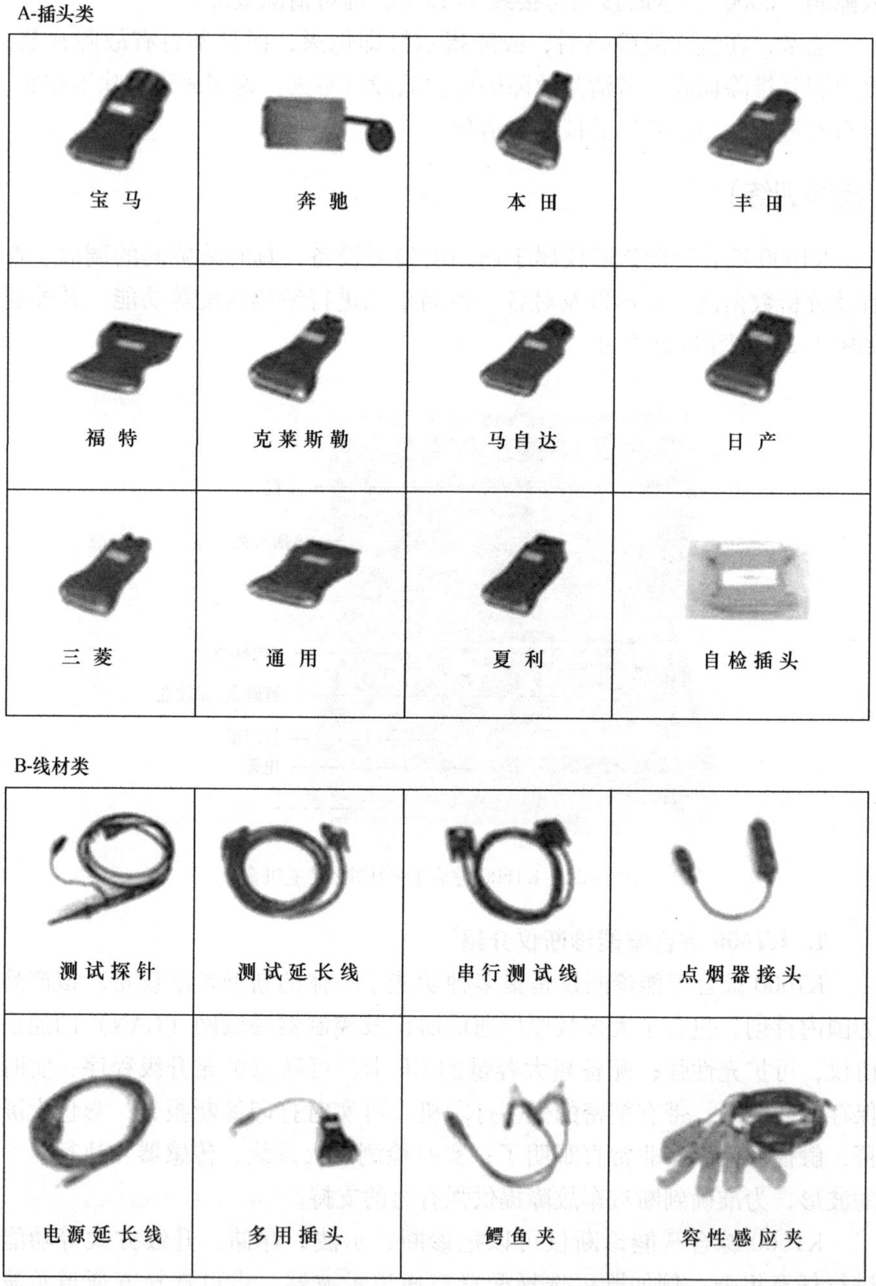

图 1-23 KT600 综合智能诊断仪各类连接插头

1）温度操作：-30~60℃；

2）相对湿度：小于 90%；

3）供电电压：DC 12V；

4）PS/2 接口：

① 内含标准 RS232 串口；

② 可外挂键盘、条码枪。

【课堂互动】

5）RJ45 网络接口：10M；

6）CF 卡接口：供插拔 CF 卡。

（2）分析仪技术性能

示波器技术性能：

1）通道数：三通道/五通道；

2）采样速度：最大 20MHz；

3）采样精度：双 8 位；

4）电压量程：20mV ~20V/格；

5）扫描时间：1.25μs ~2s/格。

记录仪：连续 100 屏

1）CPU：32 位嵌入式芯片；

2）主频：80MHz；

3）外存：CF 卡，可任意扩充；

4）显示器：LCD 触摸真彩屏；

5）打印机：热敏式微型打印机；

6）电池：示波器内置可充电锂电池。

3. 仪器功能

（1）数据流波形显示/存储　汽车数据流测试为波形显示，可通过观察数据流连续的变化来准确分析数据流，还可存储数据流，并进行回放，从而发现传感器和执行器等的异常情况。

（2）波形显示符合国际潮流　有纵列、三维、阵列、单缸等多种次级波形显示方式，并显示点火击穿电压、闭合角、燃烧时间和转速等。

（3）设备连接

1）将 KT600 综合智能诊断仪诊断盒插入诊断插槽，注意插入方向，将印有“UP”字样的一面朝上。

2）确定诊断座的位置、形状以及是否需要外接电源。

3）根据车型及诊断座的形状选择相应的插头。

4）将测试延长线的一端插入 KT600 综合智能诊断仪的测试口内，另一端连接测试插头。

5）将连接好测试延长线的测试插头插到车辆的诊断座上。

注意：请一定要在先连接好主机、测试延长线和诊断插头后，才把测试插头连接到诊断座上，否则容易导致连接过程中因导线短路造成诊断座熔断丝熔化；若汽车诊断座不供电时，具体连接请参考图 1-24。

4. 进入诊断系统

连接好仪器，接通电源，启动 KT600 进入主菜单，选择“汽车诊断”模块，如图 1-25 所示，KT600 汽车诊断程序是以车型车标图形为按钮，单击某车型相应的图标即可对该车进行诊断。因此，熟悉汽车图标有助于迅速进入汽车诊断。

【课堂互动】

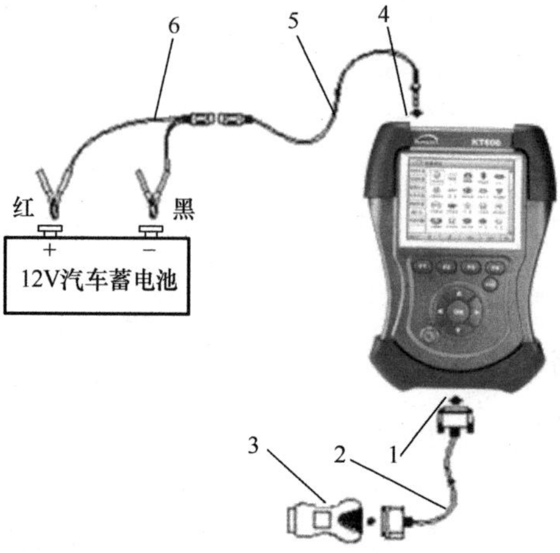

图1-24 KT600综合智能诊断仪连接图

1—KT600综合智能诊断仪测试口 2—测试延长线 3—专用测试插头 4—KT600综合智能诊断仪电源接口 5—电源延长线 6—双钳电源线

图1-25 汽车诊断操作界面

5. 界面菜单功能简介

界面菜单功能如图1-26所示，具体包括以下几项。

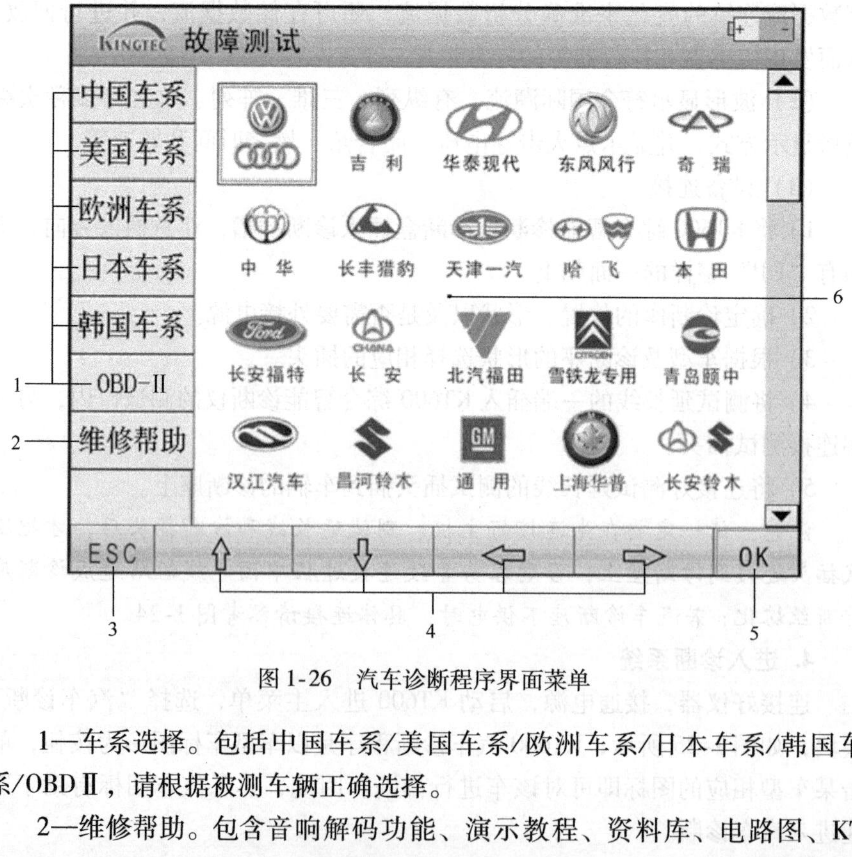

图1-26 汽车诊断程序界面菜单

1—车系选择。包括中国车系/美国车系/欧洲车系/日本车系/韩国车系/OBDⅡ，请根据被测车辆正确选择。

2—维修帮助。包含音响解码功能、演示教程、资料库、电路图、KT

【课堂互动】

系列注册升级指导、防盗系统、遥控器系统和维修手册（包含故障码分析，数据流分析，基本设定与调整技巧，控制单元编码技巧，第二、三代防盗系统匹配）。

3—“ESC”触摸按钮。退出，返回上级菜单。

4—触摸按钮。方向的选择。

5—“OK”触摸按钮。确认的选择。

6—选择车型。请根据被测车型正确选择（车型图标会根据使用的频率自动排列）。选择相应的车型图标进行车辆故障测试，如单击中国车系下的奥迪大众图标，屏幕显示该车型的诊断信息。

6. 故障诊断功能

（1）按钮功能介绍

1）“OK”触摸按钮：确认选择，执行当前任务。

2）“ESC”触摸按钮：退出，返回上级菜单。

3）“帮助”按钮：提供当前页面的相关帮助信息。

4）“打印”按钮：将当前页面内容通过仪器自带的打印机打印出来或者以文件形式保存至CF卡的Temp文件夹中。

5）上页/下页：当所有内容无法在一页内全部显示时，由其实现翻页功能。

6）测试功能：包括读取车辆微机型号、读取故障码、清除故障码、读取动态数据流、基本设定、控制器编码、元件控制测试、各种调整匹配、自适应值清除、系统登录、防盗钥匙匹配等。

（2）操作步骤

1）选择故障系统查询。

说明：不同系统的测试方法相似，下面以发动机系统为例进行说明。

选择01-发动机，将显示汽车微机版本号，部分车型会有多屏显示，请单击查看。读取完汽车微机版本号后，按任意键，进入系统诊断界面，下面分别对各测试系统的功能菜单进行说明，如图1-27所示。

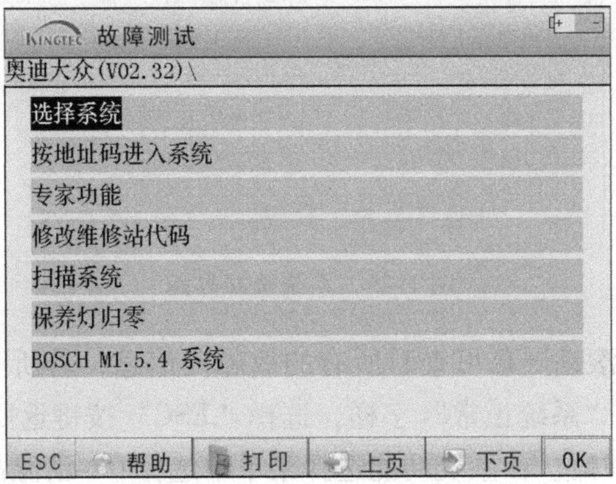

图1-27　系统诊断界面

【课堂互动】

2）读取车辆微机型号。此项功能可以读取被测试系统的微机信息，包括版本号、CODING号、服务站代码以及相关信息。一般更换车辆控制单元时，需要读出原控制单元的信息并进行记录，以作为购买新控制单元的参考。因为对新的控制单元进行编码时，需要原控制单元的信息。

在系统功能选择菜单中选择01-读取车辆微机型号，屏幕显示如图1-28所示。

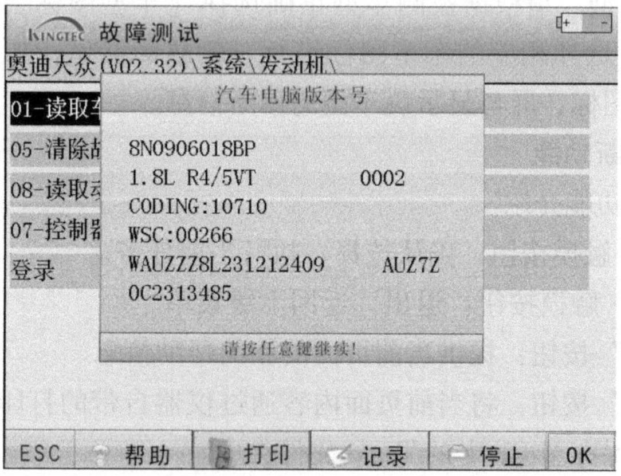

图1-28 读取车辆“电脑版本”界面

3）读取故障码。此项功能可以读取被测试系统ECU存储器内的故障代码，帮助维修人员快速地查到引起车辆故障的原因。在系统功能选择菜单中选择02-读取故障码，系统开始检测微机随机存储器（ROM）中存储的故障记忆内容，测试完毕后屏幕显示测试结果，如图1-29和图1-30所示。

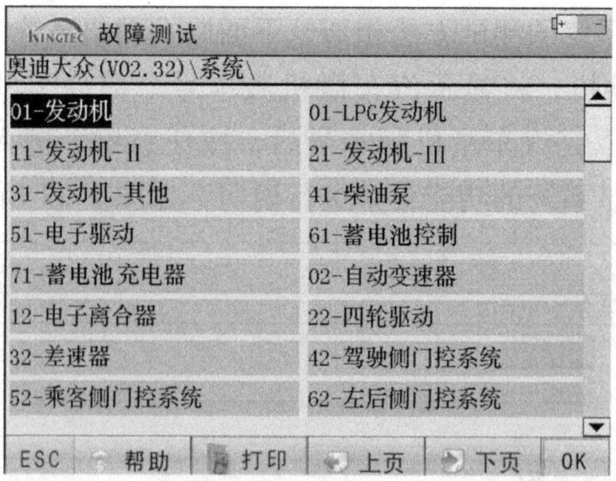

图1-29 系统选择界面

通过滚动条滚动屏幕可查看所有的故障码信息，若所测试系统无故障码，则屏幕显示“系统正常”字样，选择“ESC”按键返回上一级菜单。

4）清除故障码。在系统功能选择菜单中选择05-清除故障码，进入操作界面，如图1-31所示。

【课堂互动】

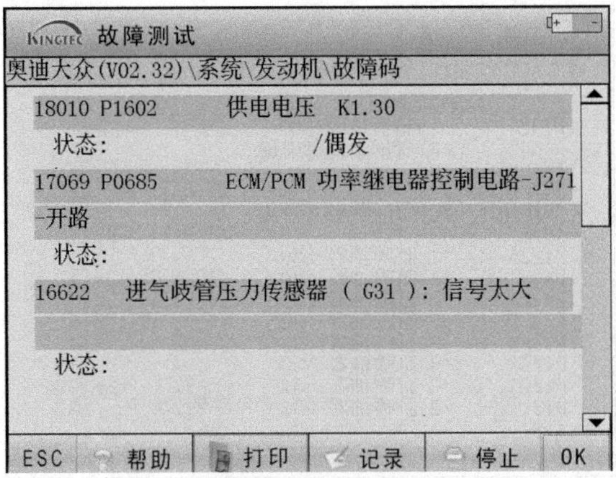

图1-30　故障码读取

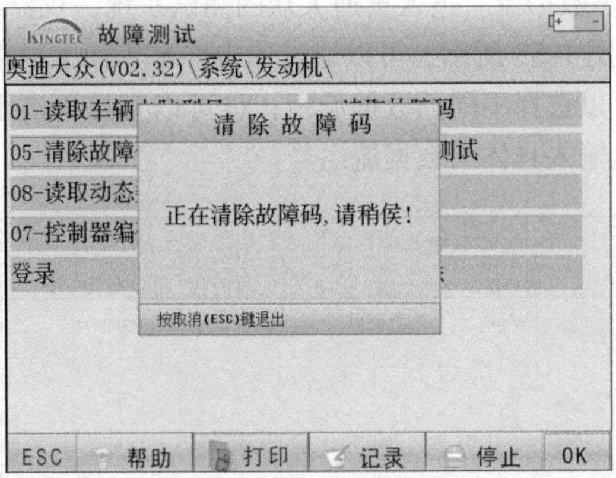

图1-31　清除故障码

此项功能可以清除被测试系统ECU内存储的故障代码，一般车型应严格按照常规顺序操作，即先读取故障码，并记录（或打印），再清除故障码，然后试车，再次读取故障码并进行验证，然后维修车辆，清除故障码，再次试车，确认故障码不再出现。

当前硬性故障码是不能被清除的，如果是氧传感器、爆燃传感器、混合气修正、气缸失火之类的技术型故障码虽然能立即清除，但在一定周期内还会出现，必须彻底排除故障之后，故障码才不会再出现。

5）元件控制测试。此项功能可以检查执行元件电路的工作状况。进行元件控制测试时，可以观察该元件是否正常工作，如果该执行元件不正常工作，则需要检查相关的电器元件、插头线束或机械部位是否存在故障。在系统功能选择菜单中选择03-元件控制测试，进入操作界面，如图1-32所示。

仪表板系统将会进行模拟显示，可以观察仪表是否存在故障。按任意键或单击屏幕进入元件的测试，此时仪表板上所有警告灯将会显示，从而可以判断仪表警告灯或线路是否有故障。

【课堂互动】

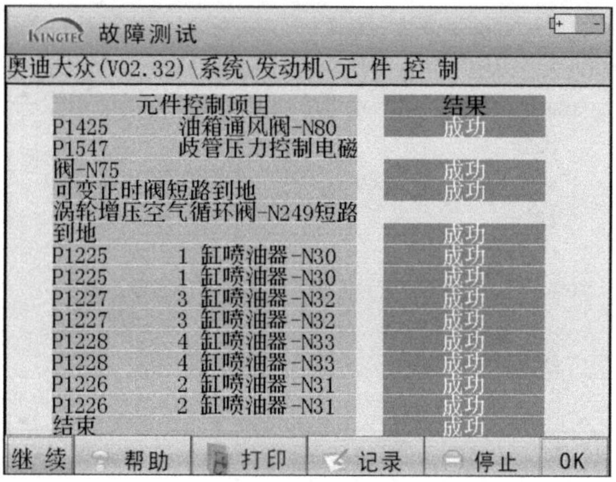

图1-32 元件测试

6）读取动态数据流。进入奥迪大众的测试系统，仪器默认读取1、2、3组数据流，如图1-33所示，可以通过单击屏幕界面上的组号调节框顺序增减组号大小，以选择不同的数据流组；也可以直接单击组号框，利用界面弹出的小键盘输入具体的数据流组号。

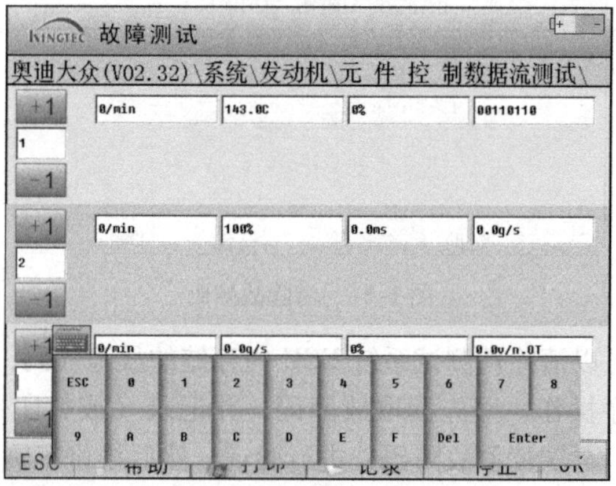

图1-33 数据流测试

7）控制器编码。如果车辆的代码没有显示或者主微机已经更换，则必须进行控制单元编码。如果新的控制单元零件号和索引号完全和原来的控制单元一样，只需读出原来控制单元的编码，然后编入新的控制单元。一般来说，如果车辆配置不同，控制单元编码就不同。一些车型的控制单元可能只允许编码一次，且错误的编码轻则会导致车辆的性能不良，重则给车辆带来严重故障，所以应尽量避免误操作。

在系统功能选择菜单里选择07-控制器编码，系统将会弹出编码值录入窗体，确认后屏幕显示如图1-34所示。

单击录入窗体后，利用界面弹出的大键盘在新CODING栏输入正确的控制单元编码，单击“Enter”键确认并退出或直接单击“ESC”键退出大

【课堂互动】

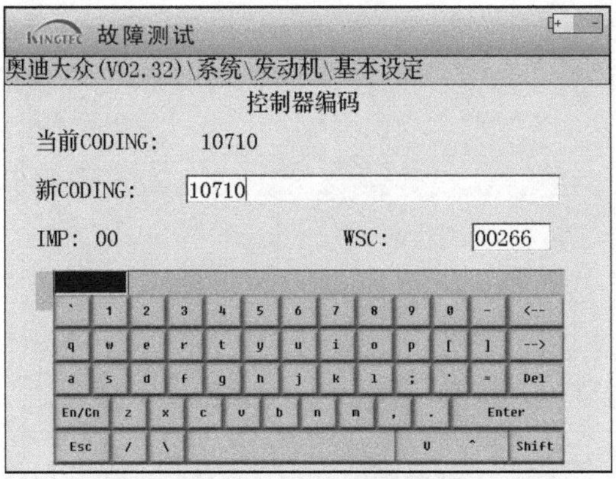

图1-34　控制器编码

键盘后，单击“确认”按键，则控制单元编码完成。返回上一级菜单重新执行01-读取车辆微机型号功能，可以查看刚才录入的编码是否已经显示在CODING后面。

7. 示波器分析仪功能

KT600综合智能诊断仪的示波分析仪功能为：实时采集点火、喷油和电控系统传感器的波形，通过对传感器波形的分析可以准确地诊断传感器是否存在故障；通过对点火波形的分析不仅可以诊断点火系统的火花塞、高压线和点火线圈等各元器件的故障，还可以分析出进气系统和燃油系统的可能故障点，为汽车的运行技术状况和故障诊断提供科学的依据。

（1）基本功能

1）高速五通道汽车专用示波器，并可以进行参考波形存储。

2）汽车一次、二次点火波形分析；有纵列、三维、阵列、单缸等多种二次波形显示方式；并显示点火击穿电压、闭合角和燃烧时间等；精确的点火同步，自动检测点火信号的极性；无论是分电器点火、独立点火还是双头点火，都能可靠检测，相当于一台手持式发动机分析仪。

3）通用示波器功能。

4）记录仪功能。

5）发动机分析仪功能。

（2）操作方法　选择通用示波器，按“OK”键确认，如图1-35所示，在屏幕上有10个选项：通道、周期、电平、幅值、位置、停止、存储、载入、光标和触发，另外还有三个功能选项：通道设置、自动设置和配置取存。可以通过屏幕右下角的方向键来对选择的项目进行调整，如图1-36所示。

1）通道调整。按通道功能键可以选择通道1（CH1）、通道2（CH2）、通道3（CH3）、通道4（CH4）的任意组合方式，如图1-37所示。

【课堂互动】

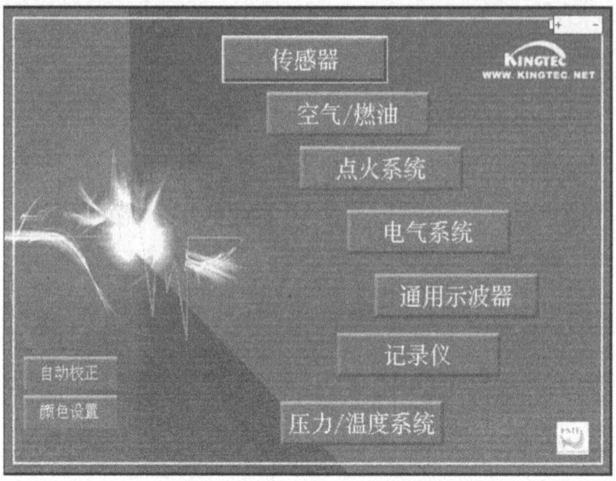

图1-35 示波器功能界面

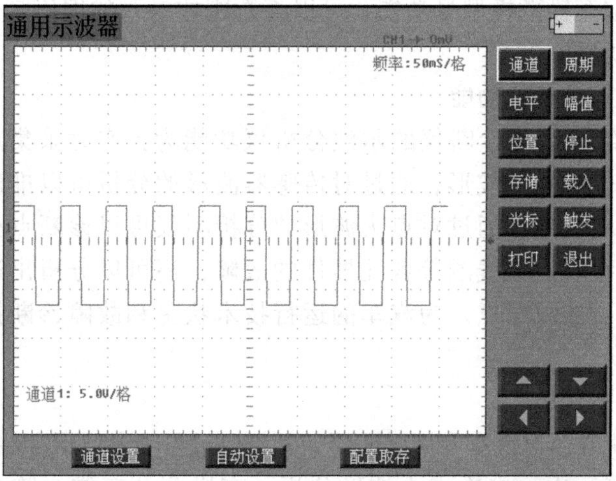

图1-36 通用示波器显示界面

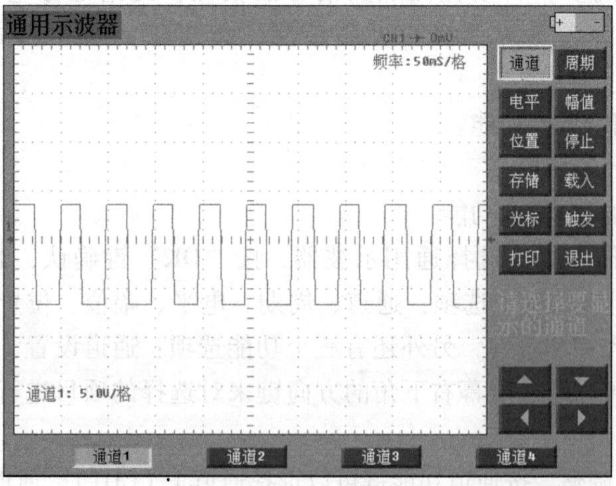

图1-37 选择通道1

【课堂互动】

2）周期调整。选择周期调整，按上下键可以改变每单格时间的长短。如果开机时设定的是10ms/格，按向下键则会变为5ms/格，波形就会变稀；按向上键则会变为20ms/格，波形会变密。

3）电平调整。对纵轴的触发电平进行调整。对于同一波形，选择不同的触发电平，波形在显示屏上的位置就会跟着变化。如果触发电平的数值超出波形的最大或最小范围，波形将产生游动，在屏幕上不能稳定住。

4）幅值调整。按上下方向键可以调整纵向波形幅值的大小。KT600综合智能诊断仪有1:0.5、1:1.0、1:2.5、1:5、1:10和1:20几种波形幅值。

5）位置调整。选择位置调整可以对波形的上下显示位置进行调整。按向上方向键，波形就会向上移动；按向下方向键，波形就会向下移动。

6）触发方式调整。选择触发方式调整，在高频（<50ms/格）可以对波形的触发起点进行调整，使用“触发”功能键可以选择触发的方式，有上升沿、下降沿和自动/正常三种，触发通道有CH1、CH2、CH3和CH4，如图1-38所示。

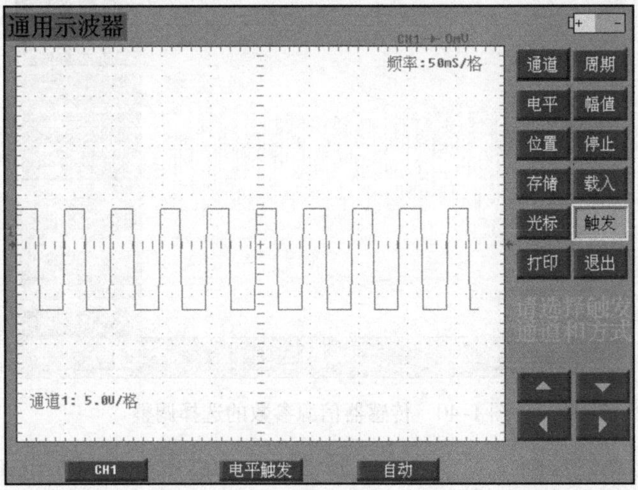

图1-38　触发方式调整

波形的存储和载入存储波形时，直接单击“存储”功能键，打开如图1-39所示窗口，然后输入文件名，单击“保存”按钮，文件即被保存在编辑的目录中。如果要载入波形，选择“载入”功能键，选择相应的文件名即可载入刚存储的波形。

7）传感器信源参数的选择调整。在传感器菜单中可以通过选择信源参数来选择调整所需要观察的通道的参数，如图1-40所示。

8）压力/温度系统的选择调整。在压力/温度系统菜单中可以直接观察到转速和当前的波形，如图1-41所示。

【课堂互动】

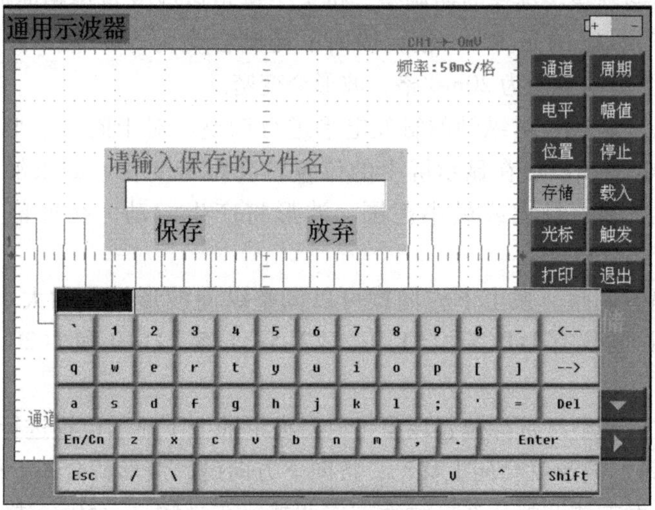

图1-39 文件保存

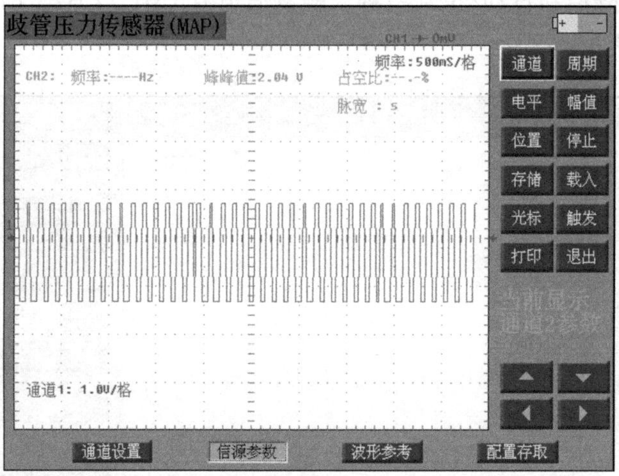

图1-40 传感器信源参数的选择调整

采用多功能诊断仪或专用示波器检测二次高压点火时，由于被测试发动机的点火方式不尽相同，所以用仪器测试时的连接方式也有所不同。在测试二次点火波形前，应首先确认被测试发动机的点火方式。下面就常见的三种点火方式说明其测试连接的方法。

1. 传统点火方式

1）用接通道1（CH1）的容性感应夹的其中一根夹夹住分电器的高压总线，接通道3（CH3）的感性感应夹夹住第1缸高压线，且尽量靠近火花塞并观察“此面朝向火花塞”标记是否正确，注意不要接反，如图1-42所示。

2）用接通道1（CH1）的容性感应夹的4根夹子，分别夹住四个缸的分缸线，接通道3（CH3）的感性感应夹夹住第1缸高压线，且尽量靠近

【课堂互动】

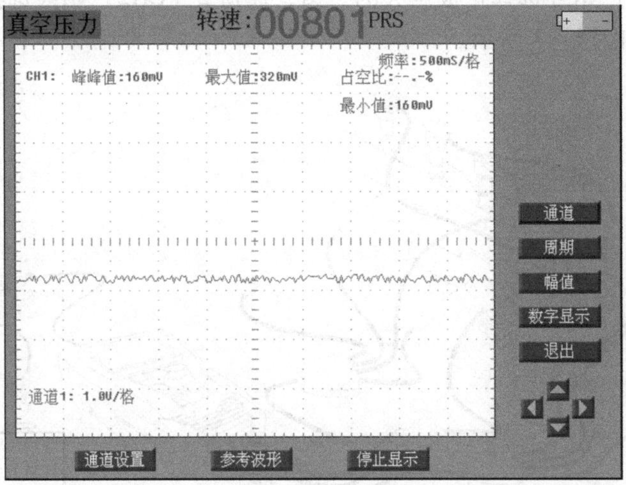

图1-41　测试波形

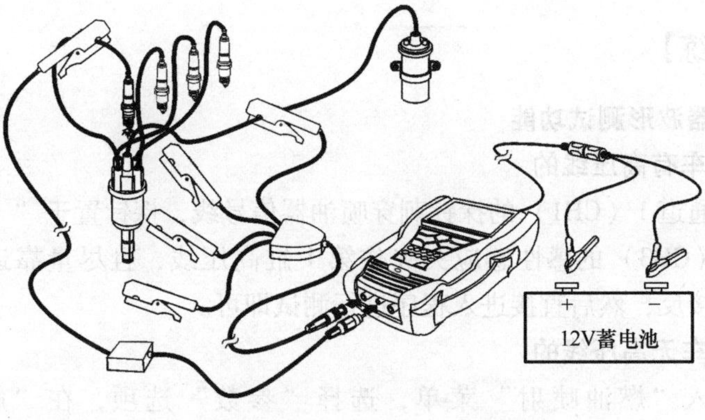

图1-42　传统点火方式的测试连接

火花塞，并观察“此面朝向火花塞”标记，注意不要接反。

2. 直接点火方式

1）有高压线的，用接通道1（CH1）的容性感应夹的4根夹子，分别夹住四个缸的分缸线，接通道3（CH3）的感性感应夹夹住第1缸高压线，且尽量靠近火花塞，并观察“此面朝向火花塞”标记，注意不要接反。

2）无高压线的，要选配适配器才可。

3. 双头点火方式

用接通道3（CH3）的感性感应夹夹住第1缸高压线，且尽量靠近火花塞，并观察“此面朝向火花塞”标记，注意不要接反。要选用两套容性感应夹，首先选用单缸测试，找出正极点火的缸，比如说第1缸和第3缸为正极点火，那么第2缸和第4缸将是负极点火，然后用接通道1（CH1）的容性感应夹的任意两根夹分别夹第1缸和第3缸，接通道2（CH2）的容性感应夹的任意两根夹分别夹第2缸和第4缸。总的来说，示波器的通

【课堂互动】

道1（CH1）始终选择正极点火的一边，通道2（CH2）始终选择负极点火的一边。如图1-43所示。

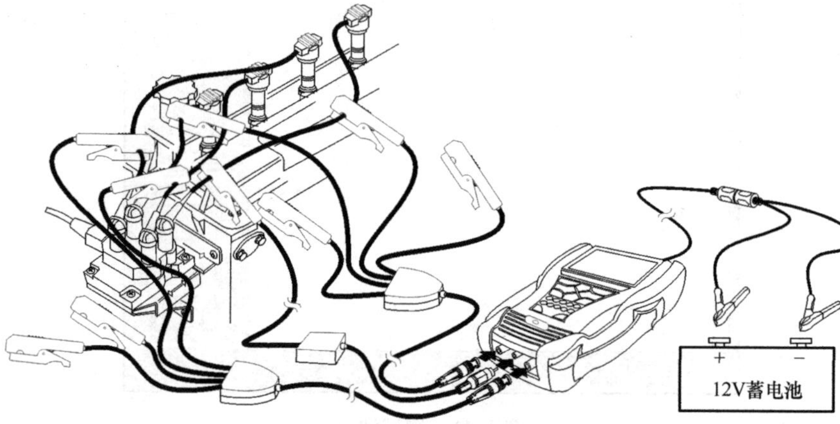

图1-43 双头点火方式的测试连接

【技能训练】

喷油器波形测试功能

1. 汽车有高压线的

用接通道1（CH1）的探针刺穿喷油器信号线，探针置于“＊10”挡，接通道3（CH3）的感性感应夹夹住第1缸高压线，且尽量靠近火花塞，注意不要接反，然后直接进入程序进行测试即可。

2. 汽车无高压线的

要进入“燃油喷射”菜单，选择“参数”选项，在“触发源选择”中更改“CH3触发”为“CH1触发”，用接通道1（CH1）的探针刺穿喷油器信号线，探针置于“＊10”挡，直接进入程序进行测试即可。

1.4.2 数据流的读取与分析

1. 故障自诊断的基本原理及组成

故障自诊断模块检测的对象是电控汽车上的各种传感器（如冷却液温度传感器）、电子控制系统本身以及各种执行元件（如继电器），故障判断正是针对上述三种对象进行的。故障自诊断模块共用汽车电子控制系统的信号输入电路，在汽车运行过程中检测上述三种对象的输入信息，当某一信号超出了预设的范围值，并且这一现象在一定的时间内不消失，故障自诊断模块便判断为这一信号对应的电路或元件出现故障，并把这一故障以代码的形式存入内部存储器，同时点亮仪表盘上的故障指示灯。从上述基本工作原理分析来看，故障自诊断模块应该包括：监测输入、逻辑运算及控制、程序及数据存储器、备用控制回路、信息和数据驱动输出等模块。

【课堂互动】

2. 带故障码的维修方法

汽车的故障自诊断系统开发与应用，为及时发现故障以及故障维修提供了方便。维修人员通过解读故障码，大多能判断故障可能发生的原因和部位。然而，在对汽车维修时，若仅仅靠故障码寻找故障，往往会出现判断上的失误。实际上，故障码只是汽车电子控制单元（ECU）认可的一个是或否的界定结论，不一定是汽车真正的故障部位。在对电控汽车进行维修时应综合分析判断，结合汽车故障的现象来寻找故障部位。电控汽车发动机运转要正常，首先强调的是发动机本身机械部分与电控系统无关的电器及其线路部分必须保持良好的工况，否则，无论如何检查电控系统也是徒劳的。

3. 出现故障码时还必须进行信号判断

控制系统某个传感器是否正常，是以数字代码的形式显示。在维修中只要有故障码出现，首先要检测故障码显示的信号是否正常。根据检测值与标准值进行对比，分析其是可能发生的原因中的哪一个，进行维修直到代码消失，再进行其他修理。

4. 不带故障码的维修方法（车辆有故障但是无故障码输出时的检查）

汽车电子控制单元（ECU）对传感器信号进行检测时，只能接收其设定范围之内的传感器非正常信号，从而判断传感器的好与坏，记录或不记录故障码。因某种原因导致的传感器灵敏度下降、反应迟钝、输出特性偏移等问题，自诊断系统检测不出来，无故障码输出但发动机确有明显故障症状。比如一些维修人员遇到常见的车辆抖动、冒黑烟、怠速不稳、加速不畅等故障现象时不知道从何下手，不知如何处理。这类故障在维修中较难判断，这时应根据发动机的故障症状进行分析判断，然后根据仪器中的数据流进行分析，通过对元件测试等功能进行诊断，还要借助其他诊断仪，如示波器、发动机分析仪、油压表等，对传感器进行针对性检测，以便找到并排除传感器故障。

5. 发动机电子控制系统概述（以桑塔纳2000GSI轿车AJR发动机为例）

（1）桑塔纳2000GSI轿车AJR发动机性能参数及整车参数（见表1-4）

表1-4　AJR发动机性能参数及整车参数

类　别	主要性能参数	数　值
发动机	缸径×行程/mm	81.0×86.4
	排量/L	1.781
	压缩比	9.5
	最大功率/kW（r/min）	74（5200）
	最大转矩/N·m（r/min）	155（3800）
	燃油消耗率/(g/kW·h)	295
	电子燃油喷射控制系统	博世M3.8.2

【课堂互动】

（续）

类 别	主要性能参数	数 值
整车	最高车速/(km/h)	175
	0～100km 加速时间/s	≤13.5
	60km 等速油耗/(L/100km)	≤5.7
	90km 等速油耗/(L/100km)	≤6.8
	120km 等速油耗/(L/100km)	≤8.8
	十五工况油耗/(L/100km)	≤11.2

AJR 发动机外观如图 1-44 所示。

图 1-44 AJR 发动机的外观

（2）桑塔纳 2000GSI 轿车 AJR 发动机电子控制系统的特点 桑塔纳 2000GSI 轿车的 Motronic3.8.2 电子控制顺序多点燃油喷射系统的特点见表 1-5。

表 1-5 Motronic3.8.2 电子控制燃油喷射系统的特点

电子控制系统	Motronic3.8.2
空气流量的检测	热膜式空气流量计，直接反映发动机负荷，精确度高
曲轴转角的计算	采用 60 齿信号触发轮的曲轴位置传感器并产生曲轴转角信号，能依据进气流量信号和曲轴转角信号准确地控制发动机混合气空燃比和点火时间，从而极大地降低了排气污染
爆燃控制	AJR 发动机上装有 2 只爆燃传感器，使发动机控制单元更有效地识别各个气缸的爆燃，迅速调整点火提前角，保护发动机免受劣质汽油引起的强烈爆燃的损害

（续）

【课堂互动】

电子控制系统	Motronic3. 8. 2
点火系统	无分电器直接点火，减少了电磁辐射的干扰，清除了因机械驱动而产生的磨损，使点火更加可靠
怠速控制	节气门直接控制，减少了可能发生的漏气，对脏污不敏感，降低了废气排放及油耗，且因部件少，发生的故障也少
节气门位置计算	线性式节气门位置传感器
燃油蒸气控制	安装燃油蒸气控制回收系统，使燃油蒸发污物的排放降低95%以上
消声器	消声器管径 ϕ45mm，降低了车内噪声，提高乘坐的舒适性，同时又使发动机保持良好的动力性能
防盗	采用智能、可靠的电子防盗系统，使汽车具有防盗功能

（3）系统的组成与分布图

1）AJR 发动机电控系统的组成如图 1-45 所示。

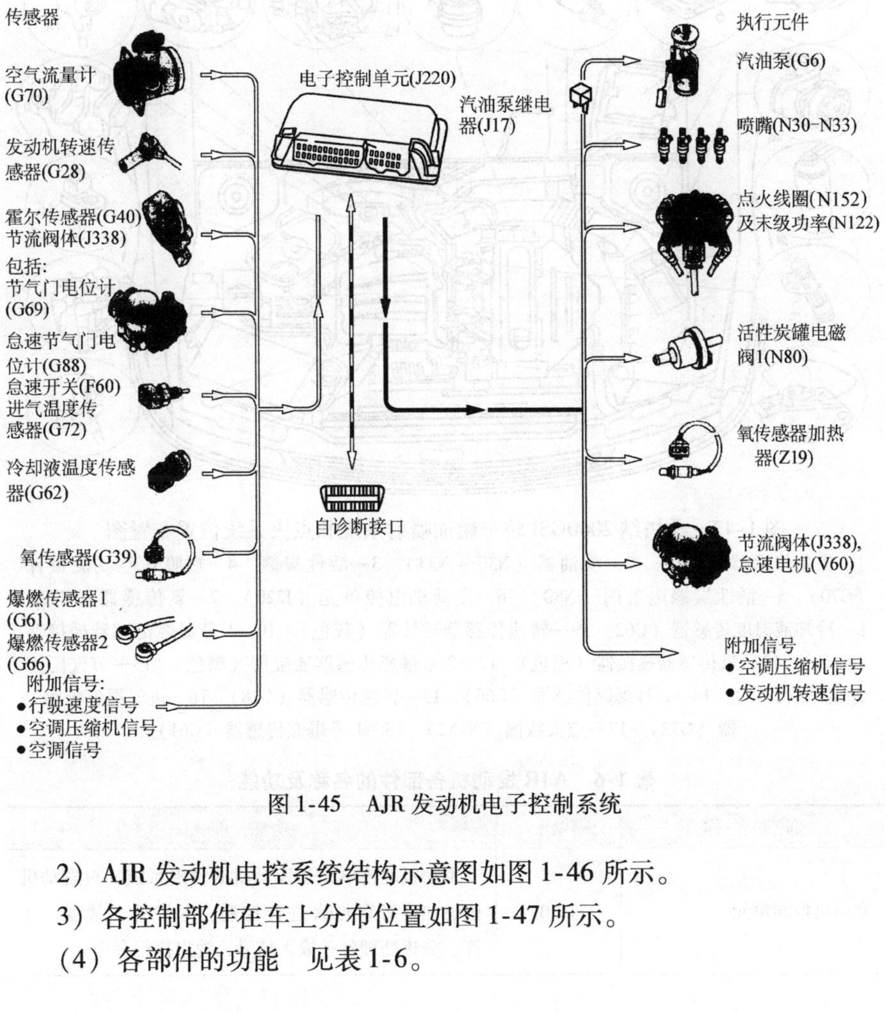

图 1-45　AJR 发动机电子控制系统

了解桑塔纳2000轿车装用的AJR发动机各个传感器、执行器的名称及代码。

2）AJR 发动机电控系统结构示意图如图 1-46 所示。

3）各控制部件在车上分布位置如图 1-47 所示。

（4）各部件的功能　见表 1-6。

【课堂互动】

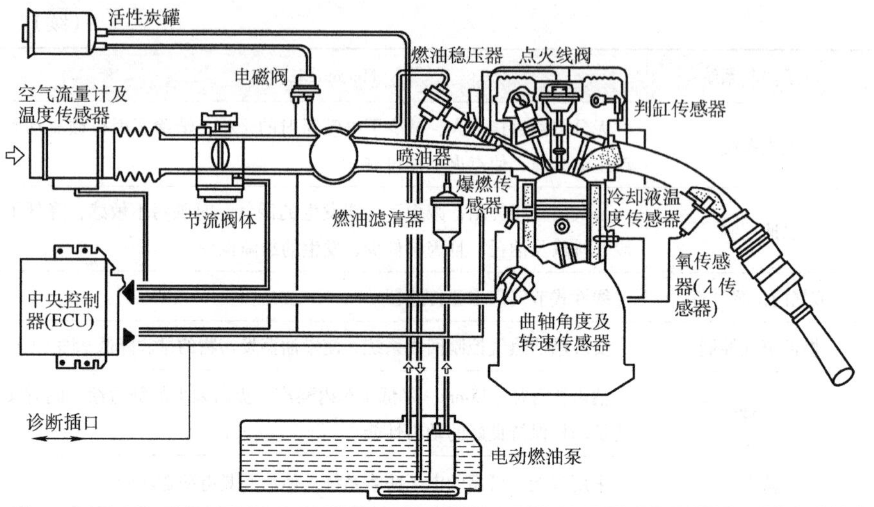

图1-46 AJR发动机电子控制系统结构示意图

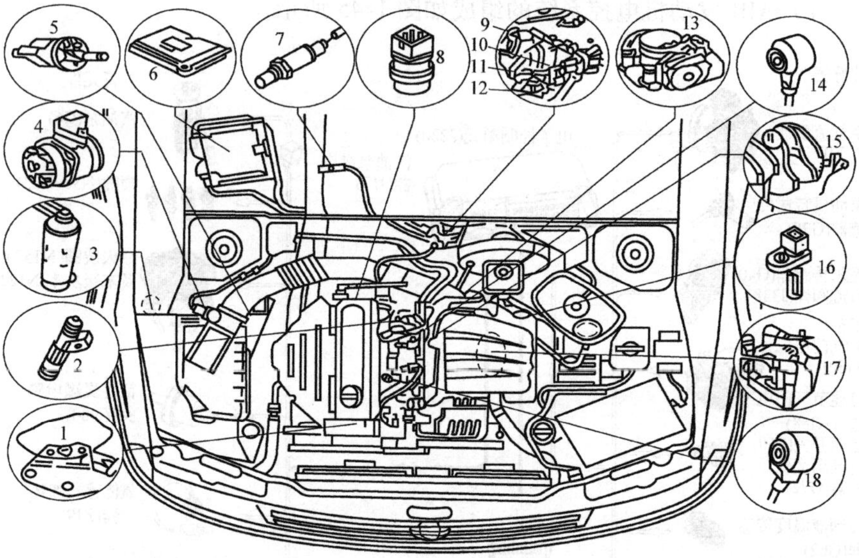

在AJR发动机或桑塔纳2000轿车上找到各个传感器的安装位置。

图1-47 桑塔纳2000GSI轿车燃油喷射系统和点火系统位置布置图

1—霍尔传感器（G40） 2—喷油器（N30～N33） 3—活性炭罐 4—热膜式空气流量计（G70） 5—活性炭罐电磁阀（N80） 6—发动机电控单元（J220） 7—氧传感器（G39） 8—冷却液温度传感器（G62） 9—转速传感器插接器（灰色） 10—1号爆燃传感器插接器（白色） 11—氧传感器插接器（黑色） 12—2号爆燃传感器插接器（黑色） 13—节气门控制组件（J338） 14—2号爆燃传感器（G66） 15—转速传感器（G28） 16—进气温度传感器（G72） 17—点火线圈（N152） 18—1号爆燃传感器（G61）

表1-6 AJR发动机各部件的名称及功能

部件名称	代码	功能
发动机控制单元	J220	发动机电控单元是发动机的管理系统，对发动机的燃油喷射和点火进行控制。电控单元接受、计算、分析处理各种输入信号，输出执行命令

【课堂互动】

（续）

	部件名称	代码	功　能
传感器	空气流量计	G70	AJR发动机热膜式空气流量计，又叫做空气质量计。它将检测到的发动机进气量信号，输入到发动机ECU用以计算点火喷油量的基本参数
	发动机转速传感器	G28	发动机转速传感器是一个电磁感应式传感器，用来探测曲轴精确的转角位置和发动机转速
	霍尔传感器	G40	AJR发动机霍尔传感器用作判断凸轮轴位置，故又称为凸轮轴位置传感器，采用的是霍尔原理
	进气温度传感器	G72	进气温度传感器是一个NTC负温度系数的热敏电阻。进气温度上升时电阻下降。发动机电控单元通过电阻信号识别进气温度，从而修正喷油量及点火提前角
	冷却液温度传感器	G62	冷却液温度传感器是一个NTC负温度系数的热敏电阻。当冷却液温度上升时电阻值下降。发动机电控单元通过电阻信号识别冷却液温度，用以修正喷油量及点火提前角
	氧传感器	G39	氧传感器的功用是根据排气中氧气浓度而产生不同的电压信号。其实质是根据排气中氧气量检测混合气空燃比是偏浓或偏稀。评价指标就是过量空气系数“λ”
	爆燃传感器	G61、G66	爆燃传感器把发动机在爆燃时产生的振动变为电信号，输送给ECU。ECU根据爆燃传感器传送来的信号，对点火提前角进行修正，从而确保点火提前角始终处于最佳值
	节气门位置传感器	G69	节气门位置传感器置于节气门控制组件（J338）内，是主要负荷辅助信号。ECU根据节气门开度获得发动机负荷变化工况，比如怠速工况、部分负荷工况、全负荷工况和急加速工况，用以调节、修正、控制喷油时间（量）
	怠速节气门位置传感器	G88	它直接与怠速调节电动机连在一起，向中央控制器提供当时的节气门位置以及怠速范围电动机的位置。当怠速节气门到达调节位置极限时，如果节气门继续开启，怠速节气门电位计将不再起作用，如果怠速节气门电位计信号中断，节流阀体的节气门将通过应急弹簧进入机械应急运转状态，怠速转速将有所提高
	怠速开关	F60	用以向发动机控制单元提供怠速位置信号
执行器	喷油器	N30～N33	在所有运转条件下始终供给发动机所需的燃油量
	燃油泵继电器	J17	燃油泵继电器安装在中央配电盒内，用于控制燃油泵、空气流量计、炭罐电磁阀和氧传感器加热供电
	氧传感器加热器	G39	给氧传感器加热，使氧传感器达到300℃的工作温度

【课堂互动】

（续）

	部件名称	代码	功能
执行器	怠速电动机	V60	根据ECU的信号，调节节气门在怠速时的开度，以调节发动机怠速转速，使其逐渐逼近标准转速（800±30r/min）
	活性炭罐电磁阀	N80	根据ECU的指令，将燃油箱的燃油蒸气输送到进气管
	点火模块	N152	根据ECU的指令，点火模块的大功率驱动管交替截止与导通以控制点火线圈初级电流的截止与导通，使线圈次级产生高电压
	点火线圈		执行电子点火模块的指令，有规律地产生足够的电压
附加信号	空调压缩机信号	——	空调压缩机信号是双向的（输入+输出） 输入：该信号提供给控制单元空调压缩机已接通的信号。控制单元作出反应，通过节流阀体（J338）提高怠速转速。 输出：通过同一根信号线，控制单元可以切断空调压缩机。切断发生在下述工况：急加速到全负荷；应急运行；冷却液温度超过120℃
	空调开关信号	——	向ECU输入A/C的状态信号，以控制发动机怠速
	诊断信号	——	向检测仪VAG1552输出发动机诊断信号
	行驶速度信号	——	向ECU输入汽车行驶速度信号，以控制发动机怠速稳定性
	发动机转速信号	——	将发动机转速信号提供给转速表，以显示发动机转速的情况

（5）电子控制单元构造　AJR发动机电子控制单元构造如图1-48所示。

（6）ECU各端子作用

1）外观。AJR发动机电控单元的外观如图1-49所示。

2）接口端子的编号如图1-50所示（数字为引脚）。

3）各端子的作用见表1-7。

在AJR发动机控制单元及连接线束上查找各个数字所对应的端子。

表1-7　各端子的作用

引脚	作用	性质	引脚	作用	性质
1	控制单元上正电源	输入	13	空气流量计正信号线	输入
2	搭铁端		15	活性炭罐电磁阀负极	输出
3	电动汽油泵继电器电源		19	诊断信号	输出
4	电动汽油泵继电器控制端子		20	行驶速度信号	输入
6	发动机转速信号	输入	25	“λ”传感器参考线	
8	空调压缩机信号线	双向	26	“λ”传感器信号线	输入
10	空调装置信号	输入	27	“λ”传感器加热器负电源	
11	空气流量计电源	输入	53	冷却液温度信号	输入
12	空气流量计负信号线		54	进气温度信号	输入

【课堂互动】

（续）

引脚	作 用	性 质	引脚	作 用	性 质
56	点火时间或转速信号	输入	68	爆燃传感器一、二缸信号线	输入
58	三缸喷油器负极	输出	69	怠速开关信号线	输入
59	怠速电动机负电源	输出	71	点火电路1（二、三缸）控制	输出
60	爆燃传感器三、四缸信号线	输入	73	一缸喷油器负极	输出
62	节气门电位计正电源、怠速节气门电位计正电源	输入	74	怠速节气门电位计信号线	输入
63	转速传感器负信号线	输入	75	节气门电位计信号线	输入
65	四缸喷油器负极	输出	76	霍尔传感器信号线	输入
66	怠速电动机正电源	输出	78	点火电路2（一、四缸）控制	输出
67	节气门电位计负电源（5V）、怠速节气门电位计负电源、怠速开关负电源、霍尔传感器负信号线、进气、冷却液温度传感器负信号线、爆燃传感器信号线		80	二缸喷油器负极	输出

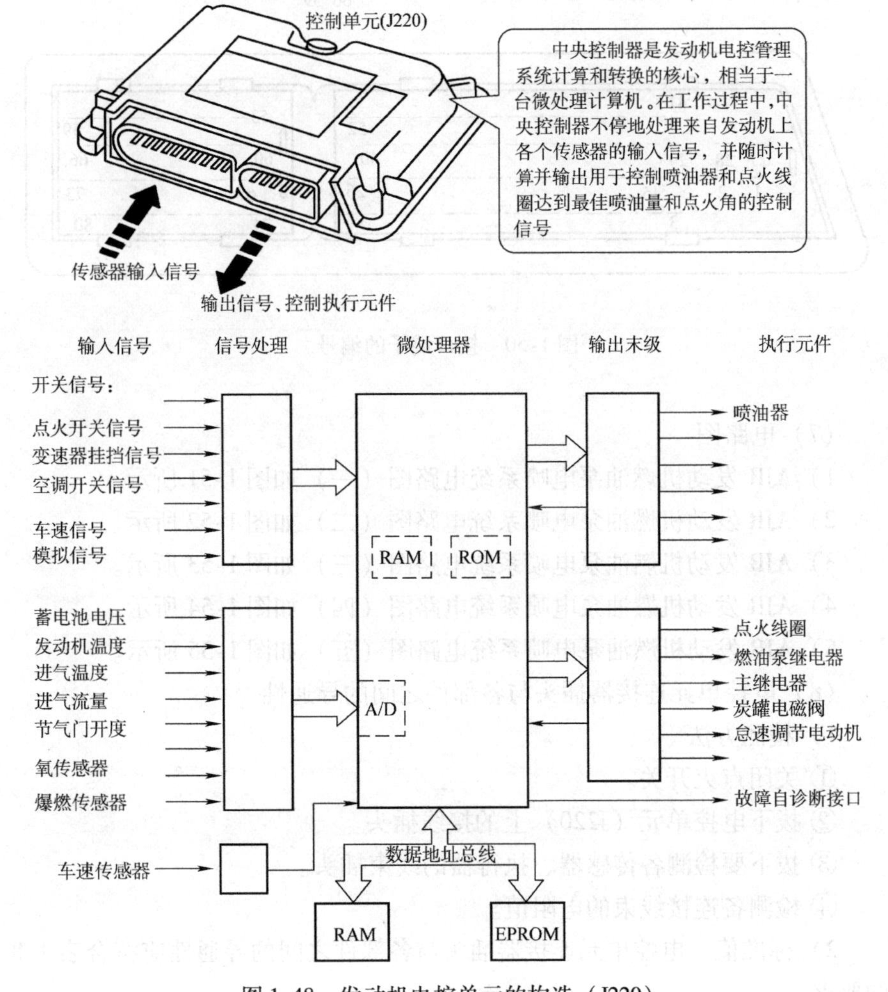

图1-48 发动机电控单元的构造（J220）

【课堂互动】

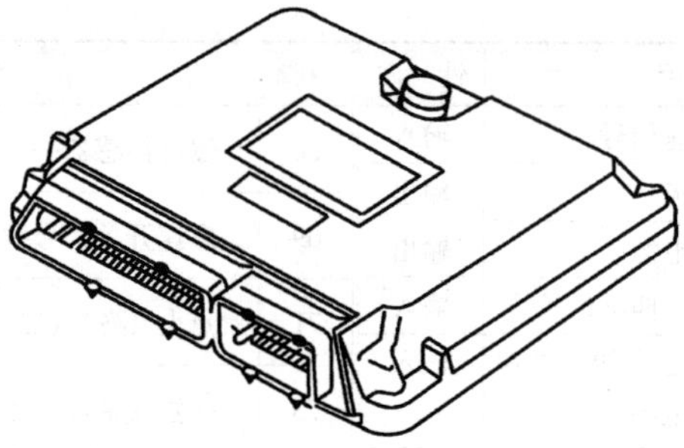

图1-49 发动机电控单元的外观

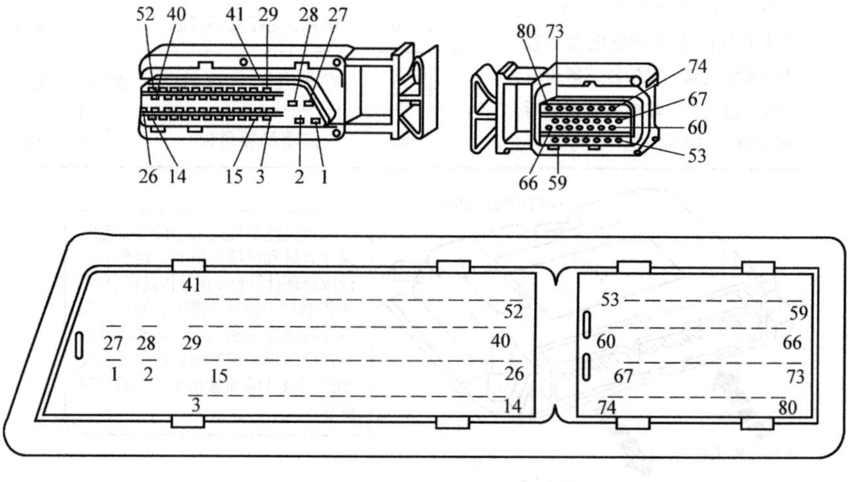

图1-50 接口端了的编号

（7）电路图

1）AJR发动机燃油泵电喷系统电路图（一）如图1-51所示。

2）AJR发动机燃油泵电喷系统电路图（二）如图1-52所示。

3）AJR发动机燃油泵电喷系统电路图（三）如图1-53所示。

4）AJR发动机燃油泵电喷系统电路图（四）如图1-54所示。

5）AJR发动机燃油泵电喷系统电路图（五）如图1-55所示。

（8）电控单元连接器插头与各部件之间的导通性

1）检测方法

① 关闭点火开关。

② 拔下电控单元（J220）上的接线插头。

③ 拔下要检测各传感器、执行器的线束插头。

④ 检测各连接线束的电阻值。

2）标准值。电控单元连接器插头与各部件之间的导通性应符合表1-8的要求。

【课堂互动】

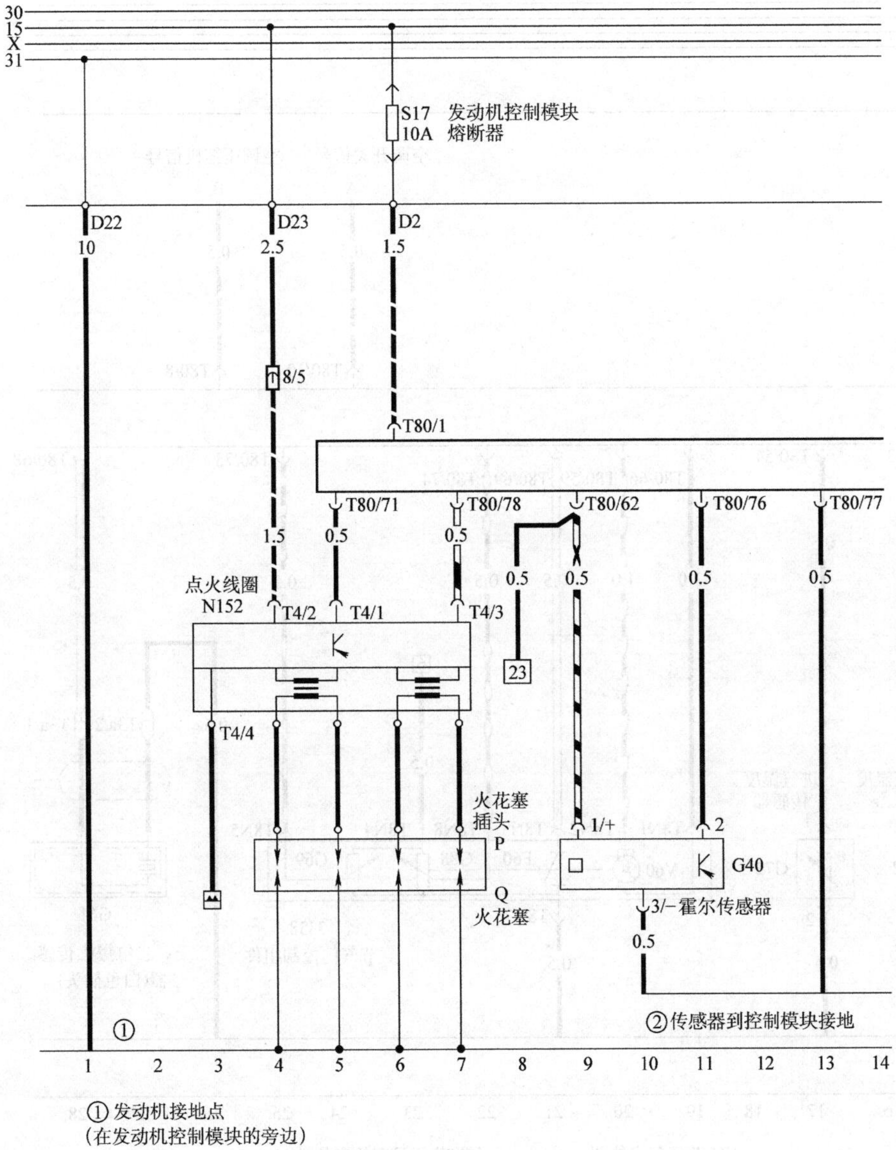

图1-51 燃油泵电喷系统电路图（一）

【课堂互动】

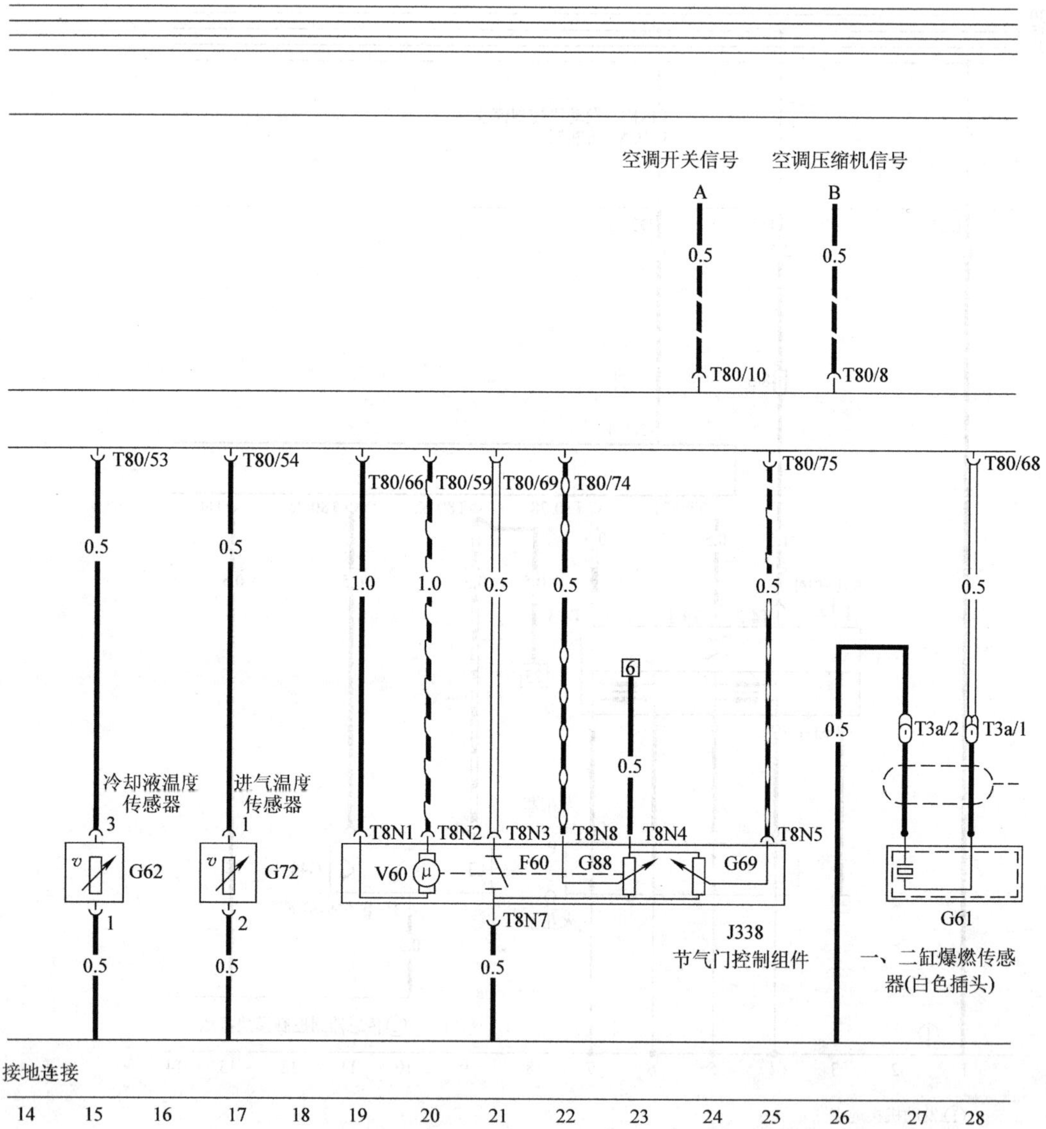

V60节气门定位器　　G88节气门定位电位计

F60怠速开关　　G69节气门电位计

图1-52 燃油泵电喷系统电路图（二）

【课堂互动】

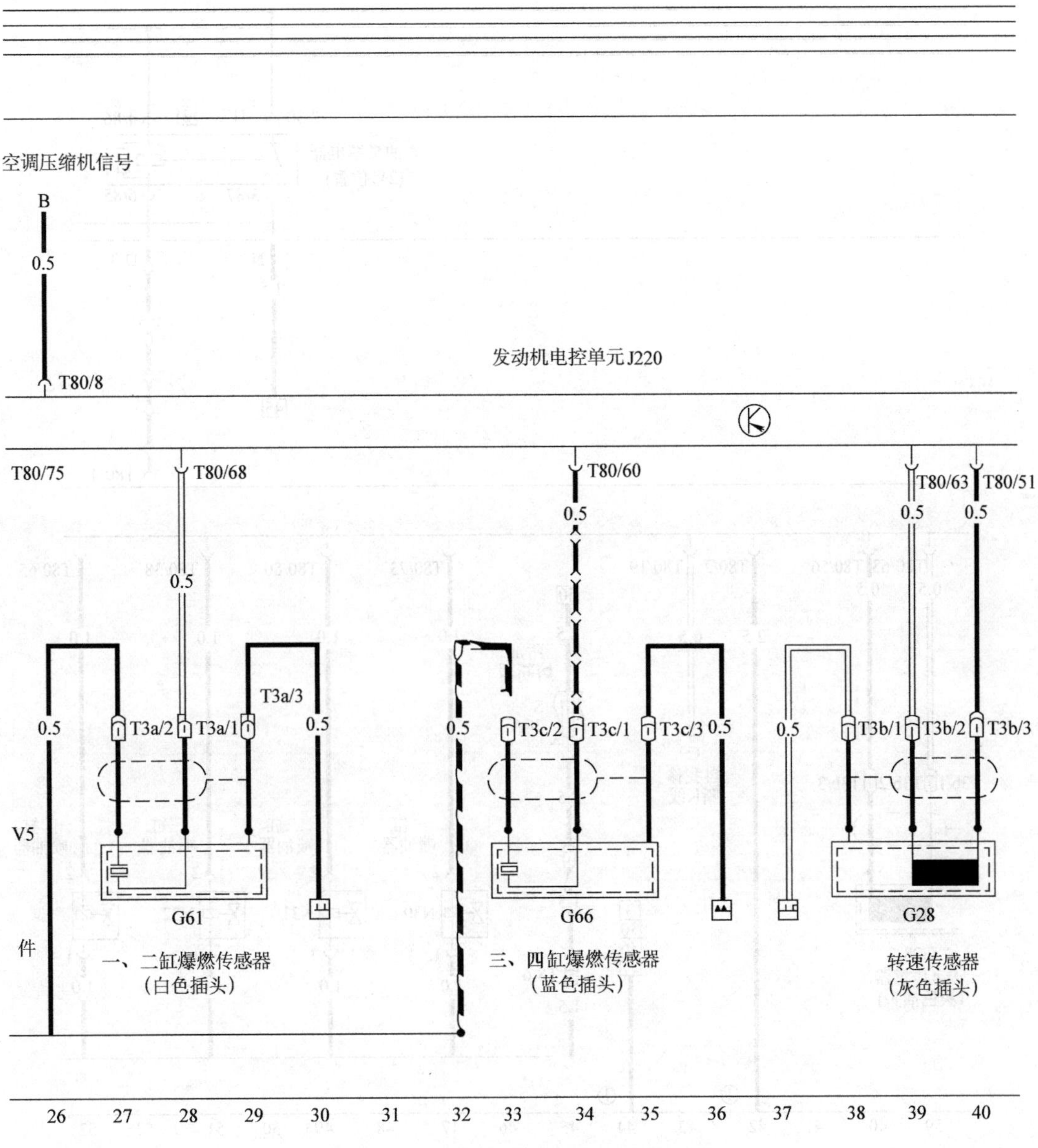

图1-53　燃油泵电喷系统电路图（三）

【课堂互动】

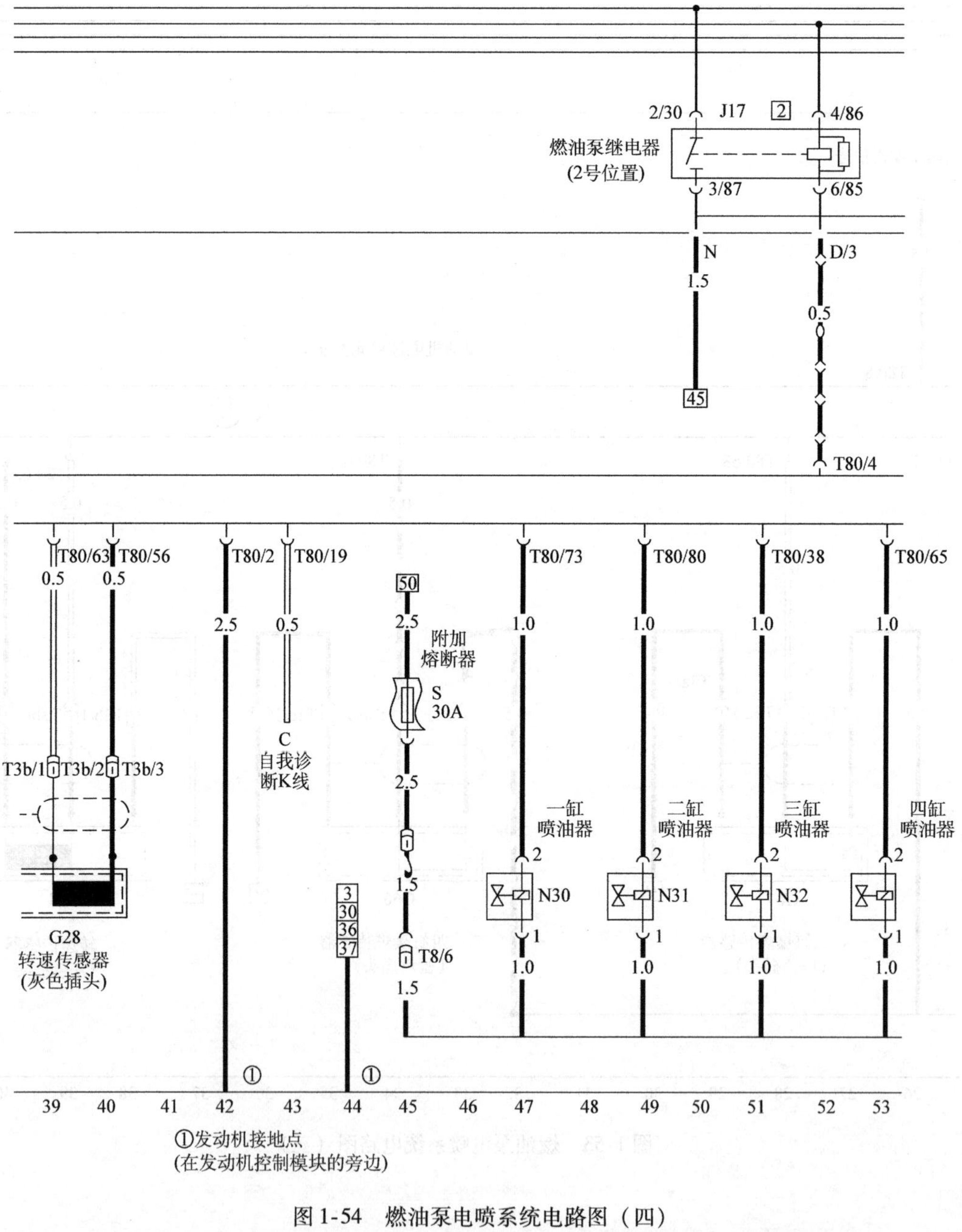

图1-54 燃油泵电喷系统电路图（四）

【课堂互动】

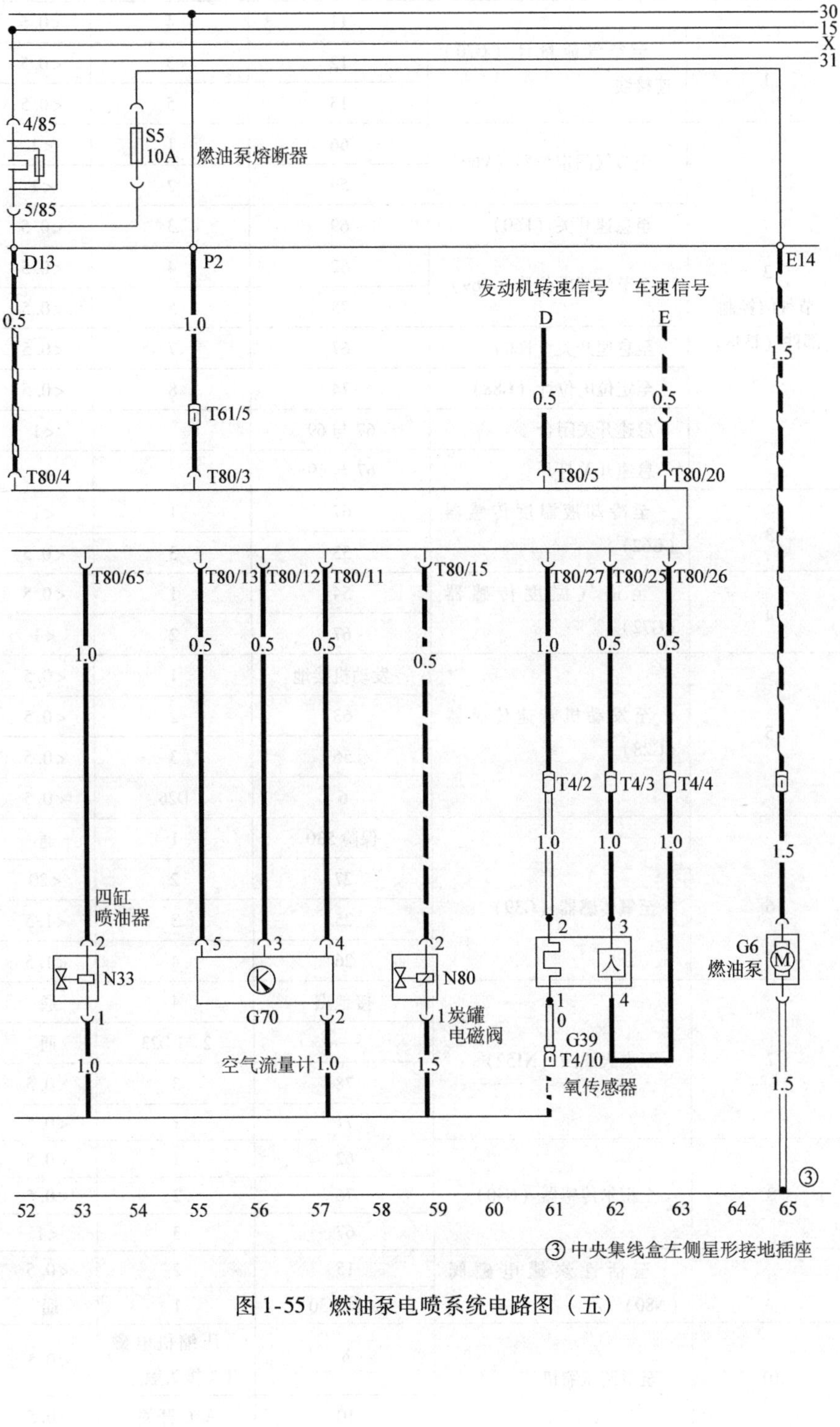

图1-55　燃油泵电喷系统电路图（五）

【课堂互动】

表1-8 电控单元连接器插头与各部件之间的导通性

步骤	检测项目	检测部位		额定值
		电控单元插座号	元件插座号	
1	至空气流量计（G70）连接线	11	4	<0.5
		12	3	<0.5
		13	5	<0.5
2 节气门控制部件（J338）	至节气门定位器（V60）	66	1	<1
		59	2	<1
	至怠速开关（F60）	69	3	<0.5
	至节气门电位计（G69）	62	4	<0.5
		75	5	<0.5
	至怠速开关（F60）	67	7	<0.5
	至定位电位计（G88）	74	8	<0.5
	怠速开关闭合	67与69		<1
	怠速开关打开	67与69		∞
3	至冷却液温度传感器（G62）	67	1	<1
		53	3	<0.5
4	至进气温度传感器（G72）	54	1	<0.5
		67	2	<1
5	至发动机转速传感器（G28）	发动机接地	1	<0.5
		63	2	<0.5
		56	3	<0.5
		6	D26	<0.5
6	至氧传感器（G39）	保险530	1	通
		27	2	<20
		25	3	<1.5
		26	4	<1.5
7	至点火线圈（N152）	接地点	4	通
		—	2与D23	通
		78	3	<0.5
		71	1	<0.5
8	至霍尔传感器（G40）	62	1	<0.5
		76	2	<0.5
		67	3	<1
9	至活性炭罐电磁阀（N80）	15	2	<0.5
		保险530	1	通
10	至空调压缩机	8	压缩机电磁开关接头触点	<0.5
		10	A/C开关	<0.5

（续）

步　骤	检 测 项 目	检 测 部 位		额定值
		电控单元插座号	元件插座号	
11	至车速传感器	20	3	<0.5
12	至爆燃传感器（G61）	68	1	<0.5
		67	2	<1
		2	3	<0.5
13	至爆燃传感器（G66）	60	1	<0.5
		67	2	<1
		2	3	<0.5
14	至一缸喷油器（N30）	73	2	<1.0
15	至二缸喷油器（N31）	80	2	<1.0
16	至三缸喷油器（N32）	58	2	<1.0
17	至四缸喷油器（N33）	65	2	<1.0

【课堂互动】

在AJR发动机或桑塔纳2000轿车上找到各个传感器的位置，在上表中找到传感器相对应控制单元的端子号码，使用数字万用表测量该传感器与控制单元之间的导通性。

（9）电控单元（J220）上插头各部件端电压及电阻值

检测方法及标准值见表1-9。

表1-9　电控单元上插头各部件端电压、电阻值检测方法及标准值

检 测 项 目	检测条件（附加操作）	检 测 部 位	额　定　值
一至四缸喷油器电阻	关闭点火开关，拔下一至四缸喷油器插座	插头两触点	13～18Ω
一至四缸喷油器供电电压	各喷油器插座触点（1）和喷油器熔断器线路正常	各插座触点（1）和发动机接地点	蓄电池电压
燃油泵继电器	关闭点火开关，从中央配电盒中拔下燃油泵继电器，测2号位继电器板上触点（4）和接地点		接近12V
氧传感器加热	关闭点火开关，拔下氧传感器4针插座	插头触点（1）和（2）	1～5Ω
氧传感器工作	发动机正常工作，改变工况	触点（3）和（4）	0.1～0.3V与0.7～1.1V间变化
氧传感器信号电路	加热正常，打开点火开关	触点（3）和（4）	400～500mV
活性炭罐电磁阀（ACF）	关闭点火开关，拔下插座	两触点	22～30Ω
节气门电位计（G69）	关闭点火开关，拔下插座，再打开点火开关	触点（5）和（7）	约5V
节气门定位电位计（G88）	关闭点火开关，拔下插座，再打开点火开关	触点（4）和（7）	约5V

【课堂互动】

（续）

检测项目	检测条件（附加操作）	检测部位	额定值
空气流量计G70（供电电压）	燃油泵继电器和熔断器正常	触点（4）与接地点	约5V
发动机转速传感器（G28）	关闭点火开关，拔下转速传感器插头	触点（2）和（3）	480～1800Ω
发动机控制单元供电电压	蓄电池电压高于11V，熔断器517正常，关闭点火开关；打开点火开关	触点（3）和（2） 触点（1）和（2）	接近蓄电池电压 接近蓄电池电压
爆燃传感器输出电压	发动机运转	触点（1）和（2）	0.3～1.4V
霍尔传感器（G40）输出电压	拔下插座，打开点火开关	触点（1）和（3）	接近5V
霍尔传感器（G40）输入电压	拔下插座，打开点火开关	触点（2）和（3）	接近蓄电池电压

在AJR发动机或桑塔纳2000轿车上找到各个传感器的位置，在上表中找到传感器相对应的触点，使用万用表测量该传感器的端电压或电阻值。

【技能训练】

使用KT600读取数据流并进行数据流的分析

1. 数据流读取的基本条件

读取发动机数据流，必须具备以下条件。

1）蓄电池电压大于11.5V；

2）熔断器正常；

3）发动机搭铁线正常。

2. 读取数据流的步骤

用KT600读取发动机数据流的步骤如下。

1）打开诊断插口盖板，将KT600的电缆连接到车上位于变速器操纵杆前的诊断插座上。

2）打开点火开关或者发动机怠速运转，这时，显示屏上首先显示下列信息。

车辆系统检测	帮助
输入地址码××	

3）输入“发动机控制单元”的地址字01，并按“Q”键确认，显示器上将显示下列信息。

```
330 907 404   1.8L   R4/2V   MOTR   HS   D01→
Coding 08001        WSC ×××××
```

其中“330 907 404”为发动机电控单元零件编号；“1.8L”为发动机排量；“R4/2V”为直列式发动机4缸、每缸2气门；“MOTR”为Motronic；“HS”为手动变速器；“D01”为电控单元软件版本；“Coding 08001”为控制单元编码；“WSC×××××”为维修站代码。

【课堂互动】

4）按下→键，显示器上显示下列信息。

车辆系统检测	帮助
选择功能××	

根据需要，选择诊断仪的功能。

KT600诊断仪的功能表见表1-10。

表1-10 KT600诊断仪功能表

01—查询控制单元编码	06—退出系统
02—查询故障记忆系统	07—编制控制单元编码
03—最终控制诊断	08—读取测量数据组
04—基本设置	09—读取单个测量数据
05—清除故障记忆系统	10—(有关设置的) 匹配

5）输入08功能“读取测量数据块”，显示器上将显示如下信息。

读测量数据块	帮助
输入显示组号码	××

根据需要，输入组别号，即可以读出发动机各部分的数据流，各组别号的含义见表1-11。

表1-11 各组别号的含义

组别号	含　义
00	基本功能
01	基本功能
02	基本功能
03	基本功能
04	怠速稳定
05	怠速稳定
06	怠速稳定
07	λ控制和ACF阀（活性炭罐电磁阀）系统
08	λ调节值
09	λ调节值

【课堂互动】

(续)

组别号	含　义
10	λ 调节值
11	燃油消耗
12	燃油消耗
13	爆燃控制
14	爆燃控制
15	爆燃控制
16	爆燃控制
17	三元催化转换器加热
18	海拔高度适配
19	自动变速器中的转矩减少
20	运行状态
21	λ 控制工作状态
22	λ 控制工作状态
23	节气门控制部件
24	爆燃控制
25	进气歧管切换和凸轮轴调节
26	凸轮轴调节
95	基本功能
98	节气门控制部件的匹配
99	λ 调节值

3. 发动机正常数据流值

发动机各输入信号与输出信号的数值变化范围（怠速）见表1-12。

表1-12　发动机各输入信号与输出信号的数值变化范围（怠速）

显示组号	屏幕显示	参数说明	怠速值
00 基本功能	Readmeasuringvalue block 0 1 2 3 4 5 6 7 8 9 10	1—冷却液温度	170 ~ 204
		2—发动机负荷	20 ~ 50
		3—发动机转速	70 ~ 90
		4—蓄电池电压	146 ~ 212
		5—节气门角度	0 ~ 12
		6—怠速空气流量控制值	118 ~ 138
		7—怠速空气流量测量值	112 ~ 114
		8—混合气成分控制值（λ 控制值）	78 ~ 178
		9—混合气成分测量值（λ 测量值）	115 ~ 141
		10—混合气成分测量值（λ 测量值）	118 ~ 138

（续） 【课堂互动】

显示组号	屏幕显示	参数说明	怠速值
01 基本功能	Readmeasuringvalue block 1 1 2 3 4	1—发动机转速	800 ±30r/min
		2—发动机负荷（曲轴每转持续喷射时间）	1.00 ~2.50ms
		3—节气门角度	0 ~5°
		4—点火提前角	12° ±4.5°
02 基本功能	Readmeasuringvalue block 2 1 2 3 4	1—发动机转速	800 ±30r/min
		2—发动机负荷（曲轴每转持续喷射时间）	1.00 ~2.50ms
		3—发动机每循环喷射持续时间	2.0 ~5.0ms
		4—进气流量	2.0 ~4.0g/s
03 基本功能	Readmeasuringvalue block 3 1 2 3 4	1—发动机转速	800 ±30r/min
		2—蓄电池电压	10.0 ~14.5V
		3—冷却液温度	80 ~105℃
		4—进气温度	随环境温度
04 基本功能	Readmeasuringvalue block 4 1 2 3 4	1—节气门角度	0 ~5°
		2—怠速空气流量测量值（空挡位置）	-1.70 ~ +1.70g/s
		3—怠速空气流量测量值（自动变速器）	——
		4—工作状况	Leerlauf 怠速
			Teillast 部分怠速
			Vollast 全负荷
			Schub 加浓
			Anreicherung 超速
05 基本功能	Readmeasuringvalue block 5 1 2 3 4	1—怠速转速（测量值）	800 ±30r/min
		2—怠速转速（规定值）	800r/min
		3—怠速控制	-10% ~ +10%
		4—进气流量	2.0 ~4.0g/s
06 怠速稳定	Readmeasuringvalue block 6 1 2 3 4	1—怠速转速（测量值）	800 ±30r/min
		2—怠速转速（规定值）	-10% ~ +10%
		3—混合气 λ 控制	-10% ~ +10%
		4—点火提前角	12° ±4.5°
07 λ 控制	Readmeasuringvalue block 7 1 2 3 4	1—混合气 λ 控制	-10% ~ +10%
		2—氧传感器电压	0.1 ~1.0V
		3—活性炭罐电磁阀 N80 占空比	0 ~99%
		4—油箱净化系统动作时混合气修正因素	1.00

【课堂互动】

（续）

显示组号	屏幕显示	参数说明	怠速值
08 λ调节值	Readmeasuringvalue block 8 1 2 3 4	1—发动机每循环喷射持续时间	2.0～5.0ms
		2—怠速时λ调节值	－10%～＋10%
		3—部分负荷时λ调节值	－10%～＋10%
		4—油箱净化系统	TE action 活性炭罐电磁阀动作，TE not 活性炭罐电磁阀关闭 λ调节起作用
09 λ调节值	Readmeasuringvalue block 9 1 2 3 4	1—发动机转速（测量值）	800±30r/min
		2—混合气λ控制	－10%～＋10%
		3—氧传感器电压	0～1.0V
		4—怠速时λ调节值	－10%～＋10%
10 λ调节值	Readmeasuringvalue block 10 1 2 3 4	1—活性炭罐电磁阀N80占空比	0～99%
		2—油箱净化系统动作时混合气修正因素	1.00
		3—活性炭罐过滤器充满水平	－3%～＋32%
		4—ACF阀供应空气的比例	0.00
11 燃油消耗	Readmeasuringvalue block 11 1 2 3 4	1—发动机转速	800±30r/min
		2—发动机负荷	1.00～2.50ms
		3—车速	0km/h
		4—燃油消耗	0.5～1.5L/h
12 燃油消耗	Readmeasuringvalue block 12 1 2 3 4	1—发动机转速	800±30r/min
		2—蓄电池电压	10.0～14.5V
		3—燃油消耗	0.5～1.5L/h
		4—点火提前角	12°±4.5°
13 爆燃控制	Readmeasuringvalue block 13 1 2 3 4	1—第一缸爆燃控制点火滞后角	0～15°
		2—第二缸爆燃控制点火滞后角	0～15°
		3—第三缸爆燃控制点火滞后角	0～15°
		4—第四缸爆燃控制点火滞后角	0～15°
14 爆燃控制	Readmeasuringvalue block 14 1 2 3 4	1—发动机转速	800±30r/min
		2—发动机负荷（曲轴每转持续喷射时间）	1.00～2.50ms
		3—第一缸爆燃控制点火滞后角	0～15°
		4—第二缸爆燃控制点火滞后角	0～15°
15 爆燃控制	Readmeasuringvalue block 15 1 2 3 4	1—发动机转速	800±30r/min
		2—发动机负荷（曲轴每转持续喷射时间）	1.00～2.50ms
		3—第三缸爆燃控制点火滞后角	0～15°
		4—第四缸爆燃控制点火滞后角	0～15°

（续）　【课堂互动】

显示组号	屏幕显示	参数说明	怠速值
16 爆燃控制	Readmeasuringvalue block 16 1 2 3 4	1—一缸爆燃传感器信号电压	0.3～1.4V
		2—二缸爆燃传感器信号电压	0.3～1.4V
		3—三缸爆燃传感器信号电压	0.3～1.4V
		4—四缸爆燃传感器信号电压	0.3～1.4V
17 催化转换器加热	Readmeasuringvalue block 17 1 2 3 4	1—发动机转速	800±30r/min
		2—发动机负荷（曲轴每转持续喷射时间）	1.00～2.50ms
		3—三元催化转换器加热能量平衡	——
		4—点火提前角	12°±4.5°
18 海拔高度适配	Readmeasuringvalue block 18 1 2 3 4	1—发动机转速	800±30r/min
		2—发动机负荷（没有高度修正）	1.00～2.50ms
		3—发动机负荷（有高度修正）	未规定
		4—按空气密度来修正的高度修正因素	0～20%
19 转矩减小	Readmeasuringvalue block 19 1 2 3 4	1—发动机转速	800±30r/min
		2—发动机负荷（曲轴每转持续喷射时间）	1.00～2.50ms
		3—变速器挡位信号	N
		4—点火提前角	12°±4.5°
20 工作状态	Readmeasuringvalue block 20 1 2 3 4	1—发动机转速	800±30r/min
		2—变速杆位置	——
		3—空调开关	Low/High
		4—空调压缩机	AVS（关）EJN（开）
21 λ控制工作状态	Readmeasuringvalue block 21 1 2 3 4	1—发动机转速	800±30r/min
		2—发动机负荷（曲轴每转持续喷射时间）	1.00～2.50ms
		3—冷却液温度	80～105℃
		4—λ控制　关闭/打开	EIN（关）AVS（开）
22	略	略	略
23 节气门控制部件	Readmeasuringvalue block 23 1 2 3 4	1—节气门控制部件工作状态	01000000
		2—节气门定位器最小停止位置	72%～95%
		3—节气门定位器紧急运行停止位置	67%～83%
		4—节气门定位器最大停止位置	18%～54%
24 爆燃控制	Readmeasuringvalue block 24 1 2 3 4	1—发动机转速	800±30r/min
		2—发动机负荷（曲轴每转持续喷射时间）	1.00～2.50ms
		3—点火提前角	12°±4.5°
		4—第一至第四缸总点火滞后角平均值	0°

【课堂互动】

（续）

显示组号	屏幕显示	参数说明	怠速值
98 节气门控制部件匹配	Readmeasuringvalue block 98 1 2 3 4	1—节气门电位计电压	0~5V
		2—节气门定位电位计电压	0~5V
		3—工作状态：怠速/部分负荷	Leerlanf
		4—匹配状态	正在匹配 匹配完成 匹配未完成 匹配错误
99 λ 控制	Readmeasuringvalue block 99 1 2 3 4	1—发动机转速	800±30r/min
		2—冷却液温度	80~105℃
		3—混合气成分 λ 控制	-10%~+10%
		4—λ 控制	EIN（开）AVS（关）

4. 数据流分析

起动发动机，KT600进入数据流功能界面，进入各个子目录，比较各项数据与正常数据的差别。

按上述读取数据流的步骤操作后，数据流分析如下：

1）显示界面“00”组数据流。

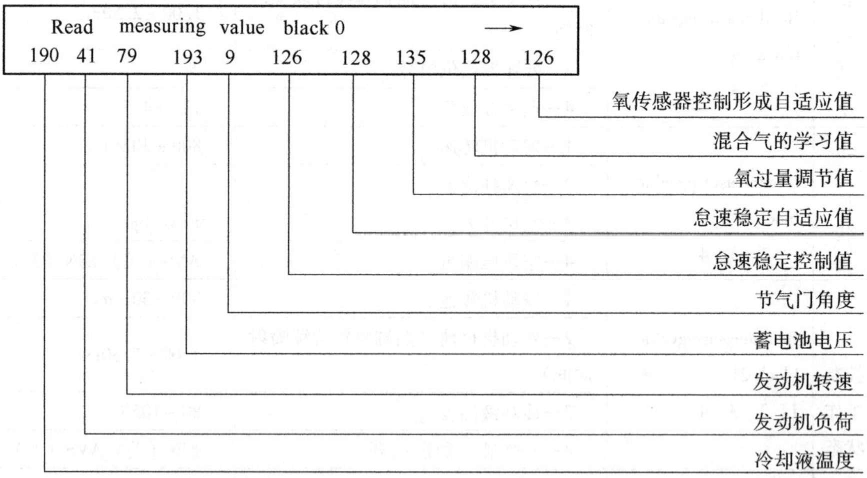

① 冷却液温度。正常值：170~204，相当于80~105℃，两者对应关系如下：

显示值	170	177	184	191	197	204
相当于冷却液温度/℃	80	85	90	95	100	105

② 发动机负荷。正常值：20~50，相当于1~2.5ms，两者对应关系如下：

显示值	10	20	30	40	50	60	70
相当于发动机负荷/ms	0.5	1.0	1.5	2.0	2.5	3.0	3.5

【课堂互动】

③ 发动机转速。正常值：70～90，相当于700～900r/min，两者对应关系如下：

显　示　值	60	65	70	75	80	85	90	95	100
相当于发动机转速/(r/min)	600	650	700	750	800	850	900	950	1000

④ 蓄电池电压。正常值：146～212，相当于10～14.5V，两者对应关系如下：

显　示　值	146	153	160	175	182	190	197	204	212
相当于蓄电池电压/V	10.0	10.5	11.0	12.0	12.5	13.0	13.5	14.0	14.5

⑤ 节气门角度。正常值：0～12，相当于0～5°，两者的对应关系如下：

显　示　值	0	2	5	7	10	12
相当于节气门角度（°）	0	1	2	3	4	5

⑥ 怠速稳定控制值。正常值：118～138，相当于－2.5～＋2.5kg/h，两者的对应关系如下：

显　示　值	118	122	126	130	134	138
相当于怠速稳定控制值/(kg/h)	－2.5	－1.5	－0.5	0.5	1.5	2.5

⑦ 怠速稳定自适应值。正常值：112～144，相当于－4.0～＋4.0kg/h，两者的对应关系如下：

显　示　值	112	120	124	128	136	140	144
相当于怠速稳定自适应值/(kg/h)	－4.0	－2.0	－1.0	0	2.0	3.0	4.0

⑧ 氧过量调节值。正常值：78～178，相当于－10～＋10%，两者的对应关系如下：

显　示　值	78	88	98	108	128	138	168	178
相当于氧过量调节值（%）	－10	－8	－6	－4	0	2	8	10

⑨ 混合气的学习值。正常值：115～141，相当于－0.64～＋0.64ms，两者的对应关系如下：

【课堂互动】

起动AJR发动机，使用KT600进入08功能，进入00子目录，分析实际数值与表中数值的对应关系。

显 示 值	115	118	121	128	131	137	141
相当于混合气的学习值/ms	-0.64	-0.48	-0.32	0	0.16	0.48	0.64

⑩ 氧传感器控制形成自适应值。正常值：118～138，相当于-8%～+8%，两者的对应关系如下：

显 示 值	118	120	125	128	133	135	138
相当于自适应值（%）	-8	-6	-2	0	4	6	8

2）显示界面“01”组数据流。

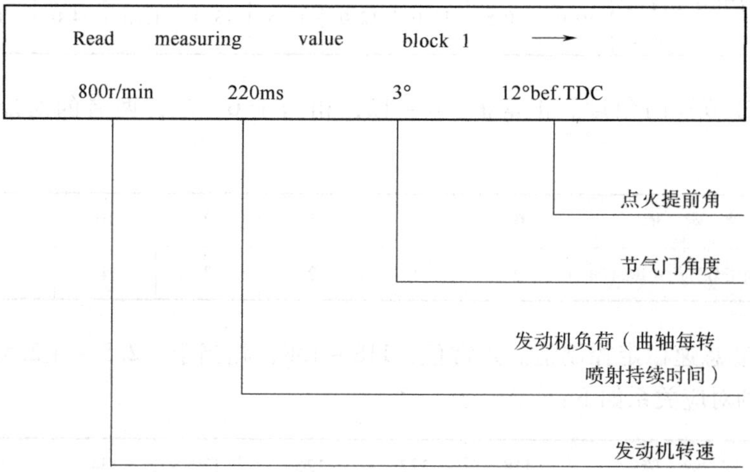

〈发动机转速〉

① 发动机转速显示机理。发动机转速传感器G28将发动机的转速信号输至电子控制单元（J220），然后通过数据线将转速信号传输到故障诊断仪，以数字的形式显示出来。

② 正常数值。正常工况时，0～6800r/min；怠速时，800±30r/min。

③ 非正常数值分析见表1-13。

表1-13 非正常数值分析

参数	非正常数值	故障原因	故障排除
发动机转速	小于770r/min	发动机有额外负荷	消除负荷（空调装置或动力转向）
		节气门控制单元卡死或损坏	检查节气门控制单元
	大于830r/min	怠速开关（F80）没有关上或损坏	查询故障存储
		有垫圈漏气（可能是没有怠速稳定平衡）	消除漏气
		节气门控制单元卡死或损坏	检查节气门控制单元
		空调控制没有关闭	关闭空调

④ 相关元件。相关元件为发动机转速传感器 G28。

【课堂互动】

⑤ 发动机转速传感器的电路图，如图 1-56 所示。

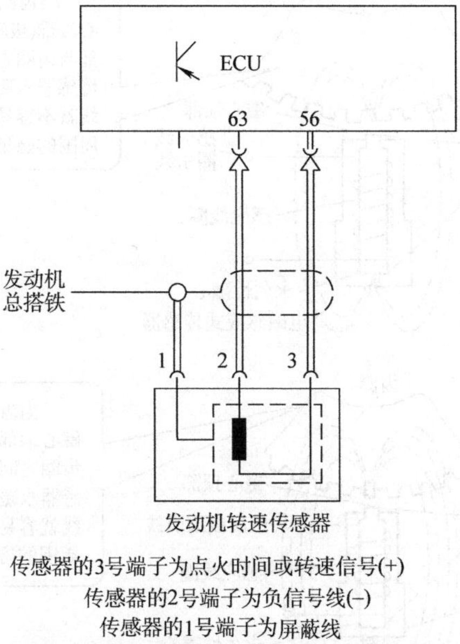

图 1-56　发动机转速传感器的电路图

⑥ 发动机转速传感器的构造如图 1-57 所示。

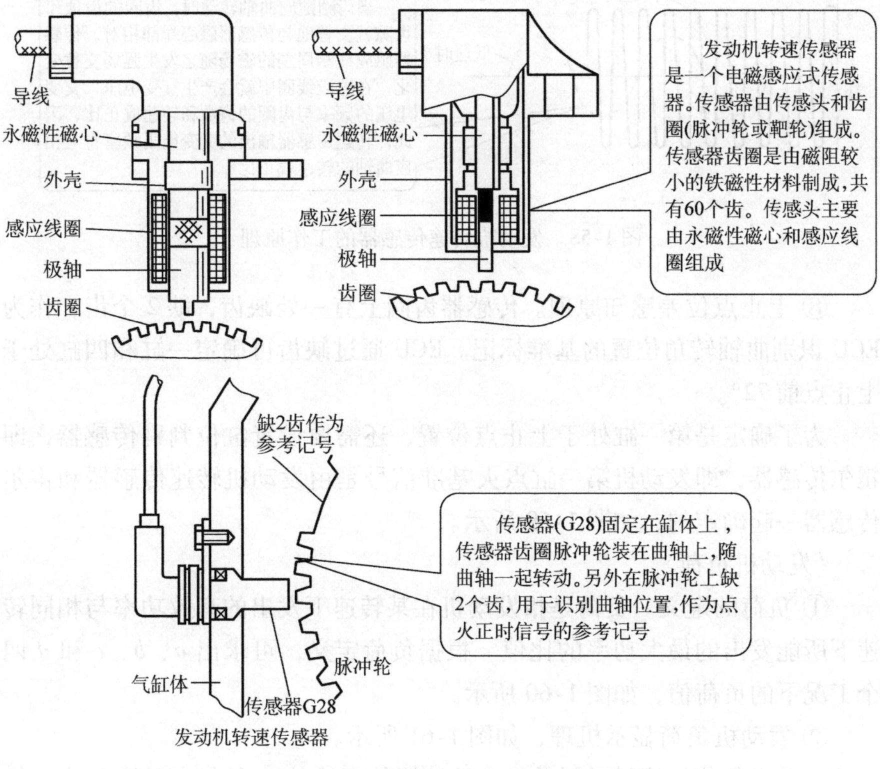

图 1-57　发动机转速传感器的构造

【课堂互动】

起动AJR发动机，使用KT600进入08功能，进入01子目录，分析实际转速数值的状态是否属于正常范围内，并分析原因。

⑦ 发动机转速传感器的工作原理如图1-58所示。

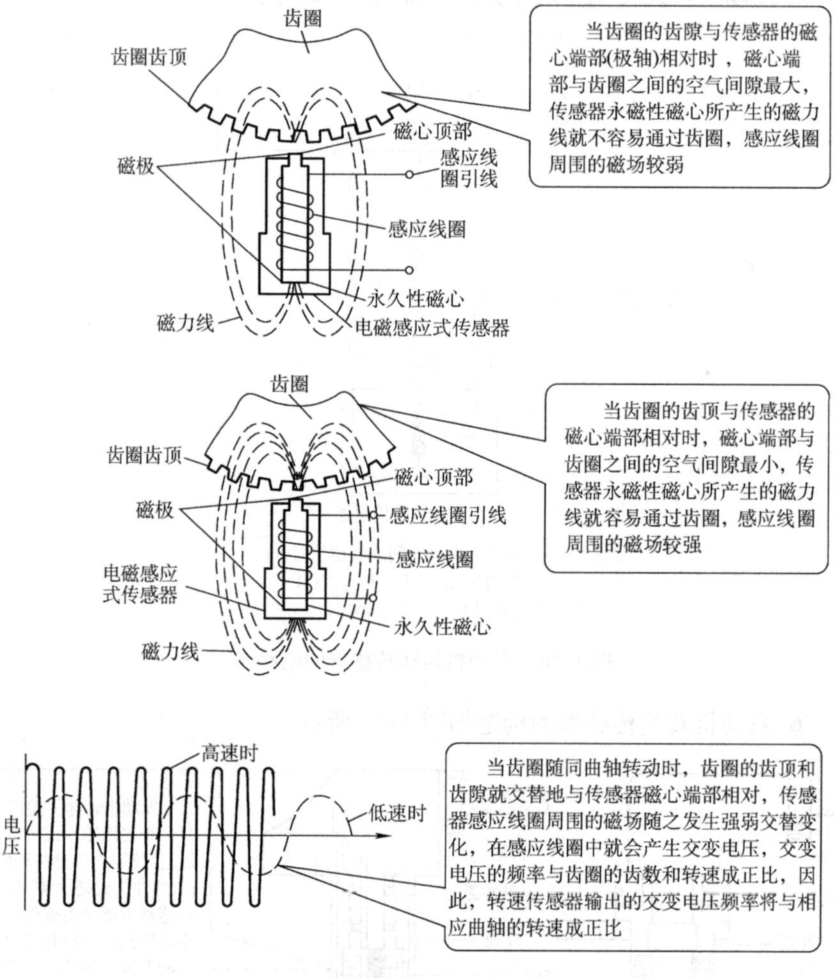

图1-58 发动机转速传感器的工作原理

⑧ 上止点位差感知原理。传感器齿圈上有一处缺齿，缺2个齿，作为ECU识别曲轴转角位置的基准标记。ECU通过缺齿可确定一缸和四缸处于上止点前72°。

为了确定是第一缸处于上止点位置，还需要设置缸位判别传感器，即霍尔传感器，即发动机第一缸点火基准信号是由发动机转速传感器和霍尔传感器一起确定的，如图1-59所示。

〈发动机负荷〉

① 负荷的定义。负荷是指发动机在某转速下发出的有效功率与相同转速下所能发出的最大功率的比值。根据负荷定义，可求出a、b、c和d四个工况下的负荷值，如图1-60所示。

② 发动机负荷显示机理，如图1-61所示。

发动机负荷的喷射时间是一个纯计算的理论值。在怠速下的发动机负

【课堂互动】

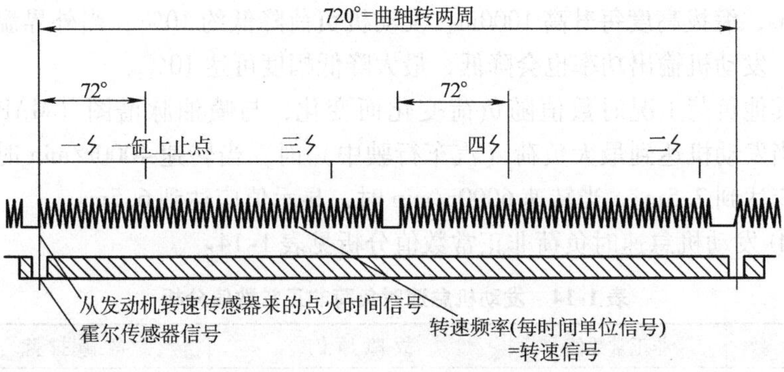

图1-59　上止点位差感知原理图

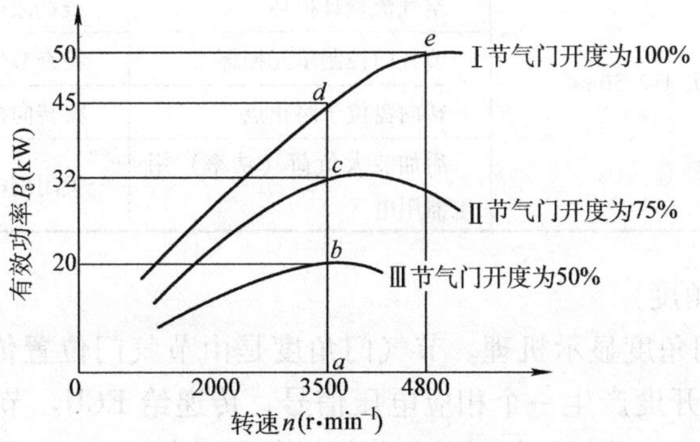

图1-60　负荷特性图

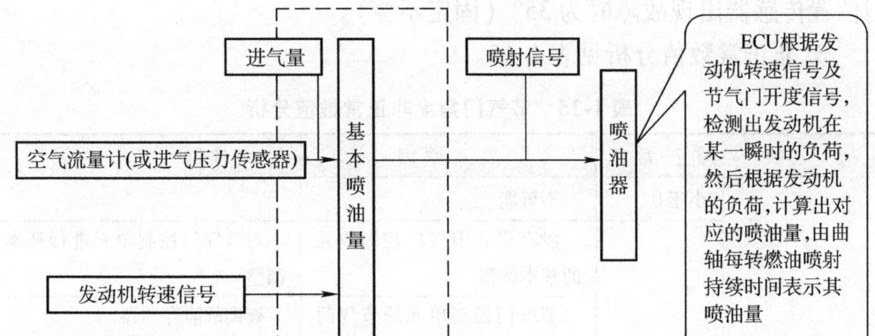

图1-61　负荷显示机理图

荷可以理解为发动机为克服自身摩擦力和附件驱动装置所需的功率。发动机负荷的喷射时间是基本喷油量，仅与发动机曲轴转速和负荷有关，不包括喷油修正量。

③ 正常数值。怠速时，即负荷为零时的正常显示范围为 1.00 ~

【课堂互动】

起动 AJR 发动机，使用 KT600 进入 08 功能，进入 01 子目录，分析实际负荷数值的状态是否属于正常范围内，并分析原因。

2. 50ms，海拔高度每升高 1000m，发动机负荷降低约 10%；当外界温度很高时，发动机输出功率也会降低，最大降低幅度可达 10%。

其他负荷工况时数值随负荷变化而变化，与喷油脉谱图（MAP）对应，当发动机达到最大负荷（汽车行驶中）时，当转速 4000r/min 时，显示值应达到 7. 5ms；当转速 6000r/min 时，显示值应达到 6. 5ms。

④ 发动机怠速时负荷非正常数值分析见表 1-14。

表 1-14 发动机怠速时负荷非正常数值分析

参 数	非正常数值	故 障 原 因	故 障 排 除
发动机负荷	小于 1. 00ms	较小的值仅在超速切断工况时出现	
	大于 2. 50ms	空气流量计损坏	查询故障存储器
		节气门控制单元损坏	检查节气门控制单元
		转向盘位于终止点	将转向盘调到中间位置
		后加装大负荷（功率）用电器用电	关闭用电器

〈节气门角度〉

① 节气门角度显示机理。节气门角度是由节气门位置传感器（TPS）根据节气门的开度产生一个相应电压信号，传递给 ECU。节气门关闭时，节气门角度较小；节气门打开时，节气门角度增大。

② 正常数值。怠速时为 0 ~5°；加速踏板踩到底时为 80° ~90°；节气门位置传感器出现故障时为 35°（固定不变）。

③ 非正常数值分析见表 1-15。

表 1-15 节气门角度非正常数值分析

参 数	非 正 常 值	故 障 原 因	故 障 排 除
节气门角度	小于 0°	不可能	
	大于 5°	没有进行节气门控制单元的基本调整	对节气门控制单元进行基本调整
		节气门控制单元的节气门电位计损坏或调节不正确	查询故障存储器 检查节气门控制单元
		节气门接线	调节节气门拉索 进行燃油供给系统零件拆卸和安装；节气门操纵机构维修保养
		节气门悬挂	消除故障

④ 主要相关元件：节气门位置传感器、怠速节气门位置传感器。

⑤ 节气门位置传感器的作用：节气门位置传感器提供给 ECU 有关节气门位置的电压信号，通过 TPS，计算机可以知道节气门打开的大小，是否开启或关闭的速率。ECU 根据节气门开度信号在汽车加速时和满负荷时

供给必要的较小的空燃比。计算机还用 TPS 信号控制其他输出。节气门位置传感器的信号同时作为空气流量传感器和怠速开关的替代功能信号。

【课堂互动】

安装位置如图 1-62 所示。

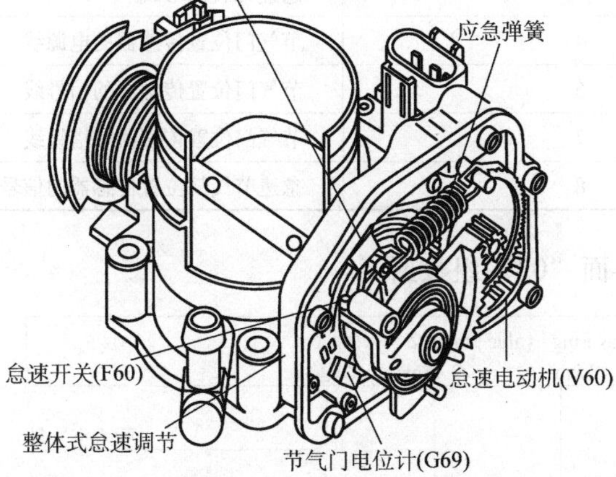

图 1-62 节气门安装位置图

节气门电位计构造，如图 1-63 所示。

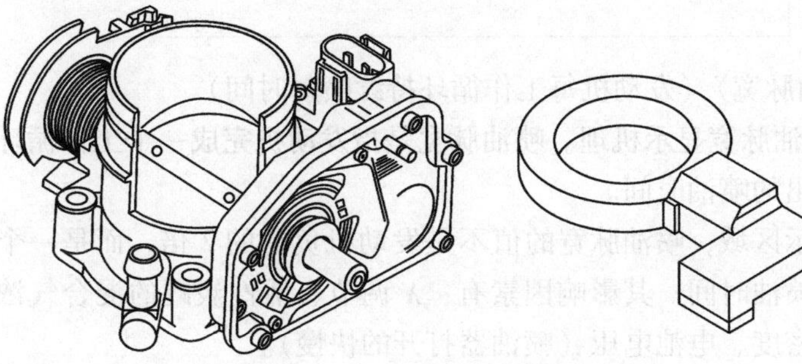

图 1-63 节气门电位计构造

节气门电位计电路图，如图 1-64 所示。

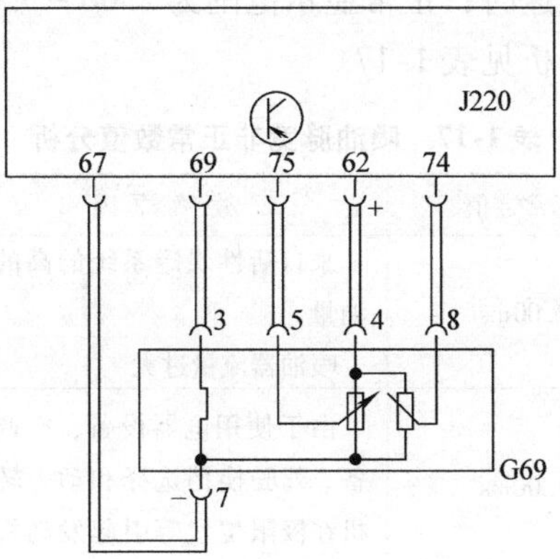

图 1-64 节气门电位计电路图

【课堂互动】

起动AJR发动机，使用KT600进入08功能，进入01子目录，分析实际节气门开度数值的状态是否属于正常范围内，并分析原因。

节气门电位计8针插头各端子的含义见表1-16。

表1-16 节气门电位计8针插头各端子的含义

8针插头的端子号	含　义
3	怠速开关信号线
4	节气门位置传感器的电源线
5	节气门位置传感器的信号线
7	节气门位置传感器的搭铁线
8	怠速节气门位置传感器的信号线

3）显示界面“02”组数据流。

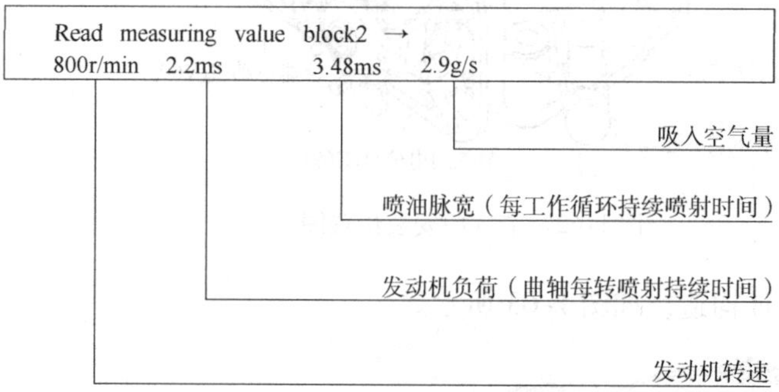

〈喷油脉宽〉（发动机每工作循环持续喷射时间）。

① 喷油脉宽显示机理。喷油脉宽是指发动机完成一个工作循环即曲轴转2圈得出的喷油时间。

在显示区域，喷油脉宽的值不是发动机负荷的2倍，而是一个经修正过的实际喷油时间。其影响因素有：λ调节、活性炭罐的混合气浓度、空气温度与密度、电池电压（喷油器打开的快慢）。

如果发动机吸入未被测量的空气，则在显示区域2中发动机负荷的计算值会变化，每个工作循环的实际喷油时间将通过调节保持在允许值上。

② 正常范围。怠速时，正常显示范围为2.00~5.00ms。

③ 非正常数值分析见表1-17。

起动AJR发动机，使用KT600进入08功能，进入01子目录，分析实际转速数值和负荷数值的状态是否属于正常范围内，并分析原因。

表1-17 喷油脉宽非正常数值分析

参　数	非正常数值	故障原因	故障分析
喷油脉宽	小于2.00ms	来自活性炭罐系统的高的喷油量 喷油器流量过大	检查活性炭罐的电磁阀 检查喷油速率
	大于5.00ms	由于使用电器设备、空调设备、驾驶换挡选择和动力转向机在极限位置等引起发动机负荷较大	排除负荷较大的原因（空调、动力转向等）

④ 实际喷油量计算机理。实际喷油量的构成为：

实际喷油量＝基本喷油量＋修正喷油量＋喷油增量

各部分喷油量的控制方法见表1-18。

表1-18 喷油量的控制方法

喷油量类型	控制方法
基本喷油量	基本喷油量是根据发动机每个工作循环的进气量，按理论混合比（空燃比14.7:1）计算出的喷油量
喷油量修正	修正量是根据进气温度/大气压力等实际运转情况，对基本喷油量进行适当修正，以便发动机在不同运转条件下都能获得最佳浓度的混合气
喷油增量	增量是在一些特殊工况下（如暖加速等），为加浓混合气而增加的喷油量。加浓的目的是为了使发动机获得良好的使用性能（如动力性、加速性、平顺性等）

4）显示界面“03”组数据流。

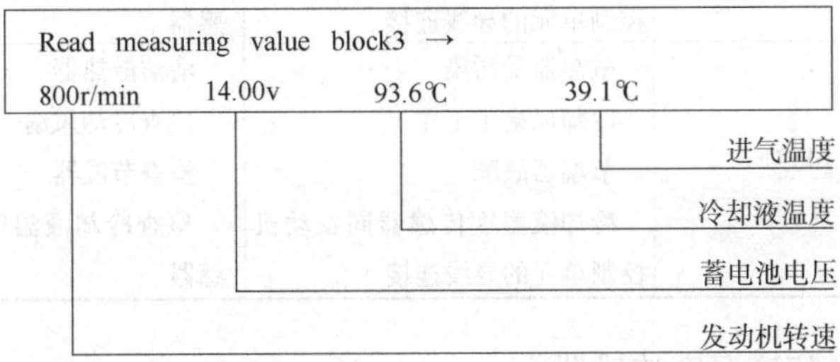

〈蓄电池电压〉

① 蓄电池电压显示机理。发动机控制系统中没有专门的传感器来测量蓄电池电压，而是ECU根据某些电源提供电路中的参数计算出蓄电池电压。

蓄电池电压参数是ECU自检的重要内容，如果电池电压过低或过高，ECU都将改变运行模式或变更某些功能。例如，蓄电池电压低于最小规定值，ECU将提高怠速以便加大充电量，这将影响怠速控制、燃油计量和点火时间的参数读值。

② 正常数值。正常显示范围为10.00～14.50V。

③ 非正常数值分析见表1-19。

表1-19 蓄电池电压非正常数值分析

参数	非正常数值	故障原因	故障排除
蓄电池电压	小于10.00V	发动机故障，蓄电池耗电太严重 发动机起动后不久，由于大电流或用电设备负载太大 发动机控制单元的电流供给和地线接触不良 点火关闭时漏电	检查电压，充电 提高转速几分钟，并关闭用电设备 检查发动机控制单元的电压供应 排除漏电

【课堂互动】

起动AJR发动机，使用KT600进入08功能，进入01子目录，分析实际喷油脉宽数值的状态是否属于正常范围内，并分析原因。

【课堂互动】

起动AJR发动机，使用KT600进入08功能，进入01子目录，分析实际蓄电池电压数值的状态是否属于正常范围，并分析原因。

（续）

参　数	非正常数值	故障原因	故障排除
蓄电池电压	大于14.50V	发动机上的电压调节器故障 由于突然起动或快充电设备而产生过电压	检查电压，有必要时更换调节器 查询故障码

〈冷却液温度〉

① 正常数值。正常显示范围为80～105℃。

② 非正常数值分析见表1-20。

表1-20　冷却液温度非正常数值分析

参　数	非正常数值	故障原因	故障排除
冷却液温度	小于80℃	发动机太冷 冷却液温度传感器同发动机控制单元的导线连接	如需要可进行暖车 检查冷却液温度传感器
	大于105℃	散热器受污染 冷却风扇不工作 节温器故障 冷却液温度传感器同发动机控制单元的导线连接	清洁散热器 检查冷却风扇 检查节温器 检查冷却液温度传感器

③ 相关零件。冷却液温度传感器。

④ 发动机冷却液温度传感器的外观如图1-65所示。

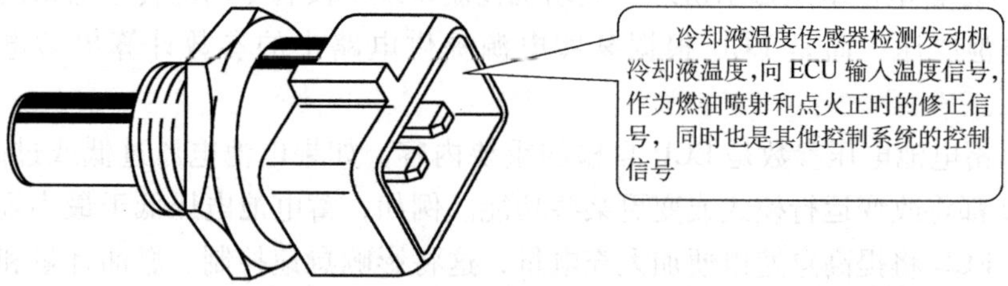

图1-65　冷却液温度传感器外观

⑤ 安装位置。冷却液温度传感器的安装位置如图1-66所示。

⑥ 冷却液温度传感器的构造与工作原理。冷却液温度传感器构造与工作原理如图1-67所示。

⑦ 电路图。冷却液温度传感器的电路图如图1-68所示。

冷却液温度传感器4芯插头的含义见表1-21。

表1-21　冷却液温度传感器4芯插头的含义

含　义	线束颜色	含　义
1	棕/蓝	冷却液温度传感器电源信号
2	棕/白	冷却液温度表传感器搭铁

（续）　　【课堂互动】

含　义	线束颜色	含　义
3	蓝	冷却液温度传感器搭铁
4	紫	到冷却液温度表

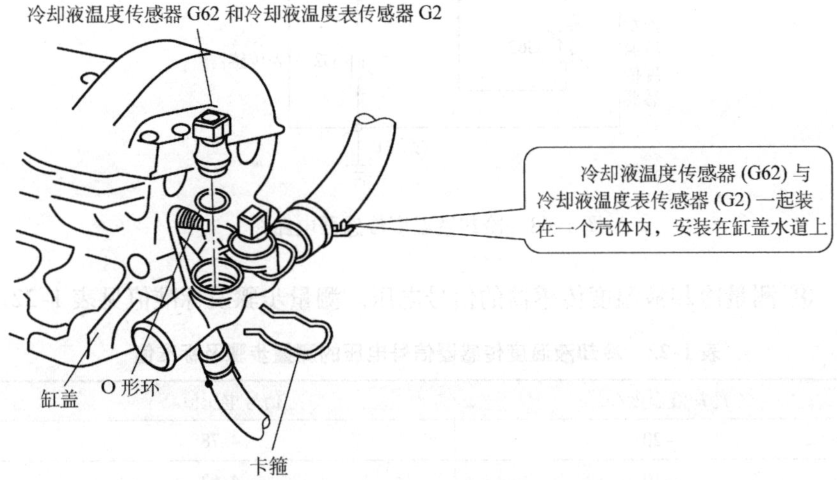

图 1-66　冷却液温度传感器的安装位置

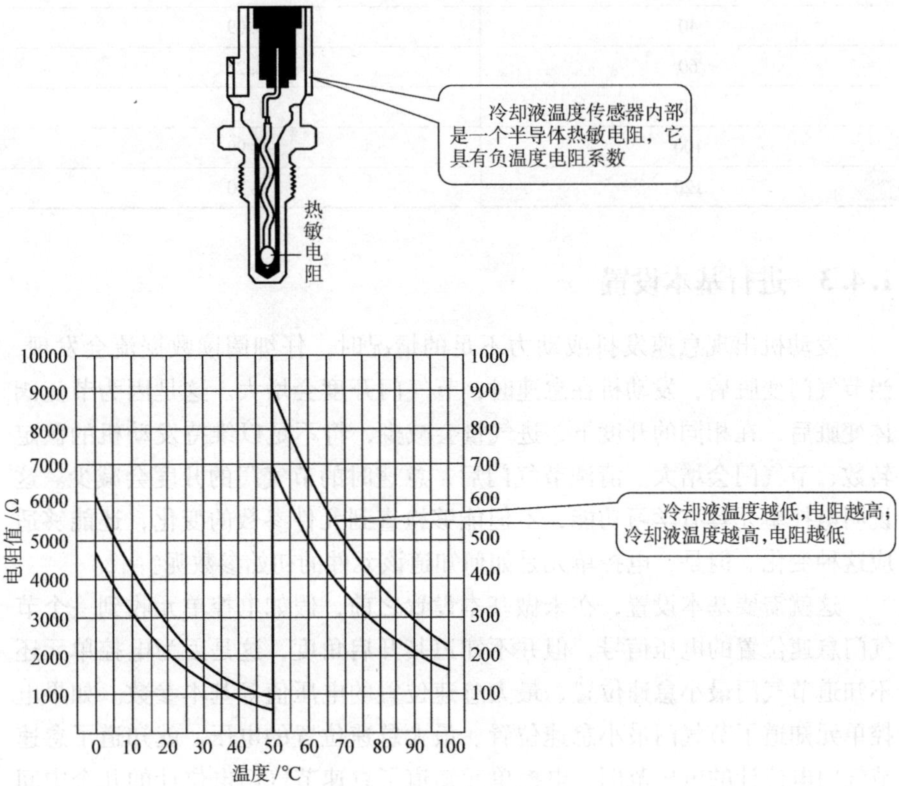

图 1-67　冷却液温度传感器构造与工作原理

【课堂互动】

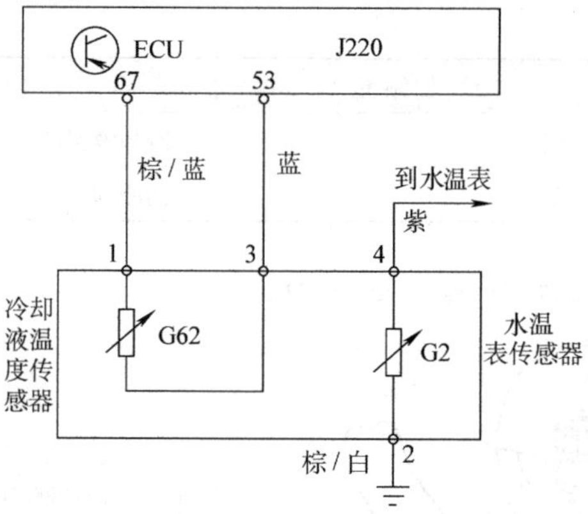

图1-68 冷却液温度传感器电路图

⑧ 测量冷却液温度传感器的信号电压。测量步骤及标准值见表1-22。

起动AJR发动机，使用KT600进入08功能，进入01子目录，分析实际冷却液温度数值的状态是否属于正常范围内，并分析原因。

表1-22 冷却液温度传感器信号电压的测量步骤及标准值

冷却液温度/℃	信号电压值/V
-20	4.78
-10	4.62
0	4.45
20	3.78
40	3.09
60	2.25
80	1.56
100	0.99
120	0.70

1.4.3 进行基本设置

发动机出现怠速发抖或动力不足的情况时，仔细阅读数据流会发现，当节气门变脏后，发动机在怠速时，节气门开度会增大。这是因为节流阀体变脏后，在相同的开度下，进气量会减少，将不足以维持发动机的额定转数，节气门会增大。清洗节气门后，怠速时的节气门的开度会减少。这说明电控单元具有学习功能，不但能够检查到元件参数的变化，还能够适应这种变化。但是，电控单元是如何知道该元件的初始参数呢？

这就需要基本设置，在未做基本设置之前，假如电控单元收到一个节气门怠速位置的电压信号，但并不知道其开启角度，这是因为电控单元还不知道节气门最小怠速位置、最大怠速位置的电压值等基本参数。如果电控单元知道了节气门最小怠速位置、最大怠速位置的电压，就知道了怠速节气门电位计的电压范围，电控单元知道了怠速节气门电位计的几个中间位置的电压值就知道了怠速节气门电位计的特性。这样，当电控单元收到任一位置的信号电压时，就能判断出节气门的开度。基本设置就是让电控单元了解节流阀体的基本特性基本参数，这样，才会在以后的运行过程中自动地调整它与节气门的动作（更换的发动机控制单元需要与节气门及防盗器控制单元进行匹配）。

【课堂互动】

【技能训练】

1. 节气门基本设定

对于新装的或已经维修的发动机电控系统，在使用之前必须进行基本设置，以完成ECU对于节气门控制组件的匹配，使发动机的基本怠速达到标准值。基本设置的步骤如下。

1）用如前所述的方法连接KT600故障诊断仪。

2）起动发动机怠速运转，使冷却液温度高于80℃，关闭风扇、空调等用电设备。检查ECU无故障存储。

3）操作KT600综合智能诊断仪，使之进入“基本设置”功能，并确认。

4）根据屏幕提示，输入要设置的组号，比如“01”，然后确认。

5）完成基本设置后打开点火开关，但发动机不运转，输入显示组号“098”并确认，以完成节气门控制组件与电控单元ECU的匹配。

使用KT600综合智能诊断仪进行操作。

项目：使用KT600综合智能诊断仪对节气门进行基本设定。

使用仪器：KT600综合智能诊断仪、AJR发动机。

2. 防盗器系统的匹配

发动机ECU在修理中更换，则必须重新与防盗器系统ECU进行匹配，匹配程序如下。

1）必须使用一把原车合法钥匙。

2）连接仪器，打开点火开关，输入“25”防盗器地址编码，并确认。

3）按“→”键，选择功能，输入“10”防盗器匹配功能，并确认。

4）此时输入“00”频道号并确认。

5）按“→”键完成匹配程序，仪器返回待机状态。由于点火开关是在ON状态，发动机新匹配的ECU随机代码就被防盗器系统ECU读入并存储，原发动机ECU的代码则被一起清除。

6）由于拆下原配发动机ECU是在断电情况下操作的，新ECU匹配后，还要使用车辆系统检测“01”地址的“04”基本数据设定功能进行一次基本设定。

使用KT600对AJR发动机防盗器进行匹配。

3. 汽车钥匙的匹配

汽车新配钥匙或更换防盗器系统ECU，都必须用仪器进行一次钥匙的匹配。

此功能可以将以前所有合法钥匙的代码清除，重编新的合法代码。如果用户遗失一把合法的钥匙，只要将其他钥匙重新进行一次匹配钥匙程序，那么丢失的钥匙就变为非法钥匙，不能起动发动机。匹配钥匙数量最多不能超过8把。匹配汽车钥匙程序如下。

【课堂互动】

1）知道原车密码。如果丢失，可用仪器先查出14位编码，向大众公司服务热线求得。

2）连接KT600，打开点火开关，输入“25”防盗系统地址编码，并确认。按“→”键选择输入密码功能。输入“11”，然后确认，屏幕显示如下：

输入密码
输入密码号 ×××××

将密码号在4位数字前加“0”，如密码为“1234”，输入方法为“01234”。然后确认，如输入正确，则可回到功能菜单去进行下一步“匹配”功能。屏幕显示如下：

功能不清或
此刻不能执行

出现以上画面则表明密码号输入错误，必须重新输入正确的密码。如果连续两次输入错误，必须输入“06”退出防盗器系统自诊断程序，在点火开关接通的情况下等待30min以后再进行。

3）匹配钥匙。输入“10”匹配功能并确认，屏幕显示：

匹配
输入频道号 ××

输入“21”频道号，然后确认，屏幕显示：

频道21 匹配2
< —1　—3 >

汽车钥匙数量可根据需要输入0～8数字，上面屏幕中的2，表示已有2把合法的钥匙储存。此时键入“1”则表示要减少1把钥匙，键入“3”则表示要增加1把钥匙。直到屏幕右上角的数字符号达到需要的数字为止。（注意：如果输入“0”表示全部钥匙都变为非法，将不能起动发动机！）

按“→”键，屏幕显示：

频道21 匹配5
输入匹配钥匙数×××××

如需要匹配5把钥匙，则输入“00005”，并确认。

继续按“OK”键确认，直到屏幕显示：

【课堂互动】

频道21 匹配5 → 改变的钥匙已存储

按“→”键，回到待机状态，输入“06”结束输出功能，最后确认。

此时在汽车点火开关上的这把钥匙匹配完毕。

4）关闭点火开关，然后换另一把钥匙插入，打开点火开关至少1s后，重复上述动作，把所有的钥匙都匹配完毕。

操作提示：匹配钥匙的操作过程应在30s内完成，并必须打开点火开关，否则无效。

若操作过程中发现错误，如将已配好的钥匙再次进行匹配，则防盗警告灯以快速闪亮（每秒2次）报警，读出过程自动中断。如果要匹配的钥匙中转发器是坏的，或钥匙没有转发器，匹配将不能完成。

使用KT600对桑塔纳2000的汽车钥匙进行匹配。

每次匹配钥匙的操作过程顺利完成后，防盗警告灯点亮2s，然后熄灭0.5s，再亮0.5s后熄灭表示过程完成。

对匹配好的钥匙都必须试用一下，或进入“02”故障查询功能检查一下以确认最终完成匹配。

4. 发动机控制单元匹配编码

发动机电子控制单元ECU中设定有故障存储器，如果控制单元编码没有显示或者更换了控制单元之后，都必须用专用仪器对控制单元进行编码，即重新输入原来计算机内的编码，否则计算机无法正常工作。使用专用仪器KT600对发动机控制单元进行编码。

1）打开诊断插口的盖板，将KT600电缆线连接到车身上诊断插座上。屏幕显示：

车辆系统检测 帮助 输入地址码 ××

2）打开点火开关，或者发动机怠速运转。输入“发动机电子系统”地址码01，然后确认。屏幕显示（下面显示的是时代超人发动机的控制单元编码）：

330 907 404 1.8L R4/2V MOTR HS D01 → 编码 08001 WSC ×××××

3）按“→”键，屏幕显示：

车辆系统检测 帮助 选择功能 ××

【课堂互动】
使用 KT600 对 AJR 发动机控制单元进行编码。

4）输入 07“控制单元编码”功能，然后确认。屏幕显示：

控制单元编码	Q
输入编码号码 ×××××（0-32000）	

5）输入对应车辆的电子控制单元编码号码，并确认。控制单元的识别内容将显示在故障诊断仪的屏幕上。

6）关闭点火开关，然后再打开。当点火开关再次打开，新输入的控制单元编码将起作用。按“→”键，屏幕显示：

车辆系统检测	帮助
选择功能 ××	

7）输入 06“结束输出”，最后确认。

5. 遥控器的设定

使用 KT600 对桑塔纳 2000 的钥匙遥控器进行设定。

在新匹配遥控器时，必须将新遥控器和原配的遥控器一起与接收器进行初始化。如果用户丢失了一个遥控器后，暂时配不到新遥控器，应将原配的遥控器重新初始化，使丢失的遥控器失效。

初始化的设定方法步骤如下：

1）将点火开关关闭（OFF）。

2）关闭所有车门。

3）将中央接线盒旁由接收器线束插头 22 号脚引出的一根蓝色的带插片的线束接地。

4）打开点火开关，再关闭点火开关。

5）遥控器接收器进入 69s 编程模式。

6）如果门锁原来为闭锁状态，那么所有门会以开锁表示遥控器接收器进入编程模式。

7）在 10s 内按遥控器任一按钮 2 次，2 次的时间间隔为 2s 左右。

8）编程完成后，门锁会以闭锁和开锁各一次来确认。

9）对于第二个遥控器发射器重复步骤 8）、9）。

10）将线束复原，初始化结束。

6. 自动变速器维修后的基本设定

进行下列修理后，应进行基本设定：更换发动机、更换发动机控制单元、更换/改变节气门、调整节气门、更换节气门电位计、改变节气门电位计的位置、更换自动变速器的控制单元。

1）连接故障诊断仪 KT600，输入地址码 02“自动变速器电子系统”，屏幕显示：

快速数据传输	帮助
选择功能 ××	→

2）按数字键“0”和“4”，进行基本设定。此时加速踏板应当保持在怠速位置，屏幕显示：

快速数据传输	Q
04-基本设定	→

3）按键确认，屏幕显示：

基本设定	帮助
输入显示组号码 ×××	→

4）按数字键“00”和“0”，并确认，屏幕显示：

系统基本设定	Q
	→

5）将加速踏板踩到底，使得换挡开关动作并且保持在该位置上3s。此时系统进行基本设定，按“→”键，KT600将退回到起始状态。

【课堂互动】

使用KT600对桑塔纳2000（自动挡）的自动变速器进行设定。

【习题1.4】

1. 为什么需要读取故障码，它对维修车辆有什么帮助？
2. 简述桑塔纳2000GSI轿车AJR发动机电子控制系统的特点。
3. 简述桑塔纳2000GSI轿车AJR发动机电子控制系统的组成。
4. 请写出桑塔纳2000GSI轿车AJR发动机电子控制系统里所有传感器的名称以及代码。
5. 请画出发动机转速传感器的电路简图。
6. 请使用万用表测量冷却液温度传感器的电压值，分别在10℃、15℃、25℃、30℃、35℃、45℃等几个温度进行测量，并记录数据，填写表1-23，然后画出曲线图。

表1-23　信号电压值记录表

冷却液温度/℃	信号电压值/V	冷却液温度/℃	信号电压值/V
10		30	
15		35	
25		45	

7. 使用KT600综合智能诊断仪对发动机进行故障诊断，并对比01、02、07等几组数据流的数值。
8. 简述节气门基本设定的过程及注意事项。

【课堂互动】

9. 简述发动机控制单元匹配编码的过程及注意事项。

10. 简述防盗器系统的匹配过程及注意事项。

11. 节气门为什么需要进行基本设置?

1.5 发动机综合分析仪

【本节目标】

本节的学习目标是使学生掌握汽车发动机综合分析仪和数字式万用表的各项功能以及使用范围和方法。

【基本理论知识】

1.5.1 发动机综合分析仪的功能

发动机综合参数测试仪也称发动机综合性能分析仪或发动机综合性能测试仪，它是一种技术含量较高、测试项目齐全的汽车维修检测诊断设备，可全面检测、分析、判断发动机在各种不同情况下的工作性能及技术状况。发动机综合参数测试仪的功能如下：

1）点火系统检测。可检测与分析点火提前角、触点闭合角、一次点火信号、二次高压和点火波形等。

①转速检测；②温度检测；③进气管真空度检测；④起动机与发电机检测；⑤废气检测；⑥动力平衡检测；⑦无负荷测功；⑧数字万用表功能；⑨示波器功能。

2）柴油机检测。

①喷油提前角检测；②喷油压力检测；③烟度检测；④转速检测；⑤起动机与发电机检测；⑥无负荷测功；⑦数字万用表功能；⑧示波器功能。

3）电控发动机检测。

①转速检测；②温度检测；③空气流量检测；④进气管真空度检测；⑤节气门位置检测；⑥爆燃信号检测；⑦氧传感器检测；⑧车速传感器检测；⑨喷油脉冲检测。

了解发动机综合分析仪的各项功能。

项目：了解发动机综合分析仪的各项功能。

使用仪器：发动机综合分析仪。

4）故障分析。

①信号分析与回放；②测试结果查询。

5）参数设定。

6）数字示波器显示波形、数值。

1.5.2 发动机综合分析仪的特点

（1）具有动态测试功能 分析仪的信号采集系统能迅速、准确地捕获

【课堂互动】

发动机运转中各瞬变参数随时间变化的函数曲线。这些动态参数是对发动机工作性能和技术状况进行准确判断的科学依据。

（2）具有普遍性和通用性　由于分析仪的测试和分析过程不依据被测发动机的数据卡，只针对发动机基本结构和工作原理的实际情况进行，因此测试结果具有良好的普遍性，检测方法具有广泛的通用性。

（3）具有主动性　分析仪不仅能适时采集发动机的动态参数，而且还能主动地发出某些指令干预发动机的工作，以完成某些特定的试验程序，如发动机断缸试验等。

1.5.3　FSA704 故障分析仪的主要功能

FSA704（图 1-69 和图 1-70）是在原发动机综合分析仪的基础上改进而成的，并根据汽车电子技术的发展水平和实际作业的要求添加了新的功能，其系统和检测软件建立在 Windows 平台上，便于使用，兼容性好。

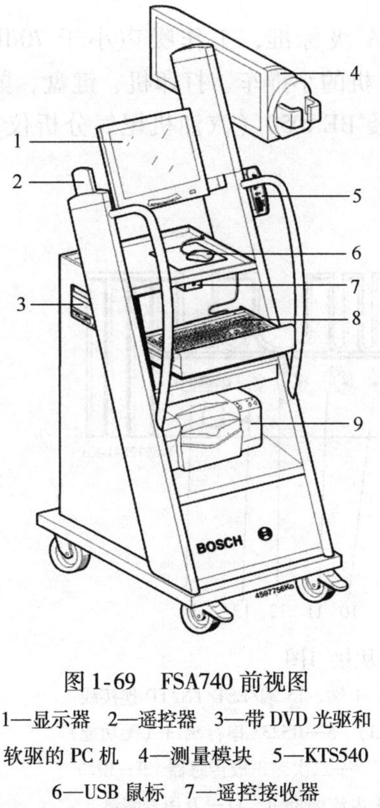

图 1-69　FSA740 前视图

1—显示器　2—遥控器　3—带 DVD 光驱和软驱的 PC 机　4—测量模块　5—KTS540　6—USB 鼠标　7—遥控接收器　8—键盘　9—打印机

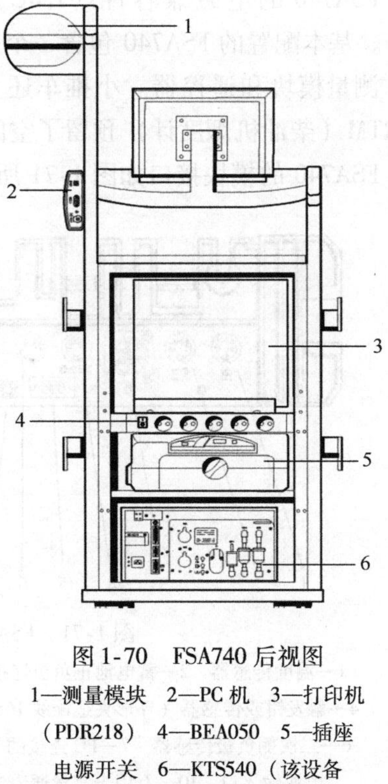

图 1-70　FSA740 后视图

1—测量模块　2—PC 机　3—打印机（PDR218）　4—BEA050　5—插座电源开关　6—KTS540（该设备有时会按特殊附件提供）

FSA704 可根据用户需要进行模块组合，以完成更多的检测项目，一般较完整的配置应包括下述几部分。

1）KTS5xx。这实际上是一个汽车故障诊断仪（解码器），用于与汽车

【课堂互动】

电子系统ECU的通信，并进行相关的故障诊断。

2）测量模块。这是一个独立的模块，通过USB接口与主机连接，其上预装各种检测适配插头的插口，可连接不同的检测传感器，并包含可存储的双通道电子示波器和数字万用表，可测量一次、二次点火系统的点火波形和汽车上传感器、执行器及其他电气设备的信号和计算机指令信号。

3）信号模拟。可根据汽车上传感器发出的信号类型，选择量值模拟输出，以替代原传感器的信号来判断故障。

4）气体尾气分析仪。可测量尾气中CO、HC、CO_2、O_2、NO_x五种气体的浓度，并通过尾气分析判断发动机燃烧方面的故障。

5）ESI【tronic】（电子信息服务系统）。这是一个电子版的配件和维修资料系统，包含维修引导、故障码说明和电路图等信息。

6）打印机。可用来打印故障单。

1.5.4 FSA740描述

FSA740的电磁兼容性（EMC）是A级标准，工作噪声小于70dB（A）。基本配置的FSA740包含一个带PC机的小推车、打印机、键盘、鼠标、测量模块和遥控器。小推车还为安装BEA050（汽油机尾气分析仪）和RTM（柴油机烟度计）预留了空间。

FSA740的模块接口如图1-71所示。

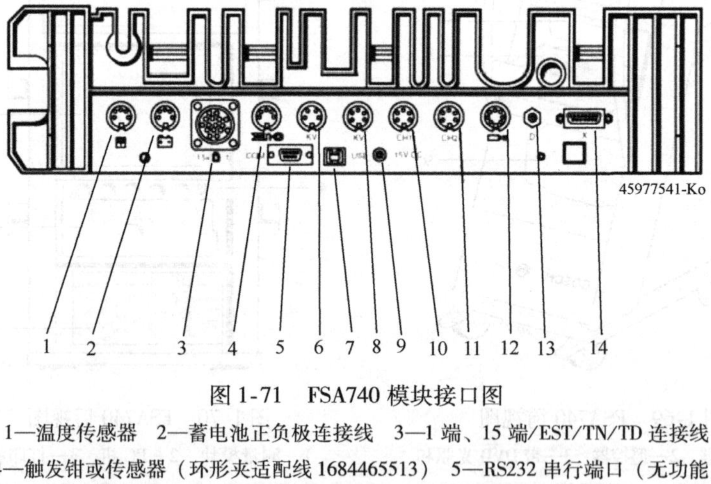

图1-71 FSA740模块接口图

1—温度传感器 2—蓄电池正负极连接线 3—1端、15端/EST/TN/TD连接线 4—触发钳或传感器（环形夹适配线1684465513） 5—RS232串行端口（无功能） 6—二次侧负极传感器 7—PC连接的USB口 8—二次侧正极传感器 9—模块电源输入口 10—万用表测量通道1或30A电流测量钳 11—万用表测量通道-2或30A电流测量钳/1000A电流测量钳 12—正时灯 13—空气压力测试口 14—无功能（功能扩展口）

注意：当用环形传感器测量发动机转速时，适配线1684465513必须连接在FSA740插槽和40传感器连接线上。

【课堂互动】

【技能训练】

1. FSA740 的操作方法

（1）打开/关闭 FSA740　可以利用 FSA740 后面开关主板的主开关来打开和关闭设备。

（2）诊断软件选项（DSA）　利用 DSA 可以完成以下功能。

1）启动博世应用菜单（最好的设备为自动启动）。

2）进行端口设置。

3）选择 DSA 和博世应用菜单语言。

4）安装应用软件。

5）升级用户和车辆的技术数据。

6）关闭博世应用菜单。

用 DSA 的“热线帮助”可以找到更多的相关信息。

（3）FSA 操作软件的起始屏幕　启动 FSA 操作软件，其初始界面如图 1-72所示。

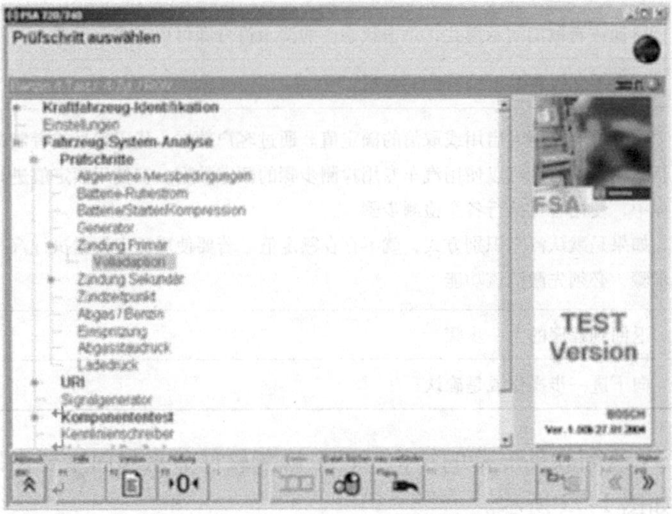

图 1-72　FSA 操作软件的初始界面

（4）设置 FSA 诊断软件的语言　在“设置”菜单项中，可以选择 FSA 诊断软件的使用语言。设置其使用语言后，博世的其他应用程序也一并被设置。

（5）FSA 诊断软件的操作

1）功能键介绍。可以通过以下任一方式对 FSA 诊断软件进行操作。

① 诊断程序的功能键；

② PC 键盘上的按键；

③ USB 接口鼠标；

④ 遥控器。其中，在 PC 键盘上，ESC、F1、F10、F11 和 F12 键为硬

【课堂互动】

键，具有固定的功能，即在诊断软件运行的过程中，其功能不变，见表1-24。F1～F9键为软键，其功能不是固定的，即当程序运行到不同的检测步骤时，其功能也会有所不同。无论是硬键还是软键，当它们在程序中变为灰色时，将不可用。

还可通过在线帮助获得更多的FSA诊断软件的操作信息。

表1-24 PC键盘按键及其功能

键盘按键	功　　能
[ESC]	关闭当前测量项目或检测程序
[F1]	显示当前操作步骤的在线帮助
[F2]	显示有关硬件和软件版本的信息
[F3]	校正零点： 1. 电阻：CH1的零点校正 2. 气压：测定参考压力。此时压力测量软管不得连接在汽车上。结束校正后，将在测量气压时显示与参考压力的差值
[F4]	用来设置转速源TD/TN信号脉冲数的菜单
[F5]	启动或者取消演示模式，单击状态栏的演示符号即可更改演示设置
[F6]	删除手工保存的不同检测的数据
[F7]	执行检测步骤时启用或取消的额定值。通过客户数据、代码编号或者制造商商标进行汽车识别时，可以使用汽车专用检测步骤的额定数据。在使用额定值进行检测的过程中，使用者可执行各个检测步骤 如果是默认汽车识别方式，就不存在额定值。若要使用额定数据执行汽车专用检测步骤，必须先激活该功能
[F11]	返回到程序的上一步骤
[F12]	向下进一步操作或是确认

2）FSA诊断软件屏幕的结构。FSA诊断软件显示界面主要由以下几部分组成，如图1-73所示。

① 程序名称显示工具条（如程序和检测步骤，检测步骤标题栏显示在所有程序中）；

② 操作说明信息框（含有供操作者使用的信息及说明的信息框。当“地球”标志转动时，表示FSA软件正在工作）；

③ 车辆和传感器信息状态栏（含有汽车、转速源和有关通过遥控器进行操作的信息的状态栏，在演示模式中显示演示符号）；

④ 测量项目显示区域（显示图形或者测量结果）；

⑤ 硬件和软件。

3）FSA诊断软件的一般操作说明。

① 上拉菜单。许多功能键在按下后，就会打开某个上拉菜单，如图

【课堂互动】

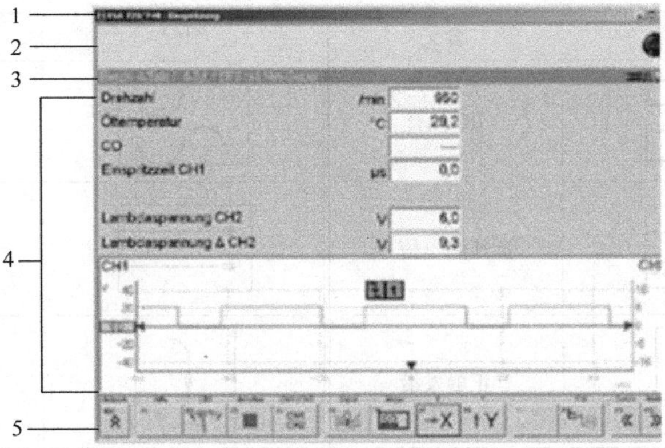

图 1-73　FSA 诊断软件的显示界面

1-74所示，可以按“回车键”确认上拉菜单中的所选设置（如图中所示的50V），也可以使用鼠标双击所选设置，进入下一步。在上拉菜单旁单击或再次按下功能键，关闭上拉菜单。

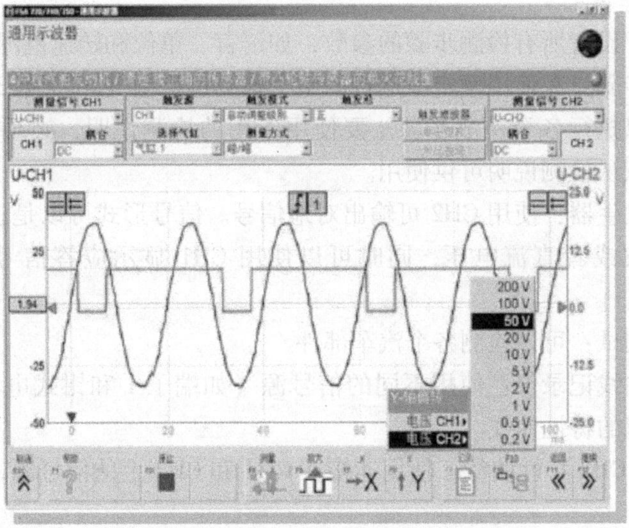

图 1-74　FSA740 操作界面上拉菜单

② 移动箭头和光标框。在许多菜单中可以移动箭头和光标框。按住左键，就可以上、下、左、右移动箭头或光标框。

③ 在光标之间测量。移动光标，使得信号的某个周期或者 n 个周期被选中，就可获得准确的测量值。

④ 脉冲持续时间和脉冲信号占空比 t/T。测量结果与触发的设置有关（正/负）。负触发沿的信号范围在触发电平下方，正触发沿的信号范围在触发电平上方。

⑤ 显示图标的含义。图标及其含义见表 1-25。

【课堂互动】

表 1-25 图标及其含义

图标	含义	图标	含义
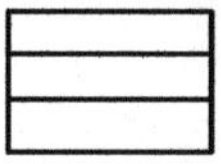	DC 耦合	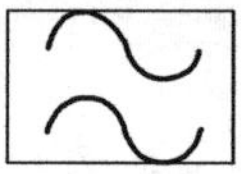	AC 耦合
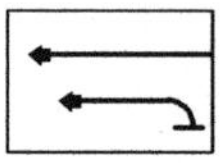	接地测量信号	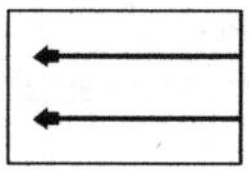	浮置测量信号
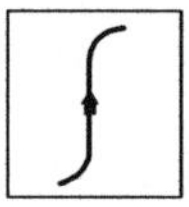	正触发沿	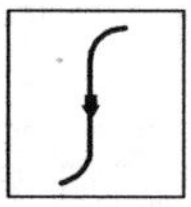	负触发沿
1	触发源（CH1）	2	触发源（CH2）

⑥ 不同检测步骤的功能。

汽车识别：可以通过客户数据、默认设置、制造商商标或代码编号来识别汽车。

设置：设置所有检测步骤的参数，如语言、单位和转速范围。

检测步骤：在使用额定值进行的整个检测过程中（2005 年 3 月以后），使用者可以执行各个检测步骤。要使用专用的检测说明，必须将其激活，否则仅有默认检测说明可供使用。

信号发生器：使用 CH2 可输出对地信号。信号形式可以是正弦波、方波、三角波或者直流电压，同时可以使用 CH1 显示应答信号的示波器波形。

部件测试：可以检测各个汽车部件。

特性曲线记录仪：使用不同的信号源（如端子 1 和钳式电流计），可以记录转速的特性曲线。

CH1、CH2 特性曲线：使用连接在 CH1 和 CH2 上的信号源，可以记录特性曲线。

通用示波器：用来采集信号的双通道示波器。

一次点火示波器：在这种类型的示波器中，能以行列和点阵方式显示一次绕组的点火过程（20～500V）。

二次点火示波器：在这种类型的示波器中，能以行列和点阵方式显示二次绕组的点火过程（5～50kV）。

4）转速标记。当检测发动机转速时，FSA 诊断软件会自动选择信号源，被选择的信号源会显示在屏幕的状态条上，如图 1-75 所示。

转速信号的采集遵循优先级原则，如果连接了多个转速感应器，应始终根据该优先级进行操作。

5）技术数据。发动机检测项目及检测数据见表 1-26。

【课堂互动】

图 1-75　信号源标记

表 1-26　发动机检测项目及检测数据

检测项目	测量范围	测量精度	传感器
转速测量	450～6000r/min	10r/min	蓄电池连接线 B/B
	100～12000r/min		触发钳
	250～7200r/min		二次传感器
	100～12000r/min		终极连线 130A 电流钳
			柴油石英夹传感器，1000A 电流钳（起动电流）
油温测量	-20～150℃	0.1℃	油温传感器
蓄电池电压	0～72.0V	0.1V	蓄电池连接线 B/B
一次 15 端电压	0～72.0V	0.1V	连接一次 15 端信号线
一次 1 端电压	0～20.0V	50mA	连接一次 1 端信号线
点火电压	±500V	1V	连接一次 1 端信号线（二次传感器）
燃烧电压	±500kV	100V	
燃烧时间	0～6ms	0.01ms	连接一次 1 端信号线（二次传感器）
通过起动电流进行各缸压力比较	0～200A	0.1A	连接一次 1 端信号线（二次传感器）
交流发电机测量	0～200%	0.1%	万用表通道 1
发电机电流	0～1000A	0.1A	1000A 电流钳
火花电流			
一次电流	0～30A	0.1A	30A 电流钳
闭合角	0～100%	0.1%	连接一次 1 端信号线
	0～360°	0.1°	
闭合时间	0～50ms	0.01ms	二次传感器
		0.1ms	30A 电流钳
正时灯测量点火	0～60°kW	0.1kW	触发钳
点火提前角			
传输起点	0～60°kW	0.1°kW	环状传感器
喷油起点			
喷油脉宽			
压力（空气）	-15～8GPa	10MPa	空气压力传感器
脉宽 t/T	0～100%	0.1%	万用表测量通道 1/2
喷油时间	0～25ms	0.01ms	
点火时间			

【课堂互动】 万用表检测项目及检测数据见表1-27。

表1-27 万用表检测项目及检测数据

检测项目	测量范围	测量精度	传感器
转速	取决于发动机转速		
蓄电池电压	0～72V	0.01V	蓄电池连接线B/B
15端电压	0～72V	0.1V	连接一次15端信号线
直流/交流电压	±200mV～±20V	0.001V	万用表测量通道1/2
最小值/最大值	±20V～±200V	0.01V	
1000A电流	±1000A	0.1A	1000A电流钳
30A的电流	±30A	0.01A	30A电流钳
电阻（R万用表1）	0～1000Ω	0.01	万用表测量通道1
	0～10Ω	0.1	
	10～999Ω	100	
压力	0.02～250kPa	10Pa	空气压力传感器
空气压力			
蓄电池温度	-20～150℃	0.1℃	蓄电池温度传感器
空气温度	-20～100℃	0.1℃	空气温度传感器

备份功能为目录向前或向后和查询的功能。

示波器测量功能及测量范围见表1-28。

表1-28 示波器测量功能及测量范围

测量功能	测量范围	传感器
二次电压	5～50kV	二次传感器
一次电压	20～500V	一次传感器
电压	200mV～200V	万能表测量通道1/2
AC耦合电压	200mV～5V	蓄电池连接线
电流	2A	30A电流钳
	5A	
	10A	
	20A	
	30A	
	50A	1000A电流钳
	100A	
	200A	
	1000A	

示波器功能和说明见表1-29。

【课堂互动】

表 1-29　示波器功能和说明

功　能	说　明
输入 CH1/CH2	AD/AC
输入阻抗 CH1/CH2（接地）	1M
输入阻抗 CH2（绝缘电池组）	1M：5～200V；10M：200mV～2V
输入阻抗 CH2（开关）	4M
宽带 CH1（绝缘电池组）	>5kHz：200mV～2V
	>25kHz：5mK～200V
宽带 CH2（绝缘电池组）	>1kHz：200mV～2V
	>5kHz：5～200V
宽带（不同测量）	>30kHz
宽带 1000A 电流钳	>1kHz
宽带 30A 电流钳	>50kHz
二次传感器宽带	>1kHz
一次 1 端宽带	>100kHz：20V
	>1kHz：50～500V
时间范围（1 个扫描点）	10～200ms
时间测试精度	0.01%
没有传感器时的垂直精度	读数的 ±2%
	测量范围的 ±0.3%（偏离错误范围大于 1V）或 ±5mV（偏离错误范围 200mV 大于 1V）
垂直分析率	10bit
记忆深度	1M 测量 50 条曲线
每个通道扫描速率	50ms/s

信号发生器功能见表 1-30。

表 1-30　信号发生器功能

功　能	说　明
振幅	-10～12V（加载小于 10mA）接地
信号形状	DC，正弦曲线，三角形，脉冲
频率范围	1Hz～1kHz
输出电流	<30mA
阻抗	60
对称性	10%～90%（矩形波，方波）
曲线产生	输出速率高达 10000bit/s
	8 位分辨率
	Y 轴全范围可调单极/双极型
短路抗干扰电压	小于 50V 静态
	小于 500V/1ms 动态

【课堂互动】

电源组件功能见表1-31。

表1-31 电源组件功能

功　能	说　明	功　能	说　明
输入电压	90～264V（交流）	输出电压	15V
输入频率	47～63Hz	操作温度	0～40℃

6）ESI［tronis］软件的操作。

① 查找发动机、ABS和ESP等控制系统的电路图。

首先选择车辆（方法）；调出“SIS/CAS”信息类型；显示其信息已被保存的车辆系统；打开所需文件夹；从文件夹中选择所列出的某一个子系统；在窗口界面中选择所列出的故障查找说明；从说明的目录中选择“电气连接图”一章；要查找某个插图的针脚配置时，可浏览该章内容。

② 故障诊断指南及维修信息查询。

a. “SIS/CAS”提供所选汽车的系统信息，包含故障查找、故障代码表、系统电路图以及部件安装位置的故障诊断指南。其中，“计算机辅助维修”用于分析汽车中控制总成的自诊断（CAS为计算机辅助维修的英文缩写），系统还包括维修信息及博世内部服务信息。

b. “牌号信息”提供专门的汽车牌号服务信息，如MB照明距离调整说明。

c. “一般信息”提供一般品牌和系统相关故障诊断说明及维修信息，如博世汽车报警说明。

③ 用CAS［plus］完成故障诊断。

a. 从SIS直接调出故障存储器里的故障。

b. 根据所读出的故障代码表，直接排除故障。

c. 直接从SIS说明中调出实际值和URI测量值。

d. 读出的实际值与URI测量值和状态信息在SIS说明内的一个特定窗口里动态显示。

e. 读出的实际值和URI测量值自动与SIS说明内的额定值相比较，并用颜色突出显示。额定范围内的数值在白色背景上显示绿色，额定范围外的数值在红色背景上显示黑色。

f. 读出的实际值与URI测量值和状态信息可转入说明的输入栏中。

g. 可自动产生带诊断数据的工作记录，从SIS里打印。

7）博世控制单元诊断系统的操作。

①“开始”画面。启动博世控制单元诊断系统之后出现“开始”画面，如图1-76所示。

其中：

“F4”含有下列菜单项的“Info”选择菜单。

a. “重要说明”是控制单元诊断系统的重要说明信息。

【课堂互动】

图1-76　控制总成诊断的开始界面

b. “缩写符号”是表明所使用的缩写符号及其含义的列表，按字母顺序排序。

c. “诊断插孔”是关于诊断插孔的安装位置与针脚配置以及匹配方法的说明信息，视车辆而定，而商标的重要说明和车辆上相关功能的说明信息，则视商标而定。

“F5”可用来调用测量模块（万用表、示波器和诊断示波器）。

“F7”用来显示设置设备基本功能的配置菜单（如单位和修理厂数据）。

② 屏幕布局。“开始”画面的软件界面包含以下几个部分（图1-77）。

图1-77　“开始”画面的软件界面

a. 标题栏：关于车辆商标、系统和功能的说明。

b. 说明区：双行说明区，主要用于说明信息或者处理要求。

c. 输入区/输出区：含有可变内容的区域。

d. 硬键栏和软键栏：有弹出式提示和没有弹出式提示的功能按钮。

③ 硬键和软键。硬键为“ECS”、“F1”、“F11”和“F12”键。

【课堂互动】

a.“ECS”键：在开始画面中询问是否要结束程序，在所有其他程序步骤中结束相应的检测步骤。

b.“F1”(帮助) 键：关于当前关联信息的联机帮助。

c.“F11”(返回) 键：返回到某一菜单级上一次的对话窗口。

d.“F12”(继续) 键：进入下一个对话窗口或者之前所离开的某一菜单级的对话窗口。

软键为“F2～F10”键，具有可变功能。当前程序步骤中呈灰色的软键不可用。

常用软键的简要说明见表1-32。

表1-32 常用软键的简要说明

软件	功　能	软件	功　能
	关闭当前测试项目或检测程序		显示当前操作步骤在线帮助
	显示有关硬件和软件版本信息		用来设置转速源TD/TN信号脉冲数的菜单
	启用或者取消演示模式，单击状态栏中的演示符号即可更改演示设置	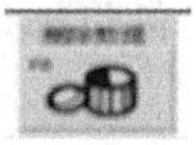	删除手工保存的不同测试步骤的测试数据
	执行检测步骤时启用或者取消额定值		如果已经在汽车识别过程中读取了客户数据，就可以将测试结果保存在数据库中
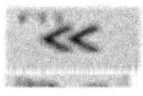	返回到程序的上一步		向下进一步或是确认

2. 故障码的读取与分析方法

(1) 故障码的分类

1) 当前性故障码：当前正发生着的故障生成的故障码。

2) 历史性故障码：过去曾经发生过的故障生成的故障码。

3) 自生性故障码：由故障码所指示的元器件或相关电路故障导致的故障码。

4) 它生性故障码：非故障码所示的元器件或相关电路导致的故障码。

5) 真实性故障码：故障真实存在的故障码。

6) 虚假性故障码：故障并不存在的故障码。

7) 相关性故障码：故障症状与故障码所指示的故障有因果关系。

8) 无关性故障码：故障症状与故障码所指示的故障无任何关系。

(2) 故障码的读取与分析　故障码的读取与分析主要通过以下步骤来完成。

1) 读取故障码。

【课堂互动】

2）清除故障码。

3）确认故障码（再读故障码）。

4）试车再现故障。

5）再读故障码。

6）对故障码的成因、分类进行分析。

（3）举例分析 现有一辆车，有两个故障症状：

冷车不好起动，热车起动正常；发动机有时突然熄火。试车之前读取故障码时，有三个故障码：P0115，发动机冷却液温度传感器故障；P0344，凸轮轴位置传感器间歇性故障；P0110，进气温度传感器故障。

在试车中冷车不好起动故障依然存在，但发动机有时突然熄火的故障没有发生。

再次读取故障码时，只有一个故障码 P0115，这是在试车中出现的故障码，因此 P0115 是当前性故障码。由于在前一次读取故障码时它就已经存在了，此次仍然存在，所以故障码 P0115 是持续性故障生成的故障码。冷车不好起动、热车起动正常的故障症状与故障码 P0115（发动机冷却液温度传感器）有关，所以 P0115 是相关性故障码。因此，故障码 P0115 是持续性故障生成的相关性故障码。

第一次读取的故障码 P0344 和 P0110 在试车后就不存在了，所以它们是历史性故障码。而发动机有时突然熄火的故障与故障码 P0344 是相互关联的，因此故障码 P0344 是间歇性故障生成的相关性故障码。故障码 P0110 与另两个故障症状都没有直接的联系，因此对于这两个故障症状来说，P0110 是无关性故障码。经检查，进气温度传感器及线路故障并不存在，因此故障码 P0110 是已经排除但未及时清除的历史性故障码。

另外，故障码 P0115 和 P0110 都是电控系统传感器及线路导致的故障码，因此都是自生性故障码。故障码 P0344 有可能因凸轮轴的偏摆跳动或机械安装位置不当导致产生的，因此 P0344 可能是自生性故障码，也可能是它生性故障码。由于 P0115、P0110 和 P0344 都是真实存在的故障生成的故障码，因此它们都是真实性故障码。

【习题 1.5】

1. 简述发动机综合分析仪对电控发动机检测的功能。

2. 简述发动机综合分析仪对点火系统检测的功能。

3. 简述发动机综合分析仪对柴油机检测的功能。

4. 使用分析仪的废气分析功能对车辆进行废气分析，并记录各项数值。

5. 使用分析仪的查询故障码功能对车辆进行故障码的查询，并记录操作方法及故障码。

6. 在测量电阻、电流和电压时，都有什么要求和注意事项？

7. 在测量电流和电压时，如何将万用表接入电路？

【课堂互动】

1.6 万用表的使用

【本节目标】

掌握汽车数字式万用表的各项功能以及使用的范围和方法。熟悉数字万用表的面板功能；学会万用表的基本操作；掌握电阻、电压、电流等参数的测量。

【基本理论知识】

1.6.1 万用表的分类

万用表是用来测量电流、电压、电阻、电容等电参量的仪表，是汽车电子元件和电路检测的重要工具，一般分为指针式万用表和数字式万用表两类。

1. 指针式万用表

指针式万用表又称模拟万用表。它是利用指针的偏转直接读出测量数值，具有结构简单，使用方便的特点。

2. 数字式万用表

数字万用表是将测试量与标准量进行对比的比较仪表，测量的数值由液晶显示屏（LCD）显示出来，具有体积小、测量精度高、测量范围广、分辨率高、输入阻抗高、抗干扰能力强等特点。

3. 汽车数字万用表

汽车数字万用表属于数字万用表的类型，它是在通用数字万用表的基础上，增加满足汽车特定功能测量要求的仪表。它不但可以进行常规的电压、电流、电阻、电容等的测量，而且，还可以测量如温度、转速、频率、压力、占空比、闭合角等参数。按量程转换方式可分为手动转换式、自动转换式、自动/手动综合转换式等；按使用性能分为智能型、数字/模拟混合型、数字/模拟条图双显示型等。

1.6.2 汽车数字万用表

1. 汽车数字万用表的认识

汽车数字万用表的面板电气符号、操作键、插孔等大多数都极为相似，下面以国产“多一”牌 DY2201 型万用表为例，介绍汽车数字万用表的相关知识和使用方法。

首先，认真阅读使用说明书，详细了解其结构、性能与用法。其次，要明确使用中的安全注意事项和维护保养的有关内容。

1）面板电气符号的认识。

【课堂互动】

2）操作键与表笔插孔，万用表的构造如图1-78所示。

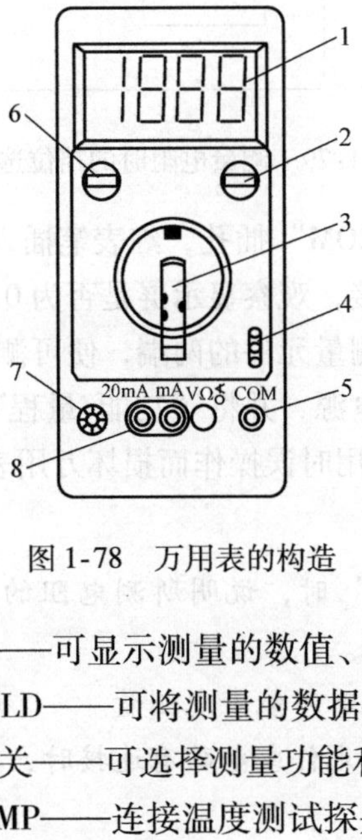

图1-78　万用表的构造

1—液晶显示屏LCD——可显示测量的数值、电池电量等参数

2—数据保持开关HOLD——可将测量的数据冻结

3—功能/量程旋钮开关——可选择测量功能和量程

4—温度测试插座TEMP——连接温度测试探头

5—表笔插孔COM——黑表笔插孔

6—电源开关POWER——开、闭万用表电源

7—三极管测试插座——可分别测试PNP和NPN型三极管

8—表笔插孔（VΩ% ∢°、20mA、mA）和挡板——红表笔插孔，根据不同的测量功能选择不同的插孔。当选准其中一个插孔后，挡板会将其他不用的插孔挡住，防止红表笔插错。

了解数字万用表的各项功能。

2. 万用表测量挡位的操作方法

（1）测量电阻时的挡位选择　如图1-79所示。

1）将电源开关按钮按下，则显示屏应显示数字，若没有数字显示，应检查电池是否有电或接触是否良好、保险是否烧损、测试线是否连接可靠等。

2）将“功能/量程”开关旋置于“Ω”电阻挡，选择适当的量程。

【课堂互动】

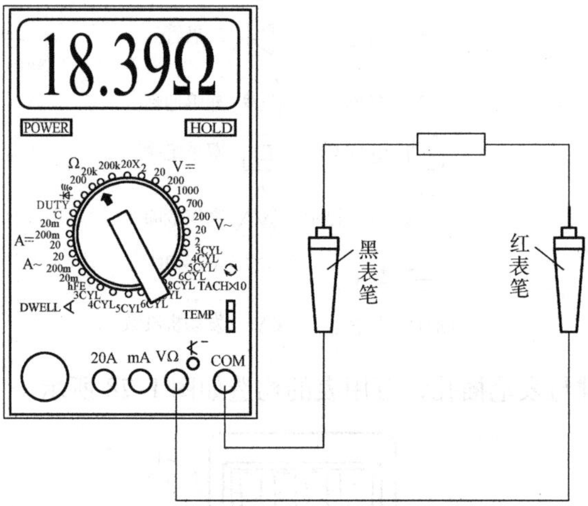

图1-79 测量电阻时的挡位选择

3）将黑表笔插入“COM”插孔，红表笔插入“VΩ% ∢°”插孔。

4）将两电笔相互搭接，观察显示屏是否为0。

5）将两表笔跨接到测量元件的两端，便可测量电气元件的电阻值。

6）测量完毕后关闭电源，并将“功能/量程”旋钮置于电压挡的最高量程位置，以防止下次使用时误操作而损坏万用表。

注意：

① 当显示屏显示“1”时，说明所测电阻的阻值已超过选择的量程，应重新选择高挡位。

② 测量电气元件电阻时不能带电测量。

③ 测量的元件与其他元件或电路有连接时，要将测量的元件与其他元件或电路断开。

④ 测量时手不要与表笔或元件两端接触。

（2）测量电流时的挡位选择 如图1-80所示。

1）按下POWER开关，打开电源。

2）将“功能/量程”旋钮置于“A”电流挡，并根据所测的电流是交流电还是直流电及电流的大小选择量程。

3）将黑表笔插入“COM”插孔，红表笔测量直流电和交流电电流在20～200mA范围时，插入“mA”插孔；测量直流电和交流电电流在20A范围时，插入“20A”插孔。

4）将万用表的两个电笔串入电路中，便可以测量线路中的电流。

5）测量完毕后关闭电源，并将“功能/量程”旋钮置于电压挡的最高量程位置。

【课堂互动】

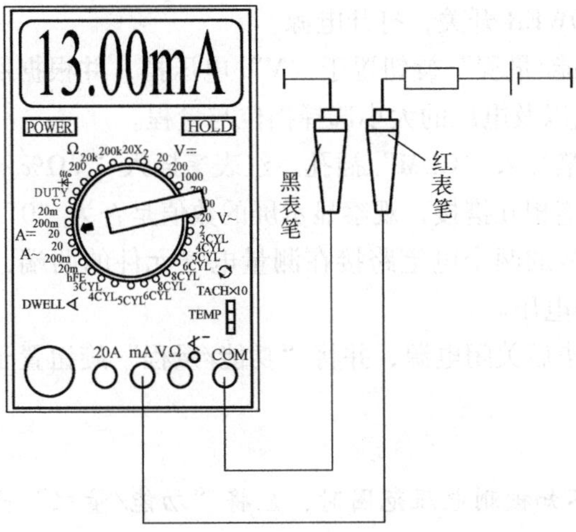

图1-80 电流的测量

注意：

① 测量前不知被测电流范围时，应将“功能/量程”开关置于最高量程挡位。

② 当显示屏显示“1”时，说明被测电流已超过使用的量程，应改用更高的量程。

③ 使用“20A”插孔测量20A最大电流时，时间不能超过15s，20A挡无熔断丝。

④ 测量时手不要与表笔或元件两端接触。

(3) 测量电压时的挡测位选择 如图1-81所示。

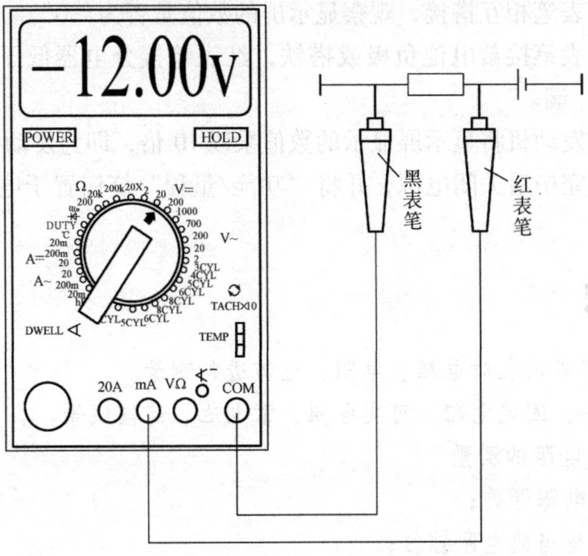

图1-81 电压的测量

【课堂互动】

1）按下 POWER 开关，打开电源。

2）将“功能/量程”旋钮置于“V”电压挡，并根据所测的电压是交流电还是直流电以及电压的大小选择挡位与量程。

3）将黑表笔插入“COM”插孔，红表笔插入“VΩ% ∢°”插孔。

4）将两表笔相互搭接，观察显示屏的数值是否为“0”。

5）将万用表的两个电笔跨接在测量电气元件的两端，便可以测量出电气元件两端的电压。

6）测量完毕后关闭电源，并将“功能/量程”旋钮置于电压挡的最高量程位置。

注意：

① 测量前不知被测电压范围时，应将“功能/量程”开关置于最高量程挡位置。

② 当显示屏显示“1”时，说明被测电压已超过使用的量程，应改用更高的量程。

③ 测量的电压不能高于1000V，虽然有可能显示计数，但有可能造成万用表的损坏。

④ 测量时手不要与表笔或元件两端接触。

（4）测量转速时的挡位选择

1）按下 POWER 开关，打开电源。

2）将“功能/量程”旋钮置于“TACH ×10”挡，并根据所测发动机气缸数选择挡位。

3）将黑表笔插入“COM”插孔，红表笔插入“VΩ% ∢°”插孔。

4）将两表笔相互搭接，观察显示屏的数值是否为“0”。

5）将黑表笔接蓄电池负极或搭铁，红表笔接分电器低压接线柱或点火线圈“－”端。

6）起动发动机将显示屏显示的数值乘以10倍，即为发动机转速。

7）测量完毕后关闭电源，并将“功能/量程”旋钮置于电压挡的最高量程位置。

【课堂训练】

使用数字万用表对电压、电阻、电流进行测量。

仪器准备：固定电阻、可变电阻、蓄电池、连接线等。

项目1：电阻的测量

1）按下电源开关；

2）选择适当的电阻挡位；

3）插好表笔；

【课堂互动】

4）两表笔相搭，校验万用表的基准误差；

5）将两表笔跨接到要测量电阻的两端，观察显示屏，待数值稳定后，记下测量的数值。

实验报告：

根据实验过程，记录实验的操作步骤；记录实验中测量的数据。

项目2：电压的测量

1）按下电源开关；

2）选择适当的电压挡位；

3）插接好表笔；

4）校验万用表误差；

5）将两表笔跨接到要测量电气元件的两端，观察显示屏，待数值稳定后记录测量数据。

实验报告：

根据实验过程，记录实验的操作步骤；记录实验中测量的数据。

项目3：电流的测量

1）打开万用表电源；

2）选择适当的电流挡位；

3）插好表笔；

4）校验万用表误差；

5）将两表笔串入电路中，观察显示屏，待数值稳定后记录测量数据。

实验报告：

根据实验过程，记录实验的操作步骤；记录实验中测量的数据。

【技能训练】

1. 冷却液温度传感器的检测

（1）测量冷却液温度传感器信号电压

1）起动发动机。

2）用万用表测量冷却液温度传感器的信号线（棕/蓝线，1号）与搭铁线（蓝色，3号）之间的电压。

3）标准值为0.1～0.8V，随发动机冷却液温度升高，电压值逐渐下降，具体数值见表1-33。

表1-33　冷却液温度在不同温度下的标准电压值

冷却液温度/℃	信号电压值/V
-20	4.78
-10	4.62
0	4.45
20	3.78

【课堂互动】

(续)

冷却液温度/℃	信号电压值/V
40	3.09
60	2.25
80	1.56
100	0.99
120	0.70

(2) 检测冷却液温度传感器的电源电压

1) 关闭点火开关。

2) 拔下传感器的4芯插头。

3) 打开点火开关。

4) 用万用表测量4芯插头线束一侧的1号端子（棕/蓝线）与3号端子（蓝色线）之间的电压值，如图1-82所示。

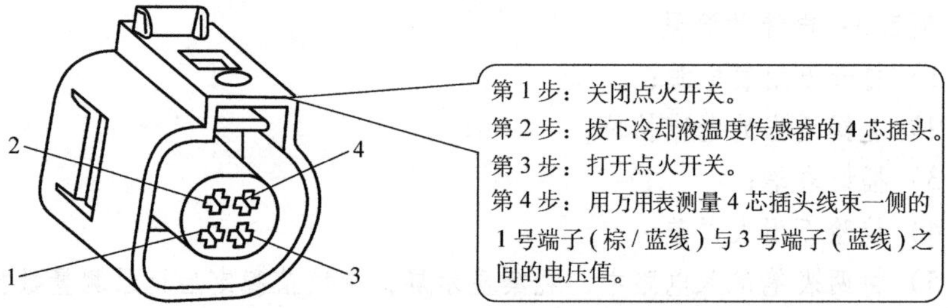

图1-82 冷却液温度传感器4芯插头

(3) 冷却液温度传感器电阻值的测量

1) 检测方法：拔下冷却液温度传感器线束插头，拆下冷却液温度传感器；将传感器置于盛水的烧杯中，加热杯中的水，同时测量在不同温度下传感器两接线端之间的电阻值，如图1-83所示。

2) 标准值：在不同温度下，冷却液温度传感器的电阻值应符合表1-34的要求，否则需要更换冷却液温度传感器。

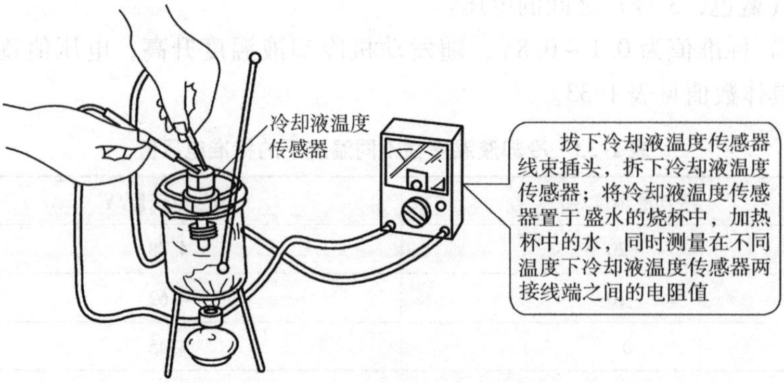

图1-83 冷却液温度传感器电阻值的测量

【课堂互动】

表1-34　冷却液温度传感器的电阻值

端　　子	温度/℃	电阻值/Ω
1～3	0	5000～6500
1～3	10	3350～4400
1～3	20	2250～3000
1～3	30	1500～2100
1～3	40	950～1400
1～3	50	700～950
1～3	60	540～675
1～3	70	400～500
1～3	80	275～375
1～3	90	200～290
1～3	100	150～225

2. 进气温度传感器的检测

（1）检测进气温度传感器的信号电压

1）关闭点火开关。

2）将万用表置于电压挡，将正极表笔插入传感器的2芯插接器的1号端子（紫/棕色线）内，负极表笔插入2号端子（棕/白色线）。

3）起动发动机，观察万用表的电压读数。

4）标准值：信号电压=0.1～0.8V。随着进气温度升高，电压逐渐减小，具体数值如图1-84所示。

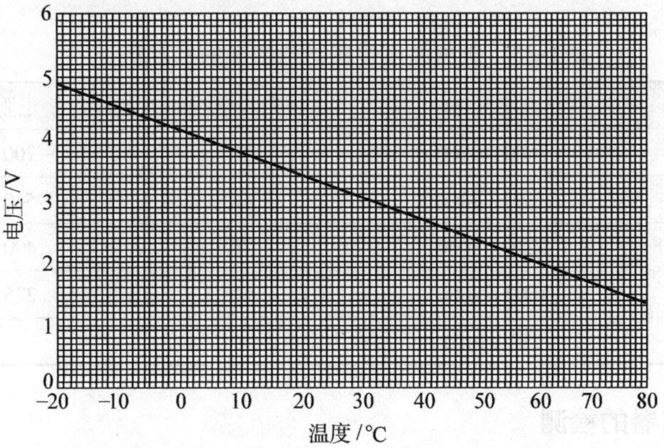

图1-84　检测进气温度传感器的信号电压变化图

（2）检测进气温度传感器的电源电压

1）关闭点火开关。

2）拔下进气温度传感器的2芯插头。

3）将万用表置于电压挡，将正、负极表笔分别插入传感器2芯插头

【课堂互动】

的1、2号端子之内，如图1-85所示。

4）将点火开关置于“ON”位置，或起动发动机。观察万用表电压读数。

5）标准值：电源电压 = 5V

（3）检测进气温度传感器的电阻值

1）检测方法：拔下检测进气温度传感器线束的插头，拆下传感器；用电热吹风、红外线灯或热水加热进气温度传感器，并测量不同温度下传感器两端子之间的电阻值，如图1-86所示。

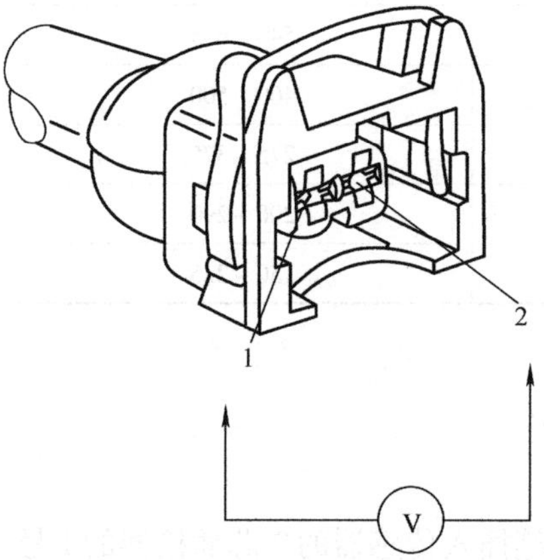

图1-85 检测进气温度传感器的电源电压

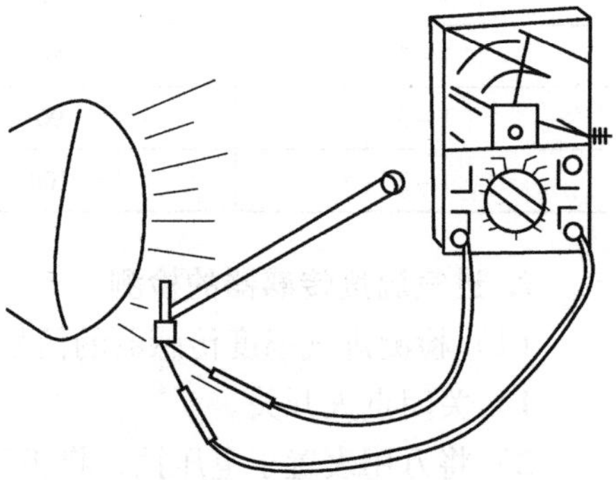

图1-86 检测进气温度传感器的电阻值

2）标准值：其标准值见表1-35，若超过标准值过多，则需更换传感器。

表1-35 进气温度传感器电阻值的标准值

进气温度/℃	电阻值/Ω	进气温度/℃	电阻值/Ω
0	5000 ~ 6500	50	700 ~ 950
10	3350 ~ 4400	60	540 ~ 675
20	2250 ~ 3000	70	400 ~ 500
30	1500 ~ 2000	80	275 ~ 375
40	950 ~ 1400		

3. 氧传感器的检测

（1）检测加热元件的电阻　加热元件的电阻值在常温条件下是1 ~ 5Ω，温度上升很少时，阻值就会显著增大。因此，在室温下，可用万用表进行检测。检测时，拔下氧传感器线束插头，检测插头上端子1与2之间的电阻，阻值在常温下应为1 ~ 5Ω。如常温下阻值为无穷大，说明加热元件断路，应更换氧传感器。

（2）检测传感器的电源电压　氧传感器加热元件的电压为整车电源电

【课堂互动】

压，当点火开关接通使燃油泵继电器触点接通时，加热元件的电源即被接通。检测加热元件的电压时，拔下氧传感器插头，起动发动机检测连接器插座上端子1与2之间的电压，电压值应不低于11V。如电压为零，说明熔断丝断路或燃油泵继电器触点接触不良，分别检修即可。

（3）检测传感器信号电压　检测氧传感器信号电压时，插头与插座连接，将数字万用表连接到氧传感器端子3与4连接的导线上，接通点火开关时，电压应为0.45V±0.05V；当供给发动机浓混合气时，信号电压应为0.7V~1.0V；当供给发动机稀混合气时，信号电压应为0.1V~0.3V，否则说明氧传感器失效，需更换。氧传感器的电路与插头如图1-87所示。

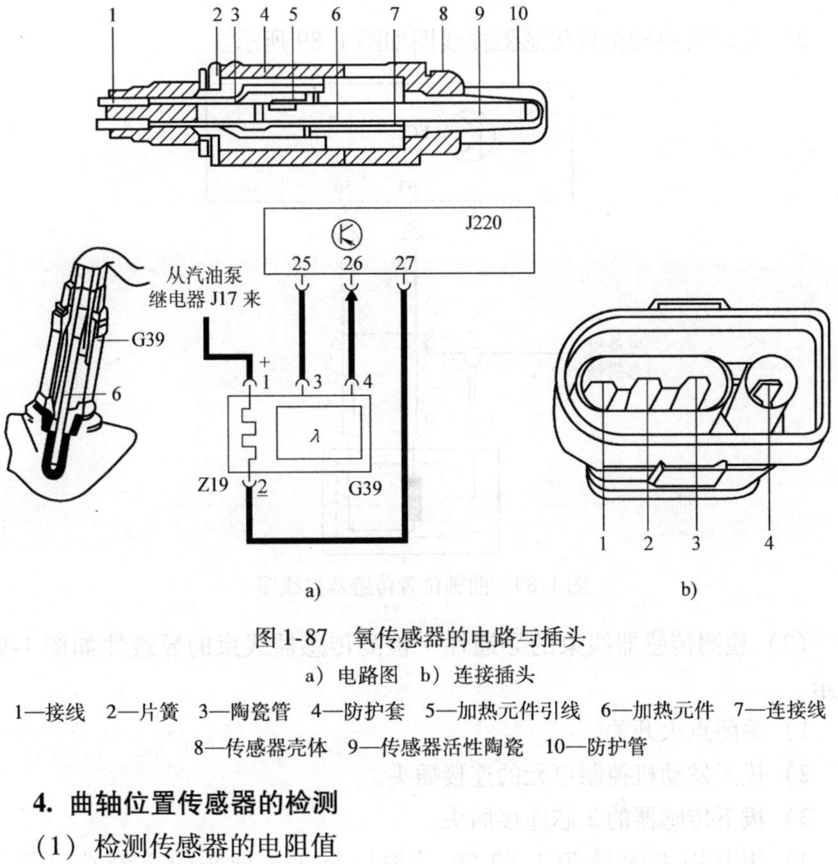

图1-87　氧传感器的电路与插头

a）电路图　b）连接插头

1—接线　2—片簧　3—陶瓷管　4—防护套　5—加热元件引线　6—加热元件　7—连接线　8—传感器壳体　9—传感器活性陶瓷　10—防护管

4. 曲轴位置传感器的检测

（1）检测传感器的电阻值

1）关闭点火开关。

2）拔下发动机曲轴位置传感器的3芯插心（灰色）如图1-88所示。

3）用万用表测量3芯插头的各端子之间的电阻值。

4）标准值见表1-36。

表1-36　曲轴位置传感器各端子之间的标准电阻值

检测端子	1与2端子	1与3端子	2与3端子
标准值/Ω	∞	∞	480~1000

【课堂互动】

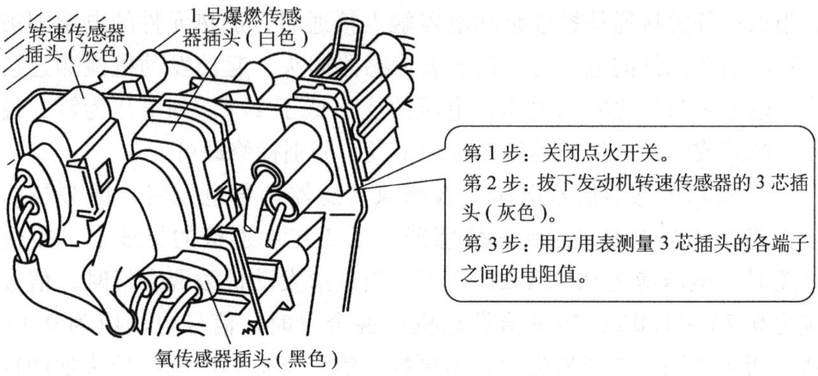

图1-88 曲轴位置传感器插头的位置

5）发动机曲轴位置传感器接线图如图1-89所示。

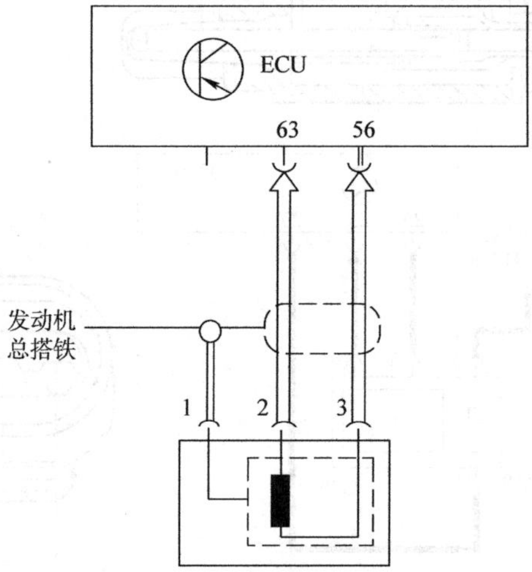

图1-89 曲轴位置传感器接线图

（2）检测传感器线束的导通性 检测传感器线束的导通性如图1-90所示。

1）关闭点火开关。

2）拔下发动机控制单元的连接插头。

3）拔下传感器的3芯连接插头。

4）用万用表测量ECU的56号端口与3芯插头的2号端口的导通性。

5）用万用表测量ECU的63号端口与3芯插头的3号端口的导通性。

6）用万用表测量3芯插头的1号端口与搭铁之间的导通性。

5. 霍尔式凸轮轴位置传感器的检测

（1）检测霍尔传感器的供电电压 霍尔传感器的结构如图1-91所示。

1）关闭点火开关。

2）拔下传感器的3芯插头。

【课堂互动】

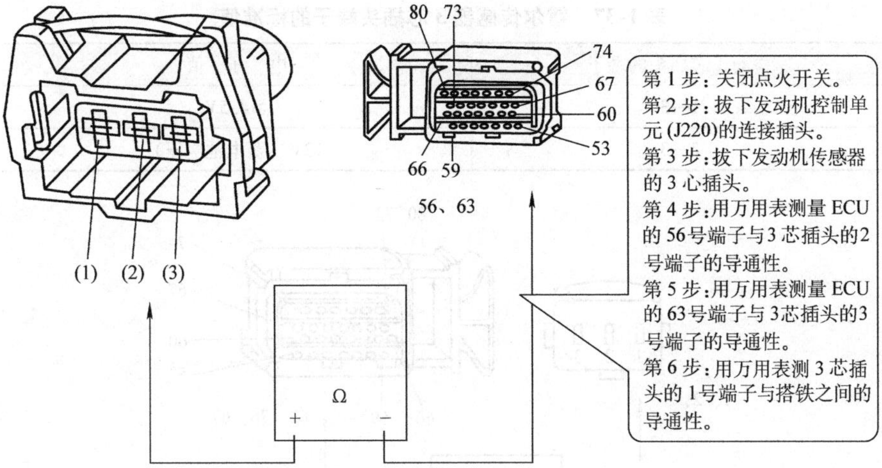

图1-90　检测传感器线束的导通性

3）打开点火开关，用万用表的电压挡测量3芯插头的1、3两孔之间的电压值。

霍尔传感器的供电电压的检测如图1-92所示。

4）用万用表的电压挡测量2、3两孔之间的电压值，霍尔传感器电路图如图1-93所示。

5）霍尔传感器3芯插头端子的标准值见表1-37。

（2）检测霍尔传感器线束的导通性　检测霍尔传感器线束的导通性如图1-94所示。

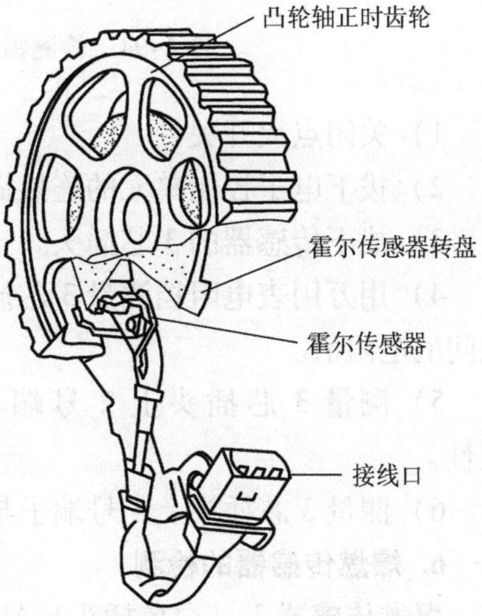

图1-91　霍尔传感器

图1-92　霍尔传感器的供电电压的检测

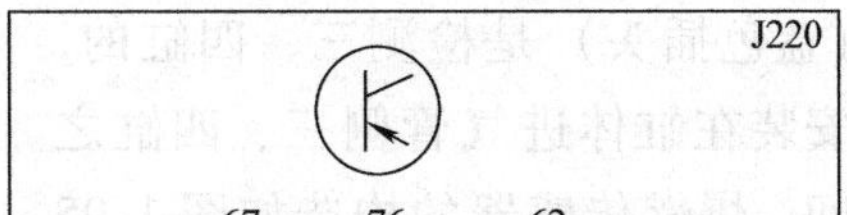

图1-93　霍尔传感器电路图

【课堂互动】

表1-37 霍尔传感器3芯插头端子的标准值

检测3芯插头的端子	电 压 值
1—3	≥4.5V
2—3	12V（蓄电池电压）

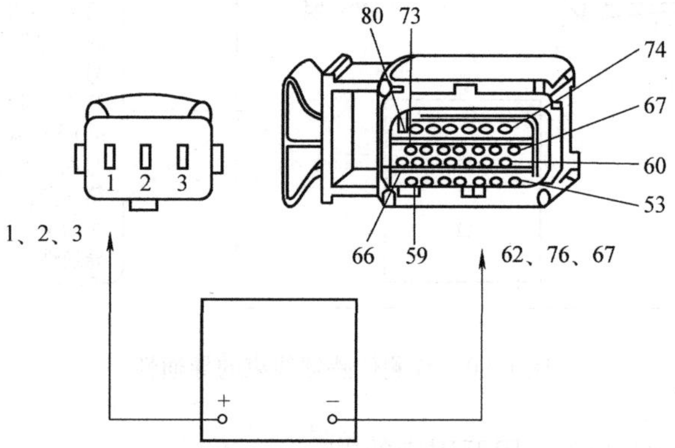

图1-94 检测霍尔传感器线束的导通性

1）关闭点火开关。

2）拔下电子控制单元的连接插头。

3）拔下传感器的3芯插头。

4）用万用表电阻挡测量3芯插头的1号端子与电控单元的62号端子之间的电阻值。

5）测量3芯插头上2号端子与电控单元的76号端子之间的导通性。

6）测量3芯插头上3号端子与电控单元的67号端子之间的导通性。

6. 爆燃传感器的检测

爆燃传感器Ⅰ（白色插头）是检测一、二缸的，安装在缸体进气管侧一、二缸之间；爆燃传感器Ⅱ（蓝色插头）是检测三、四缸的，安装在缸体进气管侧三、四缸之间。爆燃传感器的构造如图1-95所示。

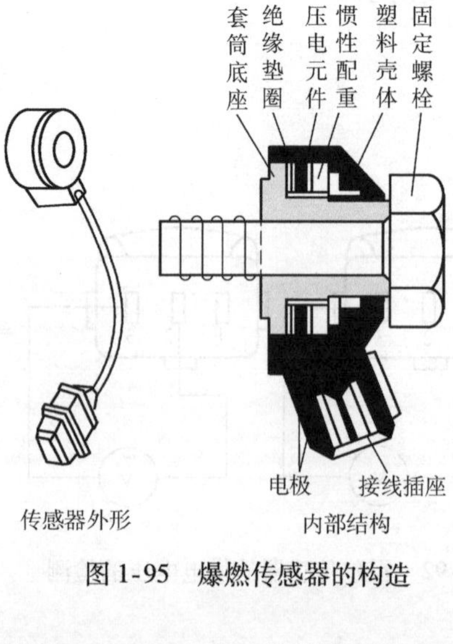

图1-95 爆燃传感器的构造

(1) 检测爆燃传感器的电阻值

1）关闭点火开关。

2）分别拔下Ⅰ、Ⅱ号爆燃传感器的3芯插头。

3）用万用表的电阻挡分别检测3芯插头各端子之间的电阻值。

4）爆燃传感器的电阻标准值见表1-38。

【课堂互动】

表1-38　爆燃传感器的电阻标准值

检测方法	标准值
Ⅰ、Ⅱ爆燃传感器插头上的1、2端子	>1MΩ
Ⅰ、Ⅱ爆燃传感器插头上的1、3端子	>1MΩ
Ⅰ、Ⅱ爆燃传感器插头上的2、3端子	>1MΩ

（2）检测爆燃传感器线束的导通性

1）关闭点火开关，分别拔下Ⅰ、Ⅱ爆燃传感器的3芯插头。

2）拔下ECU的60芯插头。

3）用万用表的电阻挡分别测量Ⅰ号爆燃传感器3芯插座1、2、3号端子分别与ECU的68、67及搭铁之间的电阻值。

4）用万用表的电阻挡分别测量Ⅱ号爆燃传感器3芯插座1、2、3号端子分别与ECU的60、67及搭铁之间的电阻值。

5）爆燃传感器线束导通性的标准值见表1-39。

表1-39　爆燃传感器线束导通性的标准值

爆燃传感器	检测方法	标准值/Ω
Ⅰ号爆燃传感器（白色插头）	Ⅰ号爆燃传感器插座的1号端子与ECU的68号端子	<0.5
	Ⅰ号爆燃传感器插座的2号端子与ECU的67号端子	<0.5
	Ⅰ号爆燃传感器插座的1号端子与发动机搭铁	<0.5
Ⅱ号爆燃传感器（蓝色插头）	Ⅱ号爆燃传感器插座的1号端子与ECU的60号端子	<0.5
	Ⅱ号爆燃传感器插座的2号端子与ECU的67号端子	<0.5
	Ⅱ号爆燃传感器插座的1号端子与发动机搭铁	<0.5

（3）检测爆燃传感器的信号电压

1）连接VAG1552。

2）起动发动机，操作VAG1552进入“08（读取测量数据块）功能”，并输入016字样，进入数据组16。

3）加大节气门开度至50%，观察各缸爆燃传感器电压的信号变化情况。

4）爆燃传感器信号电压的标准值为0.300～1.400V，但是在高速时，显示的爆燃传感器信号电压可达5.1V。如果爆燃传感器信号最大、最小差异大于50%，可能是由于插接处腐蚀所致。

7. 空气流量传感器的检测

（1）检测空气流量传感器的电压　检测空气流量传感器的电压如图1-96所示。

【课堂互动】

1）关闭点火开关，拔下空气流量传感器的插头。

2）起动发动机。

3）用万用表测量插头的2端子与搭铁间的电压值，标准值=12V（蓄电池电压）。

4）用万用表测量插头的4端子与搭铁间的电压值，标准值=5V。

空气流量传感器5芯插头各个端子的含义见表1-40。

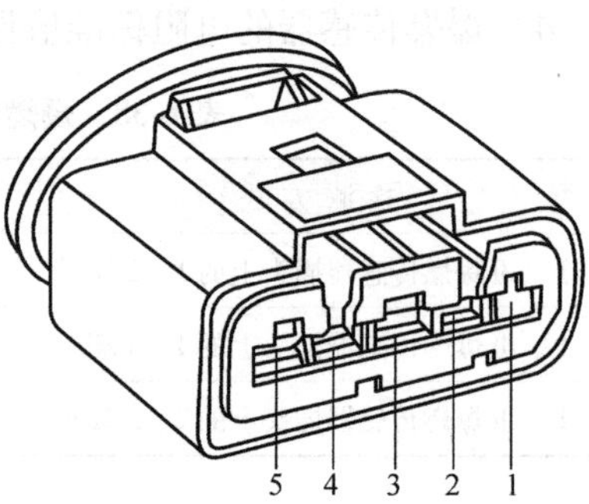

图1-96 空气流量传感器插头

表1-40 空气流量传感器5芯插头各个端子的含义

空气流量传感器5心插头各个端子	含　义
1	空
2	+12V电源
3	负信号线
4	+5V电源
5	正信号线

（2）检测空气流量传感器信号电压

1）关闭点火开关，拆下空气滤清器。

2）打开点火开关，置于"ON"位置不起动发动机。

3）用万用表的电压挡测量空气流量传感器插头中的5（正信号线）端子与3（负信号线）端子之间的电压值。用正表笔插入空气流量传感器5号端子线束中，负表笔插入3号端子的线束中。

4）用450W的电吹风向空气流量传感器空气入口吹风，观察信号电压的变化值。若信号电压不变化，说明空气流量传感器失效，应更换。标准值为2.0~4.0V。

（3）检测线束导通性　检测空气流量传感器线束导通性如图1-97所示。

1）关闭点火开关，拔下空气流量传感器的插头。

2）拔下电控单元的线束插接器。

3）用万用表检测插头3端子与ECU插接器的12端子之间的电阻值，标准值≤1Ω。

4）用万用表检测插头4端子与ECU插接器的11端子之间的电阻值，标准值≤1Ω。

5）用万用表检测插头5端子与ECU插接器的13端子之间的电阻值，标准值≤1Ω。

（4）检测导线间是否短路

【课堂互动】

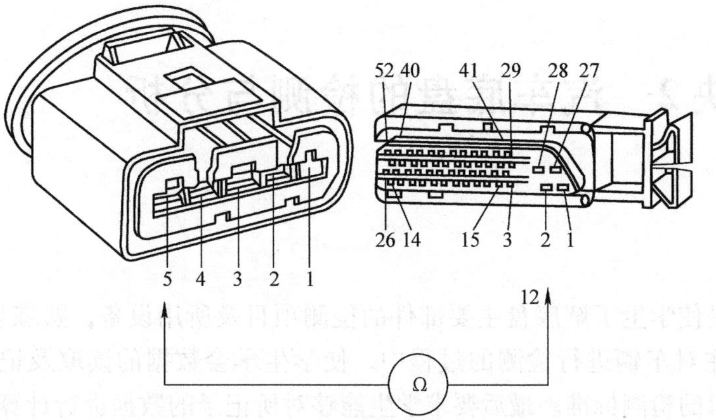

图1-97 检测空气流量传感器线束导通性

1）关闭点火开关，拔下空气流量传感器的插头和电控单元的线束插接器。

2）用万用表测量流量传感器插头2端子与ECU插接器的11端子间的电阻值，标准值为∞。

3）用万用表测量流量传感器插头2端子与ECU插接器的12端子间的电阻值，标准值为∞。

4）用万用表测量流量传感器插头2端子与ECU插接器的13端子间的电阻值，标准值为∞。

5）用万用表测量流量传感器插头4端子与ECU插接器的12端子间的电阻值，标准值为∞。

6）用万用表测量流量传感器插头4端子与ECU插接器的13端子间的电阻值，标准值为∞。

7）用万用表测量流量传感器插头5端子与ECU插接器的11、12端子间的电阻值，标准值为∞。

模块2　汽车底盘的检测与分析

【学习目标】

本模块的学习目标是使学生了解底盘主要部件的检测项目及所用设备，熟练掌握相关检测设备的使用方法。在对车辆进行检测的过程中，使学生学会数据的读取及记录方法，并学会查阅各个检测项目的检测标准。最后要求学生能够对所记录的数据进行计算和处理，并依据检测标准，判断所检测车辆的各个检测项目是否合格。

【课堂互动】

2.1　传动系统检测

【本节目标】

了解在不解体的情况下，对传动系统的离合器、变速器、万向传动装置等主要部件进行检测诊断的原理及方法，同时掌握相关检测设备的使用，并判断被检车辆的检验项目是否合格。

【基本理论知识】

2.1.1　离合器打滑和传动系统游动角度检测

汽车传动系统由离合器、变速器、万向传动装置（由万向节和传动轴组成）及驱动桥（包括主减速器、差速器、半轴和驱动桥壳）等组成，是汽车底盘的重要组成部分。其基本功能是将发动机的动力传递给驱动轮，使汽车正常行驶。

汽车传动系统各组成部件工作正常时，均应能有效地传递发动机的动力，使汽车正常运行。当汽车行驶一定里程后，由于传动系统组成部件在工作时存在不同程度的磨损，因此汽车传动系统各组成部件中的部分或全部将会出现工作性能下降的现象。传动系技术状况的好坏不仅直接关系到发动机的动力传递，还对汽车的操纵性、燃料的经济性和滑行性等性能都有直接影响，进而影响汽车的正常使用。因此，对汽车传动系统的整体性能应经常检测，对传动系统的故障应及时诊断并排除，确保传动系统具有良好的技术状况。

检测汽车传动系统技术状况通常要检测离合器打滑和传动系统游动角度等，检测的仪器主要有离合器打滑频闪仪和传动系统游动角度检验仪。

【课堂互动】

1. 利用说明书，认识离合器打滑频闪测定仪的各部分名称，并学习使用方法。

2. 用自己的语言向其他同学描述离合器打滑频闪测定仪的使用方法。

1. 离合器打滑的检测

离合器滑转（俗称打滑）使发动机动力不能有效地传递至驱动轮，汽车动力性下降，摩擦片磨损严重，同时也影响汽车的正常行驶：汽车起步困难；加速时，车速不能随发动机转速的提高而迅速上升；负载上坡传递大转矩时，打滑更为明显，严重时会烧坏摩擦片。采用离合器打滑频闪测定仪可以对离合器打滑进行检测。

离合器打滑频闪测定仪主要由透镜、闪光灯、电容器、电阻器、电源和传感器等构成，如图2-1所示。离合器打滑频闪测定仪的基本工作原理是频闪原理，即，如果在精确的确定时刻，相对转动零件的转角照射一束短暂（约1/5000s）的频率与转动零件的旋转频率相同的光脉冲时，由于人们的视觉暂留现象，似乎觉得零件静止不动。测定仪以汽车蓄电池作为电源，由发动机一缸点火高压线通过电磁感应给测定仪的高压电极输入信号脉冲，控制闪光灯闪光时刻，因此闪光灯的频率与发动机转速成正比。若离合器不打滑，此时将闪光灯发出的光脉冲投射到传动轴某一点，因为传动轴与发动机转速相同，则光脉冲每次照射该点，使人感到传动轴静止不动；若离合器打滑，则传动轴转速比发动机转速慢，因此光脉冲每次照射点均位于上次照射点的前部，使人感觉到传动轴在慢慢转动，显然其传动的快慢即可反映离合器打滑的严重程度。注意：这种诊断方法只适用于具有直接挡的汽车。由于基本测试原理相同，发动机点火正时灯也可以用于离合器打滑的检测。

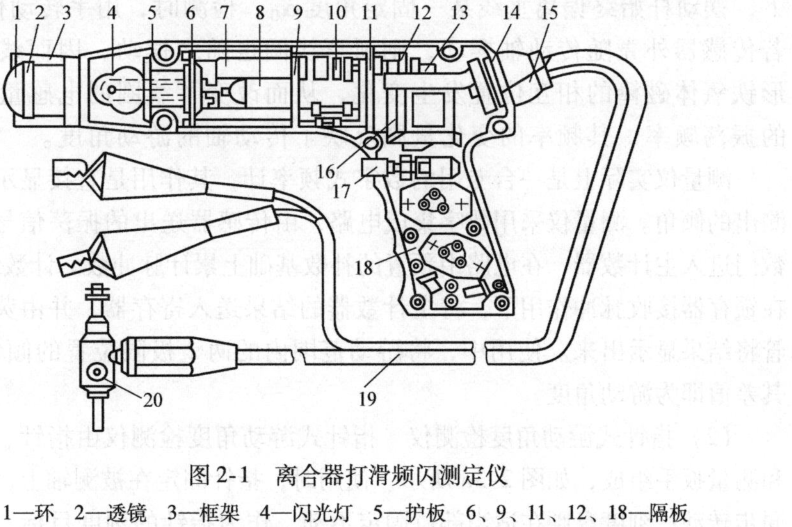

图2-1　离合器打滑频闪测定仪

1—环　2—透镜　3—框架　4—闪光灯　5—护板　6、9、11、12、18—隔板　7—电阻器　8、10—电容器　13—二极管　14—支持器　15—座套　16—变压器　17—开关　19—导线　20—传感器插头

2. 传动系统游动角度的检测

传动系统游动角度是离合器、变速器、万向传动装置和驱动桥的游动间隙之和，它能表明整个传动系统的磨损和调整情况。通常，传动系统机件的磨损松旷，是由于各部分的游动角度超过允许值的结果，因而传动系

【课堂互动】

统游动角度可作为诊断参数来评价汽车传动系统的技术状况。由于游动角度可分段检测，因而还可以用总成部件规定的游动角度对传动系统的有关部件的技术状况进行诊断。游动角度检测仪有指针式、数字式两种，利用传动系统游动角度检测仪可对各传动部分的游动角度进行检测。

(1) 数字式游动角度检测仪　数字式游动角度检测仪由倾角传感器和测量仪两部分组成，二者以导线相连。仪器检测的范围是0~30°，使用的电源为直流12V。

倾角传感器的作用是将传感器感受到的倾角变化转变为线圈电感量的变化，从而改变检测仪电路的振荡频率。其外壳是一个长方形的壳体，其上部开有“V”形缺口，并配有带卡扣的尼龙带，可方便地固定在传动轴上，检测时可与传动轴同步摆动。传感器的内部结构如图2-2所示，核心部件是弧形线圈1、弧形铁氧体磁棒2和摆杆3。弧形线圈固定在外壳的夹板上，其位置随外壳摆动，弧形铁氧体磁棒2通过摆杆3和心轴4支承在夹板的两轴承5上，可绕心轴轴线转动，在重力作用下，摆动杆始终偏离垂线某一固定角度α_0。检测时，用手转动传动轴，若传感器外壳随传动轴摆动，则弧形线圈也随之摆动，因而线圈与弧形铁氧体磁棒的相互位置发生变化，从而改变了线圈的电感量及电路的振荡频率，其频率的变化量则反映了传动轴的游动角度。

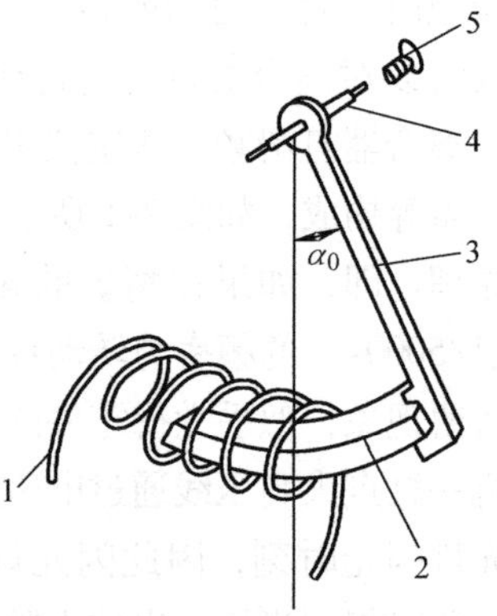

图2-2　倾角传感器结构示意图
1—弧形线圈　2—弧形铁氧体磁棒
3—摆杆　4—心轴　5—轴承

测量仪实际上是一台专用的数字式频率计，其作用是直接显示传感器测出的倾角。测量仪采用数字集成电路，由传感器送出的振荡信号，经计数门进入主计数器，在电路中预置的补数基础上累计脉冲数。计数结束后，在锁存器接收脉冲作用下，将主计数器的结果送入寄存器，并由荧光数码管将结果显示出来。使用中，将游动范围内的两个极限位置的倾角读出，其差值即为游动角度。

(2) 指针式游动角度检测仪　指针式游动角度检测仪由指针、刻度盘和测量扳手组成，如图2-3a所示。使用时，指针固定在被测轴上，可与轴同步转动；刻度盘则在适当部位固定不动，作为指针的刻度目标，用来显示指针的转动角度；测量扳手用于转动被测轴，而扳手上的刻度和指针，则用于显示转动扳手所施加的力矩。

检测游动角度时，测量扳手将被测轴从一个极限位置转至另一个极限位置，其轴上的指针在固定不动的刻度盘上所转过的角度即为被测轴的游动角度。汽车传动系统游动角度的检测应分段进行，先分别检测驱动桥的游动角度、万向传动装置的游动角度、离合器与变速器

【课堂互动】

各挡位的游动角度，然后求和得出传动系统的游动角度。检测各段时应合理地固定指针及刻度盘，图2-3a所示为驱动桥游动角度检测时指针与刻度盘的固定方式。

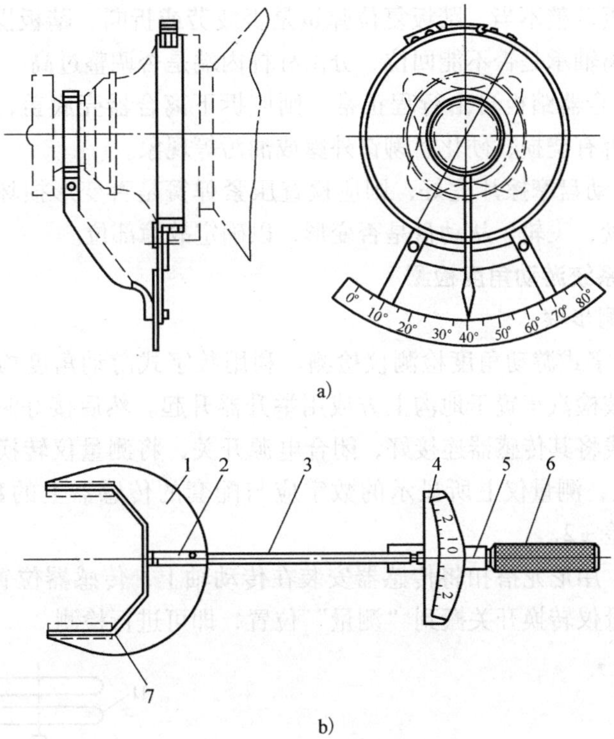

图2-3　指针式游动角度检测仪

a）指针与刻度盘的安装　b）测量扳手

1—卡嘴　2—指针座　3—指针　4—刻度盘

5—手柄　6—手柄套筒　7—可换钳口

【技能训练】

1. 离合器打滑的检测

（1）检测步骤

1）在传动轴上设置一个标记点。

2）把驱动轮置于底盘测功机或车速表试验台滚筒上，无条件者可支起驱动桥。

3）起动发动机，使车辆预热至正常温度。

4）接好检测诊断仪与发动机火花塞，以便由火花塞向仪器提供高压电极电脉冲信号。

5）将汽车变速器挂入直接挡，加大节气门开度，必要时，可用行车制动器或驻车制动器增加适当负荷，以提高离合器的传递扭矩，便于诊断。

6）将检测仪发出的光点投射到传动轴上预先设置的标记点上，通过

【课堂互动】

观察标记点与闪光点的同步情况来判断离合器是否打滑。

(2) 结果分析 当离合器打滑时，可按下述方法诊断故障原因：

1) 检测离合器踏板有无自由行程，若无自由行程，则应检查离合器操纵系统是否调整不当、踏板复位弹簧是否疲劳或折断、踏板操纵杆系是否卡滞、分离轴承是否不能回位、分离杠杆内端是否调整过高。

2) 若离合器踏板自由行程正常，则应拆下离合器壳底盖，检查从动盘摩擦片是否有烧损、硬化、铆钉外露或油污等现象。

3) 若从动盘摩擦片完好，则应检查压紧弹簧是否变形损坏或弹力不足，检查压盘、飞轮、从动盘是否变形，以确定故障部位。

2. 传动系统游动角度检测

(1) 检测步骤

1) 用数字式游动角度检测仪检测。利用数字式游动角度检测仪检测时，应先将被检汽车置于地沟上方或用举升器升起。然后接好测量仪的电源，并用导线将其传感器连接好，闭合电源开关，将测量仪转换开关置于“自校”位置，测量仪上所显示的数字应与配套的传感器上的数字相符，末位允许误差±2。

测量时，用尼龙搭扣将传感器安装在传动轴上，传感器位置如图2-4所示。将测量仪转换开关搬到“测量”位置，即可进行检测。

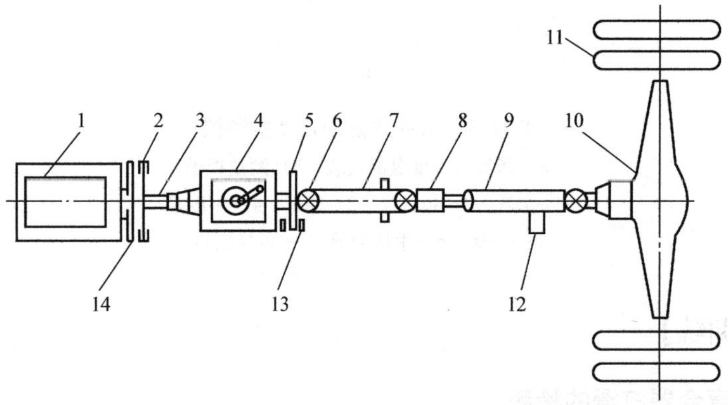

图2-4 倾角传感器在汽车传动系统中安装位置示意图

1—发动机 2—离合器从动盘 3—变速器输入轴 4—变速器 5—驻车制动盘 6—万向节 7—中间传动轴 8—传动轴花键套 9—传动轴 10—驱动桥 11—驱动轮 12—倾角传感器 13—驻车制动摩擦片 14—曲轴飞轮

测量过程应由2~3人配合进行，1人在车上根据所测部位的需要操纵离合机构，1人在车下扭动固定有传感器的传动轴，1人记录所测数值或扭传动轴的人兼作记录。扭转传动轴的人左右转动被测轴至两极限位置，使传感器检测出被测轴游动角度的信号，然后通过测量仪记下传感器在极限位置的倾斜角度，则两角度之差即为被测轴的游动角度。

传动系统游动角度的检测，常采用分段检测方法。检测时，传感器始

【课堂互动】

终固定在传动轴上，各段的检测方法如下：

① 万向传动装置游动角度的检测。将传动轴置于驱动桥游动范围的中间或将驱动桥支起，进行驻车制动，左、右转动传动轴至极限位置，测量仪显示出两个极限位置时传感器的倾斜角度，其两角度之差即为万向传动装置的游动角度。该角度不包括传动轴与驱动桥之间万向节的游动角度。

② 离合器和变速器各挡位游动角度的检测。放松驻车制动，变速器挂入选定挡位，离合器处于接合状态，传动轴位于驱动桥游动范围的中间，左、右转动传动轴至极限位置，测量仪显示的两角度之差再减去已测定的万向传动装置的游动角度，即为离合器与变速器在选定挡位下的游动角度之和。

③ 驱动桥游动角度检测。变速器挂入空挡，放松驻车制动，踩下制动踏板，左、右转动传动轴至极限位置，测量仪上显示的两角度之差即为驱动桥游动角度与传动轴至驱动桥之间万向节的游动角度之和。

上述三段游动角度之和即为检测的整个传动系统游动角度。注意，在检测时只有测量仪器显示的角度在0°~30°之内，读数才有效。

2）用指针式游动角度检测仪检测。采用指针式游动角度检测仪检测传动系统游动角度时，检测前，应使测量扳手上的指针指向零位。检测传动系统游动角度时，测量扳手从一个极限位置转至另一个极限位置（用不小于30N·m的转矩转动），使之从一个极端位置转到另一个极端位置，刻度盘上指针转过的角度即为所测游动角度值。传动系统各段游动角度检测方法如下：

① 检测驱动桥的游动角度。变速器挂空挡，驻车制动器松开，驱动轮制动，将测量扳手卡在驱动桥主动轴万向节的从动叉上，即可测得驱动桥的游动角度。

② 检测万向传动装置的游动角度。与测驱动桥游动角度的方法基本相同，只是扳手卡在变速器后端万向节的主动叉上。此时获得的游动角度减去驱动桥的游动角度，即为万向传动装置的游动角度。

③ 检测离合器和变速器的游动角度。放松制动器，离合器处于接合状态，如必要可支起驱动桥。测量扳手仍卡在变速器后端万向节的主动叉上，依次挂入各挡，即可获得不同挡位下从离合器到变速器的游动角度。

对上述三段游动角度求和，即可获得传动系统的游动角度。

（2）结果分析　传动系统游动角度是传动系统各传动副间隙的总体反映，这些间隙主要是变速器、主减速器、差速器中的齿轮啮合间隙，变速器输入轴、传动轴、半轴的花键联接间隙，十字轴与滚针轴承的间隙以及滚针轴承与万向节间的间隙。这些间隙因长期的动力传递及传动副的相对滑动而逐渐增加。研究表明，传动系统各总成和机件的磨损与其游动角度有密切关系，其传动系统总的游动角度随汽车行驶里程的增加而增加。当传动系统游动角度过大时，传动系统的工作条件将会恶化，将

【课堂互动】

加速零件的磨损并增大传动的噪声，因此应使其在规定的范围之内。通常中型载货汽车传动系统游动角度及各分段的游动角度应不大于表 2-1 所列数据。

表 2-1 游动角度诊断参考数据

传动系统部位	游动角度	传动系统部位	游动角度
离合器与变速器	≤5°~15°	驱动桥	≤55°~65°
万向传动装置	≤5°~6°	传动系统	≤65°~86°

2.1.2 自动变速器检测

电子控制自动变速器的检测，一般包括自动变速器的基础检测、机械性能检测和电控检测。

进行基础检测的前提是汽车的发动机工作正常，底盘性能良好，尤其是汽车的制动系统性能良好，否则，有可能将发动机加速不良、车轮制动器拖滞或其他问题的反映误认为是自动变速器的故障表现。

基础检验由一系列检验项目组成，这些检验项目是：发动机怠速检验、节气门全开检验、节气门阀拉索检验、自动变速器油液位检查、空挡起动开关检验和超速挡控制开关检验。通过这一系列检验可以判断自动变速器是否已经准备好正常的工作，而且通过这些检验，可以发现许多最基本的问题。因此，必须进行这一系列检验。

机械性能检测是指对变速器内的工作液压、换挡执行装置，如离合器、制动器及液力变矩器等的检测，还能初步判断发动机的功率输出情况，对于诊断变速器的故障是很有价值的。自动变速器的机械性能检测包括有：时滞试验、失速试验和油压试验等项目。

电子控制自动变速器都具有故障自诊断的功能。汽车在行驶过程中，如果自动变速器电子控制系统出现故障，电控单元将故障以故障码形式存储在存储器中，并使仪表板上的故障指示灯点亮。在检修时，从电脑中取出故障码，按故障码所示故障部位进行检修，有助于迅速准确地确定和排除自动变速器电子控制系统故障。

自动变速器故障码，可用专用检测仪读取和人工读取。不同公司的汽车故障码读取方法不尽相同，甚至相同车型不同年代的车辆也不相同，如丰田汽车的故障码通过 O/D OFF 指示灯来读取，本田汽车通过 D 位灯来读取，马自达通过“HOLD”保持灯来读取，三菱和现代汽车用电压表和发光二极管来读取。近年生产的大部分汽车采用 OBD—Ⅱ自诊断接头并用专用仪器来读取故障码，但有些生产商为了减轻维修费用，又取消了专用仪器调取 OBD—Ⅱ故障码，采用专用短接线即可调取故障码，如部分丰田最新产的车型就如此。

【课堂互动】

【技能训练】

1. 基础检测

(1) 发动机怠速检验 该检验的关键内容，就是确定当自动变速器选挡手柄位于“N”位时，汽车发动机的怠速转速是否在规定的范围内。

如果发动机的怠速转速过低，则当选挡手柄从“N”位换至“R”、“D”、“2”或“1”位时，会因不稳定的怠速而使汽车整体发生振动，影响乘坐的舒适性。若怠速转速过低情况比较严重，在选挡手柄位置变换时，还可能引起发动机熄火。当然，过低的怠速转速对发动机的排放控制也是非常不利的。

如果发动机的怠速转速过高，则当选挡手柄从“N”位变为其他位置时，将产生过度的换挡冲击。另外，怠速转速过高还将引发异常的车辆蠕动问题。虽然车辆蠕动是装用自动变速器的汽车所特有的现象，即选挡手柄置于“D”或“R”等位置且发动机怠速时，若松开制动踏板，即便是未踩加速踏板，车辆也会有轻微的移动，但怠速转速正常的汽车，蠕动现象应该是轻微的，在允许范围之内的。如果蠕动超出了允许的范围，譬如当选挡手柄置于“D”或“R”位时，除非用力踩下制动踏板，否则汽车就会开始移动的话，则车辆可能在起步前进或倒车时出现失控的局面，甚至发生不应有的前后碰撞。

发动机的怠速检验在满足以下条件下方可进行：发动机达到正常的工作温度，已经安装空气滤清器，进气系统所有的管路和软管均已接好，所有的附件（包括空调在内的用电器）均已关闭，所有的真空管路，包括废气再循环（EGR）装置在内均已正确连接，电子控制燃油喷射（EFI）系统的配线插接器均已完全插好，点火正时已正确设定，同时自动变速器位于空挡。

满足上述条件后可将转速表接至发动机，并开始检查怠速。检查时，最好先将发动机以2500r/min的转速高速空转大约1.5s，然后再检查怠速转速的高低。例如，日本丰田汽车公司威驰轿车所装用的5A发动机，其正常怠速转速范围为(700 ± 50)r/min；对同属该公司生产的佳美轿车所用3VZ—FE型发动机，怠速转速范围则为(770 ± 50)r/min。若怠速转速不符合规定，则应该检查怠速控制阀和进气装置。

(2) 节气门全开检验 这项检验要求将加速踏板踩到底时，发动机的节气门应全开，显然，其目的是检查发动机的输出功率是否在规定的范围内。

若节气门不能全开，则会引起以下问题：汽车高速大负荷时，因发动机功率输出受限而达不到最高车速；汽车加速性能变坏；影响自动变速器强制低挡的响应时间。

如经检验发现节气门开度不符合要求，应对发动机节气门操纵系统进行必要的检查和调整。

(3) 节气门阀拉索检验 这项检验用于检查表征发动机负荷大小的节气门开度，能否被准确地反映到自动变速器内部的节气门阀处。

【课堂互动】

在自动变速器节气门阀拉索上，都有调节记号，即在拉索上嵌有一个如图2-5所示的挡块标记。检查时，应注意拉索的具体类型。对有长的橡胶防尘罩套的拉索，检查时必须使发动机的节气门处于全开位置，即必须将加速踏板踩到底，这时，橡胶防尘罩末端与挡块标记间的距离应为0～1mm，若超出此范围，可用调节螺母调整拉索的长度。对仅有极短橡胶防尘罩套的拉索，则需在发动机节气门处于完全关闭的位置时检查，若短的防尘罩套与拉索上的挡块标记间的距离范围不符合标准（0～1mm内为合格），同样可以调节螺母对拉索的长度加以调整。

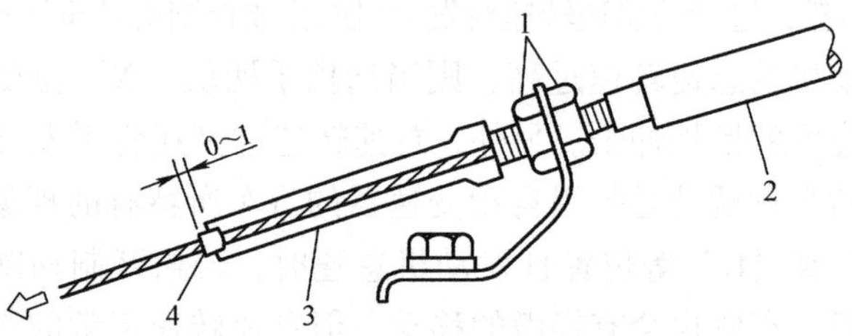

图2-5 节气门拉索检查

1—调节与锁紧螺母 2—外拉索 3—防尘罩套 4—挡块标记

如对防尘罩套末端与挡块标记间距离不加以检查和调整，则当该距离过大，及标记距罩套末端过远时，由于一定的发动机节气门开度反映在自动变速器节气门阀处要滞后一定值，所以如图2-6中所示的自动变速器换挡规律会水平地向下移动一段距离（见实线下面的虚线）。这时，在给定的发动机节气门开度下，自动变速器只能在比原定的升挡车速 v 高的某一车速 v'' 才出现升挡变换，因而换挡点升高，并造成过大的换挡冲击。若节气门阀拉索上的挡块标记跑到了防尘罩内部，则会使自动变速器节气门阀过早地工作，即反映在图2-6中，换挡规律曲线会水平地向上移动一段距离（见实线上方的虚线）。这时，在给定的发动机节气门开度下，自动变速器仅需在较原定的升挡车速低的某一车速 v'，便可以发生升挡变换，因而换挡点降低，并引起发动机的功率损失等后果。

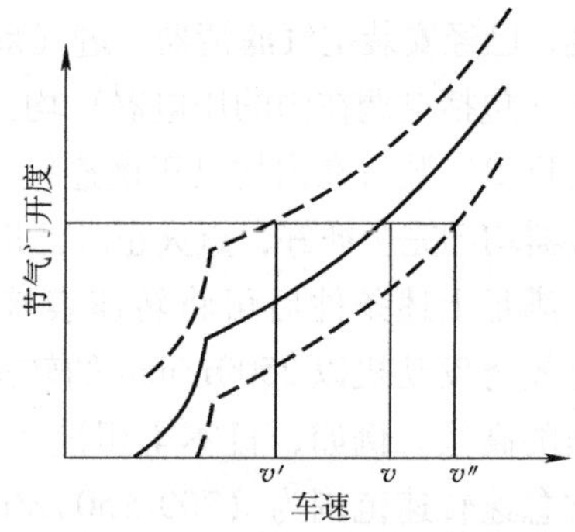

图2-6 节气门拉索位置对换挡规律的影响

（4）自动变速器油液位检查 这项检查用于检验自动变速器中的油液是否在规定的范围之内，同时一并检查自动变速器油的状况。

检查时，发动机和自动变速器的温度必须达到正常的工作温度（自动变速器油温为70～80℃），再将选挡手柄自“P”位变换到“1”位，然后

【课堂互动】

又返回“P”位，满足这些条件后，取出变速器液位计，用布擦掉机油；然后用压缩空气吹掉棉绒等，再将液位计完全放入管内，之后取出，检查液位是否在热态（HOT）范围内，如图2-7所示；如果液位计达不到液位的冷态（COLD）区域，检查变速器是否漏油。

若发动机未运转或更换自动变速器油时，应首先将液位调整在油尺上的冷态（COLD）范围内，然后在热的状态下重新检查液位，也就是说，只有热态下的检查合格才可以被认为经过了检查。

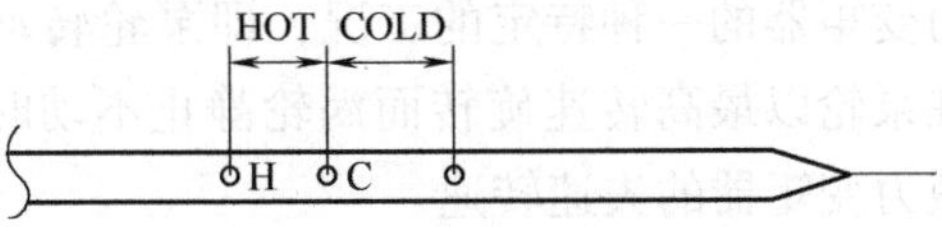

图2-7 变速器液位计指示标记

如果检查时发现自动变速器油液低于规定值，应立即添加原厂规定的自动变速器油，否则有可能出现液压泵吸入空气问题，轻者发生齿轮和其他旋转部件润滑不良，离合器和制动器打滑，重则影响到自动变速器的工作质量。若加油量过量造成液位过高，也应放掉多余的油液，否则有可能在车辆行驶过程中由于颠簸晃动而出现油液自通风管溢出的问题。另外，液位过高造成控制阀体的排油孔泄油不畅，将妨碍离合器、制动器的平顺分离，使挡位变换不稳。

（5）空挡起动开关检验 空挡起动开关是一个多位开关，它可以通知电子控制单元（ECU）自动变速器是否处于空挡起动状态，以及选挡手柄所处的不同位置等内容。

空挡起动开关检验的目的是核查汽车的发动机是否仅在自动变速器选挡手柄处于“N”或“P”位方可起动，以及倒挡灯开关是否仅在选挡手柄置于“R”位时才接通，从而使倒车灯点亮。检查时，若发现发动机在选挡手柄置于除“N”或“P”位以外的其他位置也能起动，则应按以下方法进行调整。

拧松空挡起动开关螺栓，然后将选挡手柄设定在“N”位，接下来将空挡起动开关上的空挡基准线与凹槽对齐，并保持位置不动，拧紧螺栓至规定扭矩（图2-8）。

（6）超速挡控制开关检验 这项检验用于确认自动变速器的超速挡电器系统是否工作正常。

检查时的自动变速器油温应处于正常状态（70～80℃），然后将发动机熄火，打开点火开关，按动超速挡（O/D）控制开关，查听位于变速器内的相应电磁阀有动作时是否发出咔嗒声，若有咔嗒声，则说明被检测

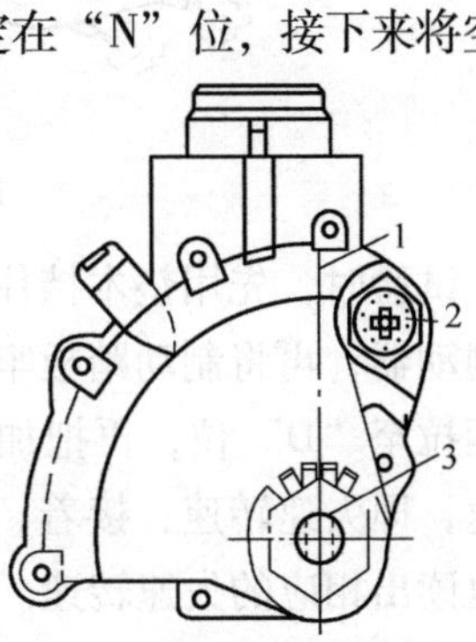

图2-8 空挡起动开关的调整
1—空挡基准线 2—螺栓
3—凹槽

【课堂互动】

自动变速器的超速挡电控系统工作正常。

若需确认自动变速器能否在按下超速挡（O/D）控制开关时，可以在发动机节气门开度和汽车行驶速度适宜时产生由三挡升为四挡（超速挡）的升挡变换，以及四挡降为三挡的降挡变换，则必须进行道路试验。

2. 机械性能检测

（1）失速试验　对自动变速器中液力变矩器的工作特性来说，除增扭和耦合状态的分界点，即耦合器工作点之外，还有一个重要的点就是失速点，它对应了液力变矩器的一种特定的工况，即泵轮转动而涡轮不转。失速的最大值发生在泵轮以最高转速旋转而涡轮静止不动时，这时的泵轮或发动机转速就是液力变矩器的失速转速。

进行失速试验的目的是通过测取选挡手柄置于“D”位或“R”位时的失速转速，来检查自动变速器和发动机的整体性能。

进行失速试验时，应满足以下要求：自动变速器油温在70～80℃范围内；此测试不能连续进行5s以上；在将变速杆从D位置于R位前，至少要等待1min；确认空调关闭。为保证安全，应选择开阔且有良好附着力的平坦地面，同时试验要由两人配合进行，一人进行试验，另一人在车外观察车轮或车轮垫木的情况。

失速试验的检验步骤如图2-9所示。

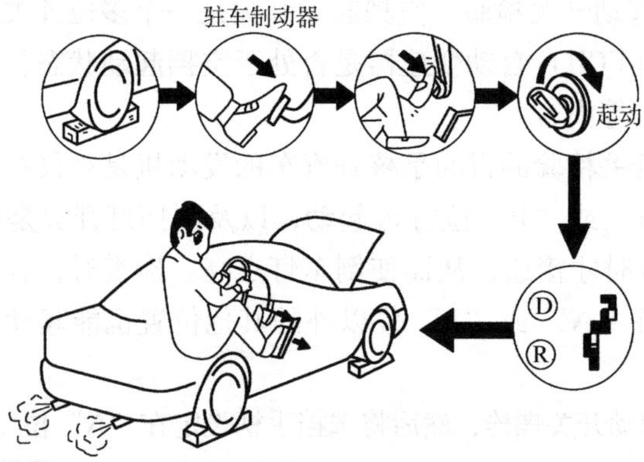

图2-9　失速试验的步骤

试验时，先用垫木挡住4个车轮，然后将转速表接至发动机，拉紧驻车制动器，再将制动踏板牢牢地踩到底。准备就绪后起动发动机，将选挡手柄拉至“D”位，再把加速踏板踩到底，与此同时，记住发动机的最高转速，即失速转速；接着，将选挡手柄推至“R”位进行同样的试验，并快速读出相应的失速转速。试验完毕后，将“D”位和“R”位的失速转速与汽车制造厂家提供的失速转速标准值进行比较，以分析原因，找出故障所在。

为便于说明，以日本丰田公司的威驰（5A-FE型发动机）轿车为例。

【课堂互动】　该轿车“D”位和“R”位时失速转速均为2350±200r/min，如果测试结果不正常，参阅表2-2找出故障原因。

表2-2　失速试验不正常的可能原因

故　障	可能原因
D位或R位失速转速低	1）发动机输出功率不足； 2）导轮单向离合器动作不正常。 注意：如高于或低于规定值600r/min以上，则可能是变矩器故障
D位失速转速高	1）管道压力太低； 2）前进挡离合器打滑； 3）单向离合器动作不正常
R位失速转速高	1）管路压力太低； 2）倒挡离合器打滑； 3）第一挡和倒挡制动器打滑
D位和R位失速转速高	1）管道压力太低； 2）油位不正确； 3）单向离合器动作不正常； 4）第一挡和倒挡制动器打滑； 5）前进挡离合器打滑

（2）时滞试验　时滞试验的目的是测定发动机怠速时，自动变速器自选挡手柄从“N”位换至“D”位或“R”位，直至感觉到换挡冲击为止的这一段滞后时间，换言之，也就是说从“N”位换至“D”位或“R”位，中间经历液压控制系统起动，行星齿轮装置起动，一直到将驱动力矩传至汽车驱动轮这一段完整的时间。

时滞试验的过程如图2-10所示。

图2-10　时滞试验的过程

测定时滞的时候，先用驻车制动器锁住汽车，然后起动发动机，在关闭空调系统的前提下检查怠速转速是否在允许的范围内，如果是，则将选挡手柄从“N”位换至“D”位，用秒表测量从换挡开始至感觉到振动的时间差，然后用同样的方法，测量“N”位换至“R”位的时滞。对绝大多数装用自动变速器的汽车来说，“N”位换至“D”位的时滞应小于

【课堂互动】

1.2s，“N”位换至“R”位的时滞应小于1.5s。

进行时滞试验时，自动变速器的油温应正常（70～80℃），同时，各项试验之间至少要间隔1min以上，以便使变速器内部的相应制动器和离合器恢复至全开状态。另外，为使测量结果准确可靠，同一内容试验应反复做3次，并取各次测量结果的平均值作为最终的时滞值。

以威驰（5A-FE发动机）轿车为例，对时滞超过规定值的可能原因进行分析。

若从“N”位换至“D”位的时滞较长，说明油路的油压太低，前进挡离合器磨损。若“N”位换至“R”位的时滞过长，可能的原因有油路压力太低、倒挡离合器磨损、第一挡和倒挡制动器磨损。

总而言之，自动变速器中离合器、制动器盘与制动片之间的间隙因磨损等原因变得越大，则接合所需的时间越长；而管路中的油压越低，获得离合器、制动器活塞的工作压力所需的时间也越长，因而时滞越长。

（3）液压试验 液压试验即测量自动变速器的油路压力。进行该项试验时，油温应处于70～80℃之间，为安全起见，测量油路压力时，要由两人配合进行，一人进行测量，另一人在车外观察车轮或车轮垫木的情况。液压系统的测试如图2-11所示。

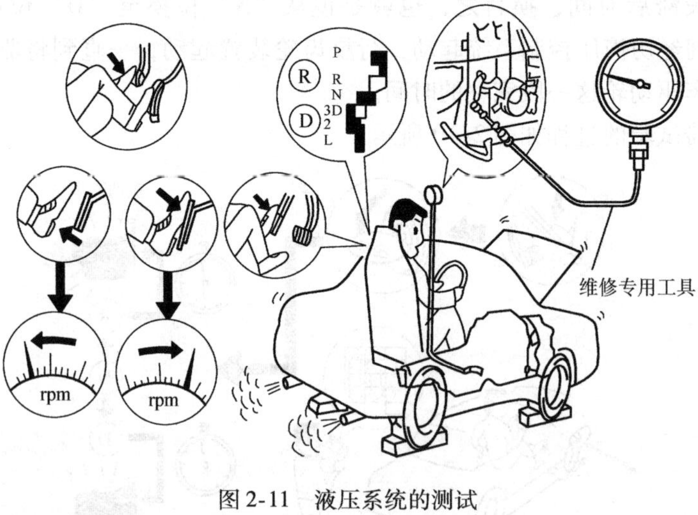

图2-11 液压系统的测试

具体的测试程序如下：

1）预热自动变速器油。

2）拆下自动变速器壳体上的测试塞，将油压表连接上。

3）拉紧驻车制动器，并用垫木将4个车轮挡住。

4）起动发动机并检查怠速转速是否正常。

5）将制动踏板踩到底，将选挡手柄换入“D”位。

6）在发动机怠速运转的情况下，检查并记录油路压力，然后，将加

【课堂互动】

速踏板踩到底，在发动机转速达到失速转速时，迅速记录油路最高压力。

7）用同样的方法对选挡手柄置于“R”位时的油路压力进行检测。

表2-3为日本丰田汽车公司A341E、A342E型电子控制4挡自动变速器原厂规定的油路压力，如油压的测量值达不到规定值，应再次检查节气门阀拉索的调整情况，并重新进行油路压力的测量。

表2-3 丰田汽车公司A341E、A342E型电子控制4挡自动变速器规定的油路压力

油路压力	“D”位/kPa	“R”位/kPa
怠速	382 ~ 441	579 ~ 657
失速	1265 ~ 1402	1638 ~ 1863

一般来说，如果选挡手柄无论置于“D”位还是置于“R”位时，测得的油路压力都高于规定值，则造成这种现象的原因一般为节气门拉索失调、节气门故障或调压阀故障；如果在“D”位和“R”位上测得的油路压力都低于规定值，则可能的原因有节气门拉索失调、节气门阀故障、调压阀故障、液压泵故障或超速挡直接离合器故障。

假如出现的问题是仅在“D”位时油压低，则可能的故障原因为“D”位工况油路泄漏或前进挡离合器故障；若仅是在“R”位时油压低，则可能的故障原因为“R”工况油路泄漏、直接离合器故障或第一挡和倒挡制动器故障。

（4）道路试验 由于自动变速器最终是以其在车辆行驶状态下所表现出来的使用性能和换挡性能的优劣来评价的，所以，道路试验是重要的，而且也是必须的试验。

道路试验是对汽车自动变速器性能的最终检验，检验内容侧重于换挡点、换挡冲击、振动、噪声和打滑等诸多方面。进行道路试验时，由于只能凭试验人的感觉来判断是否已换挡，即捕捉换挡冲击来加以判断，所以试验人员应尽可能多地积累操纵各种变速器的经验，否则路试的结果不会太理想。

道路试验前，汽车的发动机、底盘等各总成或系统的技术状况应完好，自动变速器应已经做过了各种检查和试验。考虑到取决于自动变速器换挡规律的升、降挡换挡点因具体的车辆型号不同而异，所以在进行道路试验前，要设法找到被试车型自动变速器的换挡规律图或换挡一览表，以便加以对照检查。

进行道路试验时，自动变速器中的油液温度应处于正常状态，即70 ~ 80℃。

下面，以威驰轿车为例，对自动变速器的道路试验加以探讨。

1）“D”工况试验。将选挡手柄换入“D”位，使加速踏板保持在对应发动机节气门完全开启的恒定位置，然后通过捕捉换挡冲击来检查以下内容。

① 检查升挡变换。检查是否发生由一挡升二挡、二挡升三挡以及三挡升超速挡的升挡变换，同时对照表2-4，判明实际换挡点是否符合要求。

表 2-4 凌志 LS400 轿车自动变速器换挡点

【课堂互动】

工　况	换挡要求及换挡点车速/(km/h)		
D	节气门完全开启	一挡换二挡	45～52
		二挡换三挡	87～97
		三挡换超速挡	141～153
		超速挡换三挡	135～147
		三挡换二挡	82～92
		二挡换一挡	38～43
	节气门完全关闭	三挡换超速挡	40～45
		超速挡换三挡	27～32
2	节气门完全开启	一挡换二挡	45～52
		三挡换二挡	88～98
		二挡换一挡	38～43
L	节气门完全开启	二挡换一挡	45～51

需要注意的是：

a. 当发动机冷却液温度低于47℃，自动变速器油温度低于10℃，车速低于43km/h时，变速器不能换入超速挡。

b. 当发动机冷却液温度低于40℃，自动变速器油温度低于10℃，车速低于22km/h时，变速器不能换入三速挡。

c. 当发动机冷却液温度低于47℃，自动变速器油温度低于20℃，车速低于43km/h时，变速器处于超速挡时，不能进行液力变速器锁止离合器锁止控制。

② 检查换挡时有无过高的换挡冲击或打滑。这时要检查的是在由一挡升二挡，二挡升三挡以及三挡升超速挡等升挡时有无过高的换挡冲击或打滑现象发生。若自动变速器内相应的多片离合器打滑，则由低挡升高挡时，由于离合器接合不及时，从动部分的转动滞后于主动部分，因而车速提高较慢；打滑严重时，功率传递中断，发动机转速瞬时升高，换入高速挡时必然伴随着强烈的换挡冲击。

③ 检查有无异常的振动和噪声。检查在“D”工况下当自动变速器的液力变矩器锁止离合器发生锁止或以超速挡行驶时，有无异常的振动和噪声。在进行异常振动和噪声检查时，一定要极为仔细，因为这些情况也可能是由汽车传动系统中的离合器传动轴、差速器或者是由自动变速器中的液力变矩器等的不平衡所引起的。

④ 检查降挡变换。在“D”工况下以二挡、三挡或超速挡行驶时，分别检查二挡降一挡、三挡降二挡以及超速挡降为三挡时的降挡点，是否与表2-4中所给的标准值相等。

另外，还要注意检查降挡时有无异常噪声和打滑问题。

⑤ 检查液力变矩器的锁止机构。执行此项检查时，应使汽车在“D”工况下的超速挡，即大约为80km/h的稳定车速行驶（这时，若液力变矩器的锁止机构工作正常，锁止离合器应处于结合状态），轻轻踩下加速踏

【课堂互动】

板，发动机的转速应该没有突然的变化。一旦发现此时发动机转速有大的跳跃，则说明锁止失效。

2）“2”工况试验。将自动变速器选挡手柄拉至“2”位，并将加速踏板保持在使发动机节气门处于完全开启状态的位置，然后检查以下内容。

检查自动变速器能否进行由一挡升二挡的升挡变换，且换挡点应与表2-4中的换挡点相符。应该注意的是，在“2”工况下，没有从超速挡降为三挡的功能，同时液力变矩器锁止离合器也不能产生接合，即无法锁止。

在“2”工况下汽车以二挡行驶时，松开加速踏板，检查有无一定的发动机制动效果。

另外，还要检查在加、减车速时有无异常噪声，换高挡和换低挡时有无过大的换挡冲击。

3）“L”工况试验。将换挡手柄换至“L”位，仍将加速踏板保持在使发动机节气门全开的位置上，同时检查是否有升为二挡的升挡变换。显而易见，在“L”工况下是不允许有这种升挡现象发生的。另外，检查汽车加速或减速时有无异常的噪声出现。

在“L”工况行驶时，松开加速踏板，应出现较强的发动机制动效果。

4）“R”工况试验。把选挡手柄推入“R”位，在发动机节气门完全开启的状态下使车辆起步，检查有无打滑现象发生，如能迅速倒车，则说明不打滑。

注意：在进行该试验前，确保试验场地无人和障碍物。

5）“P”工况试验。将汽车停在坡度大于9%（或角度大于5°）的斜坡上，置选挡手柄于“P”位后松开驻车制动器，检查车辆是否可以保持原地不动。

3. 电控检测

自动变速器具有内置自诊断功能。发生故障时，ECT ECU便会将故障码储存在存储器中，O/D OFF指示灯也会闪烁，以提醒驾驶人注意。通过以下程序可读出存储在存储器中的故障码。

注意：当显示故障码时，需要检查故障是过去发生过还是当前存在的，然后检查其与重现故障的关系。因此，需要在故障检查前和检查后两次显示故障码。

（1）故障码的读取　下面以丰田威驰轿车自动变速器为例，介绍故障码的读取方法：

1）通过O/D OFF指示灯来读取。

① O/D OFF指示灯的检查：

a. 将点火开关转到ON，但不要起动发动机。

b. 检查O/D开关处于关闭（OFF）时，O/D OFF指示灯是否亮起，打开（ON）时是否熄灭。正常情况为：O/D OFF指示灯在O/D开关处于关闭时应亮起，在打开时应熄灭。如果O/D OFF指示灯在O/D开关处于关闭时不亮，处于打开时不熄灭，检查 O/D OFF 指示灯电路；如果 O/D OFF 指示灯在 O/D 开关处于打开时闪烁，说明自诊断系统已经存储了故障码，应进行自诊断操作，读取故障码。

② 故障码的读取：

a. 将点火开关转到 ON，但不要起动发动机。

b. 用维修专用工具 SST 09843-18040 连接 DLC3 的端子 13（TC）和 4（CG），如图 2-12 所示。注意：连接插接器时，若插接器位置错误，会出现故障；检查插接器端子时，与电控自动变速器无关的警告灯会点亮，但这不是系统故障。

c. 通过 O/D OFF 指示灯的闪烁读取故障码。

【课堂互动】

1. 在汽车上找到检查插接器端子。

2. 根据要求连接导线，练习读取故障码。

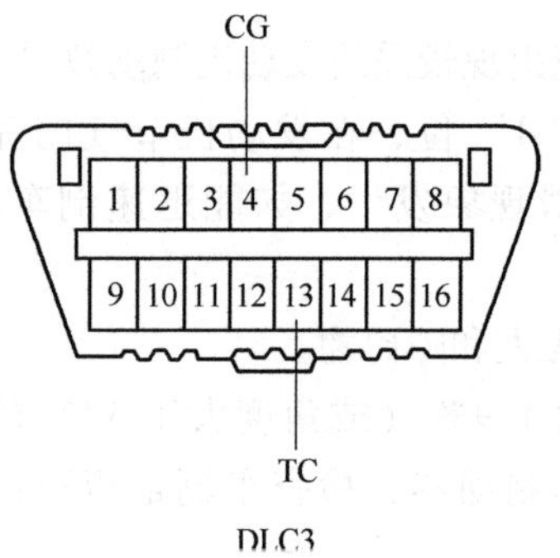

图 2-12 DLC3 端子

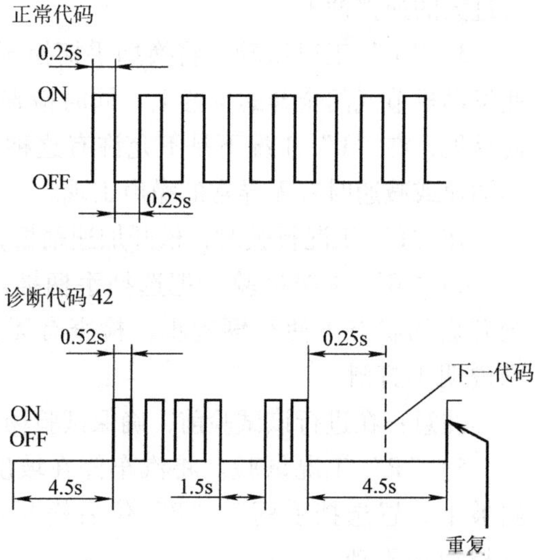

图 2-13 正常代码与诊断代码

如果系统正常，指示灯闪 2 次/s；如果系统有故障，将显示诊断代码，如图 2-13 所示为显示 42 的故障码。当存储器中储存两个以上诊断代码时，首先显示较低数值的代码，再依次显示较高数值的代码。丰田威驰轿车电子控制自动变速器诊断代码见表 2-5。

表 2-5 威驰轿车自动变速器故障码表

故障码	检 测 项 目	故 障 部 位	O/D OFF①指示灯闪烁	存储器②
38	变速器油温度传感器故障（变速器油温度传感器）	1）变速器油温度传感器电路 2）变速器导线（变速器油温度传感器） 3）ECT ECU	○	○
61	输出速度传感器电路无信息	1）输出速度传感器电路断路或短路 2）转速传感器（输出速度传感器） 3）ECT ECU 4）阀体总成 5）自动变速器总成	○	○

【课堂互动】

（续）

故障码	检测项目	故障部位	O/D OFF① 指示灯闪烁	存储器②
62	换挡电磁阀A电故障（换挡电磁阀SL1）	1）换挡电磁阀SL1电路断路或短路 2）换挡电磁阀SL1 3）ECT ECU	○	○
63	换挡电磁阀B电故障（换挡电磁阀SL2）	1）换挡电磁阀SL2电路断路或短路 2）换挡电磁阀SL2 3）ECT ECU	○	○
64	换挡电磁阀E电故障（换挡电磁阀SL）	1）换挡电磁阀SL电路断路或短路 2）换挡电磁阀SL 3）ECT ECU	○	○
65	换挡电磁阀F电故障（换挡电磁阀DSL）	1）换挡电磁阀DSL电路断路或短路 2）换挡电磁阀DSL 3）ECT ECU	○	○
67	输入/涡轮速度传感器电路无信号	1）输入/涡轮速度传感器电路断路或短路 2）转速传感器（输入速度传感器） 3）ECT ECU 4）阀体总成 5）自动变速器总成	○	○
69	换挡电磁阀D电故障（换挡电磁阀SR）	1）换挡电磁阀SR电路断路或短路 2）换挡电磁阀SR 3）ECT ECU	○	○
72	锁止速度不合适	1）阀体总成 2）变矩器离合器 3）ECT ECU 4）自动变速器总成	○	○
76	换挡电磁阀C电故障（换挡电磁阀SL3）	1）换挡电磁阀SL3电路断路或短路 2）换挡电磁阀SL3 3）ECT ECU	○	○
82	发动机和ECT ECU通信线路间的通信故障	1）ECU电路断路或短路 2）ECU 3）ECT ECU	○	○
86	发动机转速信号无输出	1）ECU电路断路或短路 2）ECU 3）ECT ECU	○	○
97	驻车/空挡位置开关信号无输入	1）驻车空挡位置开关电路断路或短路 2）驻车空挡位置开关 3）ECT ECU	○	×
97	驻车/空挡位置开关信号多路输入	1）驻车空挡位置开关电路断路或短路 2）驻车空挡位置开关 3）ECT ECU	○	○

①“○”记号表示O/D OFF指示灯闪烁，且每2s闪烁一次；“×”表示O/D OFF指示灯不闪烁。

②“○”记号表示ECT ECU在检测输出故障码的条件时，存储故障码。

注意：自动变速器内部的离合器、制动器和齿轮等部件损坏时也输出故障码。

【课堂互动】

2）用专用检测仪从 OBD—Ⅱ诊断接头读取故障码。按国际惯例自1996年以后生产的新车，其电控自动变速器实施 OBD—Ⅱ标准故障诊断码。在调取故障码时，按专用仪器的操作程序读取故障码，其故障码的调取方法见有关的使用说明书。

（2）电控自动变速器电控元器件的检测　有些电控元件可以通过检测诊断插座上相应的端子之间的信号电压进行检测，也可用常规的方法进行检测。例如，丰田汽车通过检测诊断插座上的信号端子“T_T”与搭铁端子“E_1”之间的电压，即可检查节气门位置信号、制动信号和换挡挡位信号，下面以丰田汽车为例介绍电控元器件的检测方法。

1）通过诊断插座上“T_T”—“E_1”端子检查电子控制系统部件。

① 检测节气门位置传感器信号：

a. 将万用表的功能选择开关拨到直流电压挡，正极表笔连接诊断插座的“T_T”端子，负极表笔连接“E_1”端子，如图2-14a所示。

b. 接通点火开关，但不起动发动机。

c. 缓慢踩下加速踏板，使节气门从完全关闭至完全打开，同时查看万用表显示的“T_T”端子电压。正常电压值应从0V阶梯升高到8V，如图2-14b所示（在检测过程中，不要踩制动踏板，否则输出电压将保持0V）。如果显示电压不正确，应当检修节气门位置传感器信号。

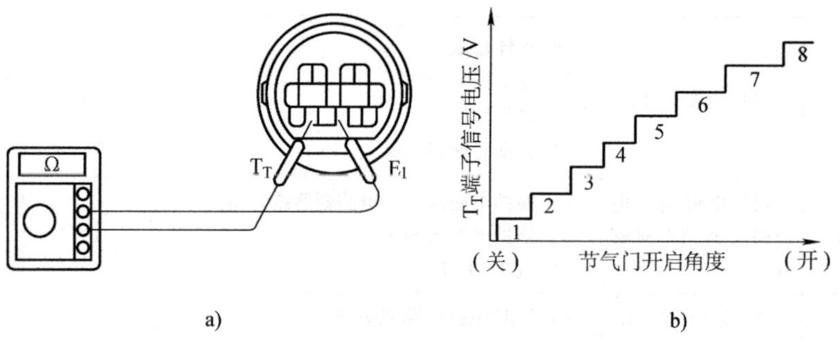

图2-14　检查电控系统信号
a）检查端子位置　b）TPS输出信号

② 检查制动信号：

a. 将万用表的功能选择开关拨到直流电压挡，正极表笔连接诊断插座的“T_T”端子，负极表笔连接“E_1”端子，如图2-14a所示。

b. 接通点火开关，但不起动发动机。

c. 踩下加速踏板，直到“T_T”端子的输出电压达到节气门位置传感器信号电压最大值8V时，再踏下制动踏板，此时“T_T”端子输出电压应为0V；当松开制动踏板时，“T_T”端子的输出电压应为8V。如果显示电压不正确，说明制动灯开关或其线路有故障，应当检修。

③ 检查换挡挡位信号：

【课堂互动】

a. 起动发动机并预热，使冷却液温度达到80℃。

b. 接通超速挡 O/D 开关（即“T_T”端子输出电压开关置于 ON 位置）。

c. 将工作模式开关置于“NORM（标准）”位置。

d. 选挡操作手柄拨到“D”位。

e. 以10km/h以上车速进行道路试验，检测“T_T”端子输出电压是否与表2-6所示升挡位一致。电压从0V逐渐升高至7V说明电控系统正常。注意：在换挡时，升挡挡位通过发动机的轻微振动或转速改变来确定。在一般情况下，二、三挡行驶时，锁止离合器很难处于接合状态，为使变矩器锁定，需要将加速踏板踩下其行程的50%或更多。当加速踏板踩下的行程少于50%，“T_T”端子输出电压可能会按2V—4V—6V—7V顺序变化，则并非故障所致。

表2-6 升挡位置与“T_T”端子电压关系

升挡位置	“T_T”端子电压
一挡	0V
二挡	2V
二挡锁定	3V
三挡	4V
三挡锁定	5V
O/D 挡	6V
O/D 挡锁定	7V

2）用常规方法检测电子控制系统部件。

① 检查车速传感器。车速传感器有开关式和电磁式两种类型，它们的检测方法不同。

开关式传感器通常用万用表欧姆挡检测，欧姆表一只表笔接地或变速器壳体，另一只表笔与传感器单接头相连，输出轴转动一周，欧姆表显示的电阻值应出现一次或多次由低值到高值变化。

电磁感应式传感器，可用欧姆表或电压表进行检测，检测时将两表笔与传感器的两接头相连，构成一回路。在使用欧姆表检测时，检测该回路的电阻，如果电阻过高或过低，则说明回路有断路或短路。在用电压表检测时，转动车轮，电压表应有电压指示，其电压随车轮转速的增加而升高。也可用示波器检测传感器输出信号波形，其波形应为稳定的正弦电压波形。如果信号电压和波形不符合要求，应拆下传感器进一步检查，如检查线圈电阻、短路、断路等故障。

② 检查节气门位置传感器。检查节气门位置传感器，可用万用表欧姆挡或电压挡测量节气门位置传感器各端子的电阻或电压，将检测结果与标准值进行比较，便可知节气门位置传感器的好坏。若不符合标准，则需更

换或调整节气门位置传感器。

【课堂互动】

③ 检查电磁阀执行元件。电磁阀有开关式和线性脉冲式两种。检查电磁阀执行元件的内容如下：

a. 检查电磁阀电阻：用万用表欧姆挡测插脚之间的电阻，开关式电磁阀的线圈电阻一般为10～30Ω；线性脉冲式电磁阀线圈电阻一般为3～5Ω。

b. 检查电磁阀的动作：对于开关式电磁阀施加12V的电压，应能听到电磁阀工作的“咔嗒”声，否则电磁阀卡滞，应更换。对于线性脉冲式电磁阀施加4V电压，应能看到电磁阀芯移动，断开电源，电磁阀芯应能回位。对于线性脉冲式电磁阀如果要施加12V的电压，必须要串接一只8～10W的灯泡，否则会烧毁电磁阀线圈。

c. 检查电磁阀的开闭情况：用压缩空气吹开关式电磁阀进油口，检查电磁阀在通电和不通电时开闭是否良好。开关式电磁阀在不通电时应不通气，通电时应通气，否则，电磁阀已损坏。

④ 检查挡位开关（空挡起动开关）。检查空挡起动开关，可用万用表欧姆挡或电压挡测量。用欧姆挡测量时，顶起汽车，拆下空挡起动开关，用表笔检测各挡位下空挡起动开关插脚之间的导通情况，将检测结果与标准情况进行比较，便可知空挡起动开关是否正常。用电压挡进行就车检测时，接通点火开关，在不同挡位下，将负极表笔接地，正极表笔与开关端子逐一相连，测出各端子电压，然后再将检测的结果与标准情况下的值进行比较便可检测出开关的好坏。

⑤ 检测电控单元。一般来说，电控单元很少出故障，但当汽车的使用和维护不当，也会出现电控单元损坏，因此需要检查发动机和自动变速器电控单元接头端子间电压。不同型号的电控自动变速器，电子控制单元接头的端子间电压是不同的，应与车辆的维修手册对应检查。

【习题2.1】

1. 造成离合器打滑的原因有哪些？检测离合器打滑的仪器是什么？

2. 传动系统的游动角度由哪些部位引起？正常情况下，是否存在传动系统的游动角度，为什么？

3. 自动变速器的检测项目有哪些？

4. 读取故障码的方法有哪些？

5. 道路试验的项目有哪些，应如何测试？

2.2 汽车转向系统检测

【本节目标】

了解转向系统检测的项目及目的，掌握四轮定位检测、转向盘自由行程和转向力检测的原理、方法及相关设备的使用。

【课堂互动】

【基本理论知识】

2.2.1　转向力和转向盘自由转动量的检测

转向系统的技术状况常用转向盘自由转动量、转向盘转向力来诊断，因此转向系统的常规检测项目主要是转向盘自由转动量、转向盘转向力。

1. 转向盘自由转动量的检测

转向盘自由转动量是指汽车转向轮处于直线行驶位置静止不动时，转向盘可以自由转动的角度。它是转向系统内部各传动连接部件间隙的总反映，过大的转向盘自由转动量，一方面将直接导致汽车转向不灵敏，影响行车安全；另一方面由于转向系统内存在着较大的传动间隙而削弱了对转向轮的约束，从而导致汽车直线行驶不稳定。因此对转向盘的自由转动量应进行检查和调整，使其符合要求。

2. 转向盘转向力的检测

操作稳定优良的汽车，具有适度的转向轻便性。若转向沉重，则不仅增加驾驶人的劳动强度，而且还因不能及时敏捷地转向而影响行车安全；若转向太轻，则驾驶人会感到失去“路感”、觉得“发飘”，难以控制汽车行驶方向，同样不利于行车安全。转向轻便性可用一定行驶条件下作用在转向盘上的转向力（即作用在转向盘外缘的切向力）的大小来表示。

转向盘自由转动量和转向力均可采用转向参数测量仪进行检测，图2-15

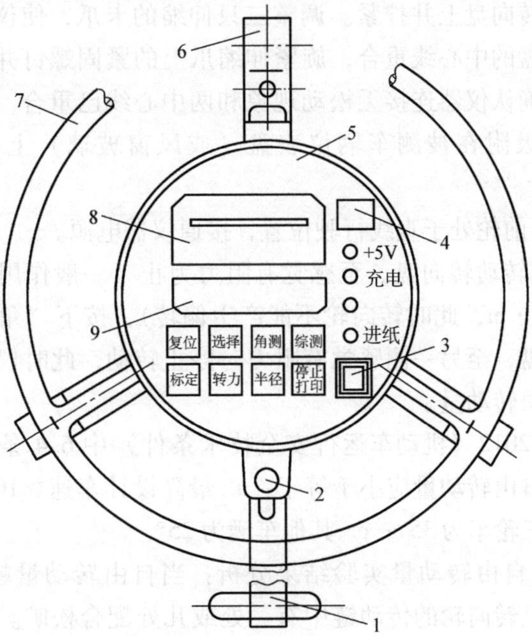

图2-15　ZC—2型转向参数测量仪

1—定位杆　2—固定螺栓　3—电源开关　4—电压表　5—主机箱　6—连接叉　7—操纵盘　8—打印机　9—显示器

为一转向参数测量仪的简图，它主要由操纵盘7、主机箱5、连接叉6和定位杆1四部分组成。操纵盘由螺栓固定在三爪底板上，底板经转矩传感器与三个连接叉相连，每个连接叉上都有一只可伸缩长度的活动卡爪，其活动卡爪与被测转向盘相连接。主机箱为一圆形结构，固定在底板中央，其内装有转矩传感器、接口板、微机板、显示器、打印机和电池等。定位杆从底板下伸出，经磁力座吸附在驾驶室内的仪表盘上，定位杆的内端连接有光电装置，光电装置装在主机箱内的下部。

【课堂互动】

其工作原理是：通过调节三只活动卡爪使转向参数测量仪与被测转向盘中心基本重合后，用卡爪将测量仪与转向盘牢固连接好。当转向参数测量仪在被测转向盘上安装调整好后，转动操纵盘的转向力则通过底板、转矩传感器、连接叉传递到被测转向盘上，使转向盘转动以实现汽车转向。此时，转矩传感器将转向转矩转变成电信号，而定位杆内端连接的光电装置则将转角的变化转变为电信号。这两种电信号由微机自动完成数据采集、转角编码、运算、分析、存储、显示和打印。该仪器可进行转向盘转向力、转向盘转角及转向盘自由转动量的检测。

【技能训练】

1. 转向盘自由转动量的检测

1）测量前，应将转向参数测量仪可靠地安装在被测车辆的转向盘上。安装时，松开连接叉三只伸缩爪上的紧固螺钉，松开连接卡头，将卡头扣在被测车辆的转向盘上并拧紧。调整三只伸缩的卡爪，使仪器的中心线同被测车辆转向盘的中心线重合，旋紧伸缩爪上的紧固螺钉并反复转动仪器的操纵盘，以确认仪器连接无松动现象和两中心线已重合，调整定位杆的长度，使其与吸附在被测车辆仪表盘（或风窗玻璃）上的磁力吸座相固定。

2）使汽车前轮处于直线行驶位置，接通仪器电源。

3）向一侧转动转向盘，至感觉有阻力为止（一般作用在操纵盘边缘处的力矩为5N·m，此时转向轮不能产生偏转），按下“角测”按钮，再缓慢转动转向盘，至另一侧感觉有阻力时停止转动，此时仪器显示的角度即为转向盘自由转动量。

GB 7258—2012《机动车运行安全技术条件》中6.4条规定：机动车转向盘的最大自由转动量应小于等于：a. 最高设计车速≥100km/h的机动车为15°；b. 三轮车为35°；c. 其他车辆为25°。

4）转向盘自由转动量实验结果分析：当自由转动量超过规定值时，说明从转向盘至转向轮的传动链中有一处或几处配合松旷。此时一般通过调整转向器内主从动件的啮合间隙或轴承预紧度来调整转向盘自由转动量，使之符合规定要求。对于因转向系统中各球头销或销座磨损引起的自由转动量过大，应修理或更换球头销或销座。

【课堂互动】

2. 转向盘转向力的检测

转向力的检测可按转向轻便性试验方法进行，一般有原地转向力试验、低速大转角（8字行驶）转向力试验、弯道转向力试验等。目前，在实际检测中应用广泛的有原地检测和路试检测两种。

（1）原地检测

1）按照转向参数测量仪使用说明书要求，将测量仪正确地安装到被测汽车的转向盘上。

2）将汽车转向轮置于带有刻度的转盘上，接通仪器电源。

3）按下“力测”按钮，按照检车标准缓慢转动转向盘，使转向轮达到原厂规定的最大转角。

4）在转向轮转动的全过程中，用测力装置在转向盘外缘测得的最大数值即为车轮原地转动的转向盘转向力。

检测过程中，应注意转向轮能否转到极限位置，同时还应观察其转动是否会与其他部件发生干涉现象。

GB 18565—2012《营运车辆综合性能要求和检验方法》中规定，营运车辆使用该法的检测标准：转动转向盘的最大转向力应小于或等于120N。

（2）路试检测　将ZC—2型转向参数测量仪按要求正确地安装到被测转向盘上，汽车在平坦、硬实、干燥和清洁的水泥或沥青道路上行驶，以10km/h的速度在5s内沿螺旋线从直线行驶过渡到直径为24m的圆周行驶，测出此过程中施加于转向盘外缘的最大切向力数值，该数值即为转向盘转向力。

GB 7258—2012《机动车运行安全技术条件》中6.8规定：转动转向盘的最大转向力应小于或等于245N。

当转向盘转向力检测值超过规定值时，可能是由以下原因造成：

1）轮胎气压不足。

2）转向器主动部分轴承预紧力太大或从动部分（垂臂轴）与衬套配合太紧。

3）转向器主、从动部分啮合调整太紧。

4）转向器无油或缺油。

5）转向节与主销配合太紧或缺油。

6）转向节止推轴承缺油或损坏。

7）纵、横转向拉杆的球头连接调整太紧或缺油。

8）与转向盘连接的转向轴弯曲或其套管凹瘪，造成刮碰。

9）主销后倾角过大、内倾角过大或前轮负外倾。

10）前梁、车架变形，造成前轮定位失准。

诊断时，应该按照一定的诊断原则逐一进行检测，以确定故障部位，并对相关零件进行逐个调修或更换。

【课堂互动】

2.2.2 车轮定位的检测

1. 车轮定位角的认识

(1) 前轮定位 转向轮、转向节和前轴或下摆臂三者之间装配要具有一定的相对位置，这种具有一定相对位置的装配关系叫做前轮定位。

前轮定位的作用有以下几项：①保证汽车直线行驶的稳定性。②在外力使车轮偏转或驾驶人转向后，能保证转向轮自动回正。③使转向轻便。④减少转向轮和转向机构的磨损，最大限度地延长轮胎的使用寿命。⑤前轮定位的内容包括主销后倾角、主销内倾角、前轮外倾角、前轮前束等。

1) 主销后倾角。主销轴线在纵向平面内与通过前轮中心垂线的夹角叫主销后倾角，如图2-16所示。

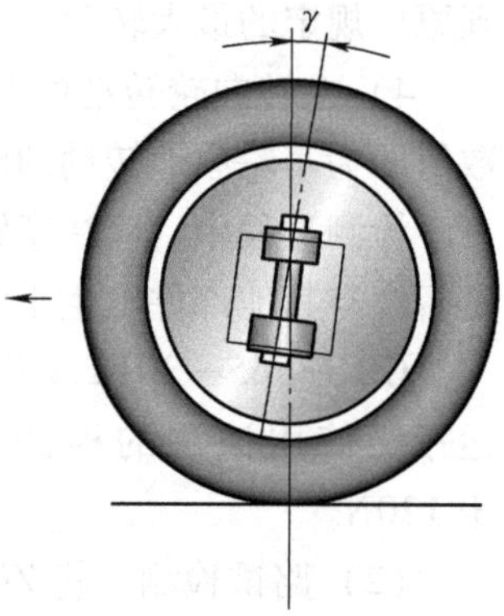

图2-16 主销后倾角

主销后倾角的作用：①保证汽车直线行驶的稳定性。②适当加大主销后倾角是帮助车轮回正的有效方法。转向轮发生偏转时，主销后倾角帮助转向轮自动回正到中间位置。主销后倾角过大，转向盘回正过快、过猛，会超出回正的范围而转向了另一侧，然后继续回正，如此反复，就造成了高速行驶时转向发飘、左右牵引。

2) 主销内倾角。主销在前轴或悬架上安装时，上端略微向内倾斜一个角度，这个角度叫做主销内倾角，如图2-17所示。

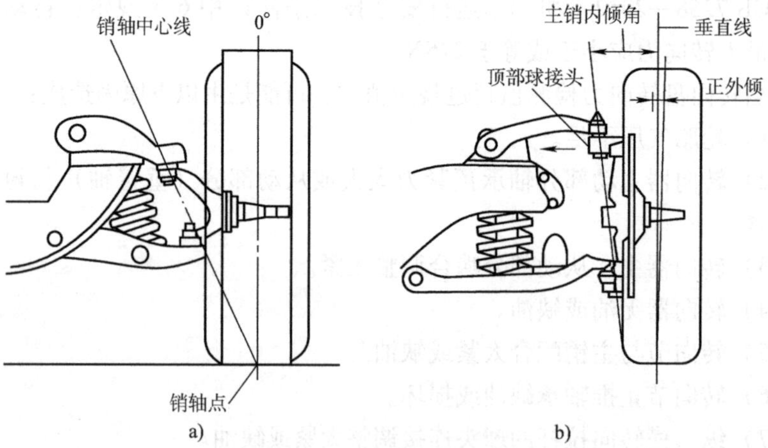

图2-17 主销内倾角
a) 销轴中心线 b) 主销内倾角

主销内倾角的作用：①帮助转向轮自动回正；②使转向轻便。

不正确的主销内倾角带来的危害：如果一辆汽车两侧的主销内倾角误差较大时，那将是很危险的。汽车急加速时麦弗逊式悬架左右两侧的主销

【课堂互动】

内倾角不一致会导致左右半轴的长度不同，而发生忽左忽右的行驶跑偏。两侧主销内倾角不等的汽车在中高速行驶中的特定的行驶速度区域内，紧急制动时会严重跑偏，也就是修理工所说的“夺轮”。而高于或低于这个速度区域时，制动性能一切正常。

虽然主销内倾角不正确是十分危险的，但所有汽车的主销内倾角都是无法直接调整的，通常都是用更换与之相关的变形的部件，或调整前轮外倾角来解决。

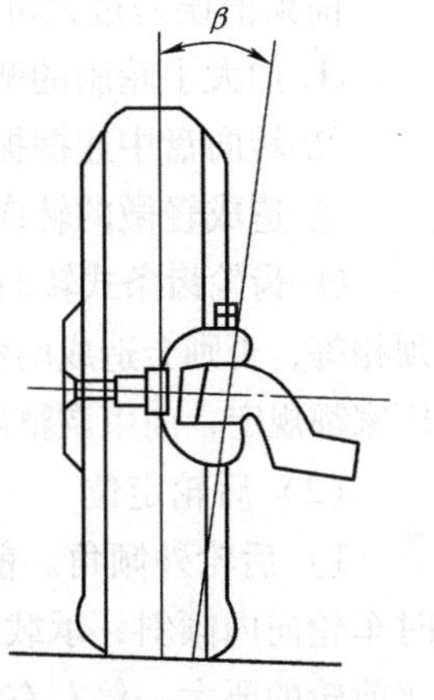

图2-18　前轮外倾角

3）前轮外倾角。汽车转向轮上端略向外倾斜，车轮所处的平面和纵向垂直平面的夹角称为前轮外倾角，如图2-18所示。

前轮外倾角的作用：①提高前轮工作的安全性；②使转向操纵轻便。

由于独立悬架汽车的控制臂衬套和转向节与控制臂连接的球头存在着间隙，非独立悬架汽车的主销与衬套和轮毂与轴承间也都存在着间隙，汽车空载时车轮也许还能垂直于路面，当汽车满载时，车桥因加载而发生变形，这时车轮就可能产生内倾。随着汽车行驶里程的增加，零件的磨损，内倾的趋势更加严重。为了防止这种倾向，许多汽车的前轮设有前轮外倾角。即空载时转向轮上端略微向外倾斜，满载时车轮垂直于路面。这种结构可以消除转向节的向外分力，此分力使外轴承及锁紧螺母载荷增大，加大了前轮工作中的不安全因素。

前轮外倾角不对称可能造成的危害：两侧外倾角不等会造成行驶跑偏。两侧车轮外倾角的误差必须小于30′。如两侧车轮外倾角的误差大于30′，特别是驾驶人一侧正外倾角较小时，汽车会出现行驶跑偏。当驾驶人双手离开转向盘后，行驶30m左右后汽车就由直线行驶偏向路边一侧，叫做行驶跑偏。两侧车轮外倾角不等时，汽车向正外倾角较大的一侧跑偏。外倾角过大会造成轮胎偏磨损。

4）前轮前束。前轮前束分正前束和负前束两种。正前束指车轮后部距离大于前部的距离；负前束是指车轮后部距离小于前部的距离，如图2-19所示。

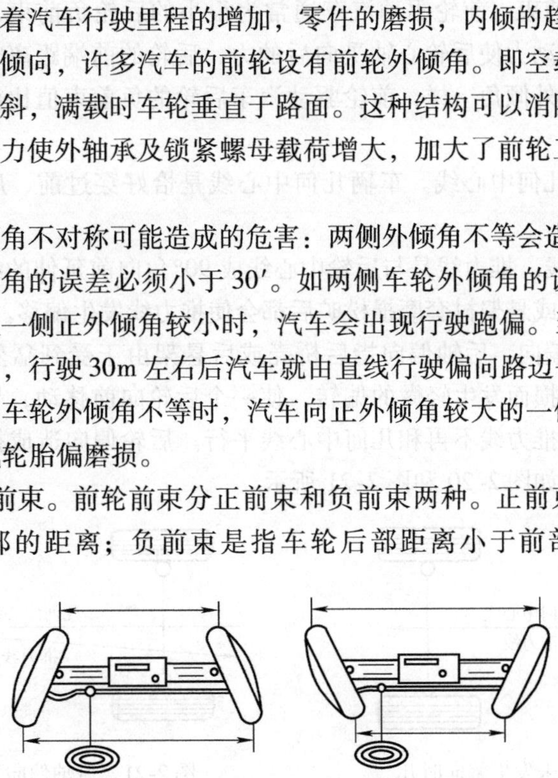
a)　b)

图2-19　正前轮前束示意图

a）正前束　b）负前束

前轮前束的作用：车轮外倾角会造成汽车车轮的滑移，为了抵消车轮向两边滚开的趋势，并最大限度地消除车轮的滑移，于是设计了前束。

前轮前束必须和前轮外倾角相匹配，前轮外倾角越大，前束值就越大。若前轮外倾角为1°，前束值通常为1～5mm；若前轮外倾角为1°30′时，前轮前束值通常为10～15mm。

前束值误差过大可能导致的故障：

① 加大了轮胎的侧滑量。

② 转向盘中速摆振。

③ 造成轻微的转向偏重。

④ 齿轮齿条式转向器使用两根横拉杆，调前束时，两根横拉杆调整量必须相等，否则会造成两侧车轮偏转角度不一样，造成行驶跑偏。为此大部分厂家都规定，前束调整好后两根横拉杆在前束上的差值不得大于3mm。

（2）后轮定位

1）后轮外倾角。前轮驱动的轿车前后轮通常都是负外倾角，即空载时车轮向内倾斜，承载后或举升运动时垂直路面，但后轮的负外倾角通常比前轮的要大一倍左右。后轮外倾角的主要作用是改善汽车转向时的稳定性，使转向变得更轻便。

【课堂互动】

通过刚才的学习，你能用某种方法演示一下这几个定位角度吗？

2）后轮前束。前轮驱动汽车通常为很小的后轮负前束，前轮驱动汽车行驶中的驱动力使后轮心轴受向后的力，后轮的前端距离略大于后端的距离。和后轮外倾角一样，前轮驱动汽车后轮的负前束值比前轮也大一倍左右。

3）车辆几何中心线。车辆几何中心线是恰好穿过前、后轮中央的假想线。

4）推力线。推力线是与后轮中心线成90°角向前延伸的线。汽车受到猛烈冲击时，或悬架衬套磨损松旷后都会使推力线发生偏移。

5）后轴偏向。后轴偏向指后桥壳或后悬架由于受到猛烈冲击或衬套等部位严重磨损而发生轻微的偏转，使一个后轮向前移动，另一个后轮向后移动，后轮推力线不再和几何中心线平行。后轮偏向造成推力线偏离了几何中心线，如图2-20和图2-21所示。

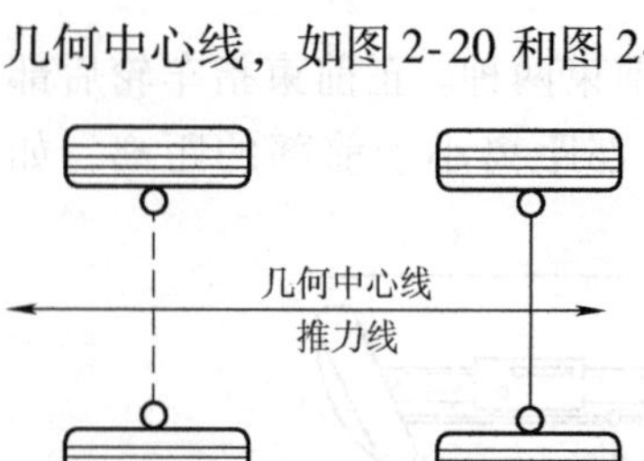

图2-20 后轴未发生偏向时几何中心线和推力线重合图

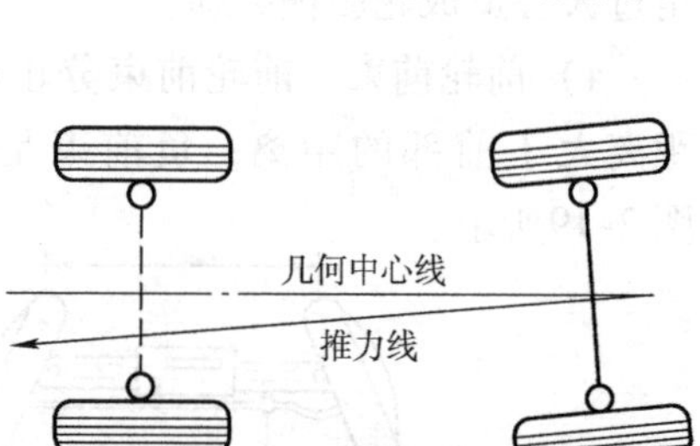

图2-21 后轴偏向造成了推力线偏离几何中心线

6）后轮推进角。后桥弹簧座磨损、后桥下悬臂胶套损坏、整体式后

【课堂互动】

桥胶套损坏，均会引起后桥轴线与前桥轴线不平行。后轮的行进方向与汽车纵向几何中心线形成一个角度，叫推进角（图2-22）。

后轮推进线给汽车一个力矩，引起汽车跑偏，这是汽车跑偏的一个重要的原因。如果汽车后轮轴线没有偏斜，但是两后轮的前束不一致也会形成推进角（图2-23），也会引起跑偏。后轮的推进角是两后轮前束差值的一半，一般规定推进线朝左为负，朝右为正。

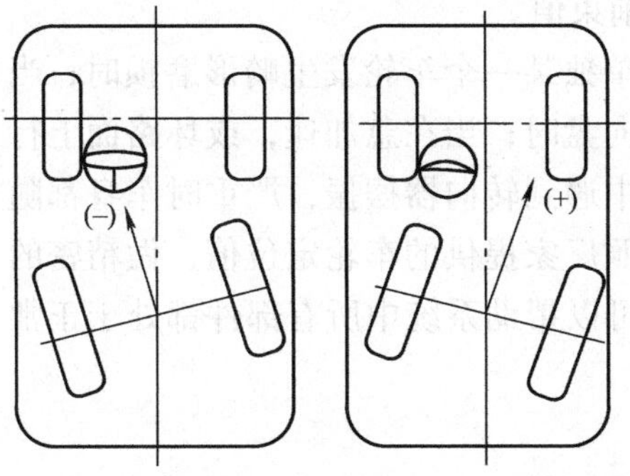

图2-22　后桥轴线不正引起的推进角图

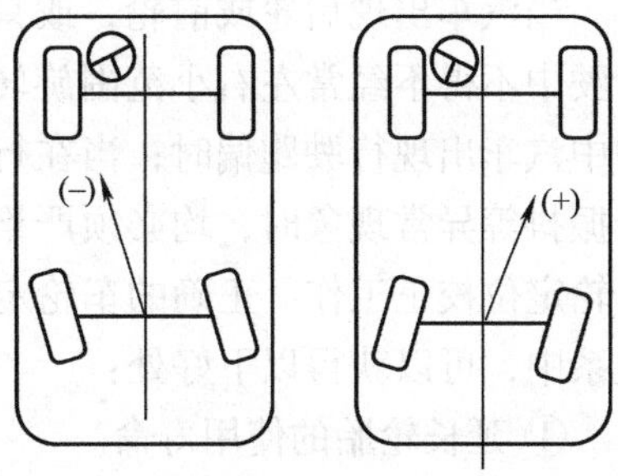

图2-23　后轮前束失准引起的进角线

2. 车轮定位的检测认识

（1）车轮定位检测分类　车轮定位的检测，包括转向轮（通常为前轮）定位的检测和非转向轮（通常为后轮）定位的检测。转向轮和非转向轮定位的检测，也即前轮和后轮定位的检测，统称为四轮定位的检测，汽车前轮定位，包括前轮外倾、前轮前束、主销后倾和主销内倾，是评价汽车前轮直线行驶稳定性、操纵稳定性、前轴和转向系技术状况的重要诊断参数。后轮定位主要有后轮外倾和后轮前束，可用于评价后轮的直线行驶稳定性和后轴的技术状况。因此，车轮定位值的检测是十分必要的。

（2）车轮定位检测方法分类　车轮定位的检测方法，有静态检测法和动态检测法两种类型。

静态检测法是在汽车静止的状态下，根据车轮旋转平面与各车轮定位间存在的直接或间接的几何关系，用专用检测设备对车轮定位进行几何角度的测量。使用的检测设备一般有气泡水准式、光学式、激光式、电子式和微机式等前轮定位仪或四轮定位仪（统称为车轮定位仪）。动态检测法是在汽车以一定车速行驶的状态下，用检测设备检测车轮定位产生的侧向力或由此引起的车轮侧滑量。为了确认车轮前束和外倾配合是否恰当，可使用动态检测法检测前轮的侧滑量。使用的检测设备有滑动板式侧滑试验台和滚筒式车轮定位试验台两种。国内大多采用滑板式侧滑试验台进行动态检测。这里主要介绍车轮定位参数的静态检测。

（3）车轮定位的重要性和必要性　为了使驾驶人能轻松自如、安全地驾驶车辆，也为了提高汽车行驶的平顺性和乘坐的舒适性，汽车研发部门必须恰当地设计车轮定位角。正确的车轮定位角可以保证汽车转向轻便，

【课堂互动】

转向后能自动回正，汽车转向时、急剧改变车速时、高速行驶时以及在坏路面上行驶或紧急制动时能保证行驶方向的稳定性。操作车辆时能稳定准确、路面振动小、坏路面上车身没有明显摇摆、乘坐舒适、轮胎寿命长。

随着汽车行驶里程的增加，磨损的加剧，或意外的撞击，汽车的行驶系统和转向系统的传动系统会发生一定的变化。如球头销和控制臂衬套磨损过量，会使车轮前束值和车轮外倾角发生明显的变化。独立悬架汽车下控制臂变形，会改变车轮的外倾角和前束值。

当汽车出现后轮或前轮，或只是单独某一个车轮发生畸形磨损时；当行驶中不得不经常左右小范围旋转转向盘时；当在急加速，或坏路面上行驶中汽车出现行驶跑偏时；当在行驶中遇到转向器摆振，严重时车身都随着振抖等异常现象时，均必须严格按照厂家提供的车轮定位值，做精密的车轮定位校正工作。正确的车轮定位可以帮助系统中所有部件都处于正常关系中，可以获得以下好处：

① 延长轮胎的使用寿命。

② 提高操纵的稳定性。

③ 减少转向机械和悬架的磨损。

④ 提高燃油的经济性。

⑤ 得到最佳的行驶平顺性。

⑥ 确保安全驾驶。

正确的车轮定位校正是非常重要的。校正不适当，可能会造成转向困难，转向后车轮不能自动回正，行驶跑偏，产生不正常的噪声，轮胎异常磨损。在做车轮定位角校正时，还需注意各种定位角彼此之间的关系。如主销后倾角和前轮外倾角，前轮外倾角和主销内倾角，车轮外倾角和车轮前束皆相互关联，变更其一，可能影响其他相关的定位角度。某些角度是可以调的；某些角度原设计时是不可以调整的，但经过改造后可以变为可调整的；也有些定位角，如主销内倾角和许多车型的后轮外倾角及后轮前束，从设计上就决定它是不可以调的，不合适只能通过换件解决。

车轮定位参数的静态检测可利用水准车轮定位仪或四轮定位仪进行，在检测车轮定位之前，应先检查被测车辆，使其满足下列各项条件：轮胎充气压力符合规定值、轮胎尺寸一致；车轮轴承间隙正常；悬架系统的球头销无过大间隙；制动器制动可靠；油液加满，汽车空载。

3. 车轮定位的检测

（1）车轮前束的检测　汽车同轴上的两轮（左右轮），其前端距离小于后端距离的现象，称为车轮前束。车轮前束检测点的位置如图 2-24a 所示，一般都在着地车轮水平中心线的截面上，其高度等于车轮中心的离地高度；其径向位置（如图 2-24a），各汽车制造厂的规定不完全一致，因此检测时应根据说明书的要求，在规定位置进行测量。若实测时改变了原厂前束检测点的位置，则必须对原厂规定的前束允许值按改变后的检测位置

【课堂互动】

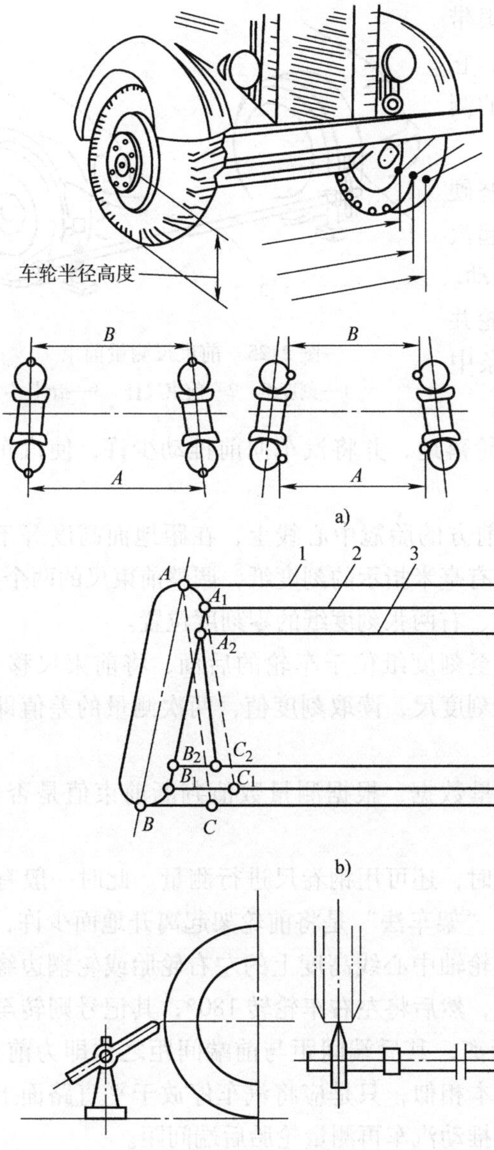

图 2-24　车轮前束的检测

a）检测点位置　b）测点不同时的换算方法　c）用指针式前束尺测量车轮前束

1—两胎面中心线前段间距　2—两轮胎内侧突出点前端间距　3—两轮辋内侧的外缘前端间距

进行换算，否则会出现较大的检测误差。具体换算方法如图 2-24b 所示，其换算后的前束允许值为 E，则：

$$E=\frac{\text{实际检测点的径向尺寸}\times\text{原位置前束值}}{\text{原检测点的径向尺寸}}$$

车轮前束可用简单实用的检测工具如前束尺进行测量，如图 2-25 所示。当检测点在胎冠中心线位置时，其前束可用图 2-24c 所示的指针式前

【课堂互动】

束尺检测，该前束尺由一根带套管的尺杆和指针等组成，它可以伸缩以适应不同间距的测试。其检测方法如下：

1）将汽车停放在水平坚硬的场地上，并用举升器顶起汽车前桥，使车轮能够自由转动。

2）用手平稳地转动车轮并在轮胎胎冠中心处画出一条中心线。

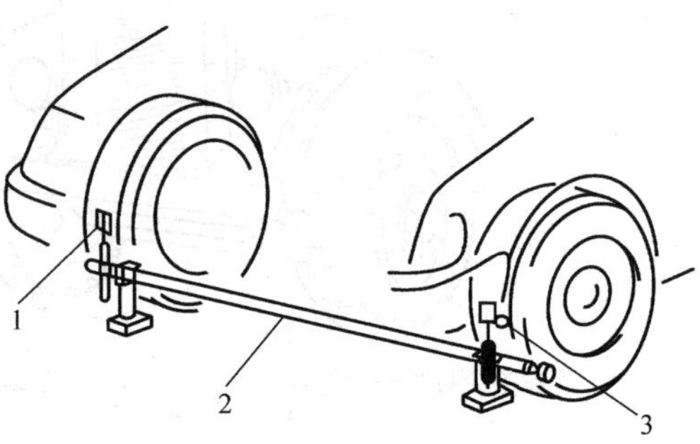

图2-25 前束尺测量前束
1—刻度纸 2—前束尺杆 3—指针

3）将举升器下降使车轮落地，并将汽车向前推动少许，使汽车处于直行状态。

4）在左、右转向车轮前方的胎冠中心线上，在距地面高度等于被测车轮的半径处，各贴一张画有毫米指示的刻度纸，调整前束尺的两个指针，使两个指针尖端分别指向左、右两张刻度纸的零刻度位置。

5）然后推动汽车前行至刻度纸位于车轮的后面，将前束尺移至左、右两转向车轮的后方，对正刻度尺，读取刻度值，两次测量的差值即为前束值，注意差值的正负。

6）正确读取并记录测量数据，根据测量数值判断前束值是否合格，不合格进行调整。

当无专用前束测量工具时，还可用钢卷尺进行测量。此时一般有“架车法”和“推车法”两种。“架车法”是将前轮架起离开地面少许，使前轮处于直行位置，用粉笔在轮轴中心线高度上的左右轮胎或轮辋边缘划上记号，量出两记号之间距离，然后将左右车轮转180°，其记号则转至前轴后面，再量出两记号之间距离，其后端间距与前端间距之差即为前束值；“推车法”与“架车法”基本相似，只是应将汽车停放于平直路面上，测量完轮胎前端间距后，向前推动汽车再测量轮胎后端间距。

（2）车轮外倾角的检测 车轮外倾角的检测以气泡水准车轮定位仪检测为例进行说明。该仪器一般由水准仪、支架和转角仪等组成，可直接测量车轮外倾角，当有外倾角的车轮处于直线行驶位置时，垂直于车轮旋转平面安装的水准仪上的测外倾角的气泡管，也垂直于车轮旋转平面，气泡管与水平面的夹角即为车轮外倾角，如图2-26所示。此时，气泡管中的水泡偏移车轮一侧，将气泡管调于水平位置时，气泡的位移量或角度调节量即反映了外倾角。车轮外倾角的检测步骤如下：

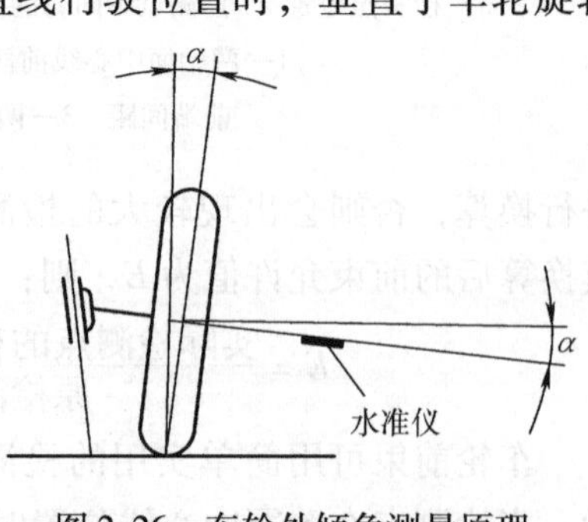

图2-26 车轮外倾角测量原理

【课堂互动】 1）将车轮处于直线行驶位置。

2）将水准仪的支架正确地安装在前轮的轮辋上。

3）将水准仪上测 α（车轮外倾角）、β（主销内倾角）的插销插入支架的中心孔内，并使水准仪在左右方向上处于水平状态。然后，轻轻拧紧锁紧螺钉以固定水准仪，如图 2-27 所示。

4）转动水准仪上的 α 调节盘，直到对应的气泡管内的气泡处于中间位置为止，此时其 α 调节盘红线所指的角度值即为车轮外倾角。

5）使用水准仪对车轮外倾角进行测量，并正确读取测量数值。根据测量数值判断前束值是否合格，不合格进行调整。

（3）主销后倾角的检测　主销后倾角不能由水准仪直接测量，而只能利用转向轮绕主销转动时的几何关系进行间接测量。由于主销后倾，因而当转向轮绕主销转动时，其转向节枢轴与水平面之间的夹角就会改变。若在转向轮规定的转角内测出转向节枢轴与水平面夹角的变化量，则可间接测出主销后倾角。其测量原理如图 2-28 所示，在空间坐标系中，以左前轮为例说明。假定前轮外倾角 α 和主销内倾角 β 均为零，OA 为主销中心线，位于 Oyz 平面内，γ 为主销后倾角，OC 为转向节枢轴，MN 为放置在 OC 上的气泡管。当车轮处于直线行驶位置时，OC 与 Ox 轴重合；当车轮右转转至规定角度 φ 时，则转向节枢轴轴线 OC 转至 OC'，OC 扫过的平面 OCC' 与水平面的夹角为 γ，OC' 与水平面的夹角为 ω。此时，气泡管由 MN 移至 $M'N'$，气泡管与水平面倾斜的角度也为 ω，气泡管的气泡向 M' 移动，其位移量取决于 ω 角的大小。而 ω 角取决于前轮转角 φ 和主销后倾角 γ。当 φ 为一定值时，ω 角与 γ 角一一对应，而气泡管中气泡位移量与 ω 角也一一对应，因而通过气泡位移量的标定即可反映 γ 值的大小。

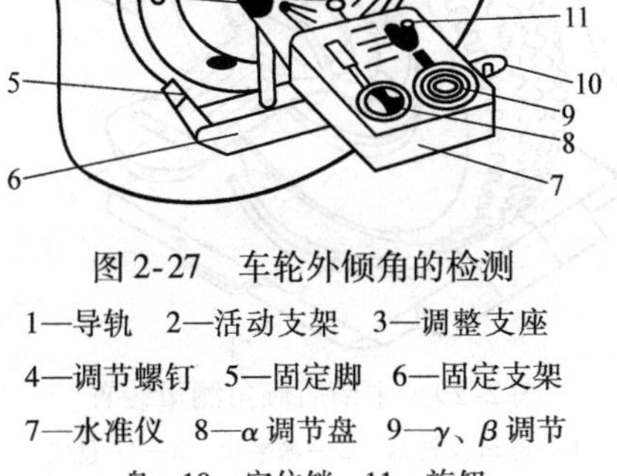

图 2-27　车轮外倾角的检测

1—导轨　2—活动支架　3—调整支座　4—调节螺钉　5—固定脚　6—固定支架　7—水准仪　8—α 调节盘　9—γ、β 调节盘　10—定位销　11—旋钮

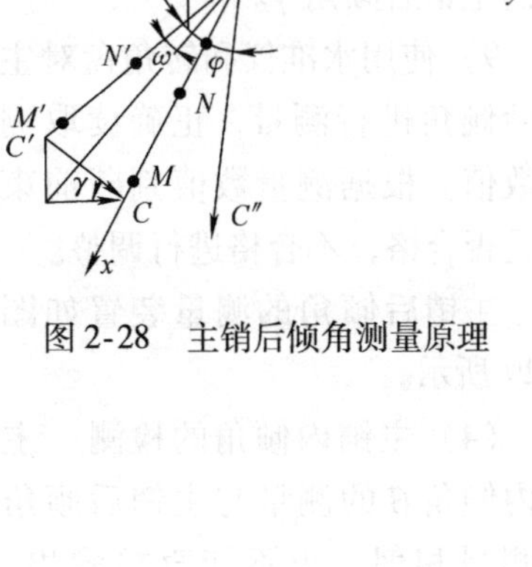

图 2-28　主销后倾角测量原理

【课堂互动】

实际转向轮具有主销内倾角 β 和转向轮外倾角 ω。为消除 β 对主销后倾角测试结果的影响，测量时先将转向轮向内（对于左前轮则向左转，对于右前轮则向右转。下同）转动 φ 角（通常为20°），把气泡管调至水平位置，然后向相反方向回转 2φ 角。这样由于转向节枢轴 OC 从直线行驶位置分别向外和向内转动相同的角度，因而角 β 在转向轮内外转动时对测量值的影响数值相等，方向相反，并相互抵消。同时，测量时车轮转动 2φ 的角度，其气泡位移量则增大了一倍。因而提高了仪器测试的灵敏度和精度。至于前轮外倾角 α，由于其影响甚微可以忽略不计。

用水准车轮定位仪检测主销后倾角时，需要车轮转角仪的配合使用，其主销后倾角的检测步骤如下：

1）将被测汽车的两前轮分别置于两车轮转角仪上，使主销轴线的延长线基本上通过转盘中心，当车轮处于直线行驶状态时，转角仪的指针应与刻度盘上的“0”刻度对齐；并将后轮置于与转角仪同高的台架上，以保证各车轮都处于同一水平面。

2）将水准仪支架安装在前轮上，并调整支架，使支架中心孔轴线与车轮轴线同轴。

3）把水准仪测 α，γ 的插销插入支架的中心孔内。

4）转动转向盘，使被测前轮向内转20°转角，并将被测车轮保持在该位置不动。

5）调整水准仪，使水准仪在垂直于测 α，γ 插销方向上处于水平状态，然后拧紧锁紧螺钉予以固定。

6）转动水准仪上的 γ，β 调节盘，使其上的指示红线与蓝、红、黄刻度盘零线重合。调整对应气泡管的旋钮，使气泡管的气泡处于中间位置。

7）转动转向盘，使被测前轮回转40°的转角，并固定在该位不动。

8）重新转动水准仪上的 γ，β 调节盘，直到气泡管的气泡又处于中间位置。此时，在蓝盘上读出 γ，β 盘红线所指示之值，该值即为实测的主销后倾角 γ。

9）使用水准仪和转角盘对主销后倾角进行测量，正确读取测量数值。根据测量数值判断前束值是否合格，不合格进行调整。

主销后倾角的测量装置如图2-29所示。

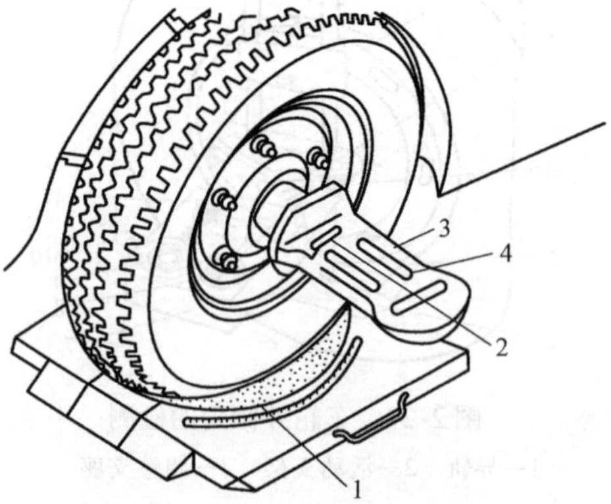

图2-29 主销后倾角测量装置
1—转角仪转盘 2—水平尺 3—气泡式水准仪 4—主销后倾角测量尺

（4）主销内倾角的检测 主销内倾角 β 的测量与主销后倾角的测量相似，也不能直接测出，

【课堂互动】

而只能利用转向轮绕主销转动时的几何关系进行间接测量。由于主销内倾，因而当转向轮绕主销转动一定角度时，其转向节连同转向轮将会绕转向节枢轴轴线转过一个角度，测出该角度，即可间接测出主销内倾角。其测量原理如图2-30所示，在空间坐标系中，以左前轮为例说明。假定前轮外倾角 α 和主销后倾角 γ 为零，则主销中心线 OA 在 Oxz 平面内，OA 与 Oz 的夹角为主销内倾角，转向轮处于直线行驶位置时，转向节枢轴 OC 与 Ox 轴重合，当转向轮在制动状态向右转过 φ 角时，由于主销内倾角 β 的存在，使得转向节枢轴 OC 转至 OC'，形成圆锥面 OCC'。若在转向节枢轴的前部放置一平行于水平面且与 OC 轴线垂直的气泡管 EF，则在转向轮偏转过程中，气泡管 EF 将绕转向节枢轴轴线转动，随着 OC 移至 OC'，则 EF 移至 $E'F'$。此时气泡管与水平面的夹角为 θ，其 θ 的大小取决于转向轮转角 φ 和主销内倾角 β。若 φ 为定值，则 θ 角和 β 角具有一一对应关系。由于 β 角的出现导致了气泡管 EF 中气泡的位移，因此通过对气泡位移量的标定即可反映主销内倾角的大小。

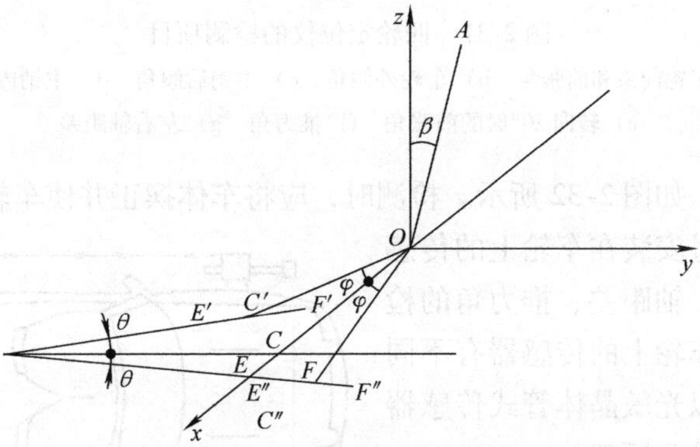

图2-30　主销内倾角测量原理

为了消除主销后倾角对测量值的影响以及提高测量的灵敏度和精度，测量时将转向轮先向内转一定角度 φ（通常为20°），再把其气泡调至水平位置，然后向相反方向回转20°。

4. 四轮定位仪检测原理

四轮定位仪是专门用来测量车轮定位参数的设备。它极适用于不但具有前轮定位，而且还具有后轮定位汽车的四轮定位参数检测。四轮定位仪可检测的项目包括车轮前束及前张角、车轮外倾角、主销后倾角、主销内倾角、转向20°时的前张角、推力角和左右轴距差等，如图2-31所示。尽管四轮定位仪的形式有多种多样，但它们的基本测量原理却是一致的，只是采用的测量方法（或使用的传感器类型）及数据记录与传输的方式有所不同。

（1）前束、轴距差、推力角检测原理　为提高测量精度，检测前，依四轮定位仪的类型常通过拉线或光线照射及反射等方式形成一封闭的

【课堂互动】

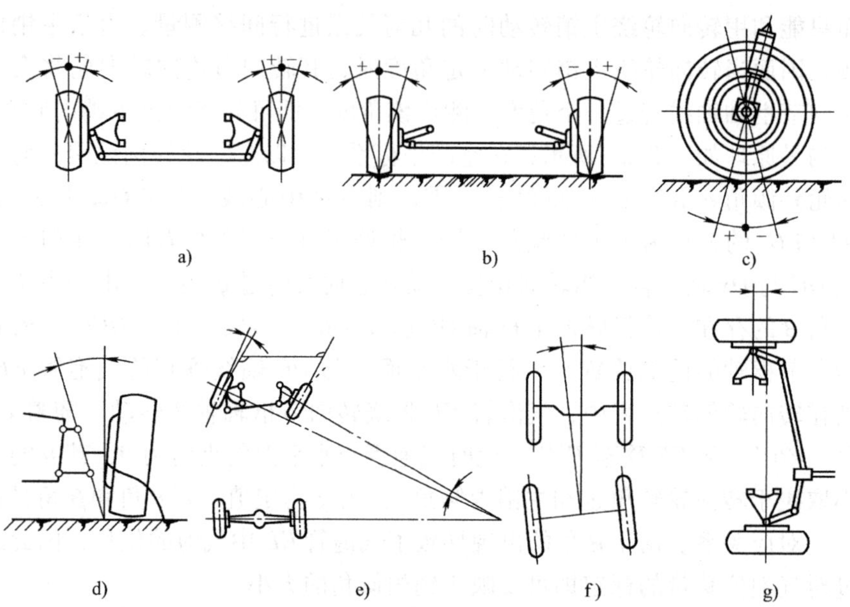

图 2-31 四轮定位仪的检测项目

a）车轮前束和前张角 b）车轮外倾角 c）主销后倾角 d）主销内倾角 e）转向 20°时的前张角 f）推力角 g）左右轴距差

直角四边形，如图 2-32 所示。检测时，应将车体摆正并使车轮处于直线行驶位置，通过安装在车轮上的传感器进行前束、轴距差、推力角的检测。安装在车轮上的传感器有不同的类型，现以光敏晶体管式传感器为例说明其检测原理。

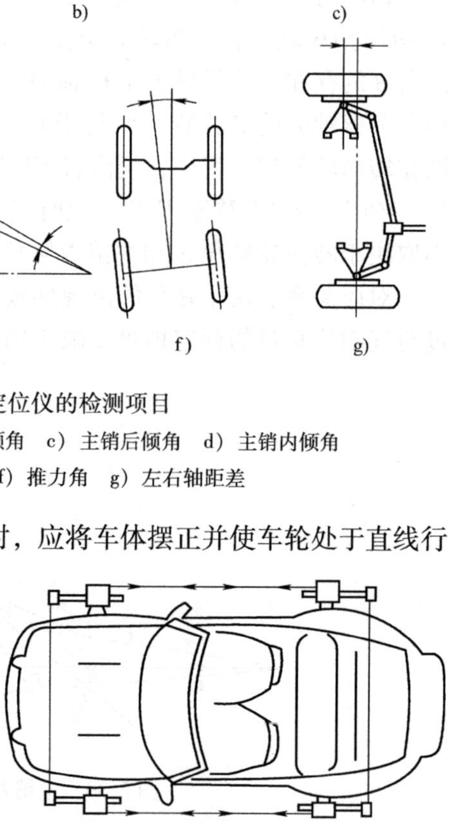

图 2-32 八束光线形成封闭四边形

安装在两前轮和两后轮上的光敏晶体管式传感器（又称定位校正头）均有光线的接收和发射（或反射）功能，在传感器的受光平面上等距离地将光敏晶体管排成一排，在不同位置上光敏晶体管接收到光线照射时，其光敏管产生的电信号即可代表前束值（角）或左右轮轴距差或推力角的大小。

前束为零时，同一轴左右车轮上的传感器发射（或反射）出的光束应重合。当检测出上述两条光束相互平行但不重合时，说明左右两车轮不同轴，车轮发生了错位，依据光敏晶体管发出的信息可测量出左右轮的轴距差。

当左右车轮存在前束时，在右轮传感器上接收到的光束位置会相对于原来的零点位置有一偏差，该偏差值即表示左侧车轮的前束值或前束角；同理，在左轮传感器上接收到的光束位置相对于原来零点的偏差值，则表示右侧车轮的前束值或前束角。其前束的检测原理如图 2-33 所示，转向前

【课堂互动】

轮和后轮前束的检测原理相同。

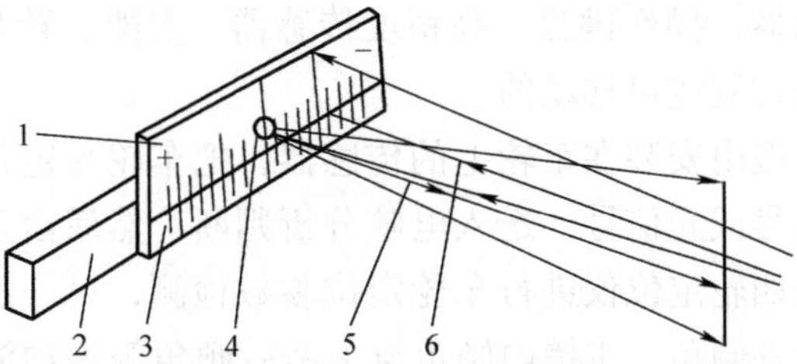

图2-33 车轮前束检测原理

1—刻度板 2—投射器支臂 3—光敏晶体管

4—激光器 5—投射激光束 6—接收激光束

推力角的检测原理如图2-34所示，若推力角δ为零，则前后轴同侧车轮上的传感器发射或接收的光束重合；若两条光束出现夹角而不重合，则说明推力角不为零。因此，可以通过安装在汽车前轮上的传感器接收到的同侧后轮传感器所发射光束相对于零点位置的偏差值来检测汽车推力角δ的大小。

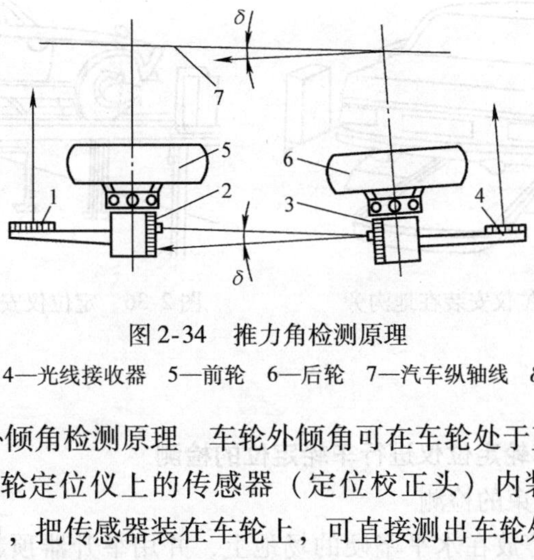

图2-34 推力角检测原理

1、2、3、4—光线接收器 5—前轮 6—后轮 7—汽车纵轴线 δ—推力角

（2）车轮外倾角检测原理 车轮外倾角可在车轮处于直线行驶位置时直接测得。在四轮定位仪上的传感器（定位校正头）内装有角度测量仪（如电子倾斜仪），把传感器装在车轮上，可直接测出车轮外倾角。

（3）主销后倾角和主销内倾角检测原理 主销后倾角和主销内倾角不能直接测出，通常是利用转向轮转动时建立的几何关系进行间接测量。利用传感器内的角度测量仪，通过转向轮内转一定角度的和外转一定角度的两个位置时，测量转向轮平面倾角的变化量来间接测出主销后倾角，测量转向节枢轴绕其轴线转动的角度来间接测出主销内倾角。

（4）转向20°时前张角的检测原理 检测前张角时，使被检车辆转向轮停在转角仪的转盘中心处，车轮处于直线行驶位置，转动转向盘使右转向轮向右转20°后，读取左转向轮下转盘上的刻度值λ_1，则$20° - \lambda_1$即为向右转向20°时的前张角；使左转向轮沿直线行驶方向向左转20°后，读取右转向轮下转盘上的刻度值λ_2，则$20° - \lambda_2$即为向左转向20°时的前张角。

【课堂互动】

目前，电脑四轮定位仪受到广大用户的青睐。电脑四轮定位仪一般由主机、彩色显示器、操作键盘、高精度传感器、支架、转盘、打印机、遥控器等组成，通常制成可移动的。

这种仪器一般由安装在车轮上的传感器，把车轮与定位角之间的几何关系转变成电信号或光信号，送入电脑分析判断，然后由显示屏或打印机输出。采用电脑四轮定位仪进行车轮定位参数检测，可一次顺序完成前后轮前束、前后轮外倾角、主销内倾角与主销后倾角等多项测量，其测试速度快、测量精度高。现代先进的电脑四轮定位仪，不仅采用了先进的测量系统和科学的检测方法，而且储存了大量常见车型的四轮定位标准数据，在检测过程中，可随时把实测数据与标准数据进行比较，并通过屏幕用图形和数字显示出需要调整的部位、调整方法以及在调整过程中数值的变化，把复杂四轮定位的检测调整简化成依图操作。为便于检测和调整，被检汽车需放在地沟上或举升平台上（以下以汽车放在举升平台上为例），地沟或举升平台应处于水平状态，四轮定位仪部分安装在地沟两旁或举升平台上，如图2-35和图2-36所示。

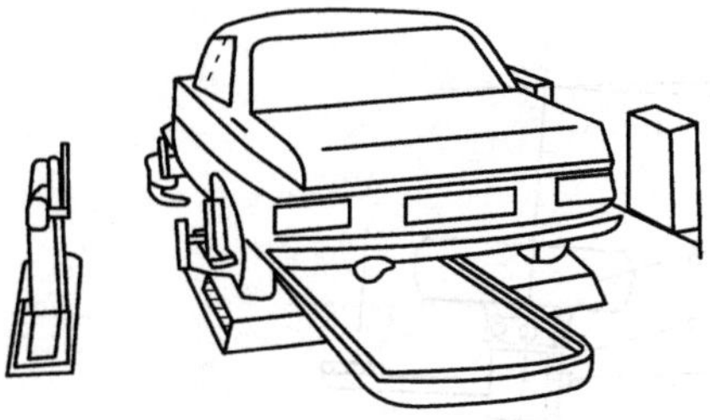

图2-35 定位仪安装在地沟旁

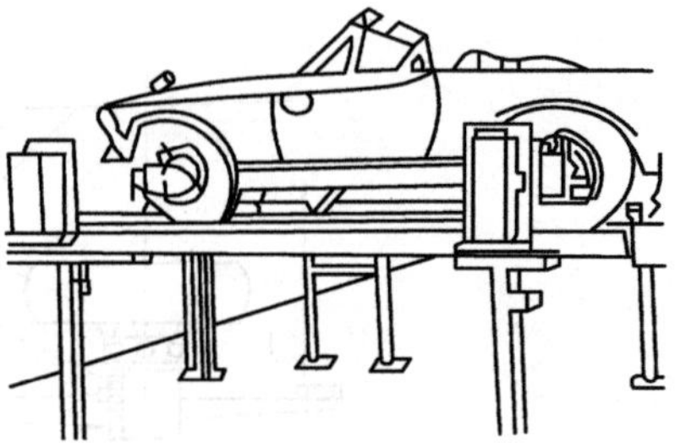

图2-36 定位仪安装在举升平台上

【技能训练】

1. 用水准车轮定位仪进行车轮定位的检测

（1）车轮前束的检测

1）将汽车停放在水平坚硬的场地上，并用举升器顶起汽车前桥，使车轮能够自由转动。

2）用手平稳地转动车轮并在轮胎胎冠中心处画出一条中心线。

3）将举升器下降使车轮落地，并将汽车向前推动少许，使汽车处于直行状态。

4）调整前束尺的两个指针，使之分别指向左、右转向车轮前方的胎冠中心线，且指针尖端距地面高度应等于被测车轮的半径；再调整前束尺的刻度标尺，使之对准“0”位；然后将前束尺移至左、右两转向车轮的后方，调整前束尺的长度，使两指针分别指向转向车轮后方胎冠中心线，此时前束尺标尺上的刻度读数（注意正负）即为被测车轮的前束值。

（2）车轮外倾角的检测　车轮外倾角的检测步骤如下。

【课堂互动】

1）将车轮处于直线行驶位置。

2）将水准仪的支架正确地安装在前轮的轮辋上。

3）将水准仪上测 α，γ 插销插入支架的中心孔内，并使水准仪在左、右方向上大致处于水平状态。然后，轻轻拧紧锁紧螺钉以固定水准仪，如图2-27所示。

4）转动水准仪上的 α 调节盘，直到对应的气泡管内的气泡处于中间位置为止，此时其 α 调节盘红线所指的角度值即为车轮外倾角。

（3）主销后倾角的检测　用水准车轮定位仪检测主销后倾角时，需要车轮转角仪的配合使用，其主销后倾角的检测步骤如下。

1）将被测汽车的两前轮分别置于两车轮转角仪上，使主销轴线的延长线基本上通过转盘中心，当车轮处于直线行驶状态时，转角仪的指针应与刻度盘上的“0”刻度对齐；并将后轮置于与转角仪同高的台架上，以保证各车轮都处于同一水平面。

2）将水准仪支架安装在前轮上，并调整支架，使支架中心孔轴线与车轮轴线同轴。

3）把水准仪上测 α，γ 的插销插入支架的中心孔内。

4）转动转向盘，使被测前轮向内转20°转角，并将被测车轮保持在该位不动。

5）调整水准仪，使水准仪在垂直于 α，γ 插销方向上处于水平状态，然后拧紧锁紧螺钉予以固定。

6）转动水准仪上的 γ，β 调节盘，使其上的指示红线与蓝、红、黄刻度盘零线重合。调整对应气泡管的旋钮，使气泡管的气泡处于中间位置。

7）转动转向盘，使被测前轮回转40°的转角，并固定在该位不动。

8）重新转动水准仪上的 γ，β 调节盘，直到气泡管的气泡又处于中间位置。此时，在蓝盘上读出 γ，β 盘红线所指示之值，该值即为实测的主销后倾角 γ。

（4）主销内倾角的检测　用水准车轮定位仪检测主销内倾角时，需要车轮转角仪的配合使用，其主销内倾角的检测步骤如下：

1）、2）同主销后倾角检测。

3）将水准仪测 β 的插销（图2-37）装在支架中心孔内并予以固定。

4）用制动踏板抵压器压下制动踏板，使前轮处于制动状态，以减少测量误差。

5）转动转向盘，使被测前轮向内转20°转角，并将被测车轮保持在该位不动。

6）松开锁紧螺钉，使水准仪在垂直于 β 插销的方向处于水平状态，然后拧紧锁紧螺钉。

7）转动水准仪上的 γ，β 调节盘，使其上的指示红线与蓝、红、黄刻度盘零线重合。调整对应气泡管的旋钮，使气泡管的气泡处于中间位置。

8）转动转向盘，使被测前轮回转40°转角，并固定在该位不动。

【课堂互动】

9）重新转动水准仪上的γ，β调节盘，直到气泡管的气泡重新处于中间位置。

此时，γ，β调节盘红线在红刻度盘（测右转向轮）或黄刻度盘（测左转向轮）所指示之值，即为主销内倾角。

2. 用四轮定位仪进行车轮定位检测

（1）对被检车辆的基本要求　在检测汽车的前轮定位时，被检车辆应满足以下要求：

1）前后轮胎气压及胎面磨损基本一致。

2）前后悬架系统的零部件完好、不松旷。

3）转向系统调整适当，不松旷。

4）前后减振器性能良好，不漏油。

5）汽车前后高度与标准值的差不大于5mm。

6）制动系统正常。

（2）检测步骤

1）检测前准备：

① 把汽车开上举升平台，托起四个车轮，把汽车举升半米（第一次举升）。

② 托起车身适当部位，把汽车举升至车轮能够自由转动（第二次举升）。

③ 拆下各车轮，检查轮胎磨损情况。

④ 检查轮胎气压，不符合标准时应充气或放气。

⑤ 做车轮的动平衡，动平衡完成后，把车轮装好。

⑥ 检查车身高度，检查车身四个角的高度和减振器技术状况，如车身不平应先调平；同时检查转向系统和悬架是否松旷，如松旷则应先紧固或更换零件。

2）检测步骤：

① 把传感器支架安装在轮辋上，再把传感器（定位校正头）安装到支架上，并按使用说明书的规定调整。

② 开机进入测试程序，输入被检汽车的车型和生产年份。

③ 轮辋变形补偿。转向盘位于直行位置，使每个车轮旋转一周，即可把轮辋变形误差输入计算机。

④ 降下第二次举升器，使车轮落到平台上，把汽车前部和后部向下压动5次，使其作压力弹跳。

⑤ 用制动踏板抵压器压下制动踏板，使汽车处于制动状态。

⑥ 把转向盘左转至计算机发出“OK”声，输入左转角度；然后把转向盘右转至计算机发出“OK”声，输入右转角度。

⑦ 把转向盘回正，计算机屏幕上显示出后轮的前束及外倾角数值。

【课堂互动】

⑧ 调正转向盘，并用转向盘锁锁住转向盘使之不能转动。

⑨ 把安装在四个车轮上的定位校正头的水平仪调到水平线上，此时计算机屏幕上显示出转向轮的主销后倾角、主销内倾角、转向轮外倾角和前束的数值。

⑩ 调整主销后倾角、车轮外倾角及前束，调整方法可按计算机屏幕提示进行。若调整后仍不能解决问题，则应更换有关零部件。

⑪ 进行第二次压力弹跳，将转向轮左、右转动，把车身反复压下后，观察屏幕上的数值有无变化，若数值变化应再次调整。

⑫ 若第二次检查未发现问题，则应将调整时松开的部位紧固。

⑬ 拆下定位校正头和支架。进行路试，检查四轮定位检测调整效果。

（3）注意事项

1）使用前，检查四轮定位仪所配附件是否与使用说明书上列出的清单相符，设备安装时要遵循使用说明书所提出的各项要求。

2）对于光学式四轮定位仪中的投影仪（或投光器）应细心维护，并经常进行调整；传感器是电脑式四轮定位仪的重要元件，使用前要进行校正，以保证测试精度。

3）传感器应正确地安装在传感器支架上，在不使用时应妥善保管，避免受到损坏；电测类传感器应在接线完毕后再通电，以避免带电接线引起电磁振荡而损坏。

4）移动四轮定位仪时，应避免使其受到振动，否则可能使传感器及计算机受到损坏。

5）四轮定位仪应半年标定一次，标定时应使用购买时所带专用标定器具，并按规定程序进行标定。

6）在检测四轮定位前，需进行车轮传感器偏摆补偿，否则会引起大的测量误差。

3. 车轮定位检测标准及检测结果分析

汽车车轮定位值的大小是根据汽车的设计要求确定的，不同的车型其值有所不同。因此，汽车车轮定位的检测标准应是该车技术条件规定的车轮定位参数值。

若车轮定位参数的检测结果不符合检测标准，则说明该车存在着某种故障：或者悬架杆件变形、磨损；或者转向节、车桥、悬架等部件装配不良；或者车轮定位调整不当。此时应查明原因，排除故障，使车轮定位值符合检测标准。

【习题 2.2】

1. 测量转向盘自由转动量的目的是什么，可以用什么仪器或设备进行检测？

2. 造成转向盘自由转动量和转向力不符合标准的原因有哪些？

3. 车轮的定位参数有哪些？各自的作用是什么？

4. 转向系统的检测项目有哪些？ 【课堂互动】
5. 什么是推力线，什么是推力角？
6. 车轮定位检测方法有哪些？

2.3 轮胎平衡检测

【本节目标】

了解车轮平衡的概念与原理，了解引起车轮不平衡的原因。掌握车轮动平衡机的使用方法及车轮动平衡的方法。

【基本理论知识】

1. 轮胎平衡的原理

随着汽车行驶速度的不断提高，车轮不平衡越来越严重地影响着汽车行驶的平顺性、安全性和乘坐舒适性。车轮不平衡，在高速行驶时，会引起上下跳动和摆动，使车辆难于控制，同时还将加剧轮胎和有关机件的非正常磨损。因此车轮平衡度的检测已经成为汽车检测的重要项目之一。

(1) 车轮平衡的概念　车轮的平衡可以分为车轮静平衡和车轮动平衡。

1）车轮静平衡的概念与检测。支起车轴，调整好轮毂轴承的松紧度，用手轻转动车轮，使其自然停转。车轮停转后在离地最近处做一标记，然后重复上述试验多次。若车轮经几次转动自然停转后，所做标记的位置各不一样，或强迫停转后，消除外力车轮不再转动，则车轮为静平衡。静平衡的车轮，其旋转中心与车轮中心重合。

如果每次试验的标记都停在离地最近处，则车轮为静不平衡。静不平衡的车轮，其旋转中心与车轮中心不重合。

2）车轮动平衡的概念。在图2-37a中，车轮是静平衡的，在该车轮旋转轴线的径向反位置上，各有一作用半径相同质量也相同的不平衡点 m_1 和 m_2，且不处于同一平面内。对于这样的车轮，其不平衡点的离心力合力为零，但离心力的合力矩不为零，转动中产生方向反复变动的力偶 M，使车轮处于动不平衡中。动不平衡的前轮绕主销摆动。如果在 m_1 和 m_2 同一作用半径的相反方向上配置相同质量 m_1' 和 m_2'，则车轮处于动平衡中，如图2-37b所示。动平衡的车轮一定是静平衡的，因此对车轮主要进行动平衡检测。

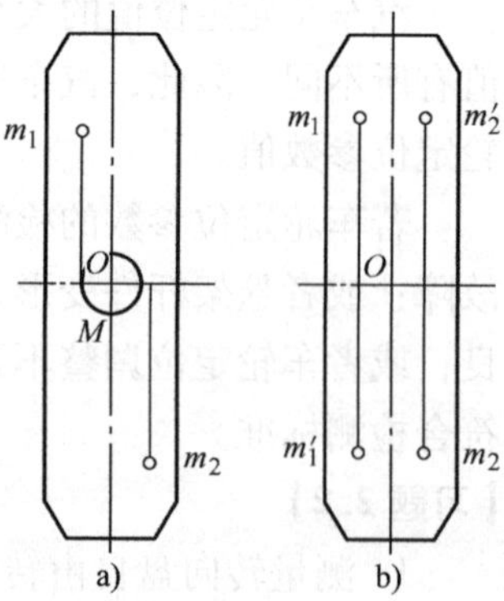

图2-37　车轮平衡示意图
a）车轮静平衡但动不平衡
b）车轮动平衡且静平衡

(2) 引起车轮不平衡的原因

1）轮毂、制动鼓（盘）加工时定心定位

【课堂互动】

不准、加工误差大、非加工面铸造误差大、热处理变形、使用中变形或磨损不均。

2）轮胎螺栓质量不等、轮辋质量分布不均或径向圆跳动、端面圆跳动太大。

3）轮胎质量分布不均、尺寸或形状误差太大、使用中变形或磨损不均、使用翻新胎或补胎。

4）并装双胎的充气嘴未相隔180°安装，单胎的充气嘴未与不平衡点标记（经过平衡试验的新轮胎，往往在胎侧标有红、黄、白或浅蓝色的□、△、○或◇符号，用来表示不平衡点位置）相隔180°安装。

5）轮毂、制动鼓（盘）、轮胎螺栓、轮辋、内胎、衬带、轮胎等拆卸后重新组装成车轮时，累计的不平衡质量或形位偏差太大，破坏了原来的平衡。

（3）车轮平衡机的类型　车轮平衡机也称为车轮平衡仪，用来检测车轮的平衡度。按功能可分为车轮静平衡机和车轮动平衡机两类；按测量方式可分为离车式车轮平衡机和就车式车轮平衡机两类；按车轮平衡机转轴的形式可分为软式车轮平衡机和硬式车轮平衡机两类。

使用离车式车轮平衡机时，将车轮从车上拆下安装到车轮平衡机的转轴上检测其平衡状况。

软式车轮平衡机，安装车轮的转轴由弹性元件支承。当被测车轮不平衡时，该轴与其上的车轮一起振动，测得该振动即可获得车轮的不平衡量。硬式车轮平衡机的转轴由刚性元件支承，工作中转轴不产生振动，它是通过直接测量车轮旋转时不平衡点产生的离心力来确定不平衡量的。

凡是可以测定车轮左、右两侧的不平衡量及其相位的，可以称为二面测定式车轮平衡机。

就车式车轮平衡机既可进行静平衡试验，又可进行动平衡试验。

（4）就车式车轮平衡机结构　使用就车式车轮平衡机，无需从车上拆下车轮，就车即可测得车轮的平衡状况。就车式车轮平衡机一般由驱动装置、测量装置、指示与控制装置、制动装置和小车等组成，如图2-38所示，图2-39为工作图。驱动装置由电动机6、转轮5等组成，能带动支离地面的车轮转动。测量装置由传感磁头2、可调支杆3和底座4等组成。它能将车轮不平衡量产生的振动变成电信号，送至指示与控制装置。指示与控制装置由频闪灯7、不平衡度表8或数字显示屏等组成。频闪灯用来指示车轮不平衡点位置，不平衡度表或数字显示屏用来指示车轮的不平衡量。不平衡量，一般有两个挡位。第一挡往

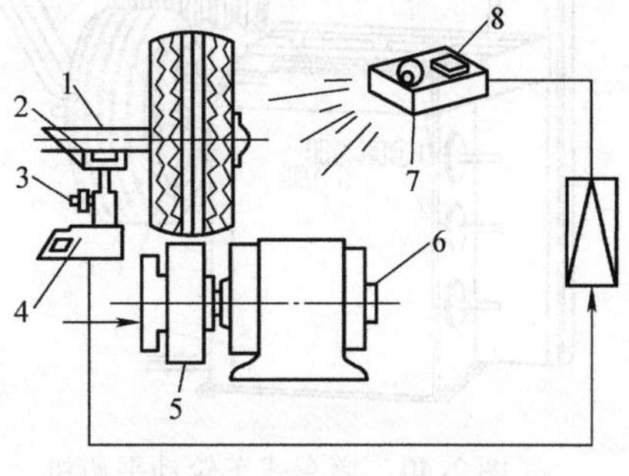

图2-38　就车式车轮动平衡机示意图

1—转向节　2—传感磁头　3—可调支杆　4—底座　5—转轮　6—电动机　7—频闪灯　8—不平衡度表

往用于初查时的指示，第二挡往往用于装上平衡块后复查时指示。制动装置用于车轮停转。除测量装置外，车轮平衡机的其余装置都装在小车上，可方便地移动。

【课堂互动】

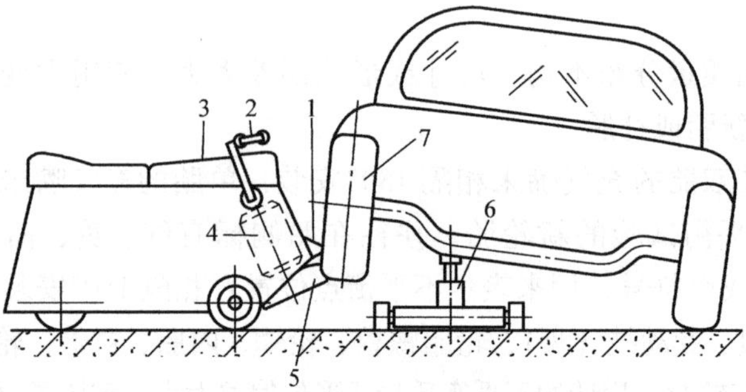

图2-39 就车式车轮平衡机工作图
1—光电传感器 2—手柄 3—仪表板 4—驱动电机
5—转轮 6—传感器支架 7—被测车轮

（5）离车式车轮平衡机的结构

1）通用结构。离车式车轮动平衡机结构如图2-40所示，其专用卡尺如图2-41所示。目前应用最多的是硬式二面测定车轮动平衡机。该动平衡机一般由驱动装置、转轴与支承装置、显示与控制装置、制动装置、机箱和车轮防护罩等组成。驱动装置一般由电动机、传动机构等组成，可驱动转轴旋转。转轴由两个滚动轴承支承，每个轴承均有一能将动反力变为电信号的传感器。转轴的外端通过锥体和大螺距螺母等固装被测车轮。驱动装置、转轴3与支承装置等均装在机箱内。车轮防护罩可防止车轮旋转时其上的平衡块或花纹内夹杂物飞出伤人。制动装置可使车轮停转。

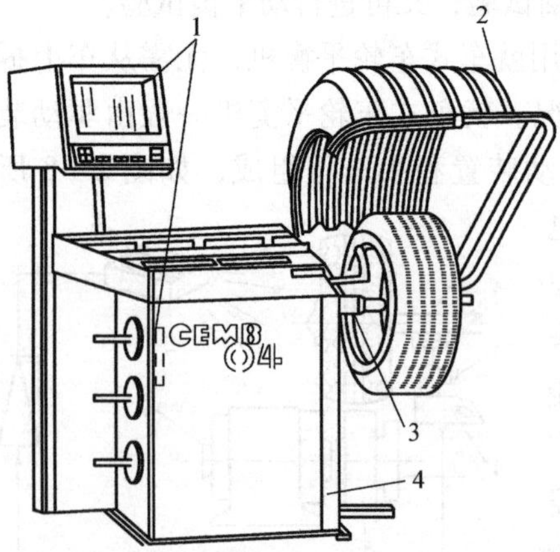

图2-40 离车式车轮动平衡机
1—显示与控制装置 2—车轮防护罩
3—转轴 4—机箱

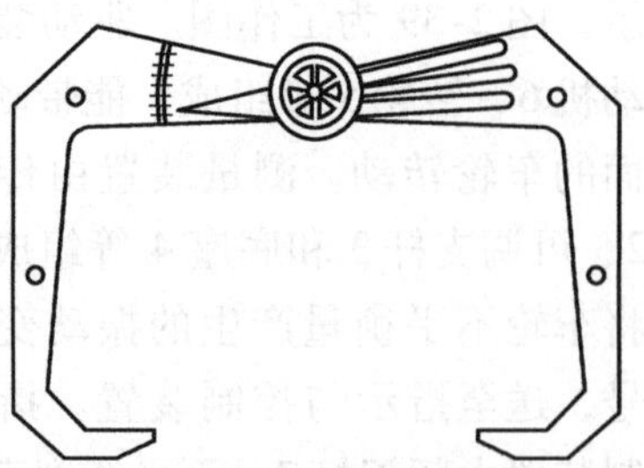

图2-41 离车式车轮动平衡机的专用卡尺

近年来生产的车轮动平衡机，其显示与控制装置多为微机式，具有

【课堂互动】

自动诊断和自动显示系统，能将传感器的电信号通过微机运算、分析、判断后显示出不平衡量及相位。为了使显示的不平衡量恰是轮辋边缘所加平衡块的质量，还必须将测得的轮辋直径 d、轮辋宽度 b 和轮辋边缘至平衡机机箱的距离 a（轮辋外悬尺寸），通过键盘或选择器旋钮输入微机。

2）德国百斯巴特 MI835 型车轮动平衡机的结构。下面具体介绍一下 MI835 型车轮动平衡机的结构，如图 2-42 所示。

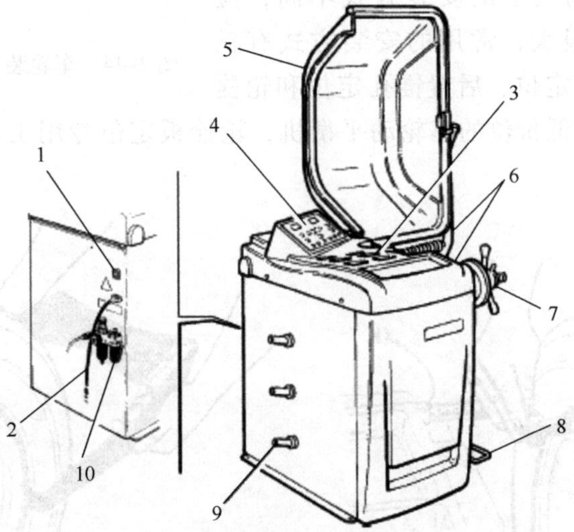

图 2-42　德国百斯巴特 MI835 型车轮动平衡机

1—主电源开关　2—电源电缆　3—铅块托盘　4—控制面板　5—车轮保护罩　6—卡具　7—电子尺　8—制动踏板　9—卡具及附件　10—压缩气源

控制面板如图 2-43 所示。

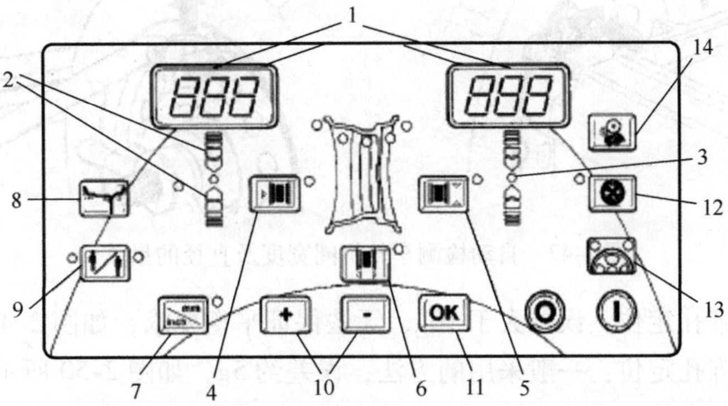

图 2-43　面板显示及控制键说明

1—数据显示　2—二极管平衡块安装位置提示　3—不平衡点指示灯　4—钢圈距离输入按键　5—钢圈直径输入按键　6—钢圈宽度输入按键　7—尺寸单位 mm/inch 转换键　8—平衡程序选择按键（MODE）　9—用户选择按键　10—数字增/减按键　11—数字确认按键　12—优化按键　13—分置按键　14—控制功能菜单按键

【课堂互动】

被测车轮的装卡位置如图2-44所示，如果采用手动测量车轮钢圈的直径及宽度，参照图2-45和图2-46；自动检测车轮钢圈的直径和宽度，参照图2-47。图2-48所示为粘贴块的安装工具。

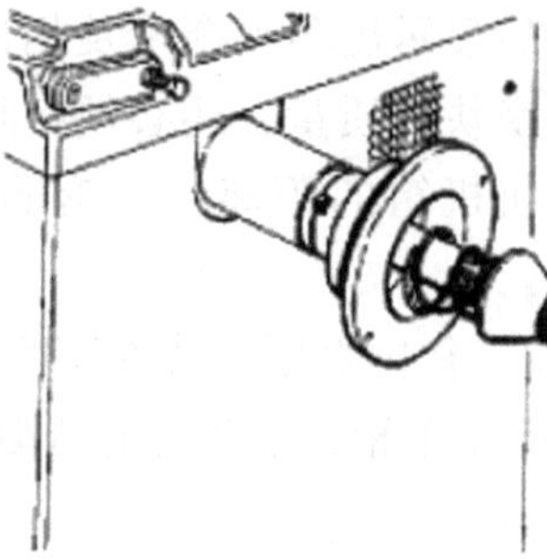

图2-44 车轮装卡位置局部图

3）车轮在动平衡机上的安装方式。车轮在动平衡机上的安装方式不同，检测精度相差很大，常用的安装方式有三种：前置锥孔定位、后置锥孔定位和轮栓板定位。对于低价位的车轮动平衡机，轮栓板定位专用工具属于非标准配置。

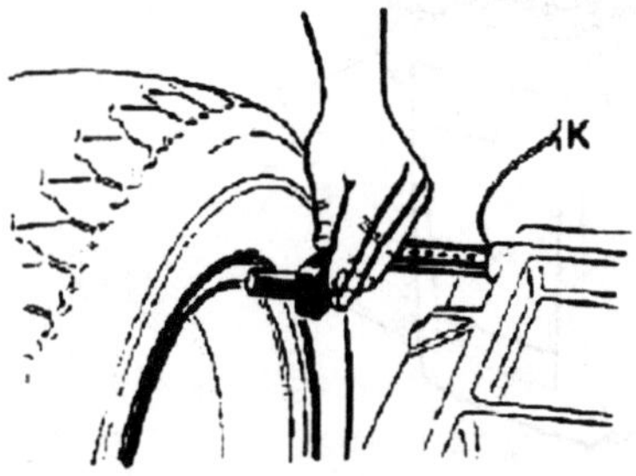

图2-45 测量车轮钢圈直径的量具

图2-46 测量车轮钢圈宽度的量具

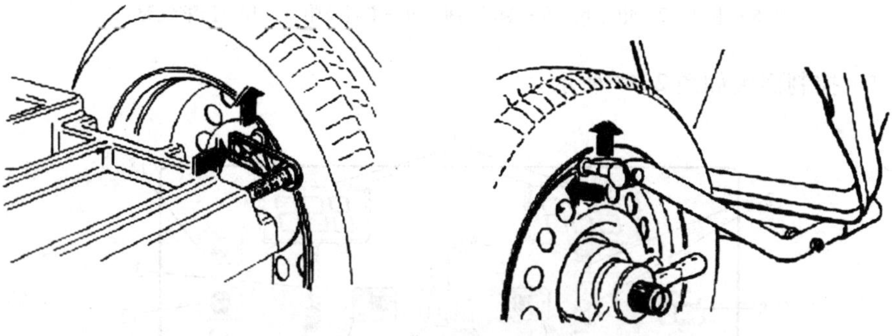

图2-47 自动检测车轮钢圈宽度及直径的量具

前置锥孔定位：误差大于10g，无法保证平衡要求，如图2-49所示。

后置锥孔定位：一般采用的方法，误差约5g，如图2-50所示。

轮栓板定位：误差小于2g，如图2-51所示。

4）平衡块（配重）。常用的平衡块有两种，一种是卡夹式平衡块，安装在轮辋的卷边上，其结构如图2-52所示，平衡块上有一个钢勾，可将平衡块卡夹在轮辋边缘上；另一种是粘贴式平衡块，用于铝镁合金轮辋，如图2-53所示。

【课堂互动】

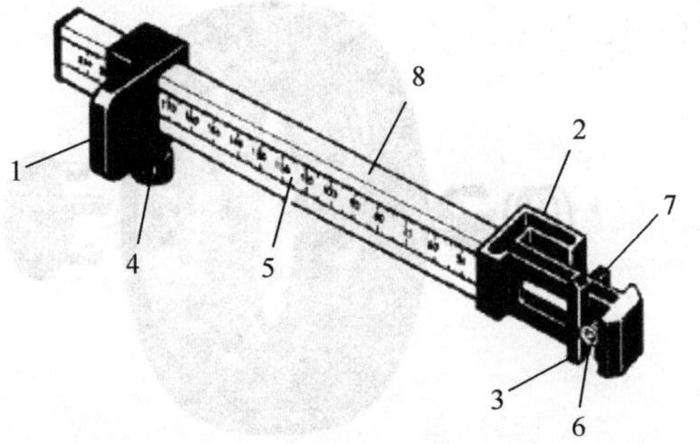

图2-48 粘贴铅块的安装工具

1—游标 2—铅块安装头 3—外部卡爪 4—固定旋钮

5—毫米尺 6—挤出器 7—内侧卡爪 8—尺杆

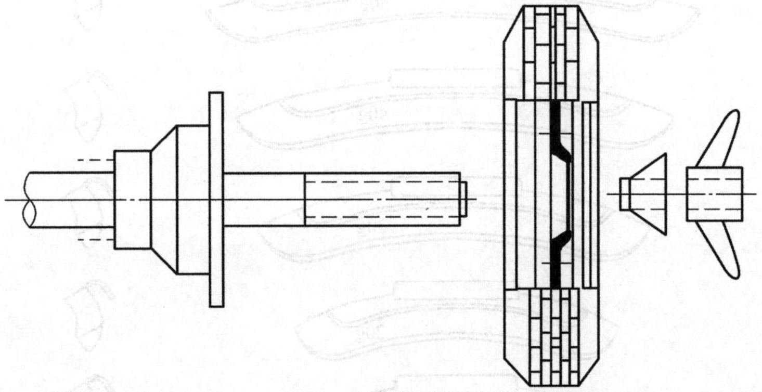

图2-49 前置锥孔定位

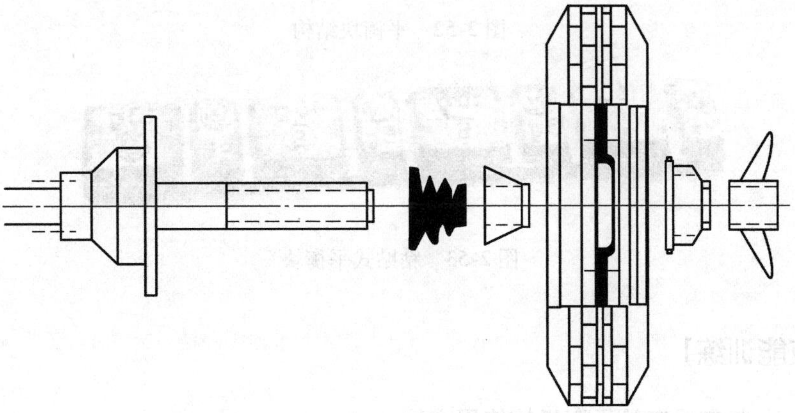

图2-50 后置锥孔定位

平衡块都是用铅合金做成，标准的平衡块有两种系列，一种系列以盎司（oz）为基础单位，分9挡，最小为0.50oz（14.2g），最大为6oz（170.1g），间隔为0.5oz（14.2g）。另一种以克（g）为基础单位，分14挡，最小为5g，最大为80g，60g以上以10g为一挡。为安全起见，这些平衡块都不可重复使用。

【课堂互动】

图2-51 轮栓板定位

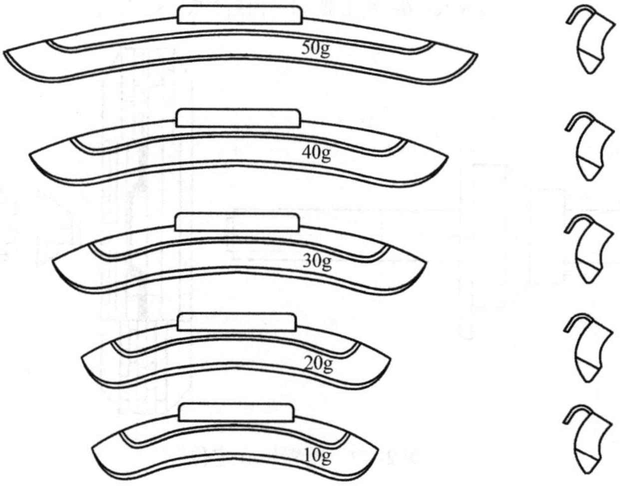

图2-52 平衡块结构

图2-53 粘贴式平衡块

【技能训练】

1. 就车式车轮平衡机的使用方法

（1）准备工作

1）用千斤顶支起车轴，两边车轮离地间隙要相等。

2）清除被测车轮上的泥土、石子和旧平衡块。

3）检查轮胎气压，视必要充至规定值。

4）检查轮毂轴承是否松旷，视必要调整至规定松紧度。

5）在轮胎外侧面任意位置上用白粉笔或白胶布做上记号。

【课堂互动】

(2) 从动前轮静平衡

1) 用三角垫木塞紧非测试车轮，将就车式车轮动平衡机的测量装置推至被测前轮一端的前轴下，传感磁头吸附在悬架下或转向节下，调节可调支杆高度并锁紧。

2) 推平衡机至车轮侧面或前面（视车轮平衡机形式不同而异），检查频闪灯工作是否正常，检查转轮的旋转方向能否使车轮的转动方向与前进行驶时方向一致。

3) 操纵车轮动平衡机转轮与轮胎接触，起动驱动电动机带动车轮旋转至规定转速。

4) 观察频闪灯照射下的轮胎标记位置，并从指示装置（第一档）上读取不平衡量数值。

5) 操纵平衡机上的制动装置，使车轮停止转动。

6) 用手转动车轮，使其上的标记仍处在上述观察位置上，此时轮辋的最上部（时钟 12 点位置）即为加装平衡块的位置。

7) 按指示装置显示的不平衡量选择平衡块，牢固地装卡到轮辋边缘上。

8) 重新驱动车轮进行复查测试，指示装置用二档显示。若车轮平衡度不符合要求，应调整平衡块质量和位置，直至符合平衡要求。

(3) 从动前轮动平衡

1) 将传感磁头吸附在经过擦拭的制动底板边缘平整之处。

2) 操纵平衡机转轮驱动车轮旋转至规定转速，观察轮胎标记位置，读取不平衡量数值，停转车轮找平衡块加装位置，加装平衡块和复查，方法与静平衡相同。

(4) 驱动轮平衡

1) 顶起驱动车轮。

2) 用发动机、传动系驱动车轮，加速至 50 ~ 70km/h 的某一转速下稳定运转。

3) 测试结束后，用汽车制动器使车轮停转。

4) 其他方法与从动轮动、静平衡测试相同。

2. 离车式车轮平衡机的使用方法

下面以 MT835 型车轮动平衡机为例，介绍使用车轮动平衡机对车轮进行动平衡检测的方法。以下情况之一，需要做车轮动平衡检测：

① 新的轮胎；

② 把轮胎从轮辋上拆卸过；

③ 使用一段时间后，由于轮胎的磨损需要重新调整；

④ 如果用热胶补的轮胎，需要做动平衡；用胶条补（俗称打枪）就不用做动平衡了。

车轮动平衡的检测方法，可参照国标 GB/T 18505—2001《汽车轮胎动平衡试验方法》。检测步骤如下：

【课堂互动】

1）把待检车轮用平衡机专用卡具卡紧在仪器右侧。

2）用汽油或酒精清洁轮胎，按规定给轮胎充气，去掉原有的平衡块，并检测轮胎花纹中是否夹有石子等物，若有，必须清除，以防检测时造成人身伤害。

3）用专用量具分别测量轮毂距仪器的距离、轮毂的宽度和轮毂的直径，并将数值准确用旋钮输入。

4）远离测试车轮。按动仪器后面的开关按钮接通电源，旋动仪器前面的制动运转旋钮开始测试，直到显示屏显示“OK”。

5）旋住仪器前面的制动运转旋钮，直到车轮停止运转。

6）显示屏会自动显示不平衡的量及位置。按动中间的两个按钮用来选择显示车轮内、外侧不平衡量。

7）按照显示屏显示的不平衡量及位置装卡或粘贴平衡块。

8）重新旋动仪器前面的制动运转旋钮，使车轮重新运转，重复上面过程进行测试及按要求装卡或粘贴平衡块，直到测试的不平衡量小于5g，完成测试。

3. 注意事项

1）离车式车轮动平衡机的主轴固定装置和就车式车轮动平衡机的支架上都装有精密的位移传感器和易碎裂的压电晶体传感器，因此严禁冲击和敲打主轴或传感器支架。

2）在检修车轮动平衡机时，传感器的固定螺栓不得松动。因为这一螺栓不是一般的紧固件，需要由它向传感晶体提供必要的预紧力。当这一预紧力发生变化时，电算过程将完全失准。

3）必须明确，车轮动平衡机的机械系统和电算电路都是针对正常车轮使用条件下平衡失准或轻微受损但仍能使用的车轮而设计的，对因交通事故而严重变形的轮辋或胎面大面积剥离的车轮是不能上机进行平衡检测的。一方面不平衡量过大的车轮旋转时的离心力可能损伤车轮动平衡机的传感系统，另一方面超值的不平衡力可能溢出电算范围而使仪器自动拒绝工作。

4）当不平衡量超过最大配重时，可用两个以上配重并列使用。但这时要注意因多个配重占用较大的扇面会使其有效质量低于实际质量。

5）一般情况下，离车式车轮动平衡机或就车式车轮动平衡机都是分别各自使用的。但对高速行驶的汽车车轮而言，如果用离车式车轮动平衡机平衡后再装在车上行驶时，仍会出现不平衡现象。因此，使用离车式车轮动平衡机平衡车轮后，最好能再用就车式车轮动平衡机进行校对。

【习题2.3】

1. 什么是动平衡和静平衡？
2. 车轮不平衡的危害是什么？

【课堂互动】 3. 做车轮动平衡前有哪些注意事项？

2.4 悬架装置检测

【基本理论知识】

悬架装置是汽车行驶系统组成之一。悬架装置主要由弹性元件、导向装置和减振器三部分组成。其功能是传力、缓和并迅速衰减车身与车桥之间因路面不平引起的冲击和振动，保证汽车具有良好的行驶平顺性、操纵稳定性、舒适性和行驶安全性。因此，悬架装置的技术状况和工作性能，对汽车整体性能有重要影响。

1. 悬架检测目的与方法

（1）悬架装置检测目的　当悬架装置工作不正常时，出现汽车行驶中跳跃严重，车轮轮胎有30%的路程接地力减少，汽车转向盘发飘，弯道行驶时车身晃动加剧，制动时易发生跑偏或侧滑，轮胎磨损异常，乘坐舒适性降低，有关机件磨损速度加快等不良后果。

随着道路条件的改善，尤其是高速公路的发展，不仅小轿车的行驶车速已大大提高，就是货车和大客车以100km/h车速行驶的情况也很常见。在高速行驶状态下，汽车的操纵稳定性和安全性尤为重要，并与悬架装置有着直接的关系。所以，悬架装置工作性能的检测是十分重要的。

（2）检测方法简介　汽车悬架装置工作性能的检测方法有经验法、按压车体法和试验台检测法三种类型。

1）经验法。经验法是通过人工外观检视的方法，主要从外部检查悬架装置的弹簧是否有裂纹，弹簧和导向装置的联接螺栓是否松动，减振器是否漏油、缺油和损坏等项目。

2）按压车体法。按压车体法（即是以人工或试验台的动力按压车体。当采用试验台动力按压车体时试验台如图2-54所示）是使车体上下运动，观察悬架装置减振器和各部件的工作情况，凭经验判断是否需要更换或修

1. 假设采用上述两种方法进行检验，需要哪些辅助的工具或设备？

2. 如何进行人工经验法和按压车体法检测？

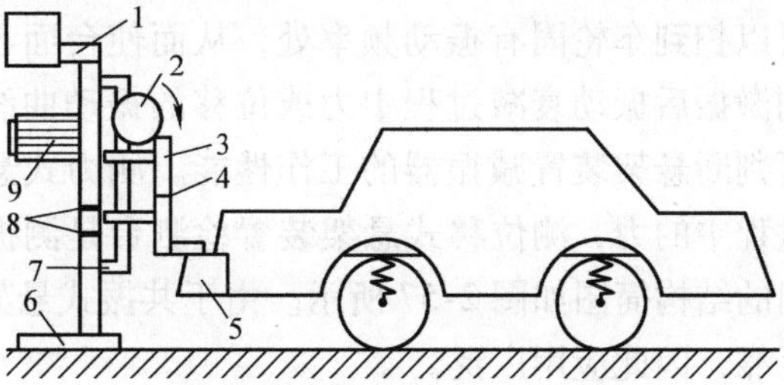

图2-54　按压车体法试验台

1—支架　2—凸轮　3—推杆　4、8—光脉冲测量装置　5—汽车保险杠
6—水平导轨　7—垂直导轨　9—电动机

理减振器和其他部件。

【课堂互动】

显然，上述两种方法主要是靠检查人员的经验，因此存在主观因素大、可靠性差，只能定性分析、不能定量分析等问题。

3）试验台检测法。在20世纪80年代，国际上出现了能快速检测、诊断悬架装置工作性能的悬架装置检测台。根据激振方式不同，悬架装置检测台可分为跌落式（图2-55）和共振式（图2-56）两种类型。其中，共振式悬架装置检测台根据检测参数的不同，又可分为测力式和位移式两种类型。

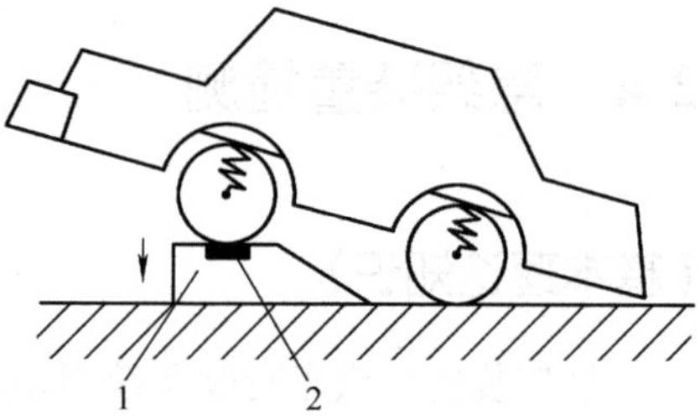

图2-55 跌落式悬架监测台

1—垫块 2—测量装置

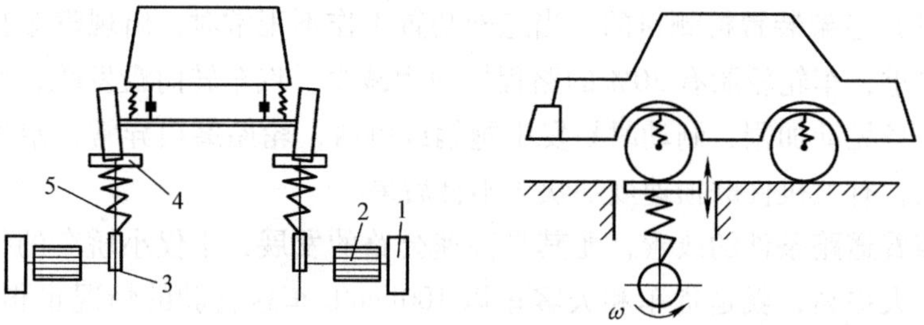

图2-56 共振式悬架试验台

1—蓄能飞轮 2—电动机 3—偏心轮 4—台面 5—激振弹簧

① 跌落式悬架装置检测台。测试中先通过举升装置将汽车升起一定高度，然后突然松开支撑机构或撤去垫块，车辆落下产生自由振动。用测量装置测量车体振幅或者用压力传感器测量车轮对台面的冲击压力，对振幅或压力分析处理后，评价汽车悬架装置的工作性能。

② 共振式悬架装置检测台。通过检测台的电动机2、偏心轮3、蓄能飞轮1和激振弹簧5组成的激振器，迫使检测台台面及其上被检汽车悬架装置产生振动。在开机数秒后断开电动机电源，从而由蓄能飞轮产生扫频激振。由于电动机的频率比车轮固有频率高，因此蓄能飞轮逐渐降速的扫频激振过程总可以扫到车轮固有振动频率处，从而使台面与汽车系统产生共振。通过检测激振后振动衰减过程中力或位移的振动曲线，求出频率和衰减特性，便可判断悬架装置减振器的工作性能。测力式悬架装置检测台是测振动衰减过程中的力，测位移式悬架装置检测台是测振动衰减过程中的位移量，它们的结构简图如图2-57所示。由于共振式悬架装置检测台性能稳定、数据可靠，因此应用广泛。

2. 共振式悬架装置检测台结构与工作原理

共振式悬架装置检测台，一般由机械和微机控制两部分组成。

（1）机械部分　共振式悬架装置检测台的机械部分，由箱体和左右两

【课堂互动】

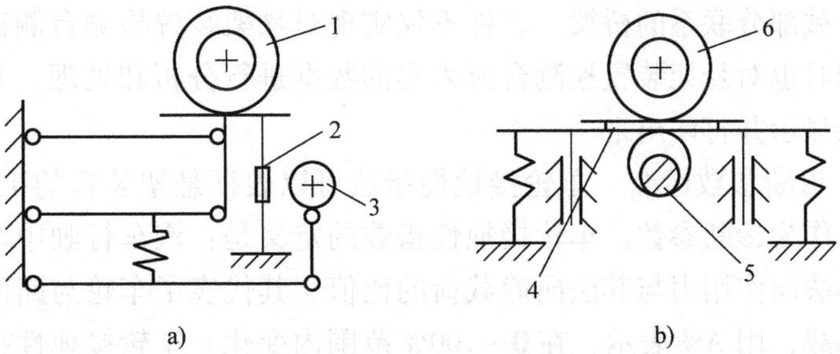

图2-57　测位移式和测力式悬架装置检测台结构图

a）测位移式　b）测力式

1、6—车轮　2—位移传感器　3—偏心轮　4—力传感器　5—偏心轴

套相同的振动系统构成，结构简图如图2-58所示。图中所示为检测台单轮支承结构。这是因为一套振动系统左右对称，故另一侧省略。每套振动系统由上摆臂2、中摆臂3、下摆臂4、支承台面1、激振弹簧5、驱动电动机6、蓄能飞轮和传感器等构成。传感器一端固定在箱体上，另一端固定在台面上。上摆臂、中摆臂和下摆臂通过三个摆臂轴和六个轴承安装在箱体上。上摆臂和中摆臂与支承台面连接，并构成平行四边形的四连杆机构，以保证上下运动时能平行移动，以及台面受载时始终保持水平。中摆臂和下摆臂端部之间装有弹簧。驱动电动机的一端装有蓄能飞轮，另一端装有凸缘，凸缘上有偏心轴。连接杆一端通过轴承和偏心轴连接，另一端和下摆臂端部连接。

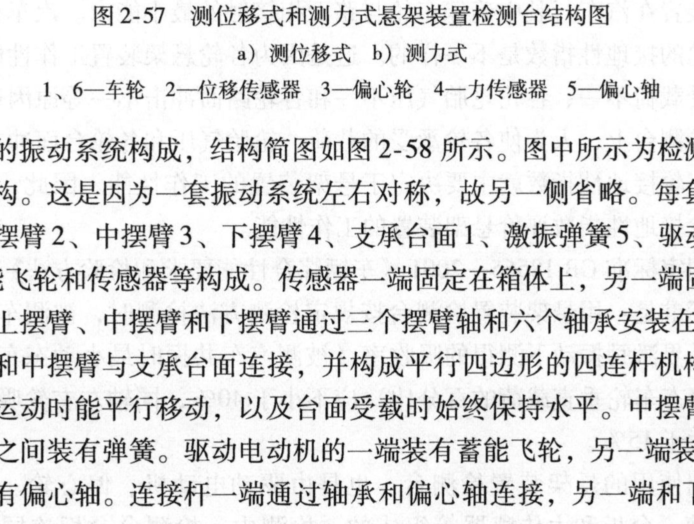

图2-58　共振式悬架装置检测台单轮支承结构简图

1—支承台面　2—上摆臂　3—中摆臂　4—下摆臂　5—激振弹簧

6—驱动电动机　7—偏心惯性结构

检测时，将汽车驶上支承平台，起动测试程序，驱动电动机带动偏心机构使整个汽车台面系统振动。激振数秒钟达到角频率为ω_0的稳定强迫振动后，断开驱动电动机电源，接着由蓄能飞轮以起始频率为ω_0的角频率进行扫频激振。由于停在台面上车轮的固有频率处于ω_0和0之间，因此蓄能飞轮的扫频激振总能使汽车台面系统产生共振。断开驱动电动机电源的同时，起动采样测试装置，记录数据和波形，然后进行分析、处理和评价。

（2）微机控制部分　微机控制部分主要由微机、传感器、A/D转换器、电磁继电器及控制软件等组成。控制软件是悬架装置检测台微机控制部分与机械部分联系的桥梁。软件不仅实现对悬架装置检测台测试过程的控制，同时也对悬架装置检测台所采集的数据进行分析和处理，并最终将检测结果显示并打印出来。

【课堂互动】

（3）诊断参数标准　车轮接地性指数可以表征悬架装置的工作性能，因而可以作为诊断参数。车轮接地性指数的定义是：汽车行驶中车轮与路面间最小法向作用力与其法向静载荷的比值。其代表了车轮与路面间的最小相对动载，用A%表示，在0～100%范围内变化。车轮接地性指数表明了悬架装置在汽车行驶中确保车轮与路面相接触的最小能力。汽车行驶中，所有车轮的接地性指数是不一样的。这是因为各轮悬架装置工作性能不一、各轮承受载荷不一、各轮轮胎气压不一和各轮路面冲击不一等原因造成的。如果在检测台上，人为使各轮承受的载荷、轮胎气压和各轮台面冲击一致，那么，车轮接地性指数就主要决定于悬架装置的工作性能。因此，完全可以用车轮接地性指数评价悬架装置的工作性能。

在国家标准GB 18565—2001《车辆综合性能要求和检验方法》中规定的检验标准是：用悬架装置检测台按规定检测方法检测时，被测车辆的车轮在受外界激励振动下测得的吸收率（被测汽车共振时最小动态车轮垂直载荷与静态车轮垂直载荷的百分比）应不小于40%，同轴左右轮吸收率之差不得大于15%。

欧洲使用的悬架装置检测台，也是由驱动电动机、偏心轮、蓄能飞轮、弹簧、台板和力传感器等组成的。检测中，检测台台板连同其上的被检汽车按正弦规律作垂直振动，振幅固定而频率变化。力传感器感应到车轮作用到台板上的垂直作用力，并将力信号存入存储器。当对全车所有车轮悬架装置检测完后，微机将力信号进行分析和处理，便可获得车轮的接地性指数。

悬架装置检测台测得的车轮接地性指数，是与刚性台面（相对轮胎）的振幅有关的。车轮接地性指数是刚性台面振幅的函数。因此，为获得一个好的测量结果可比性，检测台台面的振幅最好保持不变。

欧洲减振器制造协会（EUSAMA）推荐的评价车轮接地性的参考标准，如表2-7所列，可供我国检测悬架装置工作性能时参考。

表2-7　车轮接地性参考标准

车轮接地性指数（%）	车轮接地状态	车轮接地性指数（%）	车轮接地状态
60～100	优	20～30	差
45～60	良	1～20	很差
35～45	一般	0	车轮与路面脱离

需要指出的是，表中的车轮接地性指数是在悬架装置检测台台面振幅为6mm测得的，这也是大部分悬架装置检测台使用的激振振幅。

【课堂互动】

表2-7中的参考标准，适用于大多数汽车，但非常轻的小轿车和微型车除外。这是因为这一类汽车的其中一个轴（一般为后轴）的两个车轮接地性指数非常低，而它们的悬架装置是正常的。

3. 悬架装置和转向系统各部位间隙的检测

汽车悬架装置和转向系统各部位间隙在使用中会逐渐增大，致使汽车行驶中出现跳动增加、横摆加剧、转向盘自由行程加大、转向轮摆头、轮胎磨损异常和各种冲击增强等现象，严重地影响了汽车操纵稳定性、行车安全性和使用寿命。因此，汽车悬架装置和转向系统的间隙是一个综合性的诊断参数，能表征悬架装置和转向系统的技术状况。

悬架装置和转向系统间隙的检测，需采用悬架装置和转向系统间隙检测仪进行，如图2-59所示。

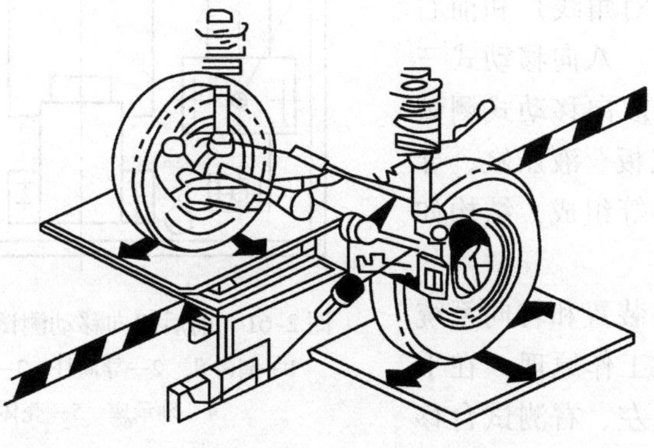

图2-59 悬架装置和转向系统间隙的检测

（1）悬架装置和转向系间隙检测仪的基本结构 悬架装置和转向系统间隙检测仪，一般由电控箱1、左测试台3、右测试台4、泵站5和手电筒式开关2等组成，示意图如图2-60所示。

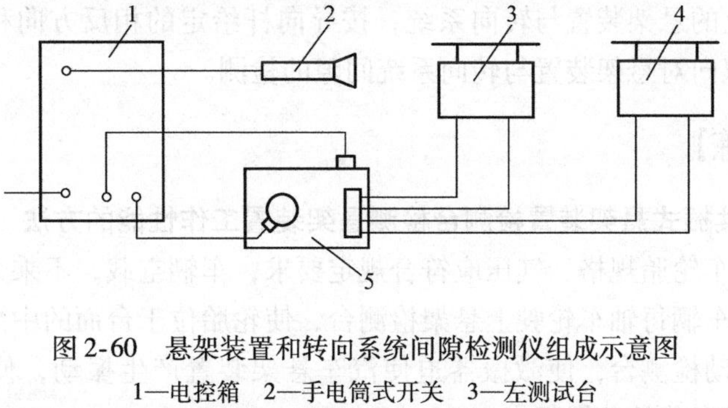

图2-60 悬架装置和转向系统间隙检测仪组成示意图

1—电控箱 2—手电筒式开关 3—左测试台

4—右测试台 5—泵站

1）电控箱。电控箱主要由控制电路和保护电路组成。控制电路用于控制液压泵电动机和电磁阀继电器的动作，保护电路用于保护液压泵电动机过载和电路漏电。

2）手电筒式开关。手电筒式开关由测试台移动方向控制按键和照明两部分组成。移动方向控制按键用于控制电控箱中各继电器的动作，照明部分能使检查员方便对检查部位进行观察。

【课堂互动】

3）泵站。泵站由液压泵、电动机、电磁阀、油压表、滤油器和溢流阀等组成。电动机带动液压泵工作，电磁阀在继电器作用下控制高压油液流向相应的液压缸。而液压缸则产生推动左、右测试台测试板的动力。

4）测试台。测试台包括左测试台和右测试台。按测试台测试板移动方向不同，测试台可分为前后双向移动式，前后左右四向移动式，前后左右再加前左后右（对角线）和前右后左（对角线）八向移动式三种类型。前后双向移动式测试台主要由测试板、液压缸、导向结构和壳体等组成，结构如图2-61所示。

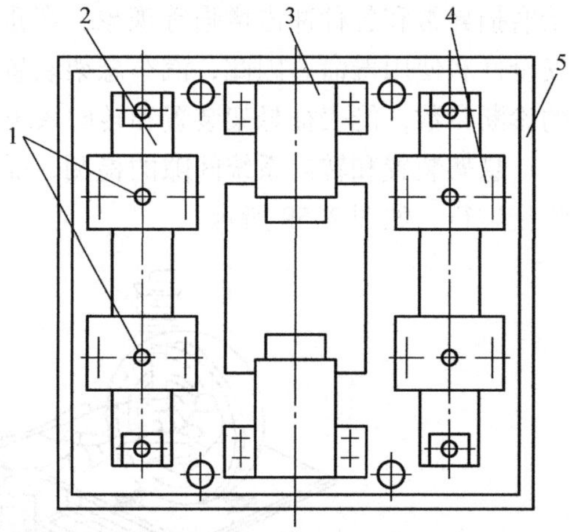

图2-61　前后双向移动测试台结构图

1—润滑孔　2—导向杆　3—液压缸

4—轴承座　5—壳体

（2）悬架装置和转向系统间隙检测仪的工作原理　在手电筒式开关的左、右测试台移动方向控制开关作用下，控制电路控制液压泵电动机和电磁阀继电器动作。在电动机带动下，液压泵产生高压油液。电磁阀在继电器作用下控制高压油液流向对应的液压缸，另一液压缸处于卸荷状态。在液压缸动力作用下，测试台测试板及其上的悬架装置与转向系统，按导向杆给定的方向移动。换向后，另一液压缸产生动力，前一液压缸处于卸荷状态，于是测试台测试板及其上的悬架装置与转向系统，按导向杆给定的相反方向移动，实现了前、后双向对悬架装置与转向系统间隙的检测。

【技能训练】

1. 用共振式悬架装置检测台检测悬架装置工作性能的方法

1）汽车轮胎规格、气压应符合规定要求，车辆空载，不乘人。

2）将车辆每轴车轮驶上悬架检测台，使轮胎位于台面的中央位置。

3）起动检测台，使激振器迫使汽车悬架装置产生振动，使振动频率增加并超过振荡的共振频率。

4）在共振点过后，将激振源关闭，振动频率减小，并将通过共振点。

5）记录衰减振动曲线，纵坐标为动态轮荷，横坐标为时间。测量共振时动态轮荷，计算并显示动态轮荷与静态轮荷的压力比及其同轴左右轮百分比的差值。

【课堂互动】

2. 悬架装置与转向系统间隙检测仪的使用方法

（1）仪器准备

1）检查测试板表面是否粘有泥、砂、油污等。若有，应清除之。

2）接通电控箱总电源。

3）按下手电筒式开关的工作开关，其上工作灯应亮，电控箱上绿色指示灯应亮，电动机应带动液压泵工作。否则，应检查并排除故障。

4）按下手电筒式开关上左、右测试板向前或向后移动的键，系统升压。当测试板移动到一侧极限位置时，检查油压表的压力是否正常。否则应调节溢流阀，使油压达到要求。

（2）车辆准备

1）车辆应运行至正常工作温度。

2）轮胎气压应符合汽车制造厂之规定。

3）轮胎上的砂、石、泥、土应清除干净。

（3）检测方法

1）汽车前轴开上悬架装置和转向系统间隙检测仪的测试板，两前轮在两块测试板上居中停放。

2）汽车驾驶人用力踩住制动踏板，并握紧转向盘。车下检测员按动手电筒式开关上测试板"前后方向移动"键，使悬架装置和转向系统以一定频率反复作前、后方向移动。

3）车下检测员按动手电筒式开关上测试板"左右方向移动"键，使悬架装置和转向系统以一定频率反复作左、右方向移动。

4）车下检测员按动手电筒式开关上测试板"前左、后右（对角线）方向移动"键或"前右、后左（对角线）方向移动"键，使悬架装置和转向系统以一定频率反复作前左、后右（对角线）方向移动或作前右、后左（对角线）方向移动。

5）汽车前轴在作上述移动方向的测试时，车下检测员要始终注意观察并用手触试汽车车轮与制动底板（或制动盘）处、转向节主销处、纵横拉杆球头销处、独立悬架摆臂处、相关悬架U形螺栓处和钢板销处、转向垂臂处和转向器固定等处的间隙，做好记录，视必要进行调整或修理。

6）汽车驾驶人放松转向盘和制动踏板，将前轴开下后轴开上，在测试板上用同样方法检测后轴悬架装置和转向系统的间隙。

7）检测完毕，关闭手电筒式开关和电控箱总电源。

3. 检测结果分析

悬架装置工作性能试验结果符合规定的测试要求时，表明悬架装置的弹性元件、导向装置以及减振器工作性能良好；当试验结果不符合规定要求时，原因可能在于：悬架装置的弹簧有裂纹，弹簧和导向装置的联接螺栓松动，减振器漏油、缺油或损坏。当悬架装置和转向系统各部位间隙检测值较小时，表明汽车车轮与制动底板（或制动盘）处、转向节主销处、纵横拉杆球头销处、独立悬架摆臂处、相关悬架U形螺栓处和钢板销处、转向垂臂处和转向器固定等处配合较好，磨损较小；反之，当悬架装置和转向系各部位间隙检测值过大时，说明以上各部位连接处磨损较大。

【课堂互动】

【习题2.4】

1. 悬架检测的项目有哪些？
2. 悬架检测的方法有哪些？

2.5 ABS系统检测

【本节目标】

了解ABS系统的检测项目；掌握ABS系统初检测的方法；掌握ABS系统电控检测的项目及方法。

【基本理论知识】

1. ABS系统由哪几部分组成？

2. ABS系统的作用是什么？如果ABS系统出现故障，危害有哪些？

ABS系统的检测与诊断基本内容一般包括有初检测、传感器及液压调节器和电路的检测、故障诊断等项目。根据自身特点，ABS系统具有一些特殊的检查、诊断方法。特定的诊断与检查可及时发现ABS系统的故障，是维修中非常重要的部分。对于不同的车型，甚至同一系列不同年代生产的车型，诊断方法和程序都会有所不同，这一点只要比较相应维修手册就可以知道。但是ABS系统的基本自诊断与检查方法的内容是不变的，它们一般包括如下4个步骤：①初步检查；②故障自诊断；③快速检查；④故障指示灯诊断。通常情况下，只要按照上述4个步骤进行诊断与检查，就会迅速找到系统的故障点。当然还要对ABS系统的主要零部件：车轮转速传感器、液压调节器、电控线束等进行检测和诊断，其中有的要尽可能结合故障自诊断的功能进行，有的则要单独进行。其中检测人员应掌握自诊断的故障判断法，这在整个诊断与检查中占有极为重要的地位

正确的检测诊断是建立在对ABS系统的工作原理和结构组成有完整的概念，正确的指导思想，并具有一定的从现象到本质的分析能力的基础上的。检测时注意事项有如下几点：

ABS系统是建立在车轮的常规制动系统上的，当然，一旦普通制动系统出现问题，ABS就不能正常工作。因此首先要将二者视为整体进行维修，不能只把注意力集中于传感器、微机和液压调节器上。

ABS系统对过电压、静电非常敏感，如有不慎，就会损坏微机中的芯片，因此检查ABS系统之前应首先拔去电源。点火开关接通时不要插入和拔出ABS插接器；在车上进行电焊之前，应做好防静电准备；拔下电脑上的插接器后再进行电焊；给蓄电池进行专门充电时，要摘下蓄电池的正极

【课堂互动】

电缆后再进行充电。

制动管路或液压控制单元中如有空气，则要进行特殊的放气处理。在维修蓄能式 ABS 液压控制装置时，切记储有高压时必须要进行卸压，然后再按规定进行检测和修理，因为蓄压器存储高达 18000kPa 的压力，以免高压油喷出伤人。

检测车轮转速传感器时一定要十分小心。拆卸时注意不要碰伤传感器头，不要用传感器齿圈当作橇面以免损坏，如果有的传感器气隙可调，调整时应使用非磁性塞尺，如塑料或铜塞尺，也可使用相应厚度的纸片。

制动液要至少每隔两年更换一次，这是因为 DOT3 乙二醇型制动液的吸湿性很强，含水的制动液不仅使制动系统内部产生腐蚀，而且会降低沸点，还会造成制动效能衰退。

车速传感器、液压调节器和电气系统要保持清洁，不要让污物、灰尘落在液压控制装置、微机和导线上。

在进行 ABS 系统诊断与检查时，应掌握扫描仪等专业工具的使用方法，按照维修手册中给出的故障诊断数据进行诊断就行，可以不拘泥于检查形式和步骤，只要能准确地判断出故障点即可。

【技能训练】

1. 初检测项目

初步检查是在 ABS 系统出现明显故障而不能正常工作时首先采取的检查方法，例如 ABS 故障警告灯常亮不熄，系统不能正常工作等。检查方法如下：

1）检查驻车制动是否完全释放。

2）检查制动液液面是否在规定范围之内。

3）检查 ABS 电控单元导线插头、插座的连接是否良好，插接器及导线是否良好。

4）检查下列导线插接器（插头与插座）和导线的连接或接触是否良好：

① 液压调节器上的电磁阀体插接器。

② 液压调节器上的主控制阀插接器。

③ 连接压力警告开关和压力控制开关的插接器。

④ 制动液液面指示开关插接器。

⑤ 四个车轮转速传感器的插接器。

⑥ 电动泵插接器。

5）检查所有的继电器、熔断丝是否完好，插接是否牢固。

6）检查蓄电池容量（测量电解液相对密度）和电压是否在规定的范围内；检查蓄电池正、负极导线的连接是否牢靠，连接处是否清洁。

7）检查 ABS 电控单元、液压控制装置等的接地（搭铁）端的接触是否良好。

【课堂互动】

8）检查车轮胎面纹槽的深度是否符合规定。

2. 电控检测

当汽车在行驶过程中，ABS 发生故障，ABS ECU 立即切断控制电路，取消 ABS 的防抱死制动功能（此时仍然保持常规制动），并接通 ABS 故障指示灯电路，使 ABS 故障指示灯发亮进行报警。与此同时，控制系统还将故障码存储在存储器 RAM 中，以供检测维修。

各种车型 ABS 都具有故障监测和自诊断功能。在汽车的组合仪表盘上设有 ABS 故障指示灯。当点火开关接通后，ABS ECU 进入故障自诊断状态，指示灯发亮。如果指示灯在持续 3～5s 后熄灭，说明 ABS 正常；如果指示灯一直发亮，说明 ABS 有故障。

（1）故障自诊断检测方法　汽车车型和 ABS 型号不同，故障自诊断测试方法不同。通常用的方法有以下两种。

1）利用诊断测试仪进行自诊断测试。将专用诊断测试仪与 ABS 诊断插座（通讯接口）相连，按照一定的操作规程，就能与 ABS ECU 进行双向通讯，并通过检测仪器的显示器或指示灯闪烁显示故障码。大多数测试仪不仅能够读出和清除故障码，而且还能够向 ABS ECU 传输控制指令，通过对 ABS 的工作情况进行模拟控制来诊断测试故障部位和故障性质。国产红旗、捷达、桑塔纳等轿车的 ABS 系统故障码不能通过 ABS 指示灯闪烁读取，必须用专用测试仪器读取，如用 VAG1551 或 VAG1552 检测仪，通过诊断插座读取有关信息。其具体检测方法参阅有关使用说明书。

2）采用跨接自诊断触发端子进行自诊断测试。ABS 控制线路中设有故障自诊断插座，可按规定方法跨接诊断插座上的诊断端子，然后根据仪表盘上的 ABS 指示灯或跨接线路中的发光二极管（LED）或 ABS 上的 LED 闪烁情况读出故障码，再参照维修手册上的故障码表，查阅故障码表示的内容进行维修。

下面以日本丰田凌志 LS400 为例，说明用跨接自诊断触发端子进行故障码测试的方法：

① 读取故障码：

a. 将点火开关置于 OFF，脱开维修插接器插头如图 2-62 所示。

b. 用专用维修工具 SST 连接故障诊断通信插接器 TDCL 或检查用插接器的端子“TC”和“E_1”，如图 2-63 所示。

c. 将点火开关置于 ON，通过 ABS 指示灯不同的闪烁方式（时间、次数）读出故障码。无故障时，指示灯的闪烁情况如图 2-64a 所示。假如故障码为“11”和“21”，指示灯的闪烁情况如图 2-64b 所示。如果有两个以上故障时，按故障数字的大小顺序（从小到大）逐个显示。所有的故障码显示完后，间隔 4s 左右再重复闪示。LS400 汽车 ABS 故障码表见表 2-8。

【课堂互动】

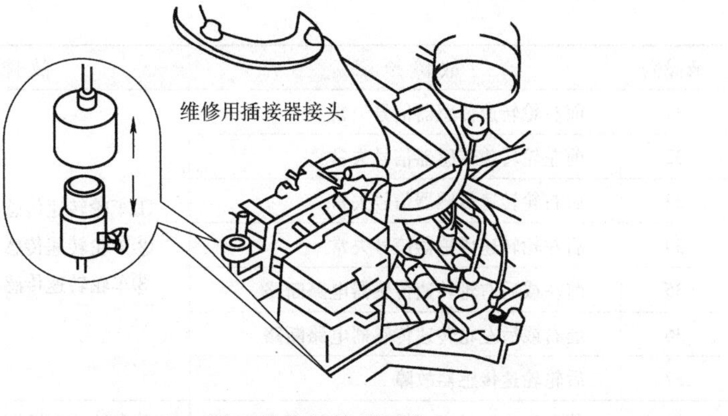

图 2-62　脱开维修插接器插头

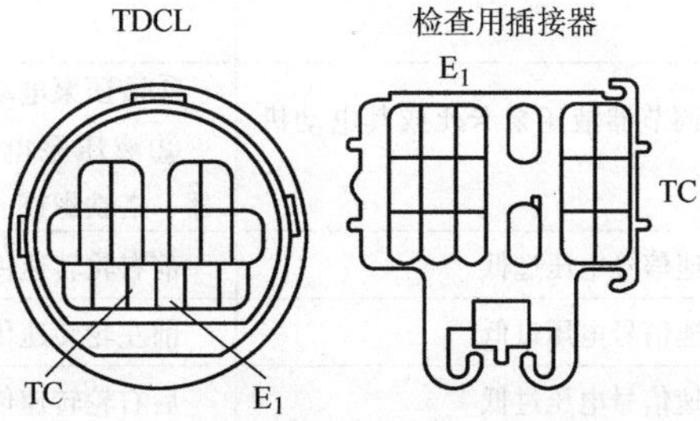

图 2-63　TDCL 和检查用插接器

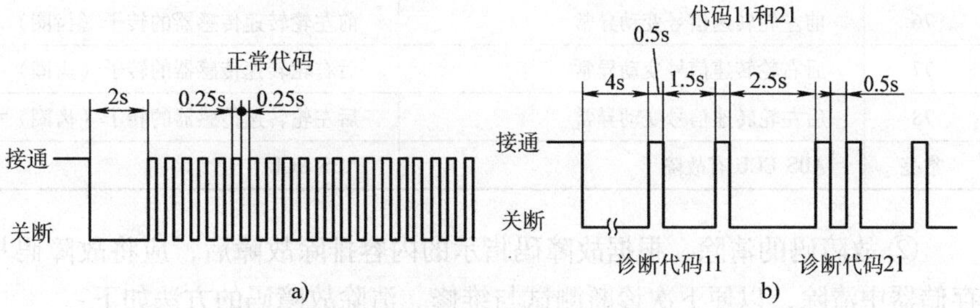

图 2-64　ABS 故障码显示方式

表 2-8　凌志 LS400 汽车 ABS 故障码

故障码	故 障 原 因	故 障 部 位
11	ABS 电磁阀继电器电路断路	①制动压力调节器内部电路 ②控制（电磁阀）继电器 ③控制继电器线束与插接器
12	ABS 电磁阀继电器电路短路	
13	ABS 电动机继电器电路断路	①制动压力调节器内部电路 ②控制（液压泵电动机）继电器 ③控制继电器线束与插接器
14	ABS 电动机继电器电路短路	
21	前右轮 3 位电磁线圈电路断路或短路	①制动压力调节器电磁线圈 ②制动压力调节器线束与插接器 ＊对于有 TRC 系统的汽车，则为后轮电磁线圈电路断路或短路
22	前左轮 3 位电磁线圈电路断路或短路	
23	后右轮 3 位电磁线圈电路断路或短路＊	
24	后左轮 3 位电磁线圈电路断路或短路	

（续） 【课堂互动】

故障码	故障原因	故障部位
31	前右轮转速传感器信号失常	①车轮转速传感器 ②车轮转速传感器转子（齿圈） ③车轮转速传感器线束与插接器
32	前左轮转速传感器信号失常	
33	后右轮转速传感器信号失常	
34	后左轮转速传感器信号失常	
35	前左或后右轮转速传感器电路断路	
36	前右或后左轮转速传感器电路断路	
37	后轮轮速传感器故障	
41	蓄电池电压过高或低	蓄电池或电压调节器
43	TRC控制系统失灵（只有带TRC的汽车才有）	
51	制动压力调节器液压泵卡死或其电动机电路短路	①液压泵电动机、继电器、蓄电池 ②液压泵电动机电路线束、插接器、搭铁螺钉
71	前右轮转速信号电压过低	前右轮转速传感器
72	前左轮转速信号电压过低	前左轮转速传感器
73	后右轮转速信号电压过低	后右轮转速传感器
74	后左轮转速信号电压过低	后左轮转速传感器
75	前右轮转速信号变动异常	前右轮转速传感器的转子（齿圈）
76	前左轮转速信号变动异常	前左轮转速传感器的转子（齿圈）
77	后右轮转速信号变动异常	后右轮转速传感器的转子（齿圈）
78	后左轮转速信号变动异常	后左轮转速传感器的转子（齿圈）
常亮	ABS ECU有故障	ABS ECU

② 故障码的清除。根据故障码指示的内容排除故障后，应将故障码从存储器中清除，以便下次诊断测试与维修。清除故障码的方法如下：

a. 将点火开关置于ON，脱开维修插接器插头。

b. 用跨接线将诊断座上的“TC”和“E_1”短接。

c. 在3s内将制动踏板踩到底后再放松，并快速进行8次以上。

清除故障码后检查ABS灯是否已显示正常码，拆下检查插座“TC”和“E_1”间的短接线，检查ABS灯是否熄灭。

（2）ABS系统主要元件检测

1）车轮转速传感器检测。

① 通过读取故障码检测车轮转速传感器，步骤如下：

a. 检查蓄电池电压是否正常。

b. 检查指示灯是否闪亮。

c. 接通点火开关，检查ABS灯是否持续亮3s后熄灭。如果指示灯不亮则检查指示灯电路。如果指示灯不熄灭则表示ABS系统有故障。

【课堂互动】

d. 断开点火开关，用专用维修工具 SST 连接故障诊断通信插接器 TDCL 或检查插接器端子“TC”、“E_1”和“TS”，起动发动机，注意不要踩制动踏板，观察指示灯闪烁情况，判断是否有故障码存在，若有故障码，则车速传感器可能有故障。

② 利用指示灯检查传感器电平信号。让汽车以 4～6km/h 的速度直线行驶，检查指示灯是否熄灭 1s 后又亮起，如果车速不在以上指定的速度范围内，指示灯亮但不闪烁，则停车读取故障码并修理故障部件；如果车速在 4～6km/h 的范围内 ABS 故障指示灯变亮，检测完毕，当车速超过 6km/h 时，ABS 故障指示灯又开始闪烁，这种情况传感器没有故障。

③ 检验车轮转速传感器的工作过程是否正常：

a. 让汽车以不小于 10km/h 的速度直线行驶，然后轻轻踩下制动踏板，检查 ABS 故障指示灯的闪烁模式，应均匀闪烁无变化。

b. 让汽车以不小于 20km/h 的速度直线行驶，然后用比平常稍重一些的力踩下制动踏板，检查 ABS 故障指示灯的闪烁模式，应连续变亮。

c. 让汽车以不小于 20km/h 的速度直线行驶，然后用力踩下制动踏板，检查 ABS 故障指示灯的闪烁模式在制动后是否变化。如果它的工作过程与前叙的不一样，那么检查速度传感器的安装是否正确，若安装正确，则说明传感器本身有故障，应更换。

④ 车轮转速传感器的技术性能检测：

a. 用万用表检测传感器的电阻：前轮转速传感器电阻应为 0.8～1.3Ω，后轮为 1.1～1.7Ω。如果不符合要求应更换。

b. 检查传感器电极与外壳是否连通。若连通，则短路，应更换。

c. 检测传感器的安装是否符合要求：拧紧力矩和传感器与齿间隙应为规定值。

d. 用示波器检测传感器信号：将示波器连接到传感器接头上，架起汽车并使汽车速度达到 20km/h，检查传感器的输出波形。检查波幅 C（图 2-65）是否大于或等于 0.5V，否则应更换传感器；检查最小波幅 B 是否大于或等于最大波幅 A 的 70%，若不满足，应更换传感器齿圈。

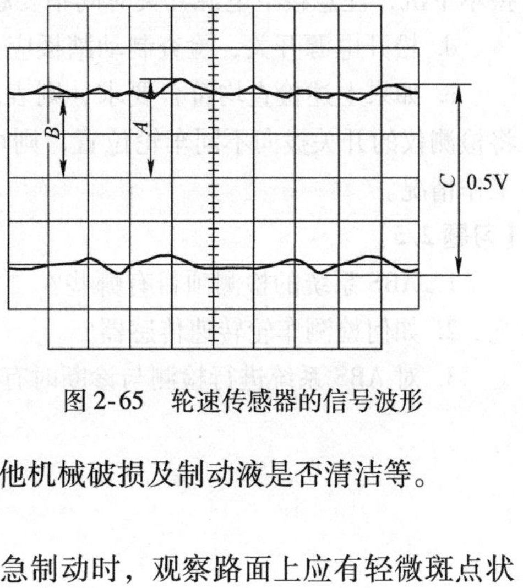

图 2-65　轮速传感器的信号波形

2）ABS 液压调节器的检测：

① 调节器外观检查。检查其电路、油路有无松动、破裂、断路、短路、搭铁不良、漏油或其他机械破损及制动液是否清洁等。

② 调节器动作效果检测。

方法 1：给 ABS 做路试，当紧急制动时，观察路面上应有轻微斑点状

【课堂互动】

的轮胎痕迹，如果是长长的印痕则表示调节器工作不正常。

方法2：把车轮楔住，使其不能转动，松开驻车制动，置变速器于空挡，起动发动机，把制动踏板紧紧踩到底，再松开，此后把汽车顶离路面，用手拨动各个车轮，查验其是否被抱死或阻滞不转。如果车轮被抱死或阻滞不转，则电控液压调节器出现故障（首先确定制动器机械部分无故障）。对于电控液压调节器中的电磁阀可按技术说明书的规定采用激励方法检测。对于电控液压调节器中的液压泵、压力开关等部件的检测可以按常规的测试方法进行。

③ 利用专门的诊断仪进行检测。有的车型ABS液压调节器设计有专门的检测仪，如丰田车系常压型的ABS液压调节器，可通过检测仪进行检测。这种检测仪上有电源开关、ABS回流泵开关、四个电磁阀的选择开关等，使用专门的标准检测线与车上的液压调节器连接，如图2-66所示。

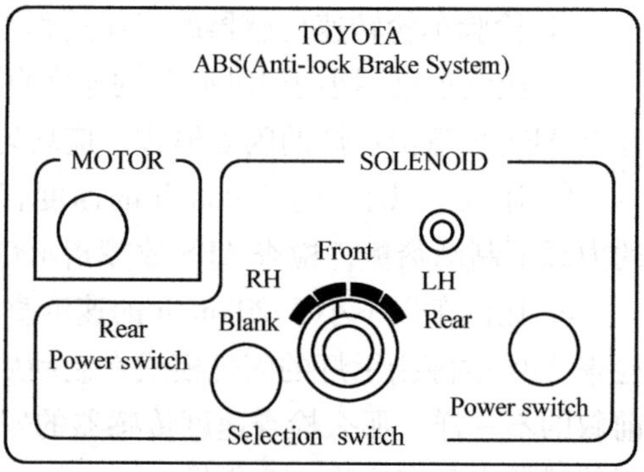

图2-66 丰田ABS专用检测仪

检测时应先将车上的液压调节器的线束插头取下，用标准检测线把调节器和检测仪连接起来，通过操作检测仪面板上的选择开关，对各个车轮液压电磁阀进行工作性能检查，步骤如下：

a. 起动发动机使汽车怠速运转。

b. 将调节器检测仪的选择开关拨向“FRONT RH”前右轮位置，按下回流泵“MOTOR”开关并保持几秒钟。

c. 踩下制动踏板并按下“POWER”电源开关，检查制动踏板应能保持不下沉，注意按下电源开关时间不要超过10s。

d. 松开电源开关，检查制动踏板应下沉。

e. 如果上述检查均符合要求，则表示前右轮的ABS系统的控制正常。将检测仪的开关拨向不同车轮位置，则可检查调节器的其他各个电磁阀的工作情况。

【习题2.5】

1. ABS系统的检测项目有哪些？
2. 如何检测车轮转速传感器？
3. 对ABS系统进行检测与诊断时有哪些注意事项？

模块3　汽车安全项目的检测与分析

【学习目标】

本模块的学习目标是使学生了解汽车检测线的检测项目及所用设备，并熟练掌握各种检测设备的基本使用方法。在对车辆进行检测的过程中，使学生学会数据的读取及记录方法，并学会查阅各个检测项目的检测标准。最后要求学生能够对所记录的数据进行计算和处理，并依据检测标准，判断所检测车辆的各个检测项目是否合格。

【课堂互动】

3.1　认识汽车检测及审验制度

【本节目标】

认识汽车检测及审验制度，了解车辆在检测场接受的检测项目。

【基本理论知识】

我国政府历来十分重视交通安全问题，先后制定、颁布了一系列条例、标准、法规。1997年和2004年国家标准局对中华人民共和国国家标准进行了修订，2001年又颁布了GB18565—2001《营运车辆综合性能要求和检验方法》，2002年颁布了建国以来第一部交通安全法（修改草案），总结和充实了以前的条例、标准和安全法规，使之更加全面和科学。

汽车安全检测主要以《机动车运行安全技术条件》（GB7258—2004）、《营运车辆综合性能要求和检验方法》（GB18565—2004）为依据，内容包括汽车外观、制动性能、侧滑量、转向性能、车速表、噪声和废气排放等方面的检测。

汽车的主要安全部件是否完备、结构是否可靠、汽车使用性能是否良好，将直接影响行车安全。因此汽车的定期安全检测是十分必要的，安全检测可以提高汽车的技术性能、完善安全结构，对预防交通事故、减少环境污染、保证人民健康都具有重要意义。

表3-1所列为各种直接造成交通事故的原因及其所占比例，数据中“制动”是指汽车制动时出现异常情况，如制动失灵、制动距离过长、制动跑偏或侧滑等造成的事故。“转向操纵”是指因转弯时车速过高、转弯过急以及汽车转向轨迹不正确造成的撞车、翻车的伤人事故。从表中数据可以看出，由于制动、转向操纵和车辆技术故障造成的交通事故高达25.9%。

【课堂互动】

表3-1 各种直接造成交通事故的原因及其所占的比例

事故直接原因	所占百分比（%）	事故直接原因	所占百分比（%）
汽车运行	52.5	车辆技术故障	4.7
自行车、行人或其他车辆	14.8	违反操作规程	4.7
制动	11.0	运载	2.1
转向操纵	10.2		

若汽车前照灯光束调整不当、照射角度不正确，行驶时会使迎面驶来的对方车辆驾驶人炫目而无法辨认道路、行人或它方车辆位置，导致交通事故。前照灯的照度不足，也会造成交通事故。雨、雪天气时，刮水器对驾驶室前风窗玻璃刮扫不彻底，会影响驾驶人的视线。转向灯、制动灯、示廓灯失灵，会影响后方车辆行驶；停车指示灯和事故灯失灵，则无法示警。诸如此类，汽车附件的性能状况对行驶安全也有重要的影响。

汽车发动机性能是否符合要求，工作是否平顺、可靠，对安全也有影响。发动机突然熄火相当于正常行车途中突然施加制动；功率不足的发动机无法为汽车提供紧急驶离危险位置的动力，也会影响行车安全。

汽车的制动性能、转向操纵性能，对汽车行驶安全有直接影响，应该对其主要性能进行检测。制动系统、转向装置、行驶系统、传动系统、车身等的技术状态对汽车安全也有重要影响。汽车结构的缺陷，如门窗、座椅或其他结构不牢，水、电、油、气管路连接不可靠，产生泄漏等现象也会酿成大祸。

此外，汽车喇叭和发动机、汽车振动噪声以及汽车发动机排出的废气微粒和黑烟对环境造成污染，危害人们的健康，也是交通管理必须注意的一个问题。

【课堂讨论】

学生通过收集信息，了解不同车辆的定期检测年限及基本检测项目，并了解有哪些临时性检测，然后分组汇报。

由学生自己查阅资料来回答：机动车是指哪些车辆？

由动力装置驱动或牵引、在道路上行驶的、供乘用或（和）运送物品或进行专项作业的轮式车辆，包括汽车及汽车列车、摩托车及轻便摩托车、拖拉机运输机组、轮式专用机械车和挂车等，但不包括任何在轨道上运行的车辆。

1. 汽车的定期年检和临时性检验

根据车辆参加检验的时间要求，汽车检测分为定期检验和临时性检验两类。

（1）定期检验　定期检验指按照车辆管理部门规定的期限对在用车辆进行的定期检验，或根据交通运输管理部门制定的车辆检测制度对营运车辆进行的定期检测。

（2）临时性检验　临时性检验指除对车辆定期检验之外的车辆检验。

【课堂互动】

在用车辆参加临时性检验的范围有：

1）申请领取临时号牌（如新车出厂、改装车出厂）的车辆。

2）放置很长时间，要求复驶的车辆。

3）遭受严重损坏，修复后准备投入使用的车辆。

4）挂有国外、港澳地区号牌，经我国政府允许，可进入我国境内短期行驶的车辆。

5）车辆管理部门认为有必要进行临时检验的车辆（如春运期间、交通安全大检查期间）。

6）申请领取营运证的车辆。

7）改装和主要总成改造后的车辆。

8）申请报废的车辆。

9）其他车辆检测诊断服务。

2. 机动车检测站

机动车检测站是利用现代检测技术对汽车的使用性能和技术状况进行不解体检验的场所。机动车辆检测站配备多种专用的检测设备、仪表及操纵、显示、记录仪器，可以通过台架检测并辅以少量的经验诊断就可测出车辆的主要性能，或者诊断出故障并进行车辆调试。检测站的建立，提高了车辆检测的科学性、可靠性和精确性。

（1）检测站的分类　由于检测的目的及任务不同，在检测站的总体设计、工艺路线、设备选择及厂房形式上也有所不同。一种是专门从事定期检测运行车辆是否符合有关安全标准和防止公害等相关规定以及执行监督任务的检测站，称为车辆安全环保检测站。车辆管理部门建立安全环保检测站是为了保证车辆的行驶安全和监测车辆尾气排放。车辆安全环保检测站承担的任务：机动车申请注册登记时的初次检验；机动车定期检验；机动车临时检验；机动车特殊检验，包括肇事车辆、改装车辆和报废车辆技术检验。车辆安全环保检测站定期检测在用车辆中与安全运行和环境保护有关的项目，其检测结果只显示“合格”或“不合格”两种，不显示检测数据的大小，也不显示车辆技术状况的故障模式，因此检测速度快，便于批量定期检测。

另一种是配备有综合性、多功能检测设备的检测站，可对汽车进行全面检测，也可进行单项、定项的专题性检测。它既能承担汽车保修前后的技术状况的检测，又能接受公安交通管理部门的委托承担车辆运行安全环保检测，还能承接科研、制造、教学等部门的有关汽车性能试验和参数测定任务。这种检测站的设备及功能比较齐全，又称为车辆综合检测站。综合检测站的检测设备齐全且配套，自动化程度高，数据处理迅速准确，检测项目齐全且有深度，能担负对检测设备的精度测试，合理制定检测标准，为科研、教学、设计、制造和维修等部门提供翔实的依据。车辆综合检测站的组成参见图3-1。

【课堂互动】

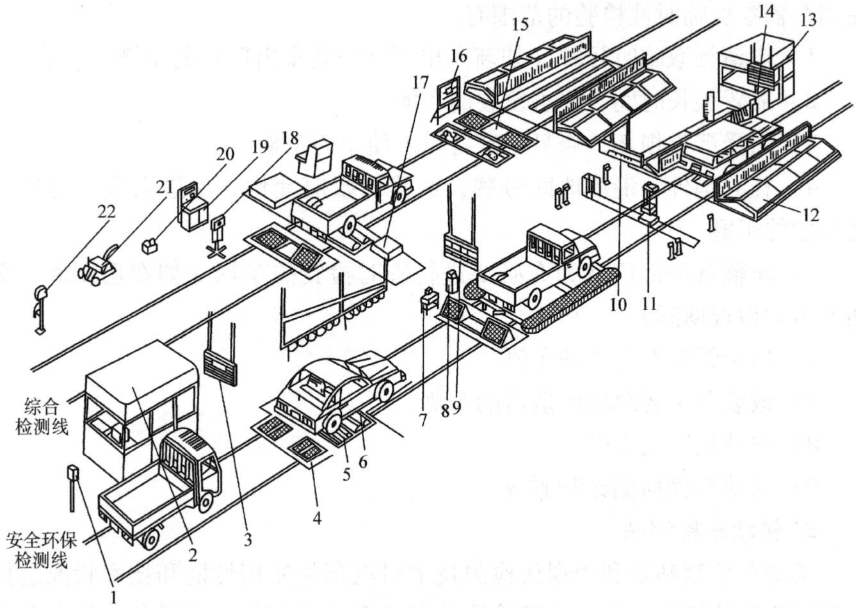

图3-1 双线综合性能检测站

1—进线指示灯 2—进线控制室 3—L工位操作指示器 4、15—侧滑试验台 5—制动力试验台 6—车速表试验台 7—烟度计 8—废气分析仪 9—ABS工位操作指示器 10—HX工位操作指示器 11—前照灯检测仪 12—检查地沟 13—主控制室 14—P工位操作指示器 16—前轮定位检测仪 17—底盘测功机 18、19—发动机综合测试仪 20—机油洁净性分析仪 21—就车式车轮平衡机 22—轮胎自动充气机

（2）检测站必须具备的条件

1）有检测车辆侧滑、灯光、轴重、制动、排放、噪声的设备以及其他必要的检测设备。

2）每一条检测线至少具备工程师或技师技术职称的主任检验员一名，具有一定的汽车理论和修理经验，并能熟练地运用检测设备对机动车辆的安全性能做出正确评价的检验员若干名。

3）有相应的停车场地、试车跑道和试验驻车制动器的坡道。要布局合理，根据国家标准设置交通标志、标线，出入口视线良好，不妨碍交通。

4）检测厂房宽敞，通风、照明、排水、防雨、防火和安全防护等设施良好，各工位要有相应的检测面积，检测工艺布置合理，便于流水作业。

5）必须有设备维修人员，保持检测设备经常处于良好的技术状态和精度。

3. 汽车检测线

目前国内建立的大多数检测站是综合检测站，它由一条安全环保检测线和一条综合检测线组成。这两种检测线都是由多个检测工位组成并且按一定顺序分布在直线通道上。

（1）安全环保检测线 安全环保检测线有人工控制和自动控制两种类型，一般可设计成3～5个工位，人工控制的安全环保检测线主要由外观检

【课堂互动】

查工位、侧滑制动车速表工位和灯光尾气工位组成。侧滑制动车速表工位（简称为ABS工位），它由侧滑检测、制动检测和车速表校验组成。灯光尾气工位简称HX工位，它是由前照灯检测、废气检测或烟度检测和喇叭声级检测组成。自动控制安全环保检测线一般由汽车资料输入及安全装置检查工位（简称L工位）、侧滑制动车速表工位、灯光尾气工位、车底检查工位（简称P工位）、综合判定及主控制室工位5个工位组成。

外观检测工位由人工对汽车的外观进行检验；侧滑制动车速表工位配备有侧滑试验台、制动试验台和车速表试验台三大检测设备，有些制动试验台上还设有轴重自动计量装置；灯光尾气工位配备有前照灯检验仪、废气分析仪和烟度计三种测试仪器；资料输入及安全装置检查工位，是对汽车的安全装置进行外观检查，并把检查的结果以及汽车的型号、外形尺寸、牌照号码、发动机及底盘编号等输入微处理机；车底检查工位是对车辆底部的外观检查，是检测人员在地沟内检查底盘各装置及发动机的连接是否可靠；综合判定及主控制室工位主要控制整个检测线的检测工作并进行综合判定，将其检测结果打印输出并储存信息。

（2）综合检测线 综合检测线有两种类型，一种是全能综合检测线，另一种是一般综合检测线。全能综合检测线设有包括安全环保检测线主要检测设备在内的比较齐全的工位，一般综合检测线不包括安全环保检测线的主要设备。

车辆制造、维修部门为了检验车辆的技术状况，分析和判断故障，评定车辆的制造、修理质量也需要综合检测线来检测车辆。它由速度表检测、车辆测重、前轮定位检查、侧滑量检查、制动性能检查、前照灯检查、尾气检查、底盘制动、噪声检查、发电机综合检查分析等工位组成。

目前国内许多车辆检测部门采用现代技术手段，建立了全自动检测线，大大提高了检测效率。全自动检测系统采用一台主控制计算机将各个工位上各单项检测功能的仪表联结起来统一控制。主控制计算机通过信号显示指示驾驶人驾驶车辆进入检测线，自动起动各工位检测设备、采集检测数据并进行处理，将分析归纳的结果打印输出。

4. 汽车定期安全检测的内容

汽车定期安全检测的内容包括核对或核发机动车行驶证，检测汽车的安全技术状态。

（1）汽车行驶证 各国机动车均采用核发行驶证的方法，确定汽车的主要使用特征、区分车主所属地区和部门。通过核发行驶证，对车辆的使用进行管理。

汽车行驶证的核发由车主所在地区的车辆管理所负责。车主购买的汽车应该是符合国家政策、由合法制造商生产、经审核允许销售，并且符合机动车运行安全技术条件的车辆。新注册登记（上牌）的汽车车主必须持

【课堂互动】

车主单位证明或车主身份证、购车发货票、汽车合格证、车辆购置批准和税费交纳证明，到车辆管理所注册登记。行驶证内容包括车辆的类型，车身颜色，使用燃料，生产厂家，发动机及车辆标识代码VIN，驾驶室准乘人数，车辆总质量，空车质量，核定载货或乘客数量，车辆的长、宽、高，驱动形式，轴数及轮数、轴距、轮距和轮胎规格。由车辆管理所检查合格后，确定车主和车主地址，发给行驶证和相应的车牌。

机动车辆必须按照车辆管理部门的规定定期进行检验，作为发放和审验行驶证的主要依据。每次进行汽车安全检测时，首先就必须检查行驶证所列诸项目是否与被检车辆一致，否则不予安全检测。营运车辆还必须根据交通运输管理部门制定的车辆检测制度，对车辆的技术状况进行定期或不定期检测，作为发放和审验营运证的主要依据。

(2) 汽车运行安全技术状况的检查　汽车进行的安全检查项目，根据各地区具体情况可以作相应规定，但首先必须执行《机动车运行安全技术条件》(GB7258—2012) 的有关规定。

汽车安全检测是对全社会民用汽车的安全性检查，以涉及汽车行驶安全及环保的项目为主要检测内容。车辆管理部门目前对汽车的运行安全技术状况的检查项目包括两大部分：一部分是目测定性检查或采用简单仪器检查为主的车身及附件装置的完备性、可靠性和外观检查；另一部分是经过专用试验检测设备检测得到一定的技术数据，主要有轴重、制动、侧滑、噪声、车速、废气或烟度、前照灯等，从而实现有关性能的检测。

外检通过目检和实际操作来完成，其主要内容有：

1）检查车辆号牌、行驶证有无损坏、涂改、字迹不清等情况，核对行驶证与车辆的各种数据是否一致。

2）检查车辆是否经过改装、改型、更换总成，其更改是否经过审批及办理过有关手续。

3）检查车辆外观是否完好，联接件是否紧固，是否有四漏（漏水、漏油、漏气、漏电）现象。

4）检查车辆整车及各系统是否满足GB 7258—2012《机动车运行安全技术条件》所规定的基本要求。

发动机型号应打印（或铸出）在气缸体易见部位，出厂编号应打印在气缸体易见且易于拓印部位，在出厂编号的两端应打印起止标记。

整车型号和出厂编号应打印在车架（对无车架的车辆为车身主要承载且不能拆卸的构件）易见且易于拓印部位，型号在前、出厂编号在后；打印的具体位置应在产品使用说明书中指明。易于拓印的车辆识别号（VIN）可代替整车型号和出厂编号。

汽车性能的检测，采用专用检测设备对汽车进行规定项目的检测。主要有转向轮侧滑、制动性能、车速表误差、前照灯性能、废气排放、喇叭

声级和噪声六项。 【课堂互动】

【课堂讨论】

1. 外观检验人员应熟记和掌握车辆的类型及________的位置。

A. 车架号码

B. 发动机号码

C. 整车铭牌

D. 发动机标牌

E. 标牌号码

2. 外观检验时依照行驶证的记录项目与________相核对。

A. 车辆

B. 税讫标牌

C. 车辆说明书

D. 定期检验表

E. 车辆底盘

3. 申请机动车检验合格标志应提交哪些资料?

1）机动车行驶证。

2）机动车第三者责任强制保险凭证。

3）机动车安全技术检验机构出具的安全技术检验合格证明。

4. 属于延缓检验的机动车（除非营运的小型/微型载客汽车、三轮汽车、低速货车、摩托车以外的延缓检验的机动车）在本年度第一次核发机动车安全技术检验合格标志的，是否还需提交《机动车延缓报废审批表》?

安全检测记录单格式各检测场有所不同，各检测场检测记录单中常见检测项目也有所不同，下面是两个实例。表3-2为某车管所汽车检测中心引车单，表3-3、表3-4为某检测场检测项目表。

表3-2 某车管所汽车检测中心引车单（外检项目）

<table>
<tr><td colspan="5">车辆类型：大客、大货、轿车、小货车、外籍车、警车、特检车、路试车
车号：闽A- 检验时间 月 日 上午： 下午：</td></tr>
<tr><th>序号</th><th>项目</th><th>签名</th><th>时间</th><th>备 注（车 道）</th></tr>
<tr><td></td><td>车道安排</td><td></td><td></td><td></td></tr>
<tr><td></td><td>引车员</td><td></td><td></td><td></td></tr>
<tr><td></td><td>计算机操作员</td><td></td><td></td><td></td></tr>
<tr><td colspan="4">车长： 宽： 高： 轴距：</td><td>发动机： 车架：</td></tr>
<tr><td colspan="5">车架上部 外检员： 年 月 日</td></tr>
</table>

【课堂互动】

（续）

序号	项　目	序号	项　目	序号	项　目
1	远/近光灯	10	车牌/牌照灯/固封装置	19	气压表/机油压力表
2	转向灯	11	车辆长/宽/高	20	前/后轮胎
3	制动灯/倒车灯	12	车身颜色/漆顶	21	轮胎螺栓/螺母
4	防雾灯	13	轴距/后悬	22	燃油箱/输油管/滤清器
5	示宽/示高灯	14	车门/车窗及安全玻璃	23	灭火器/防护网/安全带
6	紧急信号灯/停车警示牌	15	车门字/扩大号	24	驾驶座/乘客座
7	警灯/警报器	16	风窗玻璃	25	蓄电池/起动性能
8	侧/后视镜	17	车厢栏板/底板	26	排气管/消声器/尾气净化器
9	刮水器	18	冷却液温度表	27	

车架下部　　　　外检员：　　　　　　年　　月　　日

序号	项　目	序号	项　目	序号	项　目
28	前、后钢板弹簧/夹箍	37	横直拉杆/球销松旷	46	中间轴承（过桥）松旷
29	中心及U形螺栓/螺母	38	转向节/臂裂纹、磨损	47	车架纵/横梁变形、裂纹
30	前、后吊耳/销/套	39	前、后减振器	48	前/后桥变形、移位
31	制动踏板力/自由行程	40	贮气筒/储液罐	49	主减速器/差速器异响、漏油
32	离合器自由行程	41	制动总泵、分泵漏气/渗油	50	左/右半轴及螺栓
33	转向阻滞/干涉	42	前/后制动管路	51	挡泥板/垂帘
34	转向机托架/助力器	43	变速器/分动器漏油	52	散热器漏水
35	发动机支托架	44	乱挡/脱挡/机件干涉	53	
36	发动机异响/漏油/漏水	45	传动轴/万向节松旷、裂纹	54	

民警：

【课堂互动】

表3-3　某检测场机动车排放外观检查记录

序　号	检查项目	结　果
1	牌照号/车架号	
2	冷却液温度表/油温表	
3	机外净化器/电控系统	
4	冷却系统/润滑系统/传动系统/漏水/漏油	
5	转向系统机械运转	
6	烧机油/严重冒黑烟	
7	双排气系统泄漏	
8	轮胎压力/潮湿存水/磨损/夹带硬物	
9	前驱/后驱/全时四驱/双桥后驱动	

执行标准	简易工况	自由加速	双怠速	怠速
检测次数	1.	2.	3.	4.
环保标志号	原有		新领	
环保外观检查结果				

表3-4　某检测场机动车安全检验外观检查项目

一、机动车安全检验外观检查项目 1. 驱动方式（前驱、后驱、全驱）、驻车制动（前制、中制、后制）、前照灯（一灯、两灯、四灯）、前轴转向轮悬挂方式（独立、非独立）、远光灯（可调、不可调）、轴数（二、三）轴 2. 号牌、车辆识别代码、发动机号、产品标牌、发动机标志、中文警告性文字、不同规格备胎使用说明标志 3. 灯光（远光灯、近光灯、雾灯、牌照灯、制动灯、倒车灯、转向信号灯、示廓灯、危险报警闪光灯、挂车标志灯、车厢灯、门灯、仪表灯、危险品运输车的标志灯）、低气压报警器、警灯、警报器、行驶记录仪、ABS、危险品运输车监控车载终端 4. 车身周正、车容、漆面、车身标志、放大号、车窗、安全窗、安全手锤、安全门、安全出口、太阳膜、前风窗玻璃、刮水器、车门、车锁及门把、左右后视镜、反射镜、反光标志、轮胎、挡泥板、轮胎螺栓、排气管、保险杠、燃油箱、三角警告牌、灭火器、卧铺客车车顶行李架、侧面防护装置、后下部防护装置、危险品运输车的接地链、挂车连接装置、牵引车连接装置、三轮汽车防护罩 5. 座椅、铺位、货箱、底板、客车地板、安全带、仪表、喇叭、遮阳板、驻车制动拉杆行程及锁止装置、制动踏板行程、离合器踏板行程、转向盘自由转动量
二、标准规定的其他检验项目

【课堂讨论】

了解新车注册登记时的检验流程。

新车上牌检验流程说明：

1. 经办人持《产品合格证》或《货物进口证明书》到驻场环保窗口

【课堂互动】

盖章，并将盖章后的《产品合格证》或《货物进口证明书》复印。

2. 交押金并领取外观检验单。

3. 拓印发动机号和车辆识别代号，整理拓印膜。

4. 外观检验。国产车核对《公告》数据、外观照片，确认车型是否在公告有效期内，进口车核对《货物进口证明书》，核对拓印膜是否与参数表或《货物进口证明书》一致，认真填写《机动车技术参数登记表》；检验车辆外观，核对车辆铭牌（包括：厂牌型号、制造年月、排量、功率、总质量、载客人数、车辆识别代号及制造国等内容）、车身颜色、轮胎型号、发动机号、车辆识别代号与参数表或《货物进口证明书》是否一致，查看车辆识别代号有无变更、改动等痕迹，符合要求的由民警在拓印膜上加盖人名章；比对公告照片是否与实车相符；实车测量尺寸等数据是否与《公告》及参数表相符；检查车辆车容以及车辆有无停车牌、灭火器。

5. 外观检验合格后，如果属于免检车型，可直接到总检窗口审核签字；如果属于非免检车型需要进行尾气检验和上线检验，检验合格后到总检窗口审核签字。

6. 总检签字后结账。

7. 新车录入窗口进行盗抢核查，无盗抢信息车辆可录入新车数据，领取新车档案袋；如果数据库中无车辆数据的车辆，需告知经办人进行新车型鉴定。

8. 到环保窗口领取环保标志。

5. 计算机控制的汽车安全检测工位布置与控制灯箱

三工位集中控制式计算机检测线的工位布置如图3-2所示。将不互相干涉的几项检测项目相邻布置成一个工位，可以缩短检测线的长度，节约

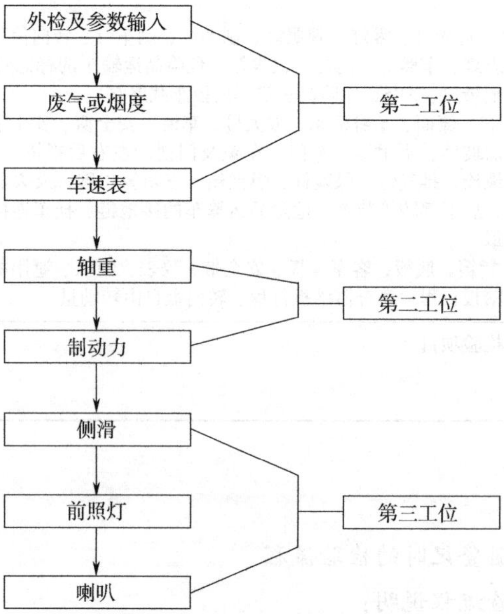

图3-2 集中控制式检测工位布置图

检测成本，提高检测效率。

【课堂互动】

与工位对应的指示灯箱如图 3-3 所示。

图 3-3　三个工位的灯箱示意图

三工位计算机控制汽车安全检测线检测流程如下：

1）车辆验证。输入车牌号、车主、发动机及底盘生产序号或车辆识别代码 VIN（如车辆有条形码也应查对）、车辆结构特征参数，与原车登记上牌的资料比较，确认车辆是否合法并确定是否给予检测。

2）进入车辆外部检查第一工位，由检验员逐项检查并将检查项目及结果通过前端机键盘或专用项目代码键盘输入。

学生首先分组学习这些资料，然后自己提炼总结汽车定期年检的主要内容，最后按小组进行汇报。

3）在主控制机控制和指示灯箱的引导下进入排放尾气检测工位，进行排放尾气的检测。测得数值送到计算机分析后由灯箱显示结果。

4）根据灯箱指示完成车速表检测，测得车速表为 40km/h 时实际车速值，并由灯箱显示该项是否合格。至此第一工位检查项目完成。

5）在主控制机及灯箱引导下进入第二个工位，在灯箱指示下完成汽车前、后轴重工位的检测。

6）按灯箱指示，分别进行前、后轴的制动力检测和驻车制动检测，测得一组制动过程制动力数据，经过计算分析判断，将该项总评价由灯箱显示。

7）由主控制机和第三灯箱引导，将汽车开到第三工位进行检测，汽车以 3～5km/h 慢速通过侧滑试验台，测得前轴车轮的侧滑量，传送到主控制机后由灯箱显示检测结果。

8）汽车在灯箱、主控制机和汽车定位电路指挥下到达前照灯检测位置。依照灯箱指示依次完成各前照灯的照度和光轴线位置检测，检测得到一组数据经计算分析判断后，将项目是否合格通过灯箱显示。

9）在指定位置上进行喇叭声级值的检测并将该项检测结果在灯箱上显示。

10）完成三工位检测后汽车驶离检测区，主控制机将每一次检测数值及评定结果全部打印成检测报告，交车主收存。

【课堂讨论】

学生通过查阅相关规定来回答：机动车喷涂、粘贴标志或者车身广告应当遵守哪些规定？

1）喷涂和粘贴车身广告需经北京市户外广告管理处审批，未经批准

【课堂互动】

一律不准在车身上做广告。

2）在机动车车身外喷涂、粘贴标志的（不含车窗玻璃、前、后风窗玻璃和车前、后部），允许喷涂和粘贴的内容为：单位名称、企业标志、电话、地址、网址。喷涂字迹应端正，字号大小不得大于车身高度的10%；字迹和标志颜色面积不得大于车身主体颜色的1/3，不得改变车身整体颜色，原行驶证和机动车登记证书登记的车身颜色不变。

一辆车号为X的上海桑塔纳牌轿车，在上线进行安全性能检验后打印数据见表3-5：

表3-5 检测记录单

<table>
<tr><th>评价</th><th colspan="10">检测数据</th></tr>
<tr><td></td><td>侧　滑</td><td colspan="9">5.6m/km</td></tr>
<tr><td rowspan="6">○</td><td>制动</td><td>轴重/kg</td><td>左/kN</td><td>右/kN</td><td>和（%）</td><td>左阻滞(%)</td><td>右阻滞(%)</td><td>左/kN</td><td>右/kN</td><td>差(%)</td></tr>
<tr><td>前制动</td><td>895</td><td>2.90</td><td>2.57</td><td>62.4</td><td>2.1</td><td>1.1</td><td>2.90</td><td>2.44</td><td>15.9</td></tr>
<tr><td>中制动</td><td></td><td></td><td></td><td></td><td></td><td></td><td></td><td></td><td></td></tr>
<tr><td>后制动</td><td>603</td><td>2.12</td><td>1.74</td><td>65.3</td><td>2.7</td><td>1.7</td><td>2.12</td><td>1.74</td><td>17.9</td></tr>
<tr><td>整车制动</td><td>1498</td><td>5.02</td><td>4.31</td><td>63.6</td><td></td><td></td><td></td><td></td><td></td></tr>
<tr><td>驻车制动</td><td>1498</td><td>1.72</td><td>1.51</td><td>22.0</td><td></td><td></td><td></td><td></td><td></td></tr>
<tr><td>○</td><td>速度表</td><td colspan="9">36.2km/h</td></tr>
<tr><td rowspan="3">×</td><td>前照灯</td><td rowspan="3">远
光</td><td>光度/cd</td><td>上/下/(cm/10m)</td><td>左/右/(cm/10m)</td><td rowspan="3">近
光</td><td>上/下/(cm/10m)</td><td>左/右/(cm/10m)</td><td colspan="2">灯高/mm</td></tr>
<tr><td>左　灯</td><td>50900</td><td>0.90H</td><td>※39.50</td><td>※0.5lH</td><td>5.30</td><td colspan="2">635</td></tr>
<tr><td>右　灯</td><td>50400</td><td>※0.79H</td><td>19.50</td><td>※0.5bH</td><td>-8.50</td><td colspan="2">642</td></tr>
<tr><td>○</td><td>喇　叭</td><td colspan="9">94.2dB</td></tr>
<tr><td></td><td>车上部项目</td><td colspan="9"></td></tr>
<tr><td>○</td><td>车架下项目</td><td colspan="9"></td></tr>
<tr><td colspan="2">最大制动力/kN</td><td>前</td><td>2.90</td><td>中</td><td></td><td>后</td><td colspan="4">2.12</td></tr>
</table>

注：“○”合格；“×”或“※”为不合格项目；未做注明的为不要求项。

根据“检测纪录单”中的检测结果标注下列问题（“○”合格；“×”或“※”为不合格项目；未做注明的为不要求项）：

判断侧滑量（　）

判断前制动力和（　）

判断前制动力差（　）

判断后制动力差（　）

判断整车制动力和（　）

判断驻车制动力和（　）

判断速度表值（　）

判断前照灯左灯发光强度（　）

判断前照灯左灯远光光束中心离地高度（上/下）（　）

【课堂互动】

判断前照灯左灯远光左右偏移量　（　）
判断前照灯左灯近光光束明暗截止线转角的高度（上/下）（　）
判断前照灯左灯近光左右偏移量　（　）
判断前照灯右灯发光强度　（　）
判断前照灯右灯远光光束中心离地高度（上/下）（　）
判断前照灯右灯远光左右偏移量　（　）
判断前照灯右灯近光光束明暗截止线转角的高度（上/下）（　）
判断前照灯右灯近光左右偏移量　（　）
判断喇叭音量　（　）
判断车架下项目　（　）

【习题3.1】

1. 写出不同车辆的定期检测年限及基本检测项目，并了解有哪些临时性检测。

2. 通过自己查阅资料，写出安全检测场完成相应检测项目应配备哪些检测设备。

3. 在检验车辆时冷却液温度应保持在______至______。（D）

A. 40℃　80℃　　B. 50℃　90℃

C. 30℃　60℃　　D. 60℃　80℃

4. 检验员在进行底盘项目检查时除具备检查工具外还必须配有______。（C）

A. 帽子　B. 手套　C. 安全帽　D. 劳保鞋

5. 检验员按照车下检查项目序号，将______通过键盘输入计算机。（B）

A. 合格项目　　B. 不合格项目代码

C. 随意输入项目　　D. 具体不合格零件

3.2　汽车动力性检测

【本节目标】

掌握汽车动力性试验台的使用方法，学会查阅动力性能的评价指标及检测标准。在对车辆进行检测的过程中，学会数据的读取及记录方法。试验结束后，要求对所记录的数据进行计算和处理，并依据检测标准，判断所检测车辆动力性能的各个检测项目是否合格。

【基本理论知识】

1. 汽车动力性的评价指标

汽车的动力性是指汽车在良好路面上直线行驶时的平均行驶速度，其评价指标如下：

（1）最高车速　最高车速是指汽车以厂定最大总质量状态在风速≤

【课堂互动】

3m/s条件下，在干燥、清洁、平坦的混凝土或沥青路面上，能够达到的最高稳定行驶速度。

（2）加速能力　加速能力是指汽车在各种使用条件下迅速增加行驶速度的能力，包括起步加速能力和最高挡或次高挡加速能力即超车加速能力。

（3）爬坡能力　表示方法用角度数或用百分数表示，它是指汽车满载，在良好的混凝土或沥青坡道上以最低前进挡能够爬上的最大坡度。

2. 汽车动力性的路试检测

（1）试验条件

1）试验汽车的装载质量为厂定的最大装载质量，且装载物均匀分布，固定牢靠。

2）轮胎气压应符合该试验车技术条件的规定。

3）试验时应是无雨无雾天气，相对湿度小于95%，气温0~40℃，风速不大于3m/s。

4）试验道路应是清洁、干燥、平坦的混凝土或沥青铺成的直线路面，长2~3km，宽不小于8m，纵向坡度在0.1%以内。

（2）试验前的准备工作

1）试验车各总成、部件必须按规定装备齐全。

2）对试验车进行外部及装配调整质量检查。

3）试验车在试验前必须按制造厂制定的磨合规范进行磨合。

4）试验前必须对汽车进行预热行驶，使汽车发动机、传动系统及其他部分预热到规定的温度。

（3）道路试验的项目与方法

1）汽车最高车速。在符合试验条件的道路上，选择中间200m为测量路段，并用标杆做好标志，测量路段两端为试验加速区间，使汽车在驶入测量路段前能够达到最高的稳定车速。用光电测试仪记录通过时间（也可以用第五轮仪直接测出汽车车速）。试验往返各进行一次。

2）汽车加速性能。汽车最高挡或次高挡加速性能试验，是在试验路段上选取合适长度的路段，作为加速性能的测试路段，在两端放置标杆作为记号。汽车在变速器预定挡位，以稍高于该挡最低稳定车速起（选5的整数倍的速度，如20km/h、25km/h、30km/h、35km/h、40km/h）作等速行驶，用第五轮仪监测初速度，当车速稳定后（±1km/h），驶入试验路段，迅速将节气门踏板踩到底，使汽车加速行驶至该挡最高车速的80%以上，对于轿车应达到100km/h以上。用第五轮仪记录汽车的初速度和加速行驶的全过程，试验往返各进行一次。

进行汽车起步连续换挡加速性能试验时，将汽车停于试验路段一端，变速器置于该车的起步挡位（一挡或二挡），迅速起步，并将节气门踏板快速踩到底。当发动机达到最大功率转速时，迅速无声地换挡，换挡后立即将节气门全开，用第五轮仪测定汽车加速行驶的全过程，往返各进行一

【课堂互动】

次。填写记录数据，并根据数据绘制往返两次的加速性能曲线。

3）爬坡性能。试验坡道应接近试验车的最大爬坡度（轿车在20%以上，货车在20%～30%之间，越野车不小于60%）。坡道长不少于25m，坡道前应有8～10m的平直路段，在坡道中部设置10m的测速路段。

① 陡坡试验。试验时将车停在接近坡道的平直路段上，起步后将节气门全开进行爬坡，测量并记录汽车通过测量路段的时间及发动机转速。如第一次爬不上去，可以做第二次，但不超过两次。

② 长坡试验。长坡试验的目的，是检查车辆能否在短时间顺利通过坡度为7%～10%、长10km以上的连续长坡。

③ 滑行试验。在长约1000m的试验路段两端立上标杆作为滑行区段。汽车在进入滑行区段前，车速应稍大于50km/h，此时驾驶人将变速器挂入空挡（或踩下离合器踏板），汽车开始滑行，直至汽车完全停住为止。目的是为了测定汽车车轮滚动阻力、车身空气阻力和动力传动系统的各种阻力。在滑行过程中，驾驶人不得转动转向盘。当车速为50km/h时，汽车应进入滑行区段，记录滑行初速度和滑行距离。试验至少往返各滑行一次，往返区段尽量重合。

（4）路试仪器——第五轮仪　在进行汽车道路试验时，为了测量汽车的行程和速度，一般采用第五轮仪。第五轮仪有接触式和非接触式两种，接触式第五轮仪是由第五车轮、传感器、二次仪表（信号处理、记录、显示等）及安装机架等部分组成，如图3-4所示，其传感器采用磁脉冲式，如图3-5所示。

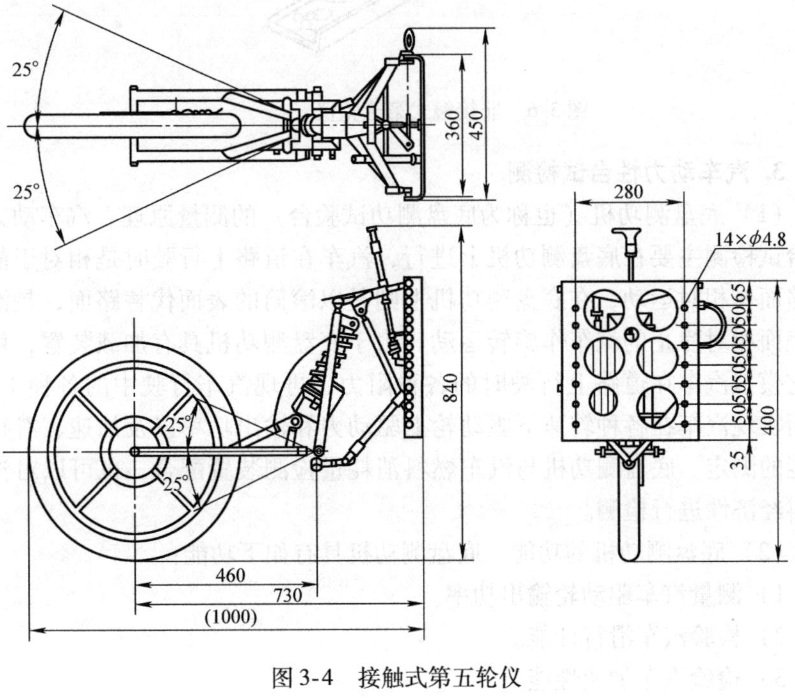

图3-4　接触式第五轮仪

【课堂互动】

要求学生通过上网或其他途径查阅资料，查找不同车型的路试数据（主要是动力性数据）、方法、试验图片等资料，然后全班交流。

非接触式第五轮仪以计算机为核心部件，不需要与路面接触或设置任何测量标志，采用光电头相关滤波技术，安装在车上的光电路面探测器（简称光电头）照射路面，把路面图像变换为频率信号进行测试。它主要由光电头、二次仪表（微处理器、键盘、LED显示器、微型打印机及接口等）及安装机架等组成，如图3-6所示。

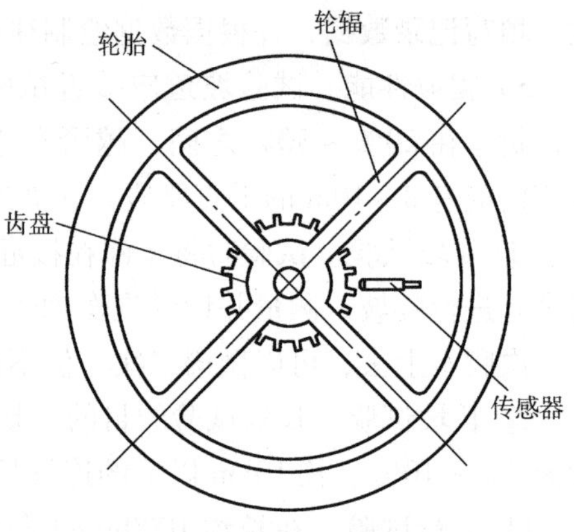

图3-5 磁脉冲式传感器

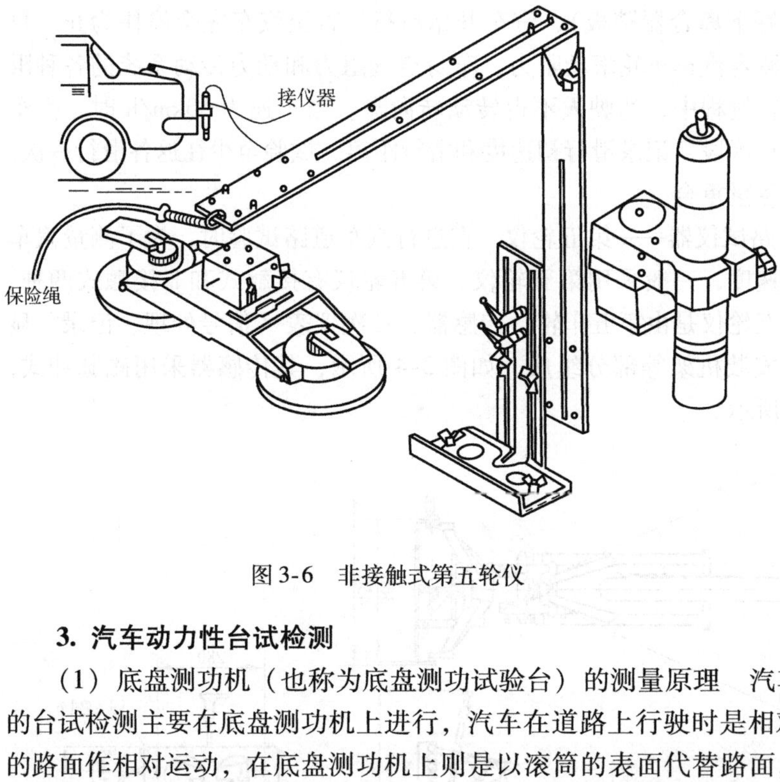

图3-6 非接触式第五轮仪

3. 汽车动力性台试检测

（1）底盘测功机（也称为底盘测功试验台）的测量原理 汽车动力性的台试检测主要在底盘测功机上进行，汽车在道路上行驶时是相对于静止的路面作相对运动，在底盘测功机上则是以滚筒的表面代替路面，是滚筒的表面相对静止的汽车作旋转运动。由于底盘测功机具有加载装置，可以用它模拟汽车在道路上行驶时的各种阻力，再现汽车行驶中的各种工况，从而实现汽车在各种转速下驱动轮上驱动力和输出功率以及加速、滑行等性能的测定。底盘测功机与汽车燃料消耗量检测装置配合，也可以对汽车燃料经济性进行检测。

（2）底盘测功机的功能 底盘测功机具有如下功能：

1）测量汽车驱动轮输出功率。

2）检验汽车滑行性能。

3）检验汽车加速性能。

【课堂互动】

4）校验车速表。

5）校验里程表。

6）配备油耗仪的底盘测功机可以在室内模拟道路行驶，测量等速油耗。

（3）底盘测功机的构造　底盘测功机主要由滚筒装置、电涡流测功装置（加载装置）、测量装置、电气控制及辅助装置等组成。一些底盘测功机还配备有油耗仪。底盘测功机机械部分的结构如图3-7所示，底盘测功机的结构如图3-8所示。

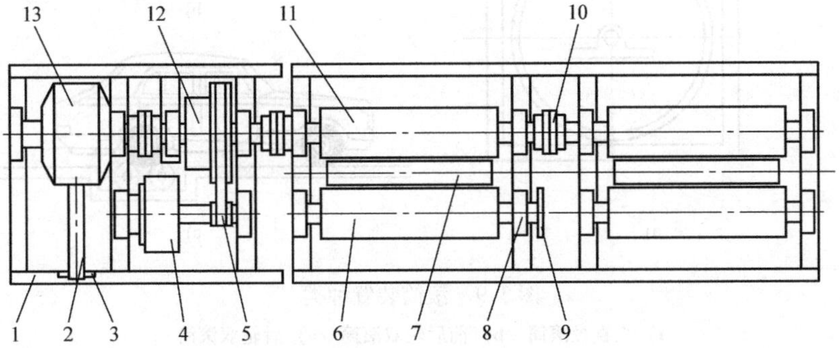

图3-7　底盘测功机机械部分的结构

1—机架　2—测力杠杆　3—压力传感器　4—飞轮　5—带轮　6—副滚筒　7—举升器　8—轴承座　9—速度传感器　10—联轴器　11—主滚筒　12—电磁离合器　13—电涡流测功器

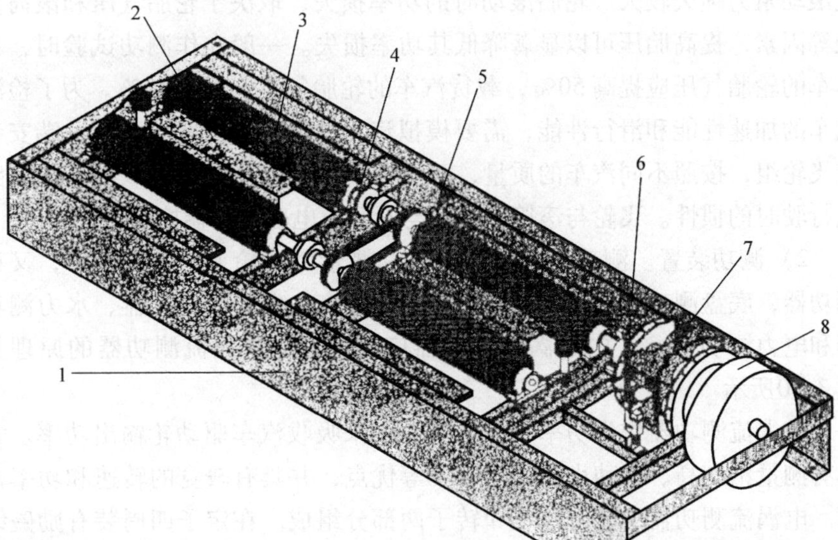

图3-8　底盘测功机结构

1—机架　2—举升板　3—滚筒　4—速度传感器　5—举升电磁阀　6—压力传感器　7—电涡流测功器　8—惯性轮

【课堂互动】

1）滚筒装置。底盘测功机的滚筒相当于连续移动的路面，被测车辆的车轮在其上滚动，试验台有单滚筒和双滚筒之分，如图3-9所示，由于双滚筒式试验台价格较低，因而广泛被汽车检测部门和维修企业采用。

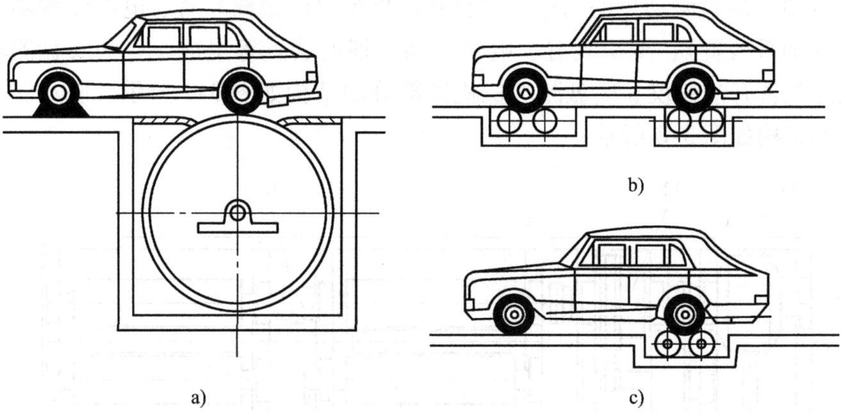

图3-9 滚筒装置种类

a）大直径滚筒 b）前后轮双滚筒 c）后轮双滚筒

双滚筒式底盘测功机的每两个滚筒为一组，共四个滚筒。滚筒由金属制成，一般为光滑表面。滚筒相当于连续移动的路面，由被检车的车轮带动旋转。双滚筒式底盘测功机由于滚筒直径较小（一般在185～400mm），比压增大，检测时轮胎与滚筒的接触与其在路面上受力情况相差较大，因此滚动阻力损失较大。轮胎滚动时的功率损失，取决于轮胎气压和滚筒直径等因素，提高胎压可以显著降低其功率损失。一般在作测功试验时，小客车的轮胎气压应提高50%，载货汽车的轮胎气压应提高30%。为了检测汽车的加速性能和滑行性能，需要模拟汽车的惯性，因此在滚筒一端安装有飞轮组，按照不同汽车的质量，匹配相应质量的飞轮，模拟汽车在道路上行驶时的惯性。飞轮与滚筒的结合与断开由电磁离合器控制。

2）测功装置。测功装置用来吸收和测量驱动轮上的输出功率，又称测功器，底盘测功机上采用的测功器的类型有：电涡流测功器、水力测功器和电力测功器。其中电涡流测功器应用广泛。电涡流测功器的原理如图3-10所示。

电涡流测功器作为功率吸收装置，用来吸收汽车驱动轮输出功率。它具有测量精度高、振动小和结构简单等优点，并具有较宽的转速和功率范围。电涡流测功器主要由定子和转子两部分组成。在定子四周装有励磁线圈，转子与测功机主动滚筒相连，在磁场中转动。当励磁线圈通以直流电时，磁力线在定子、涡流环、空气隙和转子之间构成回路。磁通的大小与励磁线圈的匝数以及所通过的电流大小有关。转子外缘制成凸凹不同的形状，由于通过齿顶和凹槽的磁通不一样，凸出部分比凹陷部分通过的磁通多，当转子旋转时，引起磁通的变化，从而在固定的涡流环中产生涡流。

【课堂互动】

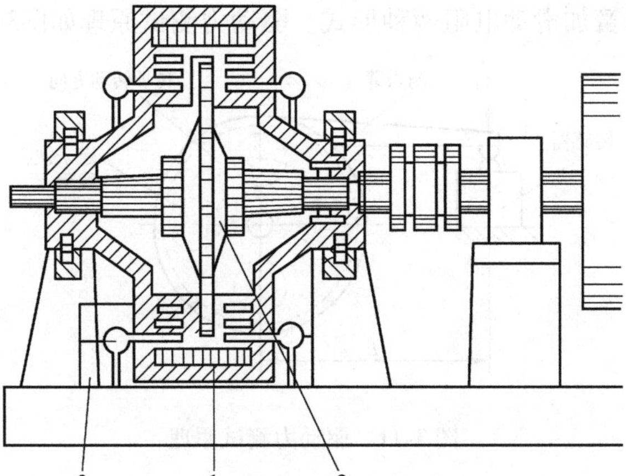

图3-10　电涡流测功器的原理图

1—有励磁线圈的定子　2—转子盘　3—水冷却室

这种涡流产生的磁场又产生一个与转子旋转方向相同的转矩，由于作用与反作用的关系，转子产生一个与它自己转动方向相反的转矩。由于转子与滚筒相连，就等于给滚筒施加了一个阻力，用这个阻力来模拟汽车在道路上行驶的阻力。这个对转子起制动作用的转矩，使浮动的定子顺着转子旋转方向摆动。制动力矩的大小可以通过控制励磁电流来调节，所以，电涡流测功器很容易实现自动控制。

电涡流测功器是一个功率吸收装置，它将吸收的汽车驱动轮输出功率转变成热能，经空气或冷却液散发出去。由于冷却方式不同，电涡流测功器分为风冷和水冷两种类型。

3）测量装置。在底盘测功机上测试时，汽车驱动轮输出功率等于驱动力与行驶速度的乘积。因此测量装置包括测速装置和测力装置两部分：

① 测速、测距装置。目前使用的测速装置多为磁电式和光电式传感器。由传感器测出滚筒的转速，根据滚筒直径换算成滚筒圆周的线速度，它与车轮外缘的线速度相等，单位为km/h，即汽车的行驶速度，其值由指针式仪表或数码管显示。利用底盘测功机的测速装置，可以校验汽车的车速表。

在进行汽车滑行距离和燃料消耗量检测时，需要测出行驶距离。将计量时间内测功机滚筒的转速乘以滚筒的周长，即为汽车行驶的距离，单位为m或km。利用测功机的测距装置，可以校验汽车的里程表。

② 测力装置。电涡流测功器的定子通过轴承装在支架上，可以绕其轴线摆动。在定子外壳上安装一根具有一定长度的杠杆臂。工作时，定子线圈通电以后，在对旋转的转子施加制动阻力矩的同时，定子本身也受到大小相等、方向相反的反作用力矩。这个反作用力矩迫使定子连同杠杆一起绕定子轴线摆动，此时，在杠杆臂一端的测力装置将力测量出来，再根据杠杆臂长度与滚筒半径之比，换算成驱动轮的驱动力。测力装置有压力传

【课堂互动】

感器和平衡弹簧加滑动电阻两种形式。驱动力测试原理如图3-11所示。

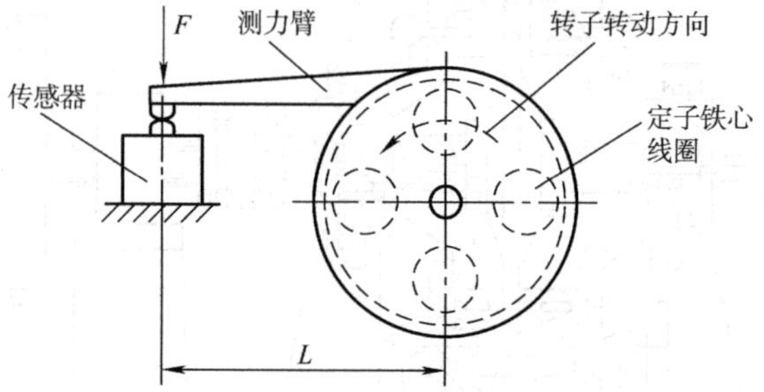

图3-11 驱动力测试原理

③ 电气控制及辅助装置。电气控制主要包括自动控制装置、校验调整装置和保护装置。改变定子线圈的电流，可以改变对转子的制动阻力矩。利用这一原理，能够很方便地实现自动控制。在测试时，控制的方法有两种，一种是定车速控制，另一种是定转矩控制。定车速控制就是在测试前，利用控制盒上的旋钮，选定一个试验车速，当达到这个试验车速后，如果驱动轮输出功率增大使得转速增高，测功机的控制系统能自动加大励磁线圈的电流，从而加大滚筒的阻力矩，使车速回到原设定的数值。在整个测试过程中，车速会自动保持在设定的数值不变。定转矩控制就是保持励磁线圈中的电流不变，因而给驱动轮施加的阻力矩也固定不变。当发动机输出功率增大的时候，车速提高。

学生通过课堂学习后，使用教材及其他途径查阅资料，然后对照底盘测功机的实物，一一识别各部分的名称及操作使用方法，还要熟悉其工作原理。

对于水冷电涡流测功机，为了保护励磁线圈不致过热，要求冷却水有一定的流量。当水流量不够时，仪表盘上的水表指示灯不亮，测功机不进行功率吸收，这是自动保护装置。校验调整装置用于仪器的标定，在滚筒不旋转的情况下，可以设定一个速度，在杠杆的自由端施加一个力，看仪器显示的功率是否等于力与速度的乘积。如有误差，可进行调整。辅助装置主要是举升器。为使被检车辆方便地驶出滚筒，在两滚筒之间安装有举升器及气动控制系统。

④ 测油耗装置。底盘测功机上配置的油耗测量装置有定容积式和电子秤两种。定容积式是在给驱动轮加载的情况下，测定汽车燃烧50mL或100mL燃油所行驶的距离，油耗的单位为L/100km。也有使用电子秤的，使用电子秤的优点是计量准确，能够计量的燃油量较大，可以进行多工况油耗试验。

（4）底盘测功机的使用方法　底盘测功机型号不同，其使用方法也有区别，应按不同机型的说明书进行操作，下面介绍一般的操作方法。

1）实验前的准备：

① 被测车辆的准备。

● 汽车发动机和底盘经过维护，供油系统和点火系统处于最佳工作状态。

● 轮胎气压应符合规定。

● 轮胎清洁，不得粘有油、水、泥，轮胎花纹沟槽内嵌有石子时，一定要清除干净。

● 运行走热全车。

② 测功机准备。

● 对于水冷测功机，应将冷却水阀打开。

● 接通电源，升起举升器托板，根据被检车的功率，选择测试功率的挡位。

● 用两个三角铁抵住停在地面上的车轮的前方，防止汽车在检测中由于误操作而冲出去。

● 为防止发动机过热，将一台冷却风扇置于被检汽车前方约0.5m处，对发动机吹风。

● 使汽车以5km/h的速度运行，观察有无异常。看水表指示灯是否点亮。

2）检测点的选择。在全面评价汽车发动机及底盘技术状况的时候，可以选择三个有代表性的工况来检测驱动轮输出功率：一是发动机额定功率转速所对应的车速；二是发动机最大转矩转速所对应的车速；三是选用汽车的常用速度（如经济车速）作为检测点。测试时，变速器在直接挡（对于小轿车可用比直接挡低一挡作为测试挡位）。值得注意的是，检测汽车驱动轮最大输出功率时，汽车一定要经过充分的走合，以免损坏发动机。在一般情况下，不选用最大输出功率测试，而选取常用车速，比如，载货汽车选用50km/h，轿车选用80km/h，节气门全开，测试驱动轮输出功率。

3）检测方法：

① 接通电源，根据被检车辆的功率，选择测试功率的挡位，设定试验车速或转矩。

② 升起举升器托板，使汽车驱动轮与滚筒尽可能成垂直状态。

③ 降下举升器托板，用两个三角铁架抵住停在地面上车轮的前方，把移动式风冷装置置于被检车辆的前方0.5m处，并接通电源。

④ 起动发动机，由低速挡逐级换入直接挡，同时逐渐踩下加速踏板，使节气门全开。重复检测三次，取平均值。

⑤ 起动发动机，由低挡逐级换入直接挡，逐渐踩下加速踏板，使节气门全开，同时旋转加载装置的负荷旋钮，使发动机达到最大功率和相应转速。

⑥ 保持发动机节气门全开，旋转测功机的负荷旋钮，增加测功机的负荷，使发动机达到最大转矩。

⑦ 待发动机转速稳定后，读取和记录功率值和车速值。

⑧ 按上述方法，抬起加速踏板，检测发动机在经济车速下驱动轮的输出功率。

⑨ 全部测试完毕，待驱动轮停转，切断发动机冷却装置电源，移去挡

【课堂互动】

学生按试验要求完成全部试验并记录相关数据，并对数据进行分析，写出试验报告。

学生要考虑，底盘测功机除了能够测量汽车的动力性和经济性外，还在哪些汽车检测项目中起到重要的作用。

【课堂互动】

块，升起举升器托板，被测车驶出试验台。

⑩ 切断试验台电源。

4）注意事项：

① 走合期的新车或大修车，不宜进行底盘测功试验。

② 测功时，应密切注意各种异响和发动机冷却液温度。

③ 被检车前严禁站人，以确保安全。

【习题3.2】

1. 写出汽车动力性的评价指标。
2. 写出道路试验的项目与方法。
3. 写出第五轮仪的作用与种类。
4. 写出底盘测功机的基本构造及类型。

3.3 制动性能检测

【本节目标】

掌握汽车制动试验台的使用方法，学会查阅制动性能的评价指标及检测标准。在对车辆进行检测的过程中，学会数据的读取及记录方法。试验结束后，要求学生对所记录的数据进行计算和处理，并依据检测标准，判断所检测车辆制动性能的各个检测项目是否合格。

【基本理论知识】

制动性能是汽车最重要的安全指标。制动力不足、制动力分布不均匀、左右制动力差值过大，都是导致交通事故的重要因素。

1. 制动性能的评价指标

（1）制动效能　即制动距离与制动减速度，它是制动性能最基本的评价指标。

（2）制动效能的恒定性　即抗衰退性能，是指汽车高速行驶或下长坡连续制动时制动效能保持的程度，称为抗热衰退性能。此外，涉水行驶后，制动器还存在水衰退问题。

（3）制动时汽车的方向稳定性　即制动时汽车不发生跑偏、侧滑以及失去转向能力的性能。

2. 制动时间

制动过程所经历的时间即制动时间，通常把制动时间作为一辅助的评价指标。制动过程各阶段的时间分布大致如图3-12所示。

1）驾驶人反应时间 t_1。图中 a 点表示出现危险信号，开始计算时间。此时驾驶人并没有立即行动，而要经过 t_1'后（对应于图中的 b 点）才意识到应进行紧急制动。驾驶人移动右脚再经过 t_1''后踩着制动踏板（对应于图

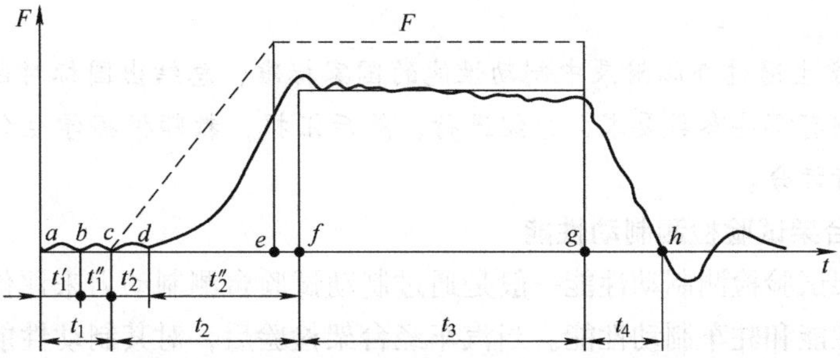

图3-12 汽车的制动过程

中的 c 点)。从 a 点到 c 点所经过的时间称为驾驶人反应时间，这段时间一般为0.3~1.0s，该期间车辆按原车速继续行驶。

2）制动器的作用时间（又称制动系协调时间）t_2。在理想情况下，如图中虚线所示，c 点以后，随着驾驶人踩踏板的动作，踏板力迅速增大，到 e 点时达到最大值。但由于制动系管路压力的提高以及制动器蹄片与制动鼓间隙的消除需要一段时间，所以经过 t_2'后，即到 d 点，地面制动力才起作用，使汽车产生减速度。由 d 点到 f 点是制动器制动力增长过程所需的时间 t_2''，$t_2=t_2'+t_2''$为制动器的作用时间（又称制动系统协调时间）。制动系统协调时间主要取决于驾驶人踩踏板的速度和制动系统的结构形式，一般在0.2~0.9s之间。

3）持续制动时间 t_3。从 f 点到 g 点，驾驶人保持制动踏板力不变，制动减速度基本不变，这段时间 t_3 称为持续制动时间。

4）制动释放时间 t_4。到 g 点驾驶人松开踏板，但制动力的消除还需要一段时间。这段时间称为制动释放时间 t_4，一般在0.2~1.0s之间。这段时间过长一方面会耽误随后起步行驶的时间；另一方面在制动过程中若因出现车轮抱死而使汽车失去控制，驾驶人采取措施放松制动踏板时，制动力不能立即释放，危及安全。GB 7258—2012《机动车运行安全技术条件》规定制动完全释放时间不得大于0.8s。

3. 制动系统检测的国家标准

制动系统的检测应符合国家标准GB 7258—2012的相关规定，此标准中对于制动系统的检测规范及检测方法（见附录）作了规定。

【课堂讨论】

1. 学生通过讨论来分析：制动性能的路试有哪些环境要求，因而有哪些局限性？更适合普遍使用的检测方法是什么？

2. 在空载状态下，驻车制动装置应能够保证车辆在坡度为________的坡道上固定不动。

3. 一般乘用车在进行人工路试时其制动初速度为____________。

4. 乘用车在进行人工路试时车辆任何部位不得超出试车道，其试车道

【课堂互动】

当车速为80km/h时，驾驶人从发现危险信号到制动系统起作用，车辆行驶最多是多少米？

汽车制动完全释放时间（从松开制动踏板到制动消除所需要的时间）不应大于________s。

【课堂互动】 宽度为________。

5. 学生通过查阅附录中制动性能的国家标准，总结出国标对制动系统台式检测有哪些参数要求，分组进行，然后汇报，教师根据学生作业完成质量进行评分。

4. 台架试验检测制动性能

台架试验检测制动性能一般是通过制动试验台测制动力来评价汽车行车制动性能和驻车制动性能。当汽车经台架检验后，对其制动性能有质疑时，可用路试方法进行复检，并以满载路试的检验结果为准。

（1）电子式汽车轴重仪 汽车轴重仪是用来测量汽车车轴或车轮荷重的仪器，它是检测汽车制动力必不可少的配套计量设备。汽车轴重仪种类较多，按照结构可分为便携式、固定安装式及与汽车制动检验台组合等形式；按照工作原理可分为机械式和电子式两类。机械式结构简单、成本低，但工作效率和测量精度不如电子式的高，因此电子式的轴重仪得到广泛应用。

汽车轴重仪除单板式的可以测量车轴轴荷外，还有双载荷台板，可单独测量左、右轮轮荷，也可以合并测量车轴轴荷，经微机处理，可分别显示左、右轮轮荷，也可显示车轴轴荷。

1）汽车轴重仪的结构。电子式轴重仪一般由机械部分（包括承载装置和传感器装置）和显示仪表等两部分组成，机械部分又称为秤体。

双载荷台板式轴重仪目前用得较多，如图3-13所示。它能测量左、右车轮轮荷，因此它有左、右两个秤体，分别安装在左、右框架内，共用一个显示仪表。

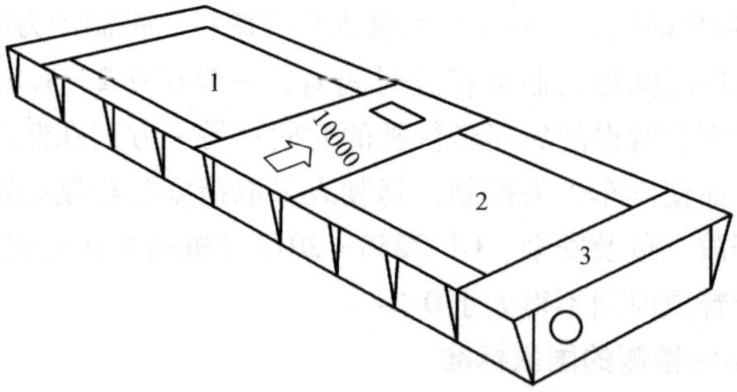

图3-13 双载荷台板式轴重仪外形图

1—左秤体 2—右秤体 3—框架

① 秤体部分。秤体包括承载台板、承载垫板、传感器以及框架等，如图3-14所示。

承载台板是一块整板，其下面并排焊上两根槽钢，以增加承载台板刚度，防止其受压变形。在台板长度方向两端用两块厚钢板作传感器的安装板。

汽车轴重仪常用的传感器为悬臂梁式，它造价较高，但它的性能指标好。它采用弹性梁及电阻应变片作为敏感元件，组成全桥电路。当垂

【课堂互动】

直正压力或间接力作用在弹性梁上时，贴在弹性梁上的电阻应变片随其一起变形，产生一定的应变，使电阻片的阻抗发生变化，应变电桥便产生一个与压力成正比的电信号。从图3-14中可知，悬臂传感器6共有四个，它分别安装在台板四角的加强板7上，由沿汽车行驶方向布置的V形承载垫块5支承，以减少汽车在轴重仪上制动时产生的横向力对测量精度的影响。

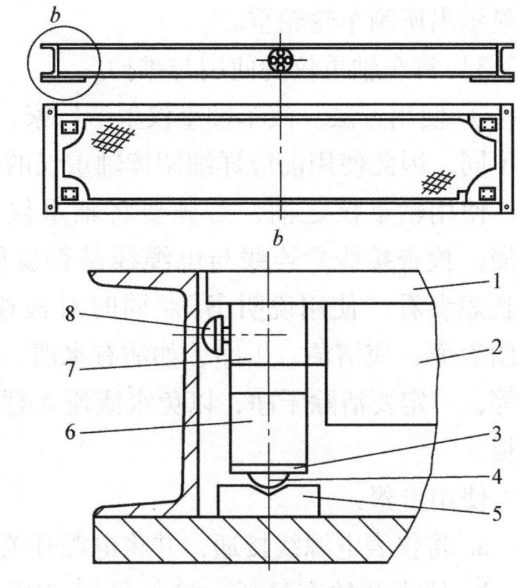

图3-14 轴重仪秤体结构简图
1—承载台板 2—槽钢 3—钢球盖 4—钢球
5—V形垫块 6—悬臂梁传感器
7—加强板 8—台面限位钢球

在悬臂梁传感器6与V形垫块5之间采用钢球4连接，这样可使安装方便，对各零件及装配工艺要求也不严。

② 显示仪表。图3-15为河北武安交通安全设备厂生产的轴重仪显示仪表面板。它由五位大型发光管显示荷重（kg），仪表中WEIGHING DISPLAY为称重显示；SELECTOR为选择器；L代表左轮；R代表右轮；L+R代表左轮+右轮；ZERO ADJUSTER表示零位校正器。

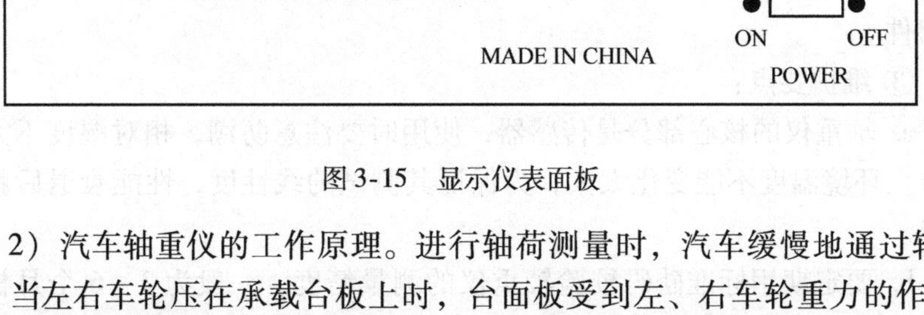

图3-15 显示仪表面板

2）汽车轴重仪的工作原理。进行轴荷测量时，汽车缓慢地通过轴重仪，当左右车轮压在承载台板上时，台面板受到左、右车轮重力的作用。作用力作用在传感器上，传感器所受力与受检车车轴的荷重形成正比，它与轴荷作用在承载台板上的位置无关。这种结构，传感器受力较稳定。传感器将力变为电压信号，由于输入到显示仪表的电压信号很微小，因此要通过输入放大器运放电路，再经A/D模数转换电路成为相应的数字信号，在微处理机的控制下，对输入信号进行逻辑判断和运算，最后由数字显示

【课堂互动】

屏显示出所测车轮轮重。

3）汽车轴重仪的使用与维护。

① 使用方法。汽车轴重仪生产厂家、牌号、形式不同，使用方法也有所不同，因此使用前应详细阅读轴重仪的使用说明书。

使用轴重仪之前，首先要将轴重仪承载台板打扫干净，使之清洁、干燥。检查接线盒连线与电缆线是否良好，若良好，开机预热，预热时间长短参看“使用说明书”。同时对被检汽车做好如下准备：检查汽车轮胎表面，应清洁、干净，如沾有水渍、油污或轮胎花纹沟槽内嵌有小石子等，一定要清除干净，以免水渍流入秤体中影响传感器精度或擦伤承载台板。

使用步骤：

a. 将仪表电源线接通，并将电源开关拨向“ON”的位置。

b. 仪表开始有显示，接着显示“0”。如显示为“88888”，检查数字显示是否短缺笔划。经数秒钟后自动转入测量状态。

c. 按动调零校正器，机内计算机自动给轴重仪调零（去皮）。

d. 汽车缓慢开上轴重仪，显示仪表便显示出测量值；如接有打印机时，则显示的同时，打印机便打印出数据，显示值将保留到下一个车轴进入承载面板为止。

e. 测量完毕后按动电源键，显示器关闭。

② 注意事项：

a. 轴重仪为较高精度的电子衡器，称量汽车轴重时，尽量保持轻上轻下，减少冲击载荷，也不要随意晃动台面。

b. 保持秤体干净卫生，特别是接线盒部分应保持清洁，以免影响电信号输出。

c. 称量汽车轴重时，应尽量靠近秤体面板的中部。

d. 秤体应尽量防止日晒雨淋，以防止出现测量精度降低和电信号短路现象。特别是接线盒插头部分严禁水进入，不得用水冲洗秤体和仪表各部分组件。

③ 维护要点：

a. 轴重仪的核心部分是传感器，使用时要注意防潮，相对湿度不大于80%。环境温度不能变化太大，为保证其测试的线性度，性能衰退后就要更换。

b. 要定期用标准砝码校验轴重仪的测量精度，一般为3~6个月校验一次为宜。

（2）便携式轴重仪　在一般检测及实验中，还可使用便携式轴重仪，其结构简单、使用携带方便。便携式轴重仪结构如图3-16所示，图中包括承重台板和测量仪表。

便携式轴重仪的测量仪表如图3-17所示。

【课堂互动】

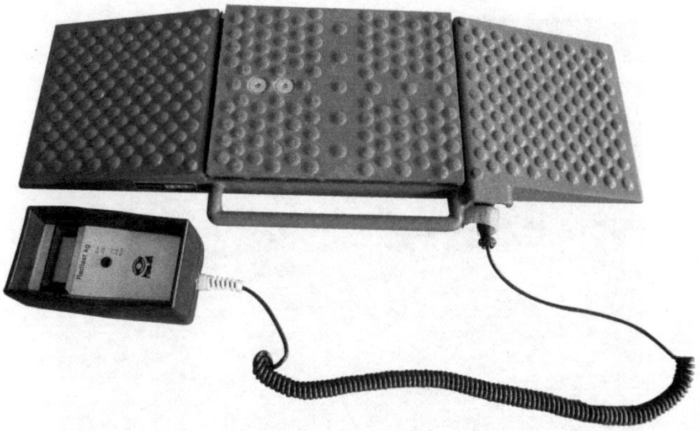

图3-16　便携式轴重仪

测量前仪表应先调零，调整部位如图3-18所示。

测量时，将两个便携式轴重仪仪表调零后，分别放在靠近两个前（后）轮的地面上，把车轮垂直、平稳放到轴重仪承载台板上。对四个车轮分别进行测量并记录实验数据。

（3）制动试验台　汽车制动试验台的种类很多，目前国内检测站多为单轴式滚筒制动试验台，各汽车修理厂主要采用平板式制动试验台。单轴式滚筒制动试验台如图3-19所示，图中前排左右两个滚筒装置即为单轴式滚筒制动试验台，图3-20是此试验台一侧的放大图。

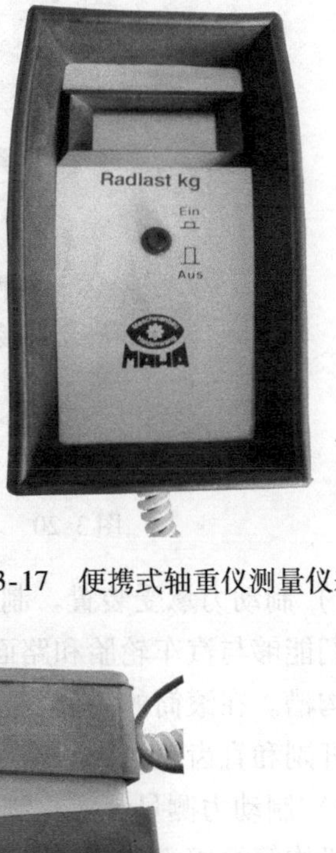

图3-17　便携式轴重仪测量仪表

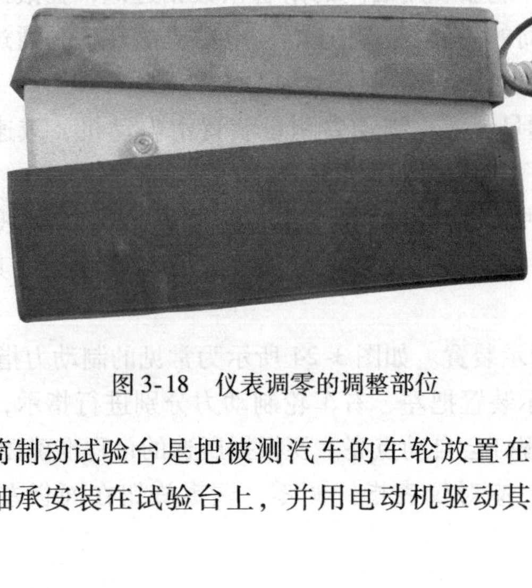

图3-18　仪表调零的调整部位

单轴式滚筒制动试验台是把被测汽车的车轮放置在滚筒上，左右两个滚筒分别用轴承安装在试验台上，并用电动机驱动其旋转。它的组成如下：

【课堂互动】

图3-19 单轴式滚筒制动试验台

图3-20 单轴式滚筒制动试验台放大图

1）制动力承受装置。制动力的承受装置，一般由四个滚筒组成，为使它们能够与汽车轮胎和路面间的附着系数相近似，在滚筒上开有一定数目的沟槽。在滚筒的一侧装有减速器，电动机的转动是通过减速器内的蜗轮蜗杆副和直齿轮二次减速后传给滚筒的。

2）制动力测量装置。制动力测量装置由电动机、减速器、测力臂和测量机构等组成，其测量原理如图3-21所示。

测量装置的种类有自整角电动机式、电位计式、差动变压器式及应变片式，其中应变片式测量装置的工作原理如图3-22所示，其结构如图3-23所示。

3）制动力指示装置。如图3-24所示为常见的制动力指示装置。

此制动力指示装置把左、右车轮制动力分别进行指示，其量程自动选择，被选择的量程灯会自动点亮。要根据所选的量程准确读取测量值。

在测量之前，应对仪表指针调零。调零旋钮在面板左侧，如图3-25所示。

【课堂互动】

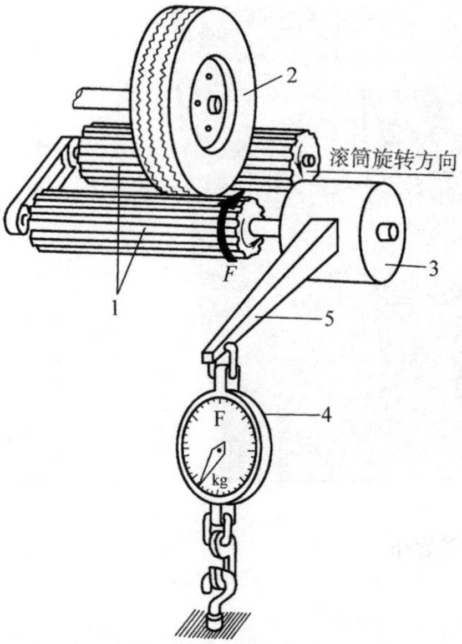

图3-21　制动力测量装置

1—滚筒　2—车轮　3—电动机

4—测力秤（*F*为制动力）

5—杠杆

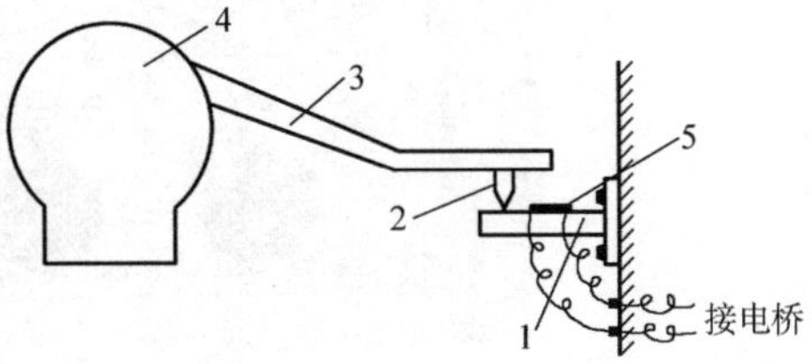

图3-22　应变片式测量装置的工作原理

1—测量元件　2—测力刀口　3—测力臂

4—减速器　5—应变片

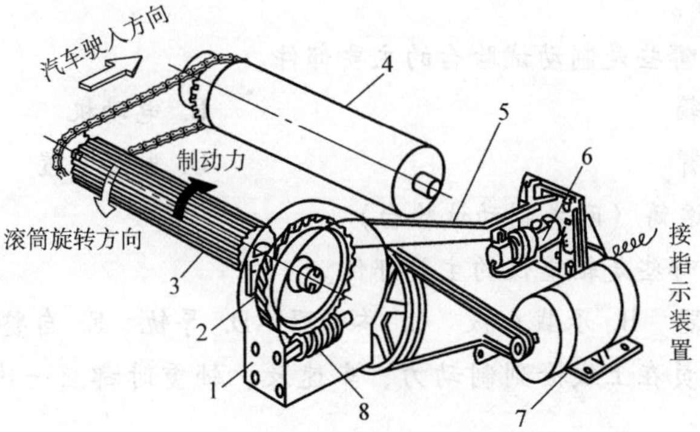

图3-23　应变片式测量装置结构

1—减速器　2—蜗轮　3、4—滚筒　5—测力臂　6—应变片　7—电动机　8—蜗杆

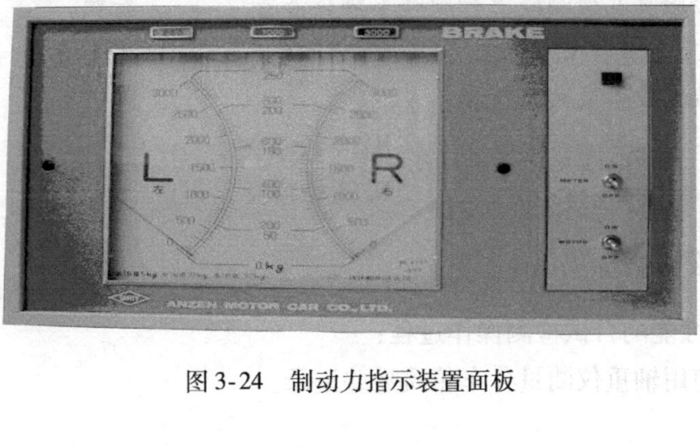

图3-24　制动力指示装置面板

【课堂互动】

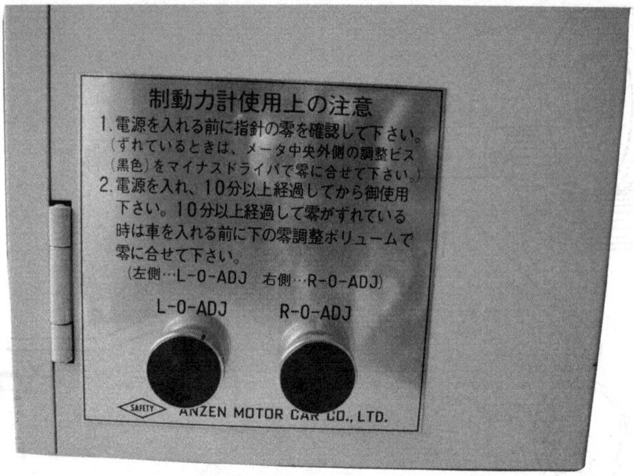

图3-25　调零旋钮

【课堂讨论】

学生通过上面的学习回答以下问题：

1）在制动力增长全过程中，同时测得的左右制动力差的最大值，与全过程中测得的该轴左右轮制动力中大者之比，对前轴不应大于________%。

2）下列哪些是制动试验台的主要部件。

A. 减速箱　　B. 电动机

C. 测力臂　　D. 制动装置

E. 第三滚筒（欧式制动试验台）

3）下列哪些是轴重仪的主要部件。

A. 传感器　B. 承载台板　C. 举升器　D. 导轨　E. 自整角电动机

4）检验员在上线检测制动力、车速表、轴重时都应一次到位，不可出现________。

A. 紧急制动或驻车制动　　B. 紧急制动或驶过现象

C. 不到位　　D. 多次到位

5）检验员在检测线上行驶时车辆应沿着________行驶。

A. 左边　　B. 右边　　C. 中心线　　D. 不走直线

6）检测设备最大负荷指________。

A. 整车质量　　B. 单轮质量

C. 单轴质量　　D. 3轮质量

【技能训练】

制动性能的台试检测操作过程：

1）使用轴重仪测量各车轮质量并记录。

【课堂互动】

2）使用变压器给试验台接通交流100V的电源。

3）使滚筒在无负荷状态下运转，检查指示仪表指针是否在零点上，用零点调整装置进行调整。

4）升起滚筒间的举升器，如图3-26所示。

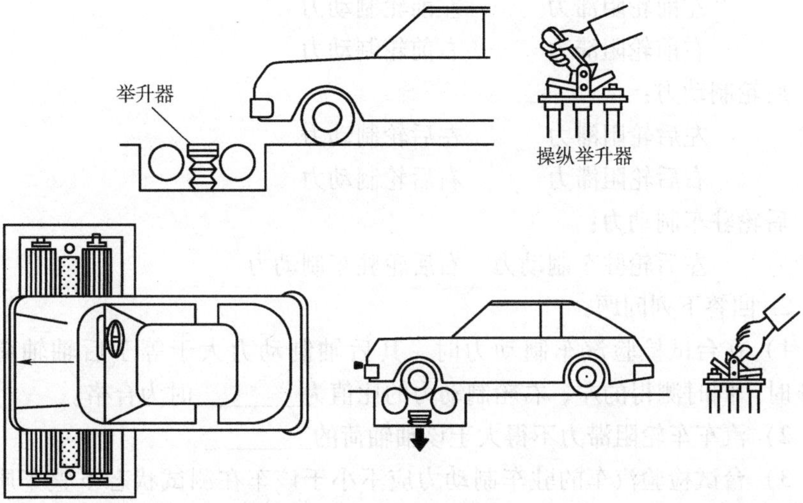

图3-26　举升器的举升及车辆的位置

5）将汽车尽可能地垂直于滚筒的方向驶入试验台，使前轮位于举升器中央，先对前轮进行测量，如图3-26所示。

6）发动机熄火，变速器挂入空挡。

7）降下滚筒间的举升器，并且要确实看到轮胎与举升器托板脱离。

8）接通电动机电源，使滚筒转动。记录左、右轮的阻滞力。

9）踩下制动器踏板，读取仪表上所指示的最大制动力值。

10）关断电动机电源，使滚筒停止转动，升起滚筒间的举升器。

11）将前轮向前推出试验台，使后轮位于举升器中央，对后轮进行测量。

12）降下滚筒间的举升器，并且要确实看到轮胎与举升器托板脱离。

13）松开驻车制动器。

14）接通电动机电源，使滚筒转动。记录左、右轮的阻滞力。

15）踩下制动器踏板，读取仪表上所指示的最大制动力值。

16）拉紧驻车制动器，读取仪表上所指示的最大制动力值。

17）测量结束后，关断电动机电源，使滚筒停止转动，升起滚筒间的举升器，使汽车驶出试验台。

在检测时，汽车的方向要正，车轮放在两滚筒中间，加制动力时要迅速均匀地加大压力，直到踩到底。

【习题3.3】

在进行以上检测项目的同时，完成下面相关参数的记录和计算。

【课堂互动】 1. 记录以下数据

轮重：左前轮　　　　左后轮

　　　右前轮　　　　右后轮

前轮制动力：

　　　左前轮阻滞力　　　　左前轮制动力

　　　右前轮阻滞力　　　　右前轮制动力

后轮制动力：

　　　左后轮阻滞力　　　　左后轮制动力

　　　右后轮阻滞力　　　　右后轮制动力

后轮驻车制动力：

　　　左后轮驻车制动力　右后轮驻车制动力

2. 回答下列问题：

1）在台试检验汽车制动力时，其后轴制动力大于等于后轴轴荷的60%时，同时测得的左、右轮制动力的比值为________时为合格。

2）汽车车轮阻滞力不得大于该轴轴荷的________。

3）台试检验汽车的驻车制动力应不小于该车在测试状态下整车质量的________。

4）台试检验总质量为整备质量1.2倍以下的车辆的驻车制动力应不小于该车在测试状态下整车质量的________。

3. 按照台试检测标准判断所测车辆各项制动性能是否合格。

1）前轴制动力是否合格

2）制动力总和是否合格

3）左、右轮制动力平衡是否合格

前轴

后轴

4）车轮阻滞力是否合格

前轴

后轴

5）驻车制动力是否合格

3.4 汽车车速表检测

【本节目标】

掌握汽车车速表试验台的使用方法，学会查阅车速表的检测标准。在对车辆进行检测的过程中，学会数据的读取及记录方法。试验结束后，要会对所记录的数据进行计算和处理，并依据检测标准，判断所检测车辆的车速表是否合格。

【课堂互动】

【基本理论知识】

车速表是提供汽车行驶速度信息的重要仪表。对汽车车速表进行检测是十分必要的，因为驾驶人在行车途中能够正确掌握车速，是提高运输生产力与保证安全行车的关键。驾驶人对行车速度的掌握，虽然可以依据主观估计来进行，但由于人对速度的估计往往会因错觉而造成误差，再加上车速表使用时间长后会因内部磁场减弱、车轮直径磨损减小等原因造成误差，所以检验车速表对于保障行驶安全的意义是非常重大的。

1. 车速表的检测标准

《机动车运行安全技术条件》（GB 7258—2012）对汽车车速表的检测规定如下：车速表允许误差范围为+20%～-5%，即当实际车速为40km/h时，车速表指示值应为48～38km/h；当车速表指示值为40km/h时，实际车速应为33.3～42.1km/h。

2. 车速表试验台

车速表试验台主要有标准型和驱动型两种，此外还有把车速表试验台与制动试验台等组合在一起的综合型试验台。图3-27中后排左右两个滚筒装置为车速表试验台，图3-28是车速表试验台单侧放大图。

图3-27　车速表试验台

标准型车速表试验台本身没有驱动装置，滚筒由被检汽车的驱动轮带动旋转，如图3-29所示。驱动型车速表试验台由电动机驱动，用其滚筒拖动被检汽车的从动轮旋转，如图3-30所示。若被检汽车驱动转速表的软轴安装在从动轮上，则应采用驱动型车速表试验台来检测其转速表。

车速表试验台不管是哪种类型，都由速度检测装置、速度指示装置、速度报警装置和举升装置等组成。

（1）速度检测装置　速度检测装置主要由滚筒、速度传感器、联轴器等组成。滚筒分两组共四个，通过滚动轴承安装在框架上。试验时为防止

【课堂互动】

图3-28 车速表试验台单侧放大图

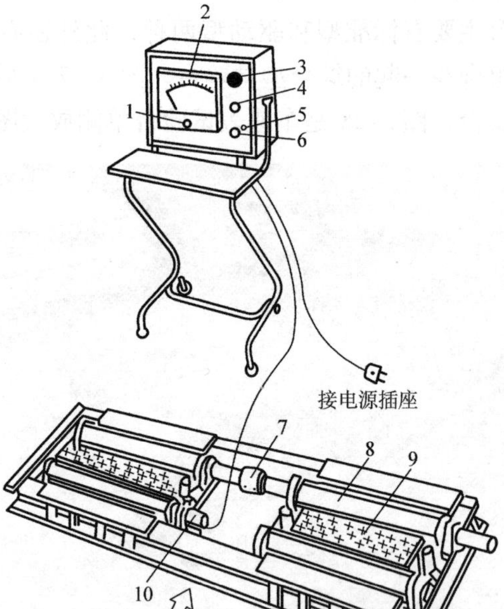

图3-29 标准型车速表试验台

1—零点校正螺钉 2—速度指示仪表 3—蜂鸣器 4—报警灯 5—电源指示灯 6—电源开关 7—联轴器 8—滚筒 9—举升器 10—速度传感器

汽车差速器齿轮滑转，试验台的两前滚筒用联轴器连在一起。速度传感器安装在滚筒的一端，用来检测滚筒的转速信号，此转速信号经过处理可得到车速。

（2）速度指示装置 速度指示装置根据滚筒的直径及转速，计算出滚筒表面的线速度（即车速），然后指示出来，其面板如图3-31所示。

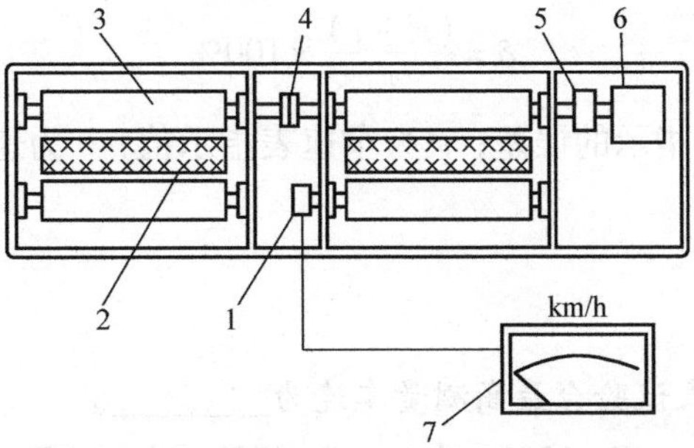

图3-30 驱动型车速表试验台

1—速度传感器 2—举升器 3—滚筒 4—联轴器 5—离合器 6—电动机 7—车速指示仪表

图3-31 速度指示装置面板

(3) 速度报警装置 速度报警装置是为确定车速表误差是否在合格范围内而设置的，若车速明显超差，此装置立刻报警，表示车速表不合格，这样可以提高检测效率。车速报警装置一般有以下三种形式：

1）用试验台报警装置指示检测车速。当汽车实际车速达到某一规定值（如40km/h）时，报警装置的报警灯发亮或蜂鸣器发响，提示检测员车辆已达到检测车速，注意观察驾驶室车速表指示值是否在合格范围内。

2）用指示仪表上涂成绿色的区域表示车速表指示值的合格范围。试验时，汽车车速表指示值达到某一检测车速时，同时观察试验台速度表指示值是否在合格的绿色区域内。

3）同时具备上述两种装置的报警装置。

(4) 举升装置 为方便汽车进、出试验台，在前、后滚筒之间设有举升器。汽车进入试验台时，举升器升起。检测时，举升器降落，让车轮与滚筒接触。举升器与滚筒制动装置联动，举升器升起时，滚筒处于制动状态。

注：对于无法在车速表检验台上检验车速表指示误差的机动车，如：全时四轮驱动汽车、具有驱动防滑控制装置的汽车等可通过路试检验车速表指示误差。车速表的误差计算公式为

【课堂互动】

1. 对照检测设备，参考教材，学生识别试验台的各个组成部分，并了解它们的作用。为检查学生掌握情况，可由同学分别进行讲解。

2. 观察了解检测车辆，确定其驱动形式，查阅资料，了解车辆车速表的连接方式，说明其应选择哪种车速表试验台。

【课堂互动】

$$\delta=\frac{(v'-v)}{v}\times 100\%$$

式中，δ 为车速表指示的误差；v'为车速表指示值；v 为速度试验台仪表指示值。

【课堂讨论】

1. 常用车速表试验台最高测量车速为________。

A. 140km/h　B. 120km/h　C. 100km/h　D. 80km/h

2. 下列哪些是车速表试验台的主要部件________。

A. 速度传感器　B. 制动装置　C. 联轴器　D. 举升器　E. 滚筒

3. 在检验车速表时对前驱动车辆，驾驶人为了避免车头在加速过程中左右摆动，要注意________。

A. 加速动作不能过猛　B. 可猛打方向找正

C. 不能用低速挡　D. 加速动作不能过慢

【技能训练】

车速表的检测

1）在滚筒静止状态下，检查指示仪表是否在零点。若指针不在零点，应予以调整。

2）接通试验台的电源。

3）升起举升器。

4）将被检汽车与滚筒成垂直状态驶入试验台，让车轮尽可能停在举升器上。

5）降落举升器。

6）在不测试车轮前塞进三角木挡块，以免测试时汽车从试验台上冲出。

7）起动汽车，逐级换入高挡，让驱动轮在滚筒上平稳地加速运转；当汽车车速表的指示值达到规定的车速时，读取试验台速度表上的指示值。

8）检测结束后，制动车辆，让滚筒停止转动。

9）升起举升器，去掉车轮挡块，驶出车辆。

10）若不再检测，切断试验台电源。

【习题3.4】

1. 车速表检验时，计算当被检车辆车速表指示值为40km/h时，该车实际车速即检测仪表指示值在________至________km/h范围内为合格。

2. GB 7258—2012中规定当车速表实验台检测仪表指示值为40km/h时，计算该机动车的车速表指示值的范围应在________至________km/h范围内为合格。

3. 当车速表指示值为40km/h时，记录检测仪表指示值。并计算车速表的误差，判断此误差是否合格。

4. 当检测仪表指示值为40km/h时，记录车速表指示值。并计算车速表的误差，判断此误差是否合格。

【课堂互动】

3.5　汽车侧滑检测

【本节目标】

掌握汽车侧滑试验台的使用方法，学会查阅车辆侧滑的检测标准。在对车辆进行检测的过程中，学会数据的读取及记录方法。试验结束后，要会对所记录的数据进行计算和处理，并依据检测标准，判断所检测车辆的侧滑量是否合格。

【基本理论知识】

1. 侧滑检测的必要性

侧滑量大小是机动车在检测线上另一个检测项目，用来判断四轮定位参数是否恰当，为汽车转向系统故障判断提供重要依据。

汽车在使用过程中，由于轮毂轴承松旷，车身不平衡，车轮拖滞，轮胎气压、花纹形状、磨损程度不一样，车架、车轴转向机构的变形与磨损，都会导致车轮定位失准。此时，转向车轮在向前滚动的同时，将会产生横向滑移的现象，称为侧滑。实践证明，汽车的侧滑会造成滚动阻力增加、行驶稳定性变差、轮胎磨损加剧、运行油耗增多和转向沉重，影响汽车的使用性能和经济性。所以必须对汽车的侧滑进行定期检测。

汽车的前轮定位将直接影响其直线行驶稳定性、安全性、燃油经济性、轮胎和有关机件的磨损以及驾驶人的劳动强度等。而把后轮外倾角和后轮前束称为后轮定位，其主要作用是使前后轮胎行驶轨迹重合，从而减少高速时前后轮胎的横向侧滑量和轮胎的偏磨损。

前轮定位检测方式有静态检测和动态检测两种方法。静态检测使用前轮定位仪，动态检测使用侧滑试验台。静态检测是指汽车静止不动，使用前轮定位仪对汽车的前轮前束值、主销后倾角、主销内倾角和车轮外倾角进行检测。其特点是仪器结构简单，但操作繁琐、速度慢。而动态检测是指汽车运动，用侧滑试验台（滑板式或滚筒式）对汽车的前轮前束值和车轮外倾角的匹配情况进行检测。其特点是设备结构复杂、操作简便、速度快，非常适合快速检测。因此，在安全检测线或综合检测线上得到了广泛的应用。

2. 侧滑检测的国家标准

最新的国家标准GB 7258－2012《机动车运行安全技术条件》中对汽车的侧滑明确规定如下：机动车（摩托车、轻便摩托车和三轮农用车除外）转向轮的横向侧滑量，用侧滑仪（包括双板和单板侧滑仪）检测时侧

【课堂互动】

滑量值应不大于5m/km。

国家标准对于机动车转向轮侧滑量的检验方法规定如下：

1）将车辆对正侧滑试验台（对于单板式侧滑仪，将车辆的一侧车轮对正侧滑板），并使转向盘处于正中位置。

2）使车辆沿台板上的指示线以3～5km/h车速平稳前行，在行进过程中，不得转动转向盘。

3）转向轮通过台板时，测取横向侧滑量。

3. 转向轮侧滑动态检测侧滑试验台的测量原理

学生应熟练认识车轮定位角的种类，正确进行识别。

熟悉前束尺的组成和使用方法。

学生通过查阅资料，找到所测车辆的定位角标准值。

学生查阅所测车辆定位角的调整方法。

转向轮侧滑，实际上就是转向轮外倾与转向轮前束综合作用的结果。如图3-32所示，若转向轮仅有前束而没有外倾角，则汽车直线行驶时，两转向轮具有向内收缩靠拢的趋势，若使两转向轮驶过底部装有滚轮可自由滑动的滑板，意味着地面可以横向伸缩，则左右滑板分别向外滑移。通常，滑板向外滑动的数值记为正，而向内滑动的数值记为负。因此，正前束可引起正侧滑。

与上述情况相反，若转向轮只有外倾而没有前束，如图3-32b所示，当通过滑板时，滑板将向内侧滑移，即外倾可引起负前束。

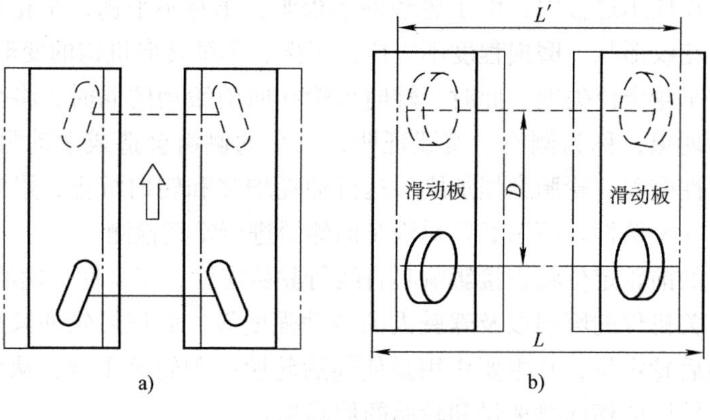

图3-32 转向轮侧滑的测量原理

a）转向轮仅有前束没有外倾角 b）转向轮只有外倾角没有前束

侧滑试验台就是利用上述滑动板原理来测量车轮侧滑量的。应说明的是：转向轮外倾和前束均合格时，侧滑量合格；反之，当侧滑量合格时，却不一定保证外倾和前束都合格。

4. 侧滑试验台的构造

目前国内采用的大多数侧滑试验台是双板联动式侧滑试验台。检测时，汽车两转向轮分别驶过左、右滑板，用测量滑板左、右位移量的方法检测汽车的侧滑量。双滑板联动式试验台由试验台检测装置、指示装置和报警装置构成。

（1）侧滑试验台检测装置 图3-33为双板联动式侧滑试验台检测装置图。

【课堂互动】

图3-33　双板联动式侧滑试验台检测装置

1—滑板　2—锁止机构　3—指示装置

实际使用的侧滑试验台检测装置有多种结构形式。图3-34为机械式侧滑试验台；图3-35为自整角电动机式侧滑试验台，自整角电动机的工作原理如图3-36所示；图3-37为电位计式侧滑试验台；图3-38为差动变压器式侧滑试验台及差动变压器的工作原理图。

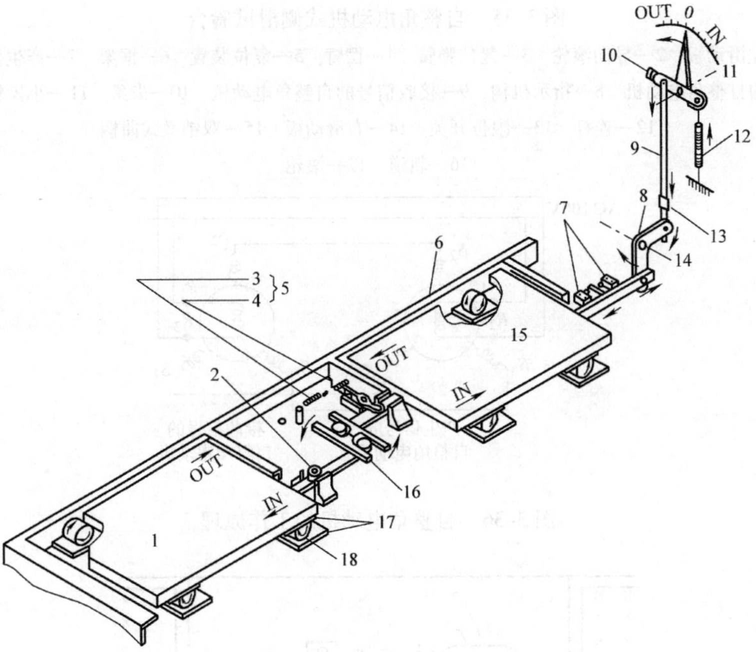

图3-34　机械式侧滑试验台

1—左滑动板　2—导向滚轮　3—复位弹簧　4—摆臂　5—复位装置　6—框架　7—限位开关　8—L形杠杆　9—连杆　10—刻度放大倍数调节器　11—指示机构　12—调整弹簧　13—零位调整装置　14—支点　15—右滑动板　16—双销叉式曲柄　17—轨道　18—滚轮

侧滑板的长度一般有500mm、800mm、1000mm三种。为增大轮胎与滑板间的附着系数，侧滑板常用花纹板制造。侧滑板下部用滚轮支承在滑

【课堂互动】

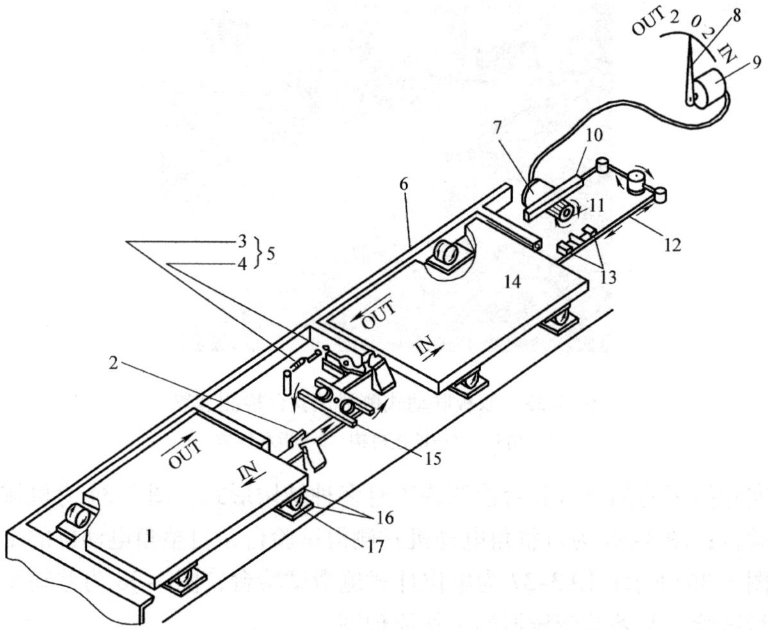

图3-35 自整角电动机式侧滑试验台

1—左滑动板 2—导向滚轮 3—复位弹簧 4—摆臂 5—复位装置 6—框架 7—产生信号的自整角电动机 8—指示机构 9—接收信号的自整角电动机 10—齿条 11—小齿轮 12—连杆 13—限位开关 14—右滑动板 15—双销叉式曲柄 16—轨道 17—滚轮

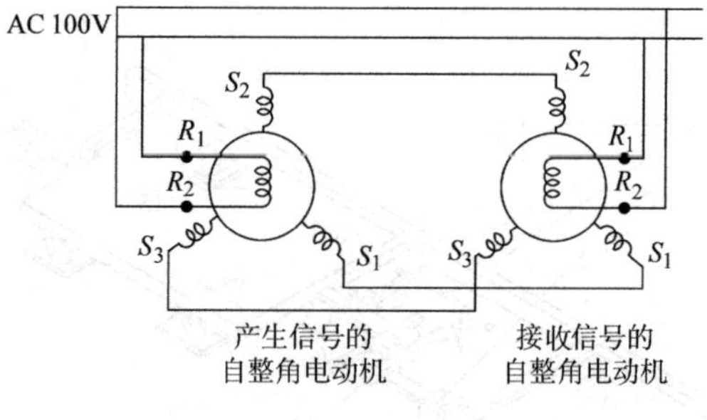

图3-36 自整角电动机的工作原理

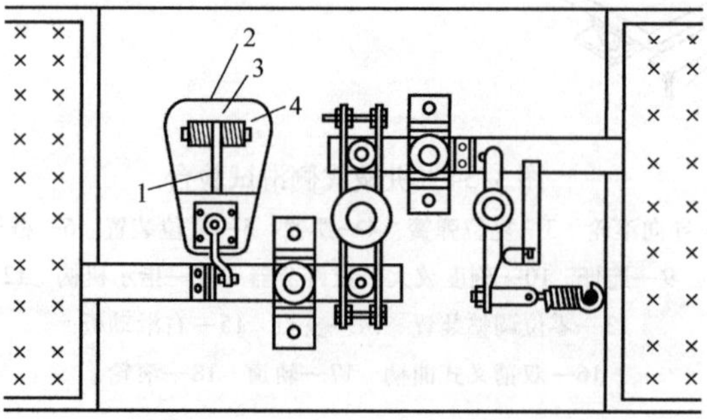

图3-37 电位计式侧滑试验台

1—滑动片 2—电位计 3—触点 4—线圈

【课堂互动】

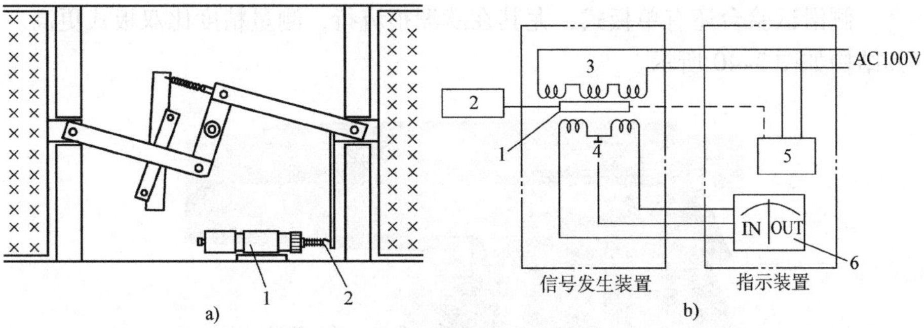

图3-38　差动变压器式侧滑试验台及差动变压器的工作原理图

a）差动变压器式侧滑试验台

1—差动变压器　2—触头

b）差动变压器的工作原理图

1—铁心　2—滑动板　3—初级线圈　4—次级线圈　5—蜂鸣器（信号灯）　6—指示计（电压表）

道内，因此受力后可左右摆动。为使侧滑板能够复位，机构中装有复位弹簧。

锁止装置用于在不工作时限制侧滑板的左、右位移，防止意外损坏。左、右滑板只能作同时向内或同时向外的等量位移，位移传感器装于其中一块滑板上。

（2）侧滑试验台指示装置　从传感器传来的侧滑板位移量由指示装置来指示。指示装置标定时，按汽车直线行驶1km每侧滑1m为一格刻度。若侧滑板长度为1000mm，则侧滑板侧向位移1mm时，显示1个刻度；若侧滑板长度为500mm，则侧滑板侧向位移0.5mm对应于1个刻度。侧滑试验台指示装置如图3-39所示。

（3）报警装置　检测转向轮侧滑量时，为快速表示出检测结果，当侧滑量超过规定值时，用蜂鸣器或信号灯报警。

熟悉侧滑试验台的组成及检测原理，要求对照实物能够认识各部分的名称及作用。

了解不同形式侧滑试验台检测装置的检测原理，能够在全班进行讲述。

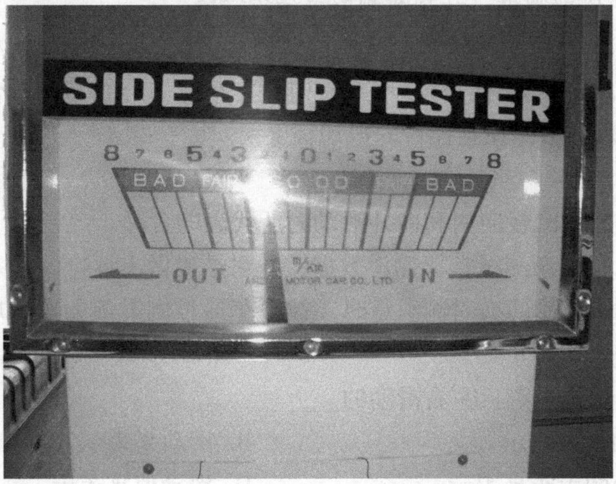

图3-39　侧滑试验台指示装置

【课堂互动】

侧滑试验台还有单板式，尤其在欧洲很流行，测量精度比双板式更高。其结构如图3-40所示。

图3-40 单板式侧滑试验台

【技能训练】

学生在双板式侧滑试验台上分组完成转向轮侧滑检测，侧滑试验的操作步骤如下：

1）仪表调零。

2）打开试验台锁止装置，检查侧滑板是否滑动自如，能否复位。

3）汽车以3～5km/h的速度垂直平稳通过侧滑板，汽车通过侧滑板时不得转向和制动。

4）转向轮完全通过侧滑板后，读取仪表最大指示值。

5）检测结束时，锁止侧滑板，需要时切断电源。

6）记录读取数据，并判断侧滑量是否合格。

若在图3-40所示单板式侧滑试验台进行试验，应注意侧滑检测的关键是车身放正，通过侧滑台时，不打转向盘，车身中心线与侧滑台垂直。车轮通过侧滑板直接停在悬挂台的振动板上。

【习题3.5】

1. 写出当侧滑板向内和向外滑动时所代表的含义。

2. 读取并记录测试车辆侧滑数据，并对结果做出评价。

3. 检测转向轮的横向侧滑量时，被检车通过侧滑板的车速应为______km/h至______km/h。

4. 侧滑量是由滑板左右滑动的________。

A. 移动量来表示　　B. 滑动来表示

C. 位置的大小来表示　　D. 滑动值来表示

5. 常用侧滑台为________________形式。

【课堂互动】

A. 单板联动　　　　　　　　　　　B. 双板联动

C. 双板连体单动　　　　　　　　　D. 双板分体分动

6. 车辆驶过侧滑台时，滑板向内滑动显示应为________。

A. 内　　　B. +　　　C. -　　　D. 车轮向内

7. 下列哪些是侧滑台的主要部件________。

A. 举升器　B. 联轴器　C. 滑动板　D. 传感器　E. 复位弹簧

8. 车辆检验侧滑时应对正侧滑台的中心线匀速通过，不得在侧滑板上________。

A. 转动转向盘　　　　　　B. 倒车　　　　　　C. 急踏制动踏板

D. 换挡　　　　　　　　　E. 拉驻车制动

3.6　汽车前照灯检测

【本节目标】

掌握汽车前照灯的检测方法，包括手动检测和检测仪检测；学会查阅车辆前照灯的检测标准。在对车辆进行检测的过程中，学会数据的读取及记录方法。试验结束后，要求学生对所记录的数据进行计算和处理，并依据检测标准，判断所检测车辆的前照灯是否合格。

【基本理论知识】

1. 前照灯检测标准及检测方法

国标对前照灯的发光强度及光束照射位置规定如下：

1）汽车和摩托车应装用分别符合 GB 4599 和 GB 5948 要求的前照灯。

2）前照灯光束照射位置要求：

① 机动车（运输用拖拉机除外）在检验前照灯的近光光束照射位置时，前照灯在距离屏幕 10m 处，光束明暗截止线转角或中点的高度应为 $(0.6\sim0.8)H$（H 为前照灯基准中心高度，下同），其水平方向位置向左向右偏均不得超过 100mm。

② 四灯制前照灯其远光单光束灯的调整，要求在屏幕上光束中心离地高度为 $(0.85\sim0.90)H$，水平位置要求左灯向左偏不得大于 100mm，向右偏不得大于 170mm；右灯向左或向右偏均不得大于 170mm。

③ 运输用拖拉机装用的前照灯其近光光束的调整，要求在屏幕上光束中点的离地高度应为 $(0.5\sim0.7)H$；水平位置要求，允许向右偏移不大于 350mm，不允许向左偏移。

3）前照灯光束照射位置的检测方法：

① 屏幕法：在屏幕上检查。检查用场地应平整，屏幕与地面应垂直。被检验的车辆应在空载、轮胎气压正常、乘坐一名驾驶人的条件下进行。

【课堂互动】

将车辆停置于屏幕前，并与屏幕垂直，使前照灯基准中心距屏幕10m，在屏幕上确定与前照灯基准中心离地面距离 H 等高的水平基准线及以车辆纵向中心平面在屏幕上的投影线为基准确定的左右前照灯基准中心位置线。分别测量左右远近光束的水平和垂直照射方位的偏移值。

② 用前照灯校正仪检验。前照灯校正仪种类很多，检测时将被检测的车辆按仪器规定距离放置在与前照灯校正仪垂直的位置上，从前照灯校正仪的屏幕上分别测量左右远近光束的水平和垂直照射方位的偏移值以及发光强度。

4）机动车装用远光和近光双光束灯时以调整近光光束为主。对于只能调整远光单光束的灯，调整远光单光束。

5）机动车每只前照灯的远光光束发光强度应达到表3-6的要求。测试时，其电源系统应处于充电状态。

表3-6 前照灯远光光束发光强度要求 （单位：cd）

检查项目 / 车辆类型		新注册车			在用车		
		一灯制	两灯制	四灯制①	一灯制	两灯制	四灯制
汽车、无轨电车		—	15000	12000	—	12000	10000
四轮农用运输车		—	10000	8000	—	8000	6000
三轮农用运输车		8000	6000	—	6000	5000	—
摩托车		10000	—	—	8000	—	—
轻便摩托车		4000	—	—	3000	—	—
运输用拖拉机	标定功率>18kW	—	8000	—	—	6000	—
	标定功率≤18kW	6000②	6000	—	5000②	5000	—

① 采用四灯制的机动车其中两只对称的灯达到两灯制的要求时视为合格。

② 允许手扶拖拉机车组只装用一只前照灯。

2. 照明和信号装置的一般要求

1）所有前照灯的近光都不得炫目。

2）装有前照灯的机动车应有远、近光变换装置，并且当远光变为近光时，所有远光应能同时熄灭。同一辆机动车上的前照灯不允许左、右的远、近灯交叉点亮。

3）四灯制前照灯并排安装时，装于外侧的一对应为远、近光双光束灯；装于内侧的一对应为远光单光束灯。

【技能训练】

1）放正待检车辆，按要求的检测距离在车辆正前方放上检测用白板。

2）同学分组画出待检车辆前照灯的正确照射位置。

【课堂互动】

3）按要求调整待检车辆前照灯的照射位置。

4）回答以下问题：

① 汽车前照灯近光光束水平方向位置向左偏不允许超过________，向右偏不允许超过________。

② 汽车远光光束照射位置要求左灯向左不得大于________，向右不得大于________。

③ 在检测前照灯远光光束及远光单光束灯照射位置时，前照灯照射在距离10m的屏幕上时，要求屏幕上光束中心的离地高度，对乘用车为________________H。

【基本理论知识】

1. 前照灯检测仪的检测原理

（1）发光强度的检测原理　如图3-41所示，发光强度检测电路由光电池1、光度计2和可调电阻3组成，当前照灯在规定距离照射光电池时，光电池立刻产生电流，电流的大小与光的强弱成正比。改变电路中可变电阻的大小，可以使光度计的指针回零。

（2）光束偏斜量的检测原理　如图3-42所示，把光电池组2分割成"$S_上$"、"$S_下$"、"$S_左$"、"$S_右$"四份。在"$S_上$"与"$S_下$"之间连接有上下偏斜指示计3；在"$S_左$"与"$S_右$"之间连接有左右偏斜指示计1。当前照灯的光束照射到光电池时，若四份光电池受光强度不同，则产生的电流也不一样。由于"$S_上$"与"$S_下$"和"$S_左$"与"$S_右$"之间的电流大小不相等，从而引起与之相对应的偏斜指示计指针摆动，即可测量出光束的偏斜方向及偏斜量。

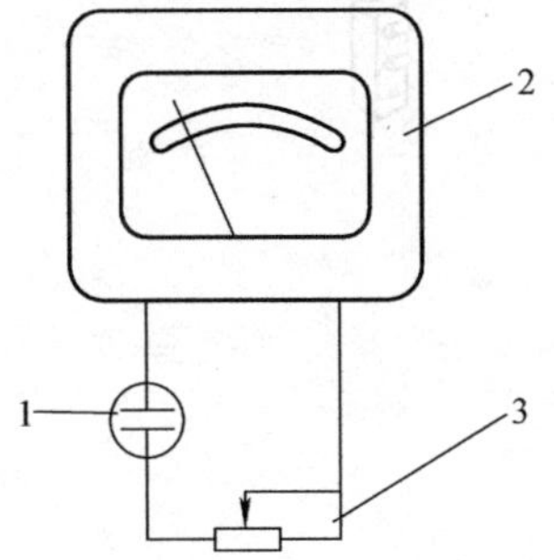

图3-41　发光强度检测原理图

1—光电池　2—光度计

3—可调电阻

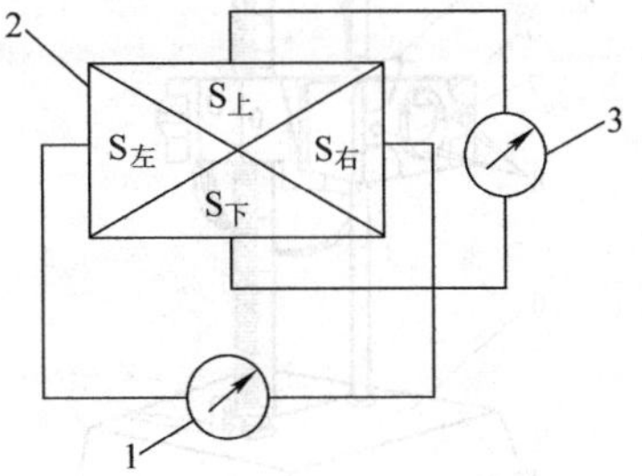

图3-42　光束偏斜量的检测原理

1—左右偏斜指示计　2—光电池组

3—上下偏斜指示计

2. 前照灯检测仪的类型

不同类型的前照灯检测仪都是由受光器、照准装置、发光强度指示装置、光轴偏斜量指示装置及机架等组成。以下介绍几种有代表性的前照灯检测仪。

【课堂互动】

(1) 聚光式前照灯检测仪 聚光式前照灯检测仪进行检测时，仪器位于前照灯前面1m处，灯光透过聚光透镜后照射在光电池上，其检测方法有移动反射镜法、移动光电池法、移动透镜法，其中移动反射镜法如图3-43所示，前照灯2的光束透过聚光透镜3到达反射镜6的镜面上，反射镜将光束改变照射方向后照射在光电池5上。反射镜的反射角度可以改变，而光电池以及聚光透镜的位置是固定的。只要转动光轴刻度盘1，就可以改变反射镜的反射角度，让光束照射在光电池的中心。光轴刻度盘的转动角度由光轴偏斜指示计指示，发光强度由光度计指示。

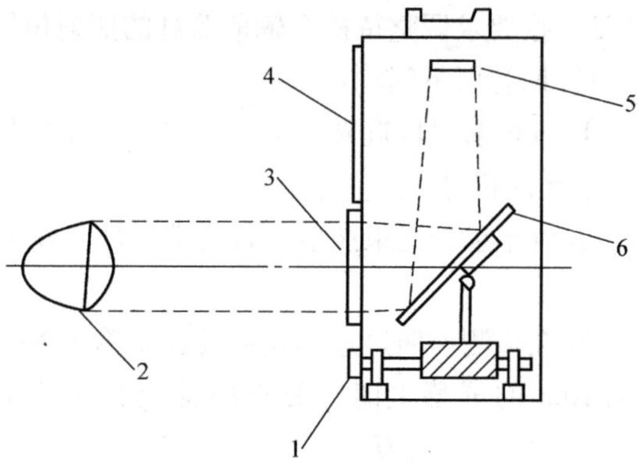

图3-43 移动反射镜法

1—光轴刻度盘 2—前照灯 3—聚光透镜 4—光轴偏斜指示计 5—光电池 6—反射镜

(2) 自动追踪光轴式前照灯检测仪 自动追踪光轴式前照灯检测仪的外形如图3-44所示。

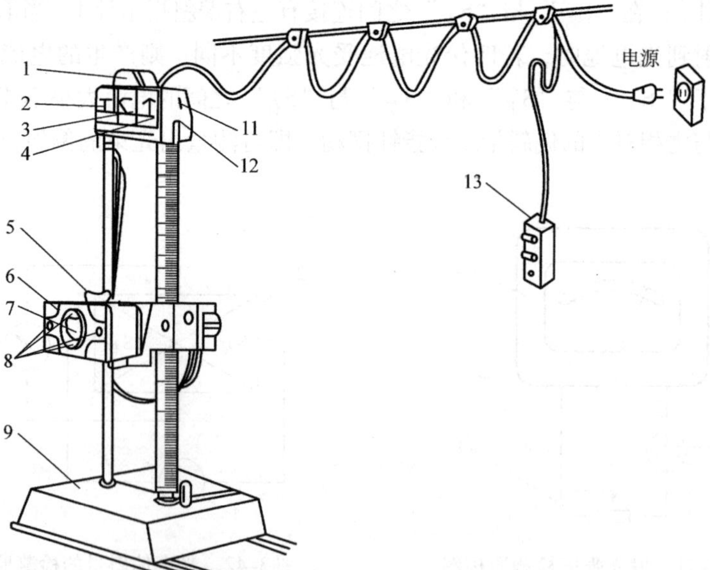

图3-44 自动追踪光轴式前照灯检测仪

1—在用显示器 2—左右偏斜指示计 3—光度计 4—上下偏斜指示计 5—车辆摆正找准器 6—受光器 7—聚光透镜 8—光电池 9—控制箱 10—导轨 11—电源开关 12—熔断丝 13—控制盒

受光器的聚光透镜表面共装有四个光电池，四个光电池分布在聚光透

【课堂互动】

镜的上、下、左、右。受光器内部也装有四个光电池，这两组光电池构成了主、副受光器，主、副受光器的中间部分装有中央光电池。该检测仪的台架和受光器的位移由电动机驱动。每对光电池由于受光不均匀而产生的电流差值，不仅用来驱动光轴偏斜指示计，同时也用来控制电动机的运转，使检测仪台架沿导轨左右移动并使受光器上下移动，直至每对光电池所产生的电流相等为止，这样就实现了自动追踪光轴，追踪过程中受光器的位移由光轴偏斜指示器指示，发光强度由中央光电池检测并由光度计指示。

自动追踪光轴式前照灯检测仪的面板如图3-45所示。中间部分为投影屏，用于手动查看光束位置；左侧为光强指示仪表；右侧为上、下及左、右偏移量指示仪表。

图3-45 自动追踪光轴式前照灯检测仪面板

【技能训练】

1. 使用自动追踪光轴式前照灯检测仪对待测车辆前照灯进行检测

检测方法如下：

1）检测仪的底座应水平；导轨移动平顺、灵活；检测仪要避开外来光线的干扰。

2）被检测汽车应在空载、驾驶室仅留一个驾驶人的状态下进行检测。

3）清洁前照灯。

4）保持轮胎气压正常。

5）保持蓄电池状况良好。

6）被检汽车有四个前照灯时，应将同侧的两只前照灯遮住一只再进行检测，然后再检测另一只。

7）前照灯检测仪不受光时，光度计和光轴偏斜指示计的指针应指向“零”，若不是，应调整。

8）聚光透镜和反射镜的镜面应清晰。

【课堂互动】

9）被检车距检测仪3m，且方向与检测仪导轨垂直。

10）用车辆找准器使检测仪与汽车对正。

11）打开前照灯，接通检测仪电源，用控制盒上的位置开关调整受光器的位置，使前照灯光束直射受光器。

12）按下控制盒上的检测开关，受光器即追踪前照灯光轴，根据光轴偏斜指示计和光度计的指示，得出光轴偏斜量和发光强度值。

2. 前照灯的调整

前照灯的调整主要是光束照射位置的调整。发光强度不可调整，若发光强度减弱，可通过更换灯泡、反射镜或前照灯总成来解决。要改变光束的照射方向，只要调整固定前照灯的紧固螺钉即可。具体调整时，可以在前照灯检测仪上进行，也可以用专用屏幕进行。

【习题3.6】

1. 分析哪些因素会影响前照灯的检验结果，在进行前照灯检测前应做好哪些检验前的准备工作。

2. 在检验前照灯近光光束照射位置时，前照灯照射在距离10m的屏幕上时，乘用车前照灯近光光束明暗截止线转角或中点的高度应为________ H。

3. 聚光式光照灯检测仪近光检查时对车辆停放距离要求是________。

A. 2m　　B. 2.5m　　C. 1m　　D. 0.5m

4. 使用聚光式光照灯检测仪进行前照灯检测时，被检前照灯的光束经聚光镜后，反射镜将光束反射到________。

A. 屏幕上　　B. 显示仪表　　C. 光敏二极管上　　D. 放大镜片上

5. 自动追踪光轴式远、近光前照灯检测仪对车辆停放距离要求是_____。

A. 3m　　B. 2m　　C. 1.5m　　D. 1m

6. 下列哪些是聚光式前照灯检测仪的主要部件________。

A. 发光强度及光轴偏斜量显示装置　　B. 采样筒　　C. 影像瞄准器

D. 导轨及上、下、左、右行走机构　　E. 聚光镜、光电池

7. 下列单位中哪些是发光强度的单位________________。

A. 摩尔　　B. mol　　C. 坎德拉　　D. cd　　E. ccd

3.7 噪声的测量

【本节目标】

掌握汽车噪声的检测方法，熟悉声级计的使用方法，学会查阅汽车噪声的检测标准。在对车辆进行检测的过程中，学会数据的读取及记录方法。检测结束后，要会对所记录的数据进行计算和处理，并依据检测标准，判断所检测车辆的噪声及喇叭声音是否合格。

【课堂互动】

【基本理论知识】

1. 认识声音

普通人耳能够听到的声音频率大概是16～20000Hz，通常感到声调高的频率是2000～4000Hz，感到声调低的频率是20Hz以下。普通男性声调的频率大概在160Hz左右，女性声调的频率大概在300Hz左右。

（1）声音的强弱 声音的强弱用物理量中的能量来表示，声音的强弱取决于声波的压力（声压），能量越大声音越强，能量越小声音越弱。

声压级虽然可以用Pa（帕斯卡）表示，但是由于声音的强弱是人们的一种感觉现象，人对声音的感觉特性是与声音能量的对数成一定的比例，因而把人耳能否听到的声压分界线2×10^{-5}Pa作为基准声压，以实际声压与基准声压比值的对数dB（分贝）作为表示声音强弱的单位，与频率无关。

（2）声音的响度 声音的响度取决于听到声音时的主观感觉量，表示响度级时，用方作单位，以便和物理量声压级（dB）进行区别。方是1000Hz纯音的声压级数值。对于1000Hz以外的声音，是把和它一样响的1000Hz纯音的声压级数值作为它的响度级数值。

正常人耳，由于不能听到比零方（2×10^{-5}Pa）小的声音，因此把它称为“闻阈”（最低可听界限）；反之，比130方大的声音会使人感到痛苦，因为是听不见的，所以把它称为“痛阈”。

（3）音色 因为音色是由声波形状所决定的，所以它是根据声源的不同而有所区别的。例如，用大鼓和金属板即使能敲出同样大小的声音，但是听起来却不一样。

（4）听觉修正网络 声音的响度取决于听到声音时的主观感觉量，因此即使是同样声压级的声音，由于频率不同，听起来声音的响度也不一样。低音听起来感觉小，高音听起来感觉大。因此，必须使用具有和听觉一致的频率反应特性的测量仪器。所以在测量仪内设有A、B和C三个听觉频率计权网络，能够测量出和听觉近似的声音响度。由于A计权网络的特性曲线接近人耳的听感特性，故目前被普遍采用。

2. 认识噪声

噪声是指使人感受不适、人们不希望听到的声音。它的强度通常用声压级表示，单位为分贝（dB）。在现代城市环境噪声中，交通运输产生的噪声最大，约占城市噪声的70%，而其中机动车辆的噪声占交道运输噪声的80%左右。汽车噪声主要由发动机噪声、传动机构噪声、轮胎噪声、车身与空气的摩擦声、喇叭声等构成。

3. 汽车噪声检测标准

汽车加速行驶时，车外噪声限值应符合GB 1495—2002的相关规定，详见表3-7。

【课堂互动】

表3-7 汽车加速行驶时的车外噪声限值

汽车分类	噪声限值 dB（A）	
	第一阶段	第二阶段
	2002.10.1~2004.12.30 期间生产的汽车	2005.1.1 以后生产的汽车
M_1	77	74
M_2（GVM≤3.5t）或 N_1（GVM≤3.5t）:		
GVM≤2t	78	76
2t<GVM≤3.5t	79	77
M_2（3.5t<GVM≤5t）或 M_3（GVM>5t）:		
P<150kW	82	80
P≥150kW	85	83
N_2（3.5t<GM≤12t）或 N_3（GVM>12t）:		
P<75kW	83	81
75kW≤P≤150kW	86	83
P≥150kW	88	84

说明：
① M_1、M_2（GVM≤3.5t）和 N_1 类汽车装用直喷式柴油机，其限值增加1dB（A）。
② 对于越野汽车，其GVM>2t时：
如果P<150kW，其限值增加1dB（A）；
如果P≥150kW，其限值增加2dB（A）。
③ M_1 类汽车，若其变速器前进挡多于四个，P>140kW，P/GVM之比大于75kW/t，并且用第三挡测试时，其尾端出线的速度大于61km/h，则其限值增加1dB（A）。
④ dB（A）中的A代表A计权，GVM代表最大总质量（t），P代表发动机额定功率（kW）。

声级计是用于测量汽车噪声级和喇叭声响最常用的仪器。

AWA5661型精密脉冲声级计是一种通用声级计，其性能符合CB/T3785.1—2010和IEC61672—2002标准对1级声级计的要求，对射频场敏感度属X类。

AWA5661型声级计由传声器、前置放大器和主机等组成，如图3-46所示。正常工作时，应将测试电容传声器和前置放大器安装于主机头部，通过滚花螺母可将它们从声级计上取下，加上延伸电缆线。前置级和声级计之间插头座引脚功能如图3-47所示。声级计的外形呈尖形，以减小对声波的反射。

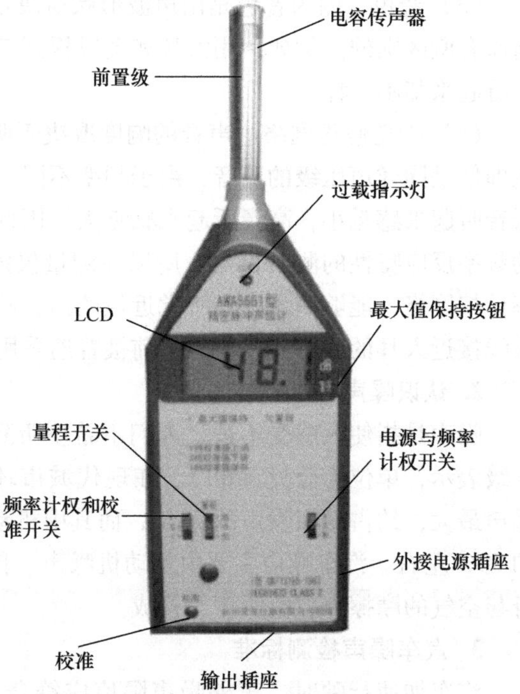

图3-46 AWA5661型精密脉冲声级计外形

【课堂互动】

该声级计外壳用ABS塑料注射而成，电池装在电池盒内，取下电池盖板可很方便地更换电池。其测量结果由3位半LCD显示，电源兼频率计权开关、时间计权开关和量程开关均为拨动式开关，位于声级计的正面中部。灵敏度调节采用轻触按钮，位于仪器的正面左下方。过载指示灯位于正面上方，最大值保持按钮位于声级计的右侧面。声级计的下方底部有一个9芯插座，用来连接滤波器等，如图3-48所示。

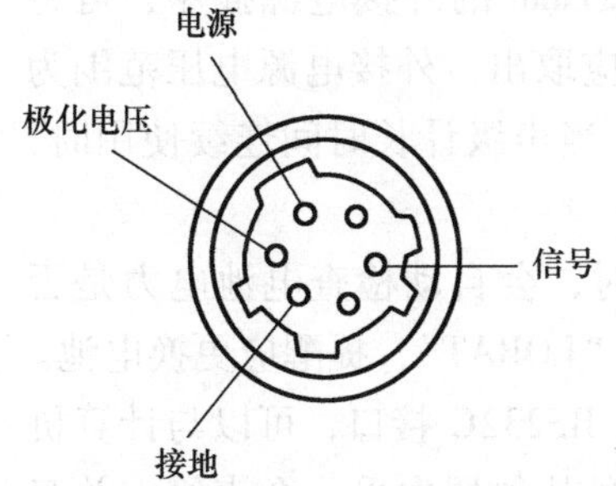

图3-47 插头座引脚的功能

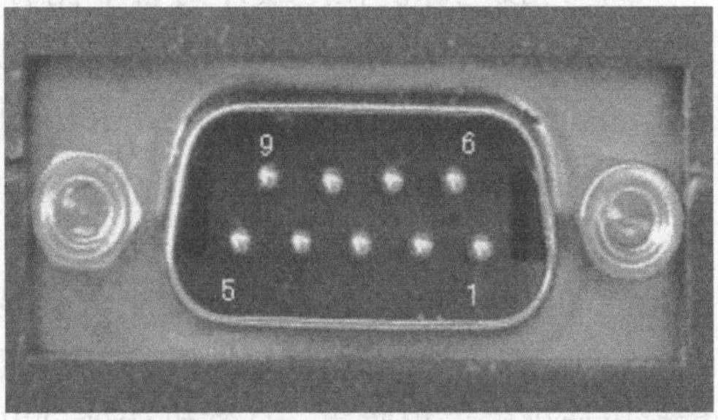

图3-48 9芯插座

【技能训练】

1. 使用前的准备

1）检查电容传声器和前置放大器是否已安装好。

2）检查电池是否已装好，如未安装则应推开声级计背面的电池盖板，按正确极性安装好电池。

3）必要时，应使用声校准器对声级计进行校准。

4）声级计应定期（如一年）送计量部门检定，以保证其准确性。

2. A声级、C声级和声压级测量

1）将电源兼频率计权开关推至中间位置“C”，打开声级计电源，LCD上所有的笔画同时显示2s，然后开始显示瞬时C声级。把电源兼频率计权开关打到最上面的“A”位置，LCD上显示的就是A声级。如果用户把Z计权端子插入下方底部的9芯插座中，电源开关放在开的位置，则LCD上显示的就是声压级。

2）量程选择。量程开关一般置于“中”挡。如果声级过高，过载指示灯闪亮，则将量程开关置于“高”；如果声级太低，LCD中间出现“:”，则应将量程开关置于低挡。

3）时间计权的选择。一般测量采用快挡“F”时间计权，如果读数变化较大，可采用慢挡“S”时间计权。如果被测噪声是脉冲噪声，则时间计权应选脉冲挡（I），这是一种快上升（上升时间常数为35ms）、慢下降（下降时间常数为1s）的时间计权特性，可以较好地反映短时间的脉冲噪声信号大小。

4）最大声级的测量。按一下声级计右侧的按钮，LCD左边出现“+”

【课堂互动】

号，声级计处于最大值保持测量状态。这时，只有当更大声级到来时，该读数才会改变（升高），否则将予保持；再按一下该按钮，“+”号消失，声级计又回到测量瞬时声级状态；再按一下该按钮，“+”号又出现，可进行新的一次最大值测量。

5）校准。声级计出厂时已经校准，一般情况下不需另外校准。如需校准，使用AWA6221型声级校准器（1级）进行校准。

6）外接电源。在声级计的右下侧有 ϕ1.1mm 的外接电源插座，可将外接电源接到声级计，这时声级计内部电池应取出。外接电源电压范围为4.5~6.5V，插头外壳为-极，插芯为+极。当声级计长时间连续使用时，建议用外接电源供电。

7）电池的检查及更换。当声级计工作时，会自动检查电池电力是否充足。如电池电力不足，LCD左上方会显示“LOBAT”，提醒应更换电池。

8）计算机控制软件的使用。声级计具有RS232C接口，可以与计算机连接以便进行远程监测。计算机软件可以每秒从仪器中采一个声级，并存在硬盘中，同时显示在计算机上。监控软件操作如下：首先在计算机中安装AWA5661软件，把计算机连线的声级计端插入声级计下部的9芯插座中，连线的另一端插入计算机的串行口中，启动AWA5661计算机软件，操作界面如图3-49所示。

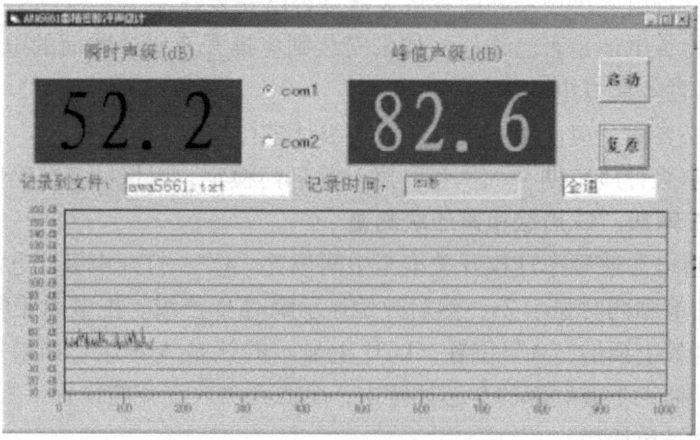

图3-49 计算机操作界面

用鼠标选取声级计连接的串行口，打开声级计的电源，设定时间计权、量程等开关的位置，用鼠标单击暂停按键，暂停按键处显示启动，并开始从声级计中读出瞬时声级和峰值声级。复原键是用来使峰值声级复原（清零）的。

3. 注意事项及常见问题

1）声级计所用的传声器是一种精密传感器，请勿碰撞，以免膜片破损。

2）每次使用声级计前，最好先预热1min。特别是湿度较大和测量低声级时，最好先预热10min。

【课堂互动】

3）仪器显示数据不变并渐渐变白时，可关掉电源10s以上后，重新打开电源。

4）测试传声器及前置级应注意防潮。在过分潮湿的环境中使用声级计时，可能会发生传声器灵敏度下降的现象，可把传声器放入干燥箱保存几天，即恢复正常。

5）车内噪声控制标准。依据GB 7258—2012《机动车运行安全技术条件》的规定，客车车内噪声级应不大于82dB（A），汽车驾驶人耳旁噪声级应不大于90dB（A）。

国标对于驾驶人耳旁噪声的检测方法为：①车辆应处于静止状态且变速器置于空挡，发动机应处于额定转速状态。②测量位置应符合GB 1496的要求。③声级计应置于“A”计权、“快”挡。

6）汽车喇叭声级标准。依据GB 7258—2012《机动车运行安全技术条件》的规定，汽车喇趴声级在距车前2m，离地高1.2m处测量时，其值应为90～115dB（A）。

4. 汽车加速行驶车外噪声的测量方法

测量用声级计或其他等效的测量系统应不低于国家标准规定的1型声级计的要求。测量时应使用“A”频率计权特性和“F”时间计权特性。当使用能自动采样测量A计权声级系统时，其读数时间间隔不应大于30ms。

（1）测量场地要求　测量场地示意图如图3-50所示，应达到的声场条件是：在该场地的中心（O）放置一个无指向小声源时，半球面上各方向的声级偏差不超过±1dB。

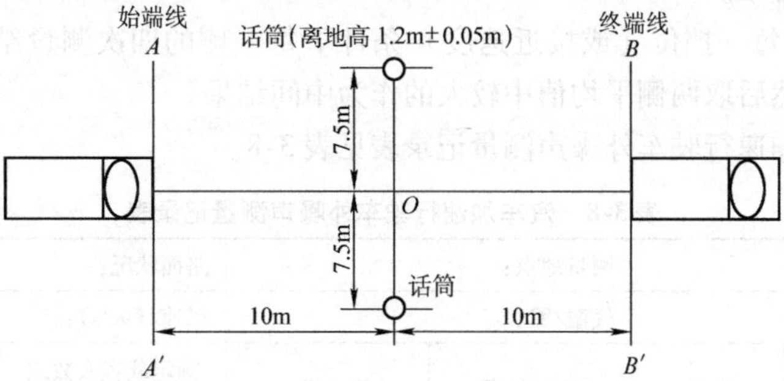

图3-50　车外噪声测量场地示意图

1）以测量场地中心（O）为基点、半径为50m的范围内没有大的声音反射物，如围栏、岩石、桥梁或建筑物等。

2）试验路面和其余场地表面干燥，没有积雪、高草、松土或炉渣之类的吸声材料。

3）传声器附近没有任何影响声场的障碍物，并且声源与传声器之间没有任何人站留。进行测量的观察者也应站在不致影响仪器测量值的位置。

【课堂互动】

4）测量场地应基本上水平、坚实和平整，并且试验路面不应产生过大的轮胎噪声。

5）背景噪声（A计权声级）至少应比被测汽车噪声低10dB。

（2）变速器挡位的选择

1）对于M_1和N_1类汽车，装用不多于四个前进挡的手动变速器时，应用第二挡进行测量。

2）对于M_1和N_1类汽车，装用多于四个前进挡的手动变速器时，应分别用第二挡和第三挡进行测量。

3）对于无手动选挡器的汽车，应分别以30km/h、40km/h和50km/h（如果该车的最高速度的3/4低于50km/h，则以其最高速度的3/4的速度）的稳定速度接近*AA′*线。

（3）加速行驶操作

1）汽车应以上述规定的挡位和稳定速度接近*AA′*线，其速度变化应控制在±1km/h之内。若控制发动机转速，则转速变化应控制在±2%或±50r/min之内（取两者中较大值）。

2）当汽车前端到达*AA′*线时，必须尽可能地迅速将加速踏板踩到底，并保持不变，直到汽车尾端通过*BB′*线时，再尽快地松开加速踏板。

3）如果该车是由牵引车和不易分开的挂车组成，确定尾端通过*BB′*线时，不考虑挂车。

4）在汽车每一侧至少应测量四次。应测量汽车加速驶过测量区的最大声级，每一次测得的读数值应减去1dB（A）作为测量结果。

5）如果在汽车同侧连续四次测量结果相差不大于2dB（A），则认为测量结果有效。

6）将每一挡位（或接近速度）条件下每一侧的四次测量结果进行算术平均，然后取两侧平均值中较大的作为中间结果。

汽车加速行驶车外噪声测量记录表见表3-8。

表3-8 汽车加速行驶车外噪声测量记录表

<table>
<tr><td colspan="2">测量日期：</td><td colspan="3">测量地点：</td><td colspan="4">路面状况：</td></tr>
<tr><td colspan="2">天气：</td><td colspan="3">气温/℃：</td><td colspan="4">风速/(m/s)：</td></tr>
<tr><td rowspan="2">汽车</td><td>型号</td><td colspan="2">出厂日期</td><td>已驶里程/km</td><td colspan="3">额定载客人数或
最大总质量/kg</td><td>汽车分类
(M_{1-3}, N_{1-3})</td></tr>
<tr><td></td><td colspan="2"></td><td></td><td colspan="3"></td><td></td></tr>
<tr><td rowspan="2">发动机</td><td>形式</td><td colspan="2">型号</td><td colspan="3">额定功率/kW</td><td colspan="2">额定转速/(r/min)</td></tr>
<tr><td></td><td colspan="2"></td><td colspan="3"></td><td colspan="2"></td></tr>
<tr><td rowspan="2">变速器</td><td colspan="2">型号</td><td colspan="3">前进挡数</td><td colspan="3">型号（手动、自动或其他）</td></tr>
<tr><td colspan="2"></td><td colspan="3"></td><td colspan="3"></td></tr>
<tr><td rowspan="2">声级计</td><td colspan="2">型号</td><td colspan="3">准确度等级</td><td colspan="3">检定有效日期</td></tr>
<tr><td colspan="2"></td><td colspan="3"></td><td colspan="3"></td></tr>
</table>

【课堂互动】

（续）

校准器	型号	准确度等级	检定有效日期
校准值	测量前（dB）	测量后（dB）	背景噪声（dB）（A）
转速仪	型号	准确度	检定有效日期
温度计	型号	准确度	检定有效日期
风速仪	型号	准确度	检定有效日期

选用挡位或车速	位置	次数	发动机转速或车速/(r/min，km/h)		测量结果 dB（A）	各侧平均值 dB（A）	中间结果 dB（A）	备注
			入线	出线				
	左侧	1						
		2						
		3						
		4						
	右侧	1						
		2						
		3						
		4						
	左侧	1						
		2						
		3						
		4						
	右侧	1						
		2						
		3						
		4						

5. 喇叭噪声的测量方法

汽车喇叭声级的检测点如图3-51所示，测量点在距车前2m，离地高1.2m处，声级计话筒正对着车头方向测量。检测次数在两次以上，并监听喇叭声是否悦耳。

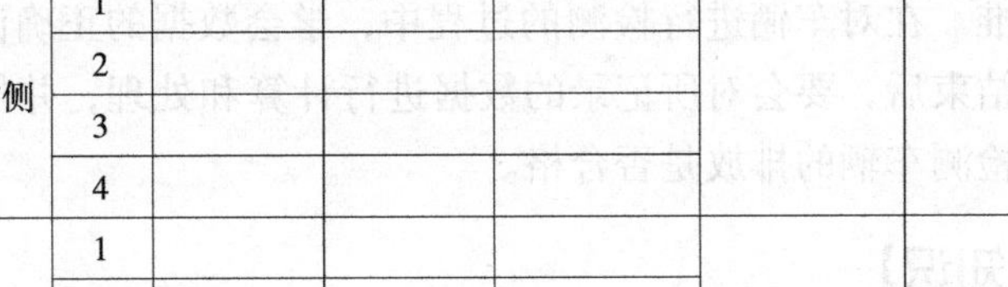

图3-51　喇叭噪声的测量

【课堂互动】

1. 熟练及正确使用声级计

2. 正确测量各种状态下的噪声并记录

【习题3.7】

1. 对所测噪声值进行修正。

2. 测量喇叭噪声时，声级计位于距车前________ m、距地面________ m的位置。

A. 2.5，15　　B. 2，1.2

C. 1.5，1　　D. 2，1

3. 我国规定声级计用________修正。

A. B计权　　B. A计权　　C. D计权　　D. C计权

4. 在检测喇叭声级时应________按下喇叭开关。

A. 迅速　　B. 慢速　　C. 不急于　　D. 可以不

5. 汽车喇叭声级合格范围应为________ dB（A）。

3.8 汽车排气污染物的检测

【本节目标】

掌握汽车排气污染物的检测方法，学会查阅汽油机及柴油机排放污染物的检测标准。在对车辆进行检测的过程中，学会数据的正确读取及记录方法。试验结束后，要会对所记录的数据进行计算和处理，并依据检测标准，判断所检测车辆的排放是否合格。

【基本理论知识】

1. 汽车排气污染物

（1）汽车废气的烟色　汽车废气的烟色按颜色分类，可大致分为下列三类。

1）黑烟。黑烟也可称为热烟。它是一种因燃烧室内局部混合气过浓而产生的炭粒浮游物。

2）白烟。白烟也可称为冷烟，它是一种因发动机冷机工作或气缸断火而产生的未燃燃料颗粒的雾气或由水蒸气冷凝产生的雾气。

3）蓝烟。发动机热起后运转时，在稍微离开排气管口一点儿的地方，可以看到略带黏性的液状物质，它是一种含有少量氧的碳氢化合物的混合物。

上述三种颜色的烟中，柴油机全负荷时冒的黑烟最有典型性。

（2）汽油机排气污染物的种类　汽油机排气污染物主要有一氧化碳（CO）、碳氢（HC）、氮氧化物（NO_x）、光化学烟雾（主要成分是臭氧及醛类）。

（3）柴油机排气污染物的种类　柴油机的排气污染物主要是炭烟及其上夹附的SO_2和其他有害物质。

2. 汽油车排气污染物的检测标准

为贯彻《中华人民共和国环境保护法》和《中华人民共和国大气污

【课堂互动】

染防治法》，近年来，很多省市都制定了自己新的控制机动车排气污染的地方法规。以北京市为例，为改善北京市大气环境质量，制定了北京市地方标准，名为《在用汽油车稳态加载污染物排放限值及测量方法》。本标准对排放限值、测量工况以及测量设备等多方面都进行了规定。

（1）试验工况　稳态加载试验工况由排放控制装置外观检查、BASM5024、BASM2540、怠速工况试验、λ 检测和 OBD 检查组成。工况具体要求参见表 3-9。

表 3-9　稳态加载试验工况要求

工　况	运转次序	车速/(km/h)	测功机负荷/kW	操作时间/s
BASM5024	1	24 ±5	车辆基准质量/150	20
	2	24 ±1.6		5
	3	24 ±1.6		90
BASM2540	1	40 ±1.6	车辆基准质量/180	5
	2	40 ±1.6		90
怠速	1	0	0	15
	2	0		10

注：车辆基准质量 = 车辆整备质量 +100。

汽油车稳态加载试验工况运转循环图如图 3-52 所示。

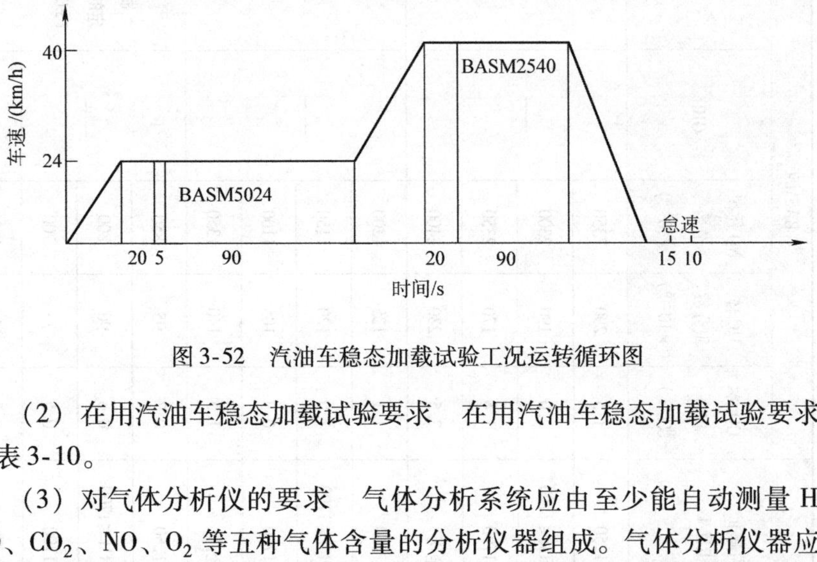

图 3-52　汽油车稳态加载试验工况运转循环图

（2）在用汽油车稳态加载试验要求　在用汽油车稳态加载试验要求参见表 3-10。

（3）对气体分析仪的要求　气体分析系统应由至少能自动测量 HC、CO、CO_2、NO、O_2 等五种气体含量的分析仪器组成。气体分析仪器应采用下列原理：

一氧化碳、碳氢化合物和二氧化碳测量采用不分光红外法（NDIR）；一氧化氮测量采用不分光红外法（NDIR）或不分光紫外法（NDUV），或化学发光法（CLD），或电化学法；若采用其他等效方法，应取得主管部门的认可。

【课堂互动】

表 3-10 在用汽油车稳态加载试验要求

类别	最大总质量/kg	车辆基准质量 RM/kg	BASM5024					BASM2540					怠速	
			CO 体积分数(%)	HC 体积分数($\times10^{-6}$)	NO 体积分数($\times10^{-6}$)	OBD	λ	CO 体积分数(%)	HC 体积分数($\times10^{-6}$)	NO 体积分数($\times10^{-6}$)	OBD	λ	CO 体积分数(%)	HC 体积分数($\times10^{-6}$)
Ⅰ	≤3500	≤1250	1.5	290	2350	—	—	1.6	280	2300	—	—	4.5	900
		1250 < RM ≤1700	2.0	190	2300			2.1	180	2250				
		>1700	1.8	170	2350			1.9	165	2300				
	>3500	全部	2.5	230	2400			2.4	225	2350			4.5	1200
Ⅱ	≤3500	≤1250	1.1	125	1200	—	—	1.0	120	1100	—	—	1.0	200
		1250 < RM ≤1700	1.0	120	1150			0.9	110	1100				
		>1700	0.9	105	1100			0.9	100	1050				
	>3500	全部	1.3	140	1350			1.2	130	1250			1.5	250
Ⅲ	≤3500	≤1250	0.7	95	850	—	制造厂规定的范围或 1 ±0.03以内	0.6	90	800	—	制造厂规定的范围或 1 ±0.03 以内	—	—
		1250 < RM ≤1700	0.6	90	800			0.5	85	750				
		>1700	0.5	75	700			0.4	70	690				
	>3500	全部	0.7	110	1100			0.6	105	1000				

【课堂互动】

（续）

类别	最大总质量/kg	车辆基准质量 RM/kg	BASM5024					BASM2540					怠速	
			CO 体积分数(%)	HC 体积分数($\times10^{-6}$)	NO 体积分数($\times10^{-6}$)	OBD	λ	CO 体积分数(%)	HC 体积分数($\times10^{-6}$)	NO 体积分数($\times10^{-6}$)	OBD	λ	CO 体积分数(%)	HC 体积分数($\times10^{-6}$)
Ⅳ	≥3500	≤1305	0.50	67	600	不能发现与排放控制装置相关的故障码	制造厂规定的范围或 1±0.03以内	0.42	63	560	不能发现与排放控制装置相关的故障码	制造厂规定的范围或 1±0.03 以内	—	—
		1305＜RM≤1760	0.42	63	560			0.35	60	530				
		≥1760	0.35	53	490			0.28	50	480				

说明：

1）λ 值为推荐要求。

2）M 类和 N 类汽车：M 类汽车指至少有四个车轮并且用于载客的机动车辆，N 类汽车指至少有四个车轮并且用于载货的机动车辆。其中：

M_1 类汽车指包括驾驶员座位在内，座位数不超过九座的载客汽车。

M_2 类汽车指包括驾驶员座位在内，座位数超过九座，且最大设计总质量不超过 5000kg 的载客汽车。

N_1 类汽车指最大设计总质量不超过 35000kg 的载货汽车。

3）第一类车指包括驾驶员座位在内，座位数不超过六座，且最大总质量不超过 2500kg 的 M1 类汽车。

4）第二类车指本标准适用范围内除第一类车以外的其他所有轻型汽车。

5）排放限制适用范围：1999 年 1 月 1 日以前登记注册并取得号牌的第一类车，以及 2000 年 1 月 1 日以前登记注册并取得号牌的第二类车和重型车，排放限值执行表中的Ⅰ类限值；但经过排放控制改造且领取绿色环保标志的车辆排放限值执行表中的Ⅱ类限值。

1999 年 1 月 1 日至 2005 年 12 月 30 日期间登记注册并取得号牌的第一类车和 2000 年 1 月 1 日至 2005 年 12 月 30 日期间登记注册并取得号牌的第二类车，以及 2000 年 1 月 1 日以后登记注册并取得号牌的重型车执行表中的Ⅲ类限值。

2005 年 12 月 30 日以后登记注册并取得号牌的轻型车执行表中的Ⅳ类限值。

【课堂互动】

氧测量可以采用电化学法。

（4）五气体分析仪 由上面的介绍可知，为了满足北京地区新的排放标准要求，必须使用五气体分析仪，下面我们以 FLA-501 为例介绍五气体汽车排气分析仪的基本测量方法。

1）结构介绍。FLA-501 五气体汽车排气分析仪的结构如图 3-53 所示。

图 3-53 FLA-501 五气体汽车排气分析仪

FLA-501 五气体汽车排气分析仪后视图如图 3-54 所示。

图 3-54 FLA-501 五气体汽车排气分析仪后视图

FLA-501 五气体汽车排气分析仪取气管及探头的结构图如图 3-55 所示。

2）日常操作说明。

① 预热。

【课堂互动】

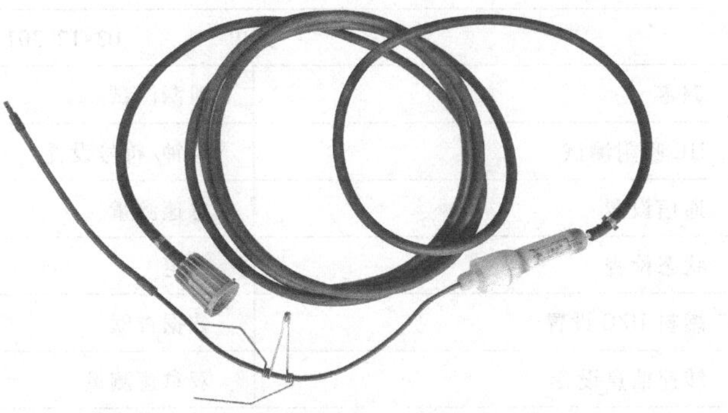

图3-55　FLA-501五气体汽车排气分析仪取气管及探头的结构

a. 打开电源开关。

b. 仪器自动检测15s，即自动转入调零。

c. 仪器转入准备模式，如图3-56所示。

注意：每天首次开启仪器，进入“准备”状态15min后，仪器自动调零，以后调零时间则由操作者自行决定。

PEF：0.533	准备	03-12-29 10：59	
	$\times10^{-2}$		$\times10^{-6}$
0.00	CO	0	HC
	$\times10^{-2}$		$\times10^{-2}$
0.00	CO_2	20.40	O_2
	$\times10^{-6}$		
0	NO	0.00	λ
	rpm		℃
0	转速	0.0	油温
确认 测量	功能 菜单▼	界面一▶	APR

图3-56　仪器转入准备模式

② 泄漏检查。为了保证测量时仪器没有泄漏，确保测量结果的准确，当仪器进入准备状态，按屏幕提示，操作方法如下：

a. 按“功能”键，进入主菜单，如图3-57所示。

b. 按“▶”键把光标移到“泄漏测试”，按“确认”键。

c. 堵住进气口，按“确认”键起动泄漏测试程序，如果不想进行泄漏测试，按“功能”键返回菜单选择其他项目测试。

说明：

● 若泄漏测试时已接上取气管及探头组件，则用探头测试套管堵住进气口。

● 若泄漏测试时只接上除水器，则用除水器泄漏测试帽堵住进气口。

【课堂互动】

菜单	03-12-3014：14
调零	泄漏测试
HC 吸附测试	时钟/符号设置
通信设置	怠速测量
状态检查	标定
燃料 H/C 设置	数据查阅
转速信息设置	双怠速测量
确认 选定 功能 返回 ▼下移位	▶ 右移位

图 3-57 主菜单界面

测试检查如有泄漏，请检查气路后，按“确认”键重测。无泄漏，仪器屏幕显示合格。按“功能”键返回选择菜单，进入下一项检查选择。

③ HC 吸附测试。按屏幕提示，从取气管中取出探头：

a. 分别按“▶”键、“▼”键把光标移到“HC 吸附测试”。

b. 按“确认”键开始吸附测试。如果不想进行吸附测试，按“功能”键返回主菜单。

操作流程图如图 3-58 所示。

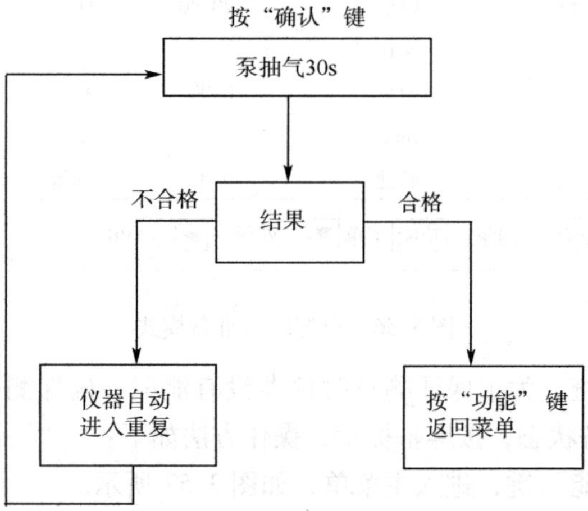

图 3-58 HC 吸附测试操作流程图

测试结束，显示合格或不合格信息。$HC \geq 20 \times 10^{-6}$为不合格。$HC < 20 \times 10^{-6}$为合格。

自动抽气重复测试仍不合格，请清洗气路后再按 HC 吸附测试方法重测。

④ 时钟/符号设置。

a. 按“▼”或“▶”键把光标移到“时钟/符号设置”。

【课堂互动】

b. 按“确认”键进入时钟设置选择，如图3-59所示。

c. 按“▼”键移动光标，按“▶”键修改数字。

(FLA-501仪器对HC符号表示有三种可供选择)

d. 按“▼”键选择，按“▶”实施选择修改。

e. 按“确认”键执行修改并退出。

时钟/符号设置　　03-12-30 11：40
日期：2003-12-30 时钟：11：40 符号选择：⊙10^{-6}　○ ppm　○ ppm vol
确认 执行　功能 返回　▼ 位移　▶ 修改

图3-59　时钟/符号设置界面

⑤ 转速信息设置。

a. 按“▼”键把光标移到“转速信息设置”。

b. 按“确认”键，进入转速信息设置。

c. 按“▼”键选择设置项目，按“▶”键修改，按“确认”键则执行选定的转速信息设置，如图3-60所示。

转速信息设置
测量位置　⊙总线　○分线 点火数　⊙1　○2 冲程数　○2冲程　⊙4冲程 气缸数　○1 ○2 ○3 ⊙4 ○5 ○6 ○8 ○12 范围±　○50 ○100 ○150 ⊙200 ○250 ○300 额定转速 5000rpm
确认 执行　功能 返回　▼ 移位　▶ 修改

图3-60　转速信息设置界面

⑥ 燃料H/C设置。由于发动机使用不同的燃料，因此测量前要进行燃料类型的选择：

a. 按“▼”或“▶”键把光标移到“燃料H/C设置”。

b. 按“确认”键进入燃料选择。

c. 按“▼”键移动光标到正确的燃料处。

d. 可通过“▶”按键修改数字。

e. 然后按“确认”键退出。

⑦ 标定。

【课堂互动】

a. 仪器在准备状态下：

● 按“功能”键进入功能表菜单。

● 按“▲”键或“▼”把光标移到“标定”，如图3-61所示。

● 按“确认”键。

菜单	03-12-30 14：14
调零	泄漏测试
HC吸附测试	时钟/符号设置
通讯设置	怠速测量
状态检查	标定
燃料H/C设置	数据查阅
转速信息设置	双怠速测量
确认 选定 功能 返回 ▼ 下移位 ▶ 右移位	

图3-61 功能表菜单界面

b. 进入标定界面（图3-62）：

PEF 0.526		标定		03-12-30 14：14
	测量值	设定值	符号	
HC	0	C_3H_8 3140 HC 165 1	$\times10^{-6}$	× ×
CO	0.00	3.67	$\times10^{-2}$	√
CO_2	0.00	1 1.10	$\times10^{-2}$	×
O_2	20.69	20.90	$\times10^{-2}$	×
NO	-1	3500	$\times10^{-6}$	×
▼ 移位 ▶ 修改		标定吗？	√×	

图3-62 标定界面

● 按“▼”或“▶”键移动光标，选择标定通道及设定值的某一位。

● 利用“▶”键确定设定值的大小，设定值的大小依据标准气的实际含量而定。

● 一个通道设置好后，重复上述两个步骤，直到所有要标定的通道设置好为止。

● 按“▼”键直到屏幕出现一组新提示。

● 根据提示，从仪器标准气入口通入标准气体，等测量值处的读数稳定后，再按“确认”键，稍等10s后，标定结束，如图3-63所示。

PEF 0.526		标定		03-12-30 14：14
	测量值	设定值	符号	
HC	0	C_3H_8 3140 HC 165 1	$\times10^{-6}$	× ×
CO	0.00	3.67	$\times10^{-2}$	√
CO_2	0.00	11.10	$\times10^{-2}$	×
O_2	20.69	20.90	$\times10^{-2}$	×
NO	-1	3500	$\times10^{-6}$	×
请通标准气，稳定后[确认]　标定[功能]　返回　√×				

图3-63　选择标定后出现的界面

注：1. 如果有某个通道不想标定，只要将该通道设为“×”。如果设置有误，想重新修正，按“▼”键把光标移到需要修正的位置即可。

2. 氧通道利用空气自校准，氧的设定值一般设置为20.9%。

3. HC处输入C_3H_8（丙烷）值。

【课堂互动】

熟悉北京市实施的新的汽油机排放污染物检测种类，并查阅检测标准找出待检车辆的排放标准。

熟悉汽油车稳态加载试验工况运转循环的组成。

c. 导入标准气应注意以下几点：

● 将随仪器配套的小瓶标准气的瓶盖取下，将瓶嘴对准仪器的标准气入口，稍用力向下压，标准气就会进入仪器。随着标准气进入仪器的气室，测量值在屏幕中显示其读数。当所显示的读数基本稳定后，停止输入标准气。标准气的导入时间通常只需要5~7s，但如果瓶内压力已很低，就要增加气体导入时间。

● 若是高压瓶装标准气，必须通过减压阀将输出压力降低到0.1MPa左右才能导入仪器。

● 导入标准气时，必须确保标准气体已经进入了仪器的工作气室。否则，校准会发生错误或者校准无效。

● 检查或校准FLA-501汽车排气分析仪时，我们建议使用如下浓度的气体：

· C_3H_8（丙烷）2880×10^{-6}~3520×10^{-6}（体积分数）

· CO_2　9.9%~12.1%（体积分数）

· CO　3.15%~3.85%（体积分数）

· NO　3000+20%（体积分数）

注意：如果出现校准错误，请检查标准气压力是否足够，内部管路有无脱落，以及设定值是否和标准气体标称值一致。

【技能训练】

1. 使用FLA-501汽车排气分析仪对待检车辆的尾气进行测量

1）检查每个过滤器元件是否被弄脏，若被弄脏了，请更换。

2）按动位于前面板上的“确认”键，“调零”标记会闪烁30s，同时

【课堂互动】

自动调零，然后进入测量模式，如图3-64所示。

PEF：0.533	测量	03-12-29 10：59	
	$\times10^{-2}$		$\times10^{-6}$
0.00	CO	0	HC
	$\times10^{-2}$		$\times10^{-2}$
0.00	CO_2	20.40	O_2
	$\times10^{-6}$		
0	NO	0.00	λ
0	rpm	0.0	℃
	转速		油温
确认 测量	功能 菜单	▼ 界面一	▶ APR

图3-64 测量界面

3）把油温传感器接到后面板所示相应位置上，然后把探针插入被测车辆的机油箱内。

4）把测速传感器接到后面板所示相应位置上，然后把测速传感器夹到被测车辆发动机任一高压线上。

5）将探头插入被检测车辆的排气管内约300mm深，然后用夹子将探头稳固。

6）待显示数值趋于稳定时，读取数据，如图3-65所示。

PEF：0.533	测量	03-12-29 11：00	
	$\times10^{-2}$		$\times10^{-6}$
0.04	CO	44	HC
	$\times10^{-2}$		$\times10^{-2}$
14.90	CO_2	0.30	O_2
	$\times10^{-6}$		
51	NO	1.00	
662	rpm	84.5	℃
	转速		油温
确认 测量	功能 菜单▼	界面一	▶ APR

图3-65 测量界面

注：▼：分别有三种显示界面模式可供选择。

▶：可选择用空燃比（APR），或过量空气系数（λ）值方式显示。

7）或待显示值趋于稳定时，按“确认”键把瞬间示值锁定并存储在仪器内供稍后查询，然后按“功能”键，打印机开始打印数据。

8）打印出来的检测结果如下：

测试结果

CO：0.04×10^{-6}

【课堂互动】

CO_2：14.90×10^{-2}

HC：44×10^{-6}

NO：51×10^{-6}

O_2：0.30×10^{-2}

RPM：662r/min

Oil-Temp：84.5℃

AFR：14.83

λ：1.00

广州福立仪器

2003-12-29　11：00

说明：按“确认”键把数据锁定，其锁定时间约30s，30s后仪器会自动解锁，或再按一下“确认”键即解除数据锁定。

注意：①测量期间，不要加速发动机；②不要大力拖动取气管，因为会损坏其连接端；③测量后，从排气管内取出探头，其前端的温度非常高，故应特别小心，切勿触摸，以免烫伤。

2. 数据查询

数据查询是供查询历史检测结果（FLA-501汽车排气分析仪提供存储空间100条记录，第101条以后的记录将刷新首条记录，以后以此类推），其从测量模式转入数据查询的操作方法如下：

1）按“功能”键仪器自动调零。

2）再按“功能”键返回菜单。

3）按“▶”或“▼”把光标移动到“数据查询”。

4）按“确认”键进入“数据查询”模式，如图3-66所示。

5）依照提示按“▼”或“▶”键查询以往检测数据。

6）按“功能”键返回菜单。

序号：010	查询数据	03-12-20 09:30:32	
	$\times10^{-2}$		$\times10^{-6}$
0.04	CO	44	HC
	$\times10^{-2}$		$\times10^{-2}$
14.90	CO_2	0.30	O_2
	$\times10^{-6}$		
51	NO	1.00	
662	rpm	84.5	℃
	转速		油温
功能　菜单	▼　上一组	▶　下一组	

图3-66　查询数据界面

【课堂互动】

3. 怠速测量

怠速测量操作步骤：

1）按“功能”键进入主菜单，把光标移到“怠速测量”后按“确认”键，即进入怠速测量功能。

2）仪器自动调零，约10s。

3）将发动机由怠速工况加速到额定功率的0.7倍，“保持──→怠速”状态（约15s）。

4）按照显示屏下方的提示，将仪器的取气探头插入被测车辆的排气管内，插入深度为400mm，插好取气探头后，仪器开始取样，显示屏下方有取样时间显示，并显示“测量中……”（倒计时30s）。

5）取样结束后显示屏显示测量结果（30s内取样值的平均值）。按“确认”键打印数据。按一次“功能”键退出本次测量（此时应拔出取气探头，清洗气路），继续下一次测量。

6）按二次“功能”键返回菜单。

注意：每次怠速测量完毕后进入清零时间的长短，由操作者自定，按“功能”键即可停止清零。

4. 双怠速测量

1）将油温传感器探头插入发动机的润滑油标尺孔中，一直插到探头接触到润滑油为止。

2）将转速传感器夹到气缸总线上。

3）按“功能”键进入主菜单，把光标移到“双怠速测量”后按“确认”键，仪器首先开始调零（10s）并进入发动机预热阶段。

4）按显示屏提示，应把发动机速度“加速──→3500rpm”，并注意显示屏的转速值变化。

5）当加速达到3500r/min时，按屏幕提示“保持3500r/min”，注意倒计时提示，应将3500r/min转速保持到倒计时结束。

6）发动机完成预热时间，进入高怠速下的排放测量阶段，显示屏提示“请减速到2500r/min ”。见此提示，应将发动机减速，注意转速值的变化，直到转速降到2500r/min左右为止，并保持（2500±50）r/min范围内。与此同时，操作者要把取气探头插入排气管内，插入深度应为400mm。

注意：如果在保持转速期间的倒计时还没结束，转速值超过（2500±250）r/min范围，仪器将停止取样，直到转速回到（2500±250）r/min范围内仪器才重新取样。

7）当显示屏出现“怠速──→”提示时，应将被测车辆减速。当转速下降到1100r/min以下时，显示屏下方的提示会改变为：“保持──→怠速”并有倒计时提示。

8）取样倒计时结束时，即表示怠速下的排放测量完毕。显示屏会显示测量结果，操作者只要按照显示屏下方提示操作即可实现“打印”测量数据、“返回”退出本次测量、再按一次“返回”退到主菜单。

9）每次测量结束后，请将取气探头从排气管中拔出，从发动机上取下转速传感器夹并拔出油温传感器探头。

【基本理论知识】

柴油机烟度的测量仪器采用滤纸式烟度计。滤纸式烟度计是用抽气泵从柴油车排气管中抽取一定容积的废气，通过一张一定面积的纯白色滤纸，废气中烟的炭粒使滤纸染黑，然后通过检测装置中的光源发光照射在被染黑的滤纸上。由于滤纸的染黑度不同，其反射光线强度也不同，光电元件产生的电流强度也不同，从而指示出滤纸的染黑度，即代表柴油车的排放烟度。规定全白滤纸的染黑度为0FSN，全黑滤纸的染黑度为10FSN。

柴油车尾气的检测，是依据GB 7258—2012《机动车运行安全技术条件》的规定，引用GB 17691—2005《车用压燃式、气体燃料点燃式发动机与汽车排气污染物排放限值及测量方法》，测量柴油发动机在自由加速工况下烟度排放值，其排放限值见表3-11。

【课堂互动】

熟悉滤纸式烟度计的结构以及使用方法，在没有测量之前先做模拟操作练习。

表3-11　柴油发动机自由加速烟度排放限值

车　别	烟度/FSN
1995年7月1日以前的定型汽车	4.0
1995年7月1日以前的新生产汽车	4.5
1995年7月1日以前生产的在用汽车	5.0
1995年7月1日起的定型汽车	3.5
1995年7月1日起的新生产汽车	4.0
1995年7月1日起生产的在用汽车	4.5

下面以佛分不透光烟度计FTY-100为例，介绍烟度计的结构。

佛分不透光烟度计FTY-100的组成示意图如图3-67所示。显示仪表的插座与调节旋钮的位置如图3-68所示，光学平台的结构如图3-69所示。

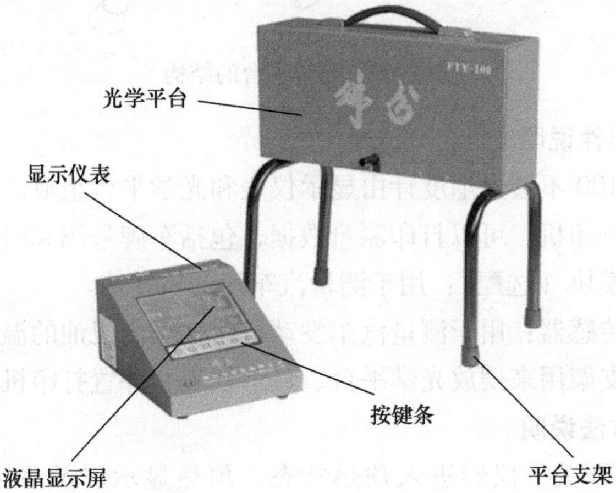

图3-67　佛分不透光烟度计FTY-100的组成示意图

【课堂互动】

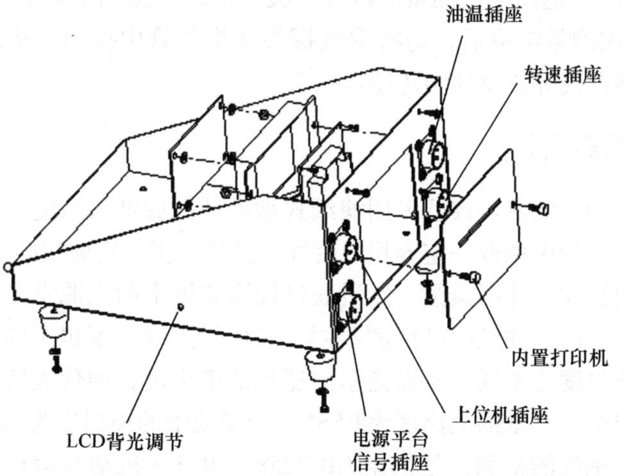

图3-68 显示仪表的插座与调节旋钮的位置

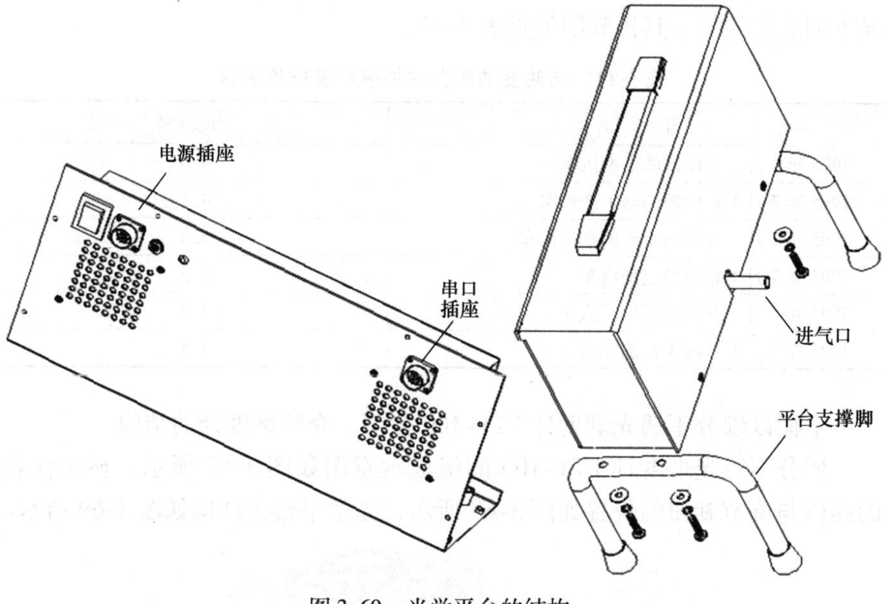

图3-69 光学平台的结构

1. 主要部件说明

1）FTY-100不透光烟度计由显示仪表和光学平台组成。

2）内置打印机：可以打印测量数据，包括车牌号码和时间。

3）转速模块（选配）：用于测量汽车发动机转速。

4）油温传感器：用于测量汽车发动机曲轴箱内机油的温度。

5）平台支架用来摆放光学平台、显示仪表和外置打印机等。

2. 使用方法说明

打开电源开关，仪器进入预热状态。预热显示屏及主菜单显示屏如图3-70和图3-71所示。

【课堂互动】

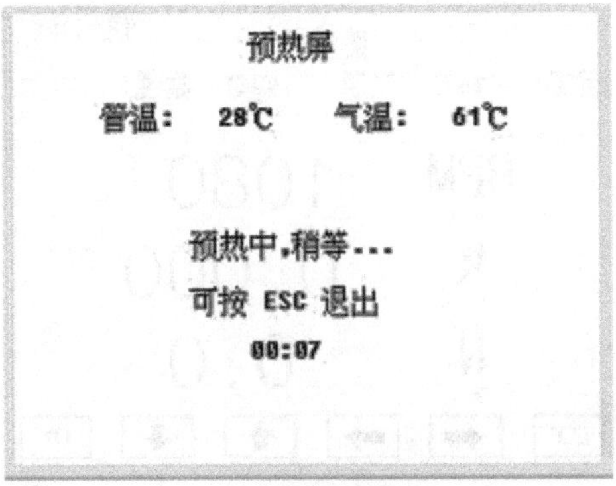

图3-70 预热显示屏

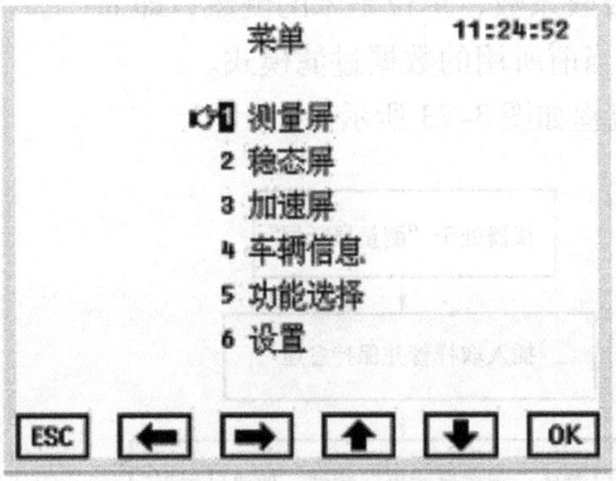

图3-71 主菜单显示屏

打开仪器电源后，由于光学平台的管温必须恒定在（75±3)℃才能准确测量，一般需要预热2~5min，当温度达到要求后自动退出预热显示屏。仪器退出预热之前会自动进行清零，然后进入测量显示屏。建议用户不要强制退出预热显示屏，应该让仪器自动退出。

在主菜单界面中，可以通过“↑”、“↓”键选择子菜单，按“OK”键进入。而在子菜单下可以通过“ESC”按键最终返回主菜单。

测量显示屏如图3-72所示。在测量显示屏中可以对排气进行连续测量，直接显示排气的Ns值、k值、气温、管温和油温，所有数值都是瞬态值。

注：

“快捷键”可以通过“←”“→”两个按键实现快速切换。

“管温”表示当前光学平台检测管道的温度。

“气温”表示当前排气温度。

“油温”在没有接油温传感器时，表示显示仪表内部的温度；接油温传感器就表示传感器探头所处位置的温度。

“RPM”表示当前转速（RPM表示每分钟的转数)。

“Ns”表示折算成国际通用光路长度（0.43m）后的不透光度。

【课堂互动】

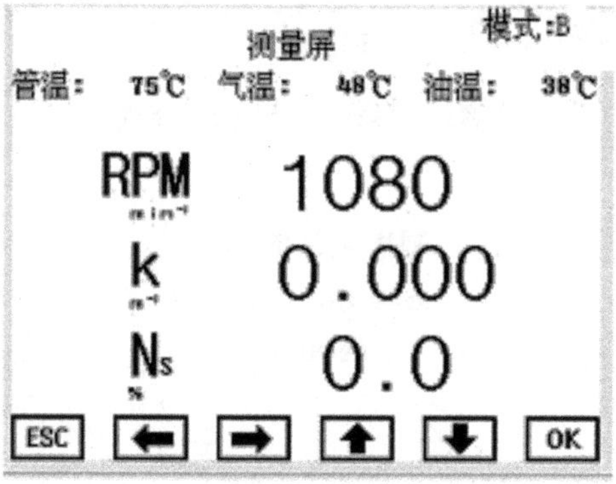

图3-72 测量显示屏

“k”表示光吸收系数，单位是米的倒数，即 m^{-1}。

“模式”表示当前所用的数据过滤模式。

其一般操作流程如图3-73所示。

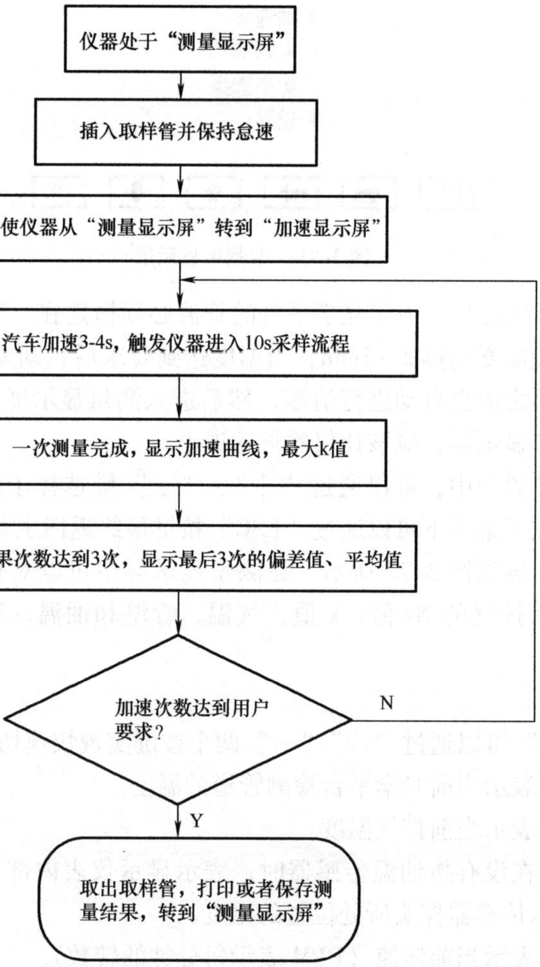

图3-73 一般操作流程

3. 自由加速烟度的检测过程

按图3-74所示的检测过程进行自由加速烟度的检测。先自怠速工况将加速踏板踩到底，约4s时迅速松开，如此重复3次以便将排气管内的炭渣吹掉。然后怠速运转11s，在此期间用压缩空气吹清机构。对取样探头和软管吹清3次。

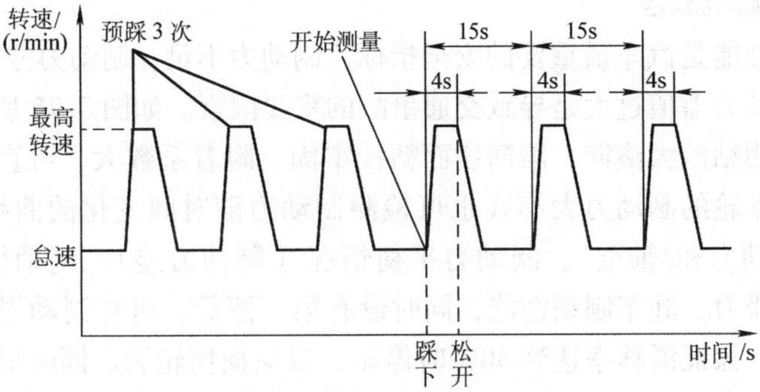

图3-74　自由加速烟度的检测工况

【课堂互动】

正确使用烟度计对待检柴油机进行测量，测量过程中正确记录测量数据并进行计算，并判断所测柴油机的排放是否合格。

3.9　四位一体的汽车安全性能检测线简介

SDL 26X检测线是集制动、悬挂、轴重、侧滑四位一体的汽车安全性能检测线，其组成如图3-75所示。

图3-75　SDL 26X检测线

SDL 26X检测线主要用于汽车修理业对3t以下的汽车在检修前、后对制动系统、悬挂系统、四轮定位系统进行定量检测，是汽车修理厂必备的检测设备，同时也可用于检测站对3t以下的车辆进行安全性能检测。汽车检测线由侧滑检测台、悬挂检测台、制动检测台和一个控制箱组成。三种台体可根据用户需要任意组合。整个设备结构紧凑、占地面积小、检测时

【课堂互动】

间短，检测一台车仅为3～5min。整个系统由一台计算机控制，检测时检测结果直接以数据、图形或曲线直观显示在屏幕上，由打印机打印出报表，同时直接评判出检测结果是否正常。这种设备检测精度高，数据存储和输出方便，可随时查阅被检车辆的历史资料，生成日报、月报等，测试项目规范，符合GB7258—2012要求。

1. 制动检测台

制动性能是汽车最重要的安全指标，制动力不足，制动力分布不均匀，左、右制动力差值过大是导致交通事故的重要因素。如图3-76所示的制动检测台采用粘沙大滚筒，滚筒表面粘沙牢固、附着系数大、可直接测试汽车每一个车轮的制动力大小（也可检测制动力随时间变化的曲线）、制动效率（制动力和/轴重）、制动力平衡情况（制动力差）、制动协调时间、车轮的阻滞力、驻车制动性能，同时设有第三滚筒，可在制动滑移时准确测定车速，保证滑移率达到30%时停车，以免损伤轮胎。同时取消了举升装置，结构简化，使车辆很方便驶出制动台。

图3-76 制动检测台

2. 悬架检测台

悬架检测台用来检测汽车悬架系统的减振效率，同时测出轴重，如图3-77所示。

3. 侧滑台

侧滑量大小是机动车在检测线上另一个检测项目，用来判断四轮定位参数是否恰当，为汽车转向系统故障判断提供重要依据。当汽车通过侧滑台时，微机屏幕上就直接显示出汽车侧滑量的大小和方向。侧滑台参见图3-75所示。

4. 控制台

控制台包括显示器、主机、打印机等，按主程序的引导可依次完成一个个测量任务，并按要求打印出相应的测量单。控制台外观如图3-78所示。

【课堂互动】

图3-77　悬架检测台

图3-78　控制台外观

附录　制动系统检测规范（摘自 GB 7258—2012）

7　制动系统

7.1　基本要求

7.1.1　机动车应设置足以使其减速、停车和驻车的制动系统或装置，且行车制动的控制装置与驻车制动的控制装置应相互独立。

7.1.2　制动系统的机构和装置应经久耐用，不得因振动或冲击而损坏。

7.1.3　制动踏板（包括教练车的副制动踏板）及其支架、制动主缸及其活塞、制动总阀、制动气室、轮缸及其活塞、制动臂及凸轮轴总成之间的连接杆件等零部件应易于维修。

7.1.4　制动系统的各种杆件不得与其他部件在相对位移中发生干涉、摩擦，以防杆件变形、损坏。

7.1.5　制动管路应为专用的耐腐蚀的高压管路，安装应保证具有良好的连续功能、足够的长度和柔性，以适应与之相连接的零件所需要的正常运动，而不致造成损坏；制动管路应有适当的安全防护，以避免擦伤、缠绕或其他机械损伤，同时应避免安装在可能与机动车排气管或任何高温源接触的地方。制动软管不得与其他部件干涉且不应有老化、开裂、被压扁等现象。其他气动装置在出现故障时不得影响制动系统的正常工作。

7.1.6　汽车制动完全释放时间（从松开制动踏板到制动消除所需要的时间）对两轴汽车应小于等于 0.80s，对三轴及三轴以上汽车应小于等于 1.2s。

7.1.7　机动车在运行过程中不得有自行制动现象，但属于设计和制造上为保证车辆安全运行的除外。

当挂车（由轮式拖拉机牵引的装载质量 3000kg 以下的挂车除外）与牵引车意外脱离后，挂车应能自行制动，牵引车的制动仍应有效。

7.2　行车制动

7.2.1　机动车（总质量小于等于 750kg 的挂车除外）应具有完好的行车制动系统，其中汽车（三轮汽车除外）的行车制动应采用双回路或多回路。

7.2.2　行车制动应保证驾驶人在行车过程中能控制机动车安全、有效地减速和停车。行车制动应是可控制的，且除残疾人专用汽车外，应保证驾驶人在其座位上双手无须离开方向盘（或方向把）就能实现制动。

7.2.3　行车制动应作用在机动车（三轮汽车、拖拉机运输机组及总质量不大于 750kg 的挂车除外）的所有车轮上。

7.2.4　行车制动的制动力应在各轴之间合理分配。

7.2.5　机动车（边三轮摩托车除外）行车制动的制动力应在同一车轴左右轮之间相对机动车纵向中心平面合理分配。

7.2.6　汽车（三轮汽车除外）、摩托车（边三轮摩托车除外）、挂车（总质量不大于 750kg 的挂车除外）的所有车轮应装备制动器。其中，所有专用校车和危险货物运输车的前轮及车长大于9m的其他客车的前轮应装备盘式制动器。

7.2.7 制动器应有磨损补偿装置。制动器磨损后，制动间隙应易于通过手动或自动调节装置来补偿。

制动控制装置及其部件以及制动器总成应具备一定的储备行程，当制动器发热或制动衬片的磨损达到一定程度时，在不必立即作调整的情况下，仍应保持有效的制动。

7.2.8 制动踏板的自由行程应与该车型的技术要求一致。

7.2.9 行车制动在产生最大制动效能时的踏板力或手握力应小于等于：

——乘用车和正三轮摩托车500N；

——摩托车（正三轮摩托车除外）350N（踏板力）或250N（手握力）；

——其他机动车，700N。

7.2.10 汽车列车行车制动系统的设计和制造应保证挂车最后轴制动动作滞后于牵引车前轴制动动作的时间小于等于0.2s。

7.2.11 车长大于9m的公路客车、旅游客车和未设置乘客站立区的公共汽车，所有专用校车、危险货物运输车和半挂牵引车，总质量大于等于12000kg的货车和专项作业车及总质量大于10000kg的挂车应安装符合GB/T13594规定的防抱死制动装置。

注：本条中半挂车的总质量是指半挂车在满载并且和牵引车相连的情况下，通过半挂车的所有车轴垂直作用于地面的静载荷，不包括转移到牵引车牵引座的静载荷。

7.2.12 教练车（三轮汽车除外）的行车制动应装备有副制动踏板。副制动踏板应安装牢固、动作可靠，保证教练员在行车过程中能有效地控制机动车减速和停车。

7.3 应急制动

7.3.1 汽车（三轮汽车除外）应具有应急制动功能。

7.3.2 应急制动应保证在行车制动只有一处失效的情况下，在规定的距离内将汽车停住。

7.3.3 应急制动可以是行车制动系统具有应急特性或是与行车制动分开的系统。

7.3.4 应急制动应是可控制的，其布置应使驾驶人容易操作，驾驶人在座位上至少用一只手握住方向盘的情况下（对乘用车为双手不离开方向盘的情况下），就可以实现制动。它的控制装置可以与行车制动的控制装置结合，也可以与驻车制动的控制装置结合。

7.3.5 采用助力制动系统的行车制动系统，当助力装置失效后，仍应能保持规定的应急制动性能。

7.4 驻车制动

7.4.1 机动车（两轮普通摩托车、边三轮摩托车和两轮轻便摩托车除外）应具有驻车制动装置。

7.4.2 驻车制动应能使机动车即使在没有驾驶人的情况下，也能停在上、下坡道上。驾驶人应在座位上就可以实现驻车制动。对于汽车列车和轮式拖拉机运输机组，如挂车与牵引车脱离，挂车（由轮式拖拉机牵引的装载质量3000kg以下的挂车除外）应能产生驻车制动。挂车的驻车制动装置应能由站在地面上的人实施操纵。

7.4.3 驻车制动应通过纯机械装置把工作部件锁止，并且驾驶人施加于操纵装置上的力：

——手操纵时，乘用车应小于等于400N，其他机动车应小于等于600N；

——脚操纵时，乘用车应小于等于500N，其他机动车应小于等于700N。

7.4.4 驻车制动控制装置的安装位置应适当，操纵装置应有足够的储备行程（开关类操作装置除外），一般应在操纵装置全行程的三分之二以内产生规定的制动效能；驻车制动机构装有自动调节装置时，允许在全行程的四分之三以内达到规定的制动效能。驻车制动使用电子控制装置时，锁止装置应为纯机械装置，发生断电情况锁止装置仍应保持持续有效。棘轮式制动操纵装置应保证在达到规定的驻车制动效能时，操纵杆往复拉动的次数不得超过三次。

7.4.5 采用弹簧储能制动装置做驻车制动时，应保证在失效状态下能方便地解除驻车状态；如需使用专用工具，应随车配备。

7.5 辅助制动

车长大于9m的客车（对专用校车为车长大于8m）、总质量大于等于12000kg的货车和专项作业车、所有危险货物运输车，应装备缓速器或其他辅助制动装置。辅助制动装置的性能要求应使汽车能通过GB 12676规定的Ⅱ型或ⅡA型试验。

7.6 液压制动的特殊要求

7.6.1 采用液压制动的机动车，制动管路不应存在渗漏（包括外泄和内泄）现象，在保持踏板力为700N（摩托车为350N）达到1min时，踏板不得有缓慢向前移动的现象。

7.6.2 液压行车制动在达到规定的制动效能时，踏板行程应小于等于踏板全行程的四分之三，制动器装有自动调整间隙装置的机动车踏板行程应小于等于踏板全行程的五分之四，且乘用车应小于等于120mm，其他机动车应小于等于150mm。

注：踏板全行程是指在无制动液状态下制动踏板从完全释放状态到不能踩动的行程。

7.6.3 液压行车制动系统不得因制动液对制动管路的腐蚀或由于发动机及其他热源的作用形成气阻而影响行车制动系统的功能。

7.7 气压制动的特殊要求

7.7.1 采用气压制动的机动车，在气压升至600kPa且不使用制动的情况下，停止空气压缩机工作3min后，其气压的降低值应小于等于10kPa。在气压为600kPa的情况下，停止空气压缩机工作，将制动踏板踩到底，待气压稳定后观察3min，气压降低值对汽车应小于等于20kPa，对汽车列车、铰接客车及铰接式无轨电车、轮式拖拉机运输机组应小于等于30kPa。

7.7.2 采用气压制动的机动车，发动机在75%的额定转速下，4min（汽车列车为6min，铰接客车和铰接式无轨电车为8min）内气压表的指示气压应从零开始升至起步气压。

注：起步气压是指车辆制造厂家标明的车辆（起步后）能够满足正常（制动）工作要求的贮气筒最小压力。

7.7.3 气压制动系统应装有限压装置，以确保贮气筒内气压不超过允许的最高气压。

7.7.4 气压制动系统应安装保持压缩空气干燥、油水分离的装置。

7.8 贮气筒

7.8.1 装备贮气筒或真空罐的机动车应采用单向阀或相应的保护装置，以保证在筒（罐）与压缩空气（真空源）连接失效或漏损的情况下，筒（罐）内的压缩空气（真空度）不致全部丧失。

7.8.2 贮气筒的容量应保证在调压阀调定的最高气压下，且在不继续充气的情况下，机动车在连续五次踩到底的全行程制动后，气压不低于起步气压。

7.8.3　贮气筒应有排污阀。

7.9　制动报警装置

7.9.1　采用液压制动的机动车，其储液器的加注口应易于接近，从结构设计上应保证在不打开容器的条件下就能很容易地检查液面。如不能满足此条件，则应安装制动液面过低报警装置。

7.9.2　采用液压制动的汽车（三轮汽车和装用单缸柴油机的低速货车除外），如液压传能装置任一部件失效，应通过红色报警信号灯警示驾驶人。只要失效继续存在且点火开关处在开（运行）的位置，该信号灯应保持发亮。报警信号灯即使在白天也应很醒目，驾驶人在其座位上应能很容易地观察报警信号灯工作是否正常。报警装置的失效不应导致制动系统完全丧失制动效能。

7.9.3　采用气压制动的机动车，当制动系统的气压低于起步气压时，报警装置应能连续向驾驶人发出容易听到或看到的报警信号。

7.9.4　安装具有防抱死制动装置的汽车，当防抱死制动装置失效时，报警装置应能连续向驾驶人发出容易听到或看到的报警信号。

7.10　路试检验制动性能

7.10.1　基本要求

7.10.1.1　机动车行车制动性能和应急制动性能检验应在平坦、硬实、清洁、干燥且轮胎与地面间的附着系数大于等于0.7的混凝土或沥青路面上进行。

7.10.1.2　检验时发动机应与传动系统脱开，但对于采用自动变速器的机动车，其变速器换挡装置应位于驱动挡（“D”挡）。

7.10.2　行车制动性能检验

7.10.2.1　用制动距离检验行车制动性能

机动车在规定的初速度下的制动距离和制动稳定性要求应符合附表1的规定。对空载检验的制动距离有质疑时，可用表规定的满载检验制动距离要求进行。

附表1　制动距离和制动稳定性要求

机动车类型	制动初速度/km/h	空载检验制动距离要求/m	满载检验制动距离要求/m	试验通道宽/m
三轮汽车	20	≤5.0		2.5
乘用车	50	≤19.0	≤20.0	2.5
总质量不大于3500kg的低速货车	30	≤8.0	≤9.0	2.5
其他总质量不大于3500kg的汽车	50	≤21.0	≤22.0	2.5
铰接客车、铰接式无轨电车、汽车列车	30	≤9.5	≤10.5	3.0
其他汽车	30	≤9.0	≤10.0	3.0
两轮普通摩托车	30	≤7.0		——
边三轮摩托车	30	≤8.0		2.5
正三轮摩托车	30	≤7.5		2.3
轻便摩托车	20	≤4.0		——
轮式拖拉机运输机组	20	≤6.0	≤6.5	3.0
手扶变型运输机	20	≤6.5		2.3

制动距离：是指机动车在规定的初速度下急踩制动时，从脚接触制动踏板（或手触动制动手柄）时起至机动车停住时止机动车驶过的距离。

制动稳定性要求：是指制动过程中机动车的任何部位（不计入车宽的部位除外）不超出规定宽度的试验通道的边缘线。

7.10.2.2 用充分发出的平均减速度检验行车制动性能

汽车、汽车列车在规定的初速度下急踩制动时充分发出的平均减速度及制动稳定性要求应符合附表2的规定，且制动协调时间对液压制动的汽车应小于等于0.35s，对气压制动的汽车应小于等于0.60s，对汽车列车、铰接客车和铰接式无轨电车应小于等于0.80s。对空载检验的充分发出的平均减速度有质疑时，可用附表2规定的满载检验充分发出的平均减速度进行。

充分发出的平均减速度 *MFDD*：

$$MFDD=\frac{V_b^2-V_e^2}{25.92(S_e-S_b)}$$

式中 *MFDD*——充分发出的平均减速度，单位为米每平方秒 m/s^2；

V_0——试验车制动初速度，单位为千米每小时（km/h）；

V_b——$0.8V_0$，试验车速，单位为千米每小时（km/h）；

V_e——$0.1V_0$，试验车速，单位为千米每小时（km/h）；

S_b——试验车速从 V_0 到 V_b 之间车辆行驶的距离，单位为米（m）；

S_e——试验车速从 V_0 到 V_e 之间车辆行驶的距离，单位为米（m）。

制动协调时间：是指在急踩制动时，从脚接触制动踏板（或手触动制动手柄）时起至机动车减速度（或制动力）达到附表2规定的机动车充分发出的平均减速度（或附表4所规定的制动力）的75%时所需的时间。

附表2 制动减速度和制动稳定性要求

机动车类型	制动初速度 km/h	空载检验充分发出的平均减速度 m/s^2	满载检验充分发出的平均减速度 m/s^2	试验通道宽度 m
三轮汽车	20	≥3.8		2.5
乘用车	50	≥6.2	≥5.9	2.5
总质量不大于3500kg的低速货车	30	≥5.6	≥5.2	2.5
其他总质量不大于3500kg的汽车	50	≥5.8	≥5.4	2.5
铰接客车、铰接式无轨电车、汽车列车	30	≥5.0	≥4.5	3.0
其他汽车	30	≥5.4	≥5.0	3.0

7.10.2.3 制动踏板力或制动气压要求

进行制动性能检验时的制动踏板力或制动气压应符合以下要求：

a）满载检验时

气压制动系统：气压表的指示气压≤额定工作气压；

液压制动系统：踏板力，乘用车≤500N；

其他机动车≤700N。

b）空载检验时

气压制动系统：气压表的指示气压≤600kPa；

液压制动系统：踏板力，乘用车≤400N；

其他机动车≤450N。

摩托车（正三轮摩托车除外）检验时，踏板力应小于等于350N，手握力应小于等于250N。

正三轮摩托车检验时，踏板力应小于等于500N。

三轮汽车和拖拉机运输机组检验时，踏板力应小于等于600N。

7.10.2.4　合格判定要求

汽车、汽车列车在符合7.10.2.规定的制动踏板力或制动气压下的路试行车制动性能如符合7.10.2.1或7.10.2.2，即为合格。

7.10.3　应急制动性能检验

汽车（三轮汽车除外）在空载和满载状态下，按附表3所列初速度进行应急制动性能检验，应急制动性能应符合附表3的要求。

附表3　应急制动性能要求

机动车类型	制动初速度 km/h	制动距离 m	充分发出的平均减速度 m/s^2	允许操纵力应小于等于 N	
				手操纵	脚操纵
乘用车	50	≤38.0	≥2.9	400	500
客车	30	≤18.0	≥2.5	600	700
其他汽车（三轮汽车除外）	30	≤20.0	≥2.2	600	700

7.10.4　驻车制动性能检验

在空载状态下，驻车制动装置应能保证机动车在坡度为20%（对总质量为整备质量的1.2倍以下的机动车为15%）、轮胎与路面间的附着系数大于等于0.7的坡道上正、反两个方向保持固定不动，时间应大于等于5min。检验汽车列车时，应使牵引车和挂车的驻车制动装置均起作用。检验时操纵力按7.4.3规定。

注1：在规定的测试状态下，机动车使用驻车制动装置能停在坡度值更大且附着系数符合要求的试验坡道上时，应视为达到了驻车制动性能检验规定的要求。

注2：在不具备试验坡道的情况下，在用车可参照相关标准使用符合规定的仪器测试驻车制动性能。

7.11　台试检验制动性能

7.11.1　行车制动性能检验

7.11.1.1　制动力百分比要求

汽车、汽车列车在制动检验台上测出的制动力应符合附表4的要求。对空载检验制动力有质疑时，可用附表4规定的满载检验制动力要求进行检验。使用转鼓试验台检测时，可通过测得制动减速度值计算得到最大制动力。

摩托车的前、后轴制动力应符合附表4的要求，测试时只准许乘坐一名驾驶人。

检验时制动踏板力或制动气压按7.10.2.3的规定。

附表4 台试检验制动力要求

机动车类型	制动力总和与整车重量的百分比		轴制动力与轴荷[a]的百分比	
	空载	满载	前轴[b]	后轴[b]
三轮汽车	——		—	≥60[c]
乘用车、其他总质量不大于3500kg的汽车	≥60	≥50	≥60[c]	≥20[c]
铰接客车、铰接式无轨电车、汽车列车	≥55	≥45	——	——
其他汽车	≥60	≥50	≥60[c]	≥50[d]
普通摩托车	——	——	≥60	≥55
轻便摩托车	——	——	≥60	≥50

[a]用平板制动检验台检验乘用车时应按左右轮制动力最大时刻所分别对应的左右轮动态轮荷之和计算。

[b]机动车（单车）纵向中心线中心位置以前的轴为前轴，其他轴为后轴；挂车的所有车轴均按后轴计算；用平板制动试验台测试并装轴制动力时，并装轴可视为一轴。

[c]空载和满载状态下测试均应满足此要求。

[d]满载测试时后轴制动力百分比不做要求；空载用平板制动检验台检验时应大于等于35%；总质量大于3500kg的客车，空载用反力滚筒式制动试验台测试时应大于等于40%，用平板制动检验台检验时应大于等于30%。

7.11.1.2 制动力平衡要求（两轮、边三轮摩托车和轻便摩托车除外）

在制动力增长全过程中同时测得的左右轮制动力差的最大值，与全过程中测得的该轴左右轮最大制动力中大者（当后轴及其他轴，制动力小于该轴轴荷的60%时为与该轴轴荷）之比，对新注册车和在用车应分别符合附表5的要求。

附表5 台试检验制动力平衡要求

	前轴	后轴（及其他轴）	
		轴制动力大于等于该轴轴荷60%时	制动力小于该轴轴荷60%时
新注册车	≤20%	≤24%	≤8%
在用车	≤24%	≤30%	≤10%

7.11.1.3 制动协调时间要求

汽车的制动协调时间，对液压制动的汽车应小于等于0.35s，对气压制动的汽车应小于等于0.60s；

汽车列车和铰接客车、铰接式无轨电车的制动协调时间应小于等于0.80s。

7.11.1.4 车轮阻滞率要求

进行制动力检验时，汽车、汽车列车各车轮的阻滞力均应小于等于轮荷的10%。

7.11.1.5 合格判定要求

台试检验汽车、汽车列车行车制动性能时，检验结果同时满足7.11.1.1~7.11.1.4节的，方为合格。

7.11.2　驻车制动性能检验

当采用制动检验台检验汽车和正三轮摩托车驻车制动装置的制动力时，机动车空载，乘坐一名驾驶人，使用驻车制动装置，驻车制动力的总和应大于等于该车在测试状态下整车重量的20%，但总质量为整备质量1.2倍以下的机动车应大于等于15%。

7.11.3　检验结果的复核

对机动车台架检验制动性能结果有异议的，在空载状态下按7.10复检。对空载状态复检结果有异议的，以满载路试复检结果为准。

参 考 文 献

[1] 阙广武，钱波. 汽车检测工基本技术［M］. 北京：中国电力出版社，2007.
[2] 齐晓杰. 防抱死自动和牵引力控制系统［M］. 北京：化学工业出版社，2005.
[3] 张金柱. 自动变速器［M］. 北京：化学工业出版社，2005.
[4] 安相璧. 汽车使用性能与检测［M］. 北京：金盾出版社，2006.
[5] 邹小明. 汽车检测诊断技术［M］. 北京：人民交通出版社，2005.
[6] 周翼翔. 汽车检测与诊断［M］. 北京：中国农业出版社，2004.
[7] 李晓. 汽车检测技术［M］. 北京：机械工业出版社，2005.
[8] 崔选盟. 汽车故障诊断技术［M］. 北京：人民交通出版社，2005.
[9] 陈盛象. 汽车电器设备修理［M］. 北京：机械工业出版社，2000.
[10] 李涵武. 国产大众车系电路分析［M］. 北京：机械工业出版社，2005.
[11] 高继春. 汽车的故障与诊断［M］. 北京：北京理工大学出版社，1996.
[12] 宋福昌. 汽车传感器识别与检测图解［M］. 北京：电子工业出版社，2006.
[13] 于建淑. 汽车智能化检测设备及应用［M］. 北京：人民交通出版社，2000.
[14] 杜兰卓，谷志杰. 汽车安全检测［M］. 北京：人民交通出版社，2002.
[15] 陆叶强. 汽车检测与诊断技术［M］. 杭州：浙江大学出版社，2006.
[16] 李晓，朱迅. 汽车使用性能与检测［M］. 北京：北京邮电大学出版社，2006.
[17] 董继明，罗灯明. 汽车检测与诊断技术［M］. 北京：机械工业出版社，2006.